AND

[英] 詹姆斯·威克利夫·黑德勒姆-莫雷 —— 著　叶颖 —— 译

奥托·冯·俾斯麦与德意志帝国建立

THE FOUNDATION OF THE GERMAN EMPIRE

图书在版编目（CIP）数据

奥托·冯·俾斯麦与德意志帝国建立 /（英）詹姆斯·威克利夫·黑德勒姆-莫雷著；叶颖译. -- 北京：华文出版社，2020.4

（华文全球史）

ISBN 978-7-5075-5273-7

Ⅰ.①奥… Ⅱ.①詹… ②叶… Ⅲ.①俾斯麦(Bismarck, Otto 1815–1898)—人物研究②德意志帝国—历史 Ⅳ.①K835.167=43②K516.42

中国版本图书馆CIP数据核字(2020)第022836号

奥托·冯·俾斯麦与德意志帝国建立

作　　者：[英] 詹姆斯·威克利夫·黑德勒姆-莫雷
译　　者：叶颖
选题策划：盛世华章
插图供应：029—85504182
责任编辑：李艳芬
出版发行：华文出版社
社　　址：北京市西城区广外大街305号8区2号楼
邮政编码：100055
网　　址：http://www.hwcbs.com.cn
电　　话：总编室010—58336239
　　　　　发行部010—58336212
经　　销：新华书店
印　　刷：三河市国英印务有限公司
开　　本：710×1000　1/16
印　　张：31.75
字　　数：435千字
版　　次：2020年4月第1版
印　　次：2020年4月第1次印刷
标准书号：ISBN 978-7-5075-5273-7
定　　价：130.00元

版权所有　侵权必究

出版前言

随着中国开放的大门越开越大,关注世界各国尤其是西方国家文明的源流、发展和未来已经成为当下世界史研究的一个热点,为了成系统地推出一套强调"史源性"且在现有世界史出版物中具有拾遗补阙价值的作品,我们经过认真论证,推出了"华文全球史"系列,首次出版约为一百个品种。

"华文全球史"系列从书目选择到人名地名的规范,从书稿中图片的采用到译者的确定,都有比较严格的遴选规定、编审要求和成稿检查,目的就是要奉献给读者一套具有学术性、权威性的高质量的世界史系列图书。

书目的选择。本系列图书重视世界史学科建设,视角宽阔,层级明晰,数量均衡,有所突出。计划出版的华文全球史中,既有通史,也有专题史,还有回忆录,基本上是世界历史著作中的上乘之作,填补了国内同类作品出版的空白。

人名地名规范。本系列图书中人名地名,译名规范,重视专业性。同时,在人名翻译方面,我们坚持"姓名皆全"的原则,加大考据力度,从而实现了有姓必有名,有名必有姓,方便了读者的使用。另外,在注释方面,书中既有原书注,完整地保留了原著中的注释;也有译者注,体现了译者的研究性成果。

书中的插图。本系列图书的一个重要特征是书中都有功能性插图,这些插图全方位、多层次、宽视角反映当时重大历史事件,或与事件的场景密切相关,涉及政治、军事、经济、社会、外交、人物、地理、民俗、生活等方面的绘画作品与摄影作品。功能性插图与文字结合,赋予文字视觉的艺术,增加了文字的内涵。

译者的确定。本系列图书的翻译主要凭借的是一个以大学教师为主的翻译团队,团队中不乏知名教授和相关领域的资深人士。他们治学严谨,译笔优美,为确保质量奉献良多。

"华文全球史"系列作为一套具有较高学术价值的优秀的世界历史丛书,对增加读者的知识,开阔读者的视野,具有积极的意义。同时要看到,一方面很多西方历史学家的观点符合事实,另一方面不少西方历史学家的观点是错误的,对于这些,我们希望读者不要不加分析地全盘接受或全盘否定,而是要批判地吸收外国文化中有益的东西。

华文出版社

2019年8月

前 言

本书的大部分内容都是在奥托·冯·俾斯麦侯爵逝世之前写的。本书推迟了一年才出版。虽然这样的拖延无法避免，但我还是要向各位出版商及编辑致歉。

这一年里有两部作品诞生，是本书不可不提及的。《尤利乌斯·赫尔曼·莫里茨·布施回忆录》一书的价值被过分夸大了，书中除了奥托·冯·俾斯麦在人生最后岁月里的经历，再无其他重要的新信息。此书大部分内容在尤利乌斯·赫尔曼·莫里茨·布施早期的两本著作中都有提及，而这些重复章节中新出现的许多奇闻轶事和文件资料又早已在其他渠道刊登过。

奥托·冯·俾斯麦本人的回忆录则有着迥然不同的巨大价值：不仅因为其中记录了许多新鲜事实，更因其进一步凸显了奥托·冯·俾斯麦的性格特征，揭示了奥托·冯·俾斯麦对人类世界与政治问题的态度。回忆录中的信函与演说等内容是我们了解奥托·冯·俾斯麦内心世界的重要资料。

具有权威性的信息源还有许多，仅仅是相对重要的内容，在此也无法尽数。不过，我仍要向霍斯特·科尔致谢，所有研究奥托·冯·俾斯麦生平的学者们都该感谢他。霍斯特·科尔在《奥托·冯·俾斯麦大事记》一书中极尽所能地搜集、整理了相关资料，为耕耘于该领域的其他学者减轻了工作负担。霍斯特·科尔所著的《奥托·冯·俾斯麦年谱》同样具有非常重要的作用。若无此书，远在英格兰的人们便无法读到德意志期刊每年刊载的不可胜数的信、资料与奇闻轶事。这些资料与信中最重要的内容均出自冯·波申格尔先生之手，特别是涉及发自法兰克福的公文和谈及奥托·冯·俾斯麦经济与金融政策的章节。至今没有一部作品将奥托·冯·俾斯麦写的信进行完整收录，而霍斯特·科尔目前已经较好地整理了奥托·冯·俾斯麦的私人信函，但政务信函的搜集情况仍不如人意。

至于奥托·冯·俾斯麦1860年至1870年的外交经历，海因里希·冯·济贝尔提供的信息是我参考的主要来源。只是我虽然接受他提供的事实，但有时仍尝试挑战他的论断。不过，只要读者熟悉德意志近期的批评态度，便不会对我的做法感到惊讶。

目 录

001 **第 1 章**
家世渊源及普鲁士王国国势渐弱

023 **第 2 章**
大学生活及仕途坎坷

045 **第 3 章**
维也纳会议及 1848 年革命

099 **第 4 章**
德意志问题及《奥尔米茨条约》

115 **第 5 章**
奥托·冯·俾斯麦在法兰克福

157 **第 6 章**
驻圣彼得堡大使及《维拉弗兰卡停战协定》

195 **第 7 章**
铁血演说及波兰问题

223	**第 8 章** 邦联改革及普鲁士与奥地利夺取德意志霸权
253	**第 9 章** 《加施泰因条约》
267	**第 10 章** 普奥战争爆发
287	**第 11 章** 征服德意志
317	**第 12 章** 北德意志邦联的成立
335	**第 13 章** 普法战争爆发
363	**第 14 章** 普法战争与德意志帝国的建立
401	**第 15 章** 德意志帝国内政、外交问题
427	**第 16 章** 三国同盟与经济改革
457	**第 17 章** 卸任与辞世
487	**译名对照表**

第1章

家世渊源及普鲁士王国国势渐弱

1815年4月1日，奥托·冯·俾斯麦出生于勃兰登堡边境地区的申豪森庄园。就在奥托·冯·俾斯麦出生的前一个月，拿破仑一世逃离了厄尔巴岛。奥托·冯·俾斯麦尚在襁褓中时，家乡那些不过半年前才从战争中归来的人，再度参战。数月之后，普鲁士国王腓特烈·威廉三世再次率军归来。在乡村的教堂，格罗斯贝伦和莱比锡的人们挂满了在滑铁卢战役中赢得的勋章。普鲁士王国又赢得了一次胜利。此后，欧洲便迎来了长久的和平。直到五十年后，才又有一支普鲁士军队再次出征。

奥托·冯·俾斯麦的家族在当地有着悠久的历史。普鲁士王国有多位伟大的政治家来自普鲁士以外的地区：海因里希·弗雷德里克·卡尔·冯·施泰因来自拿骚公国；卡尔·奥古斯特·冯·哈登贝格是汉诺威选帝侯的子民；格布哈德·列博莱希特·冯·布吕歇尔和库尔特·克里斯托夫·格拉夫·冯·施维林都是梅克伦堡人；赫尔穆特·卡尔·贝恩哈特·冯·毛奇来自荷尔斯泰因。俾斯麦家族来自旧边境地区，是血统纯正的勃兰登堡人。治理旧边境地区的是神圣罗马帝国皇帝委派的首批边境伯爵。边境伯爵负责维护北方边陲的安定，而霍亨索伦家族①直到两百年后才首次进入北方。

---

① 霍亨索伦家族是德意志著名家族，11世纪起源于施瓦本的霍亨索伦城堡。1415年，神圣罗马帝国皇帝西吉蒙斯把已经绝嗣的勃兰登堡郡国封给霍亨索伦家族，此后霍亨索伦家族一直统治着勃兰登堡郡国、勃兰登堡公国、普鲁士王国、德意志第二帝国。——译者注

拿破仑一世逃离厄尔巴岛

滑铁卢战役

普鲁士国王腓特烈·威廉三世

海因里希·弗雷德里克·卡尔·冯·施泰因

卡尔·奥古斯特·冯·哈登贝格

格布哈德·列博莱希特·冯·布吕歇尔

我们所知的第一个俾斯麦家族的成员叫赫伯特·冯·俾斯麦。1270年，赫伯特·冯·俾斯麦担任施滕达尔衣商同业公会的负责人。施滕达尔小城是1160年由绰号是"大熊"的阿尔布雷希特一世建立的。施滕达尔小城周围乡村的居民来到这里，享受着城市生活的安全与便利。毋庸置疑，赫伯特·冯·俾斯麦，或赫伯特·冯·俾斯麦的父亲一定来自小镇西边约二十英里①的俾斯麦村。村子的名字可能来源于附近一条叫比泽的小溪，也可能来自村子所属教区主教的名字。赫伯特·冯·俾斯麦也许是第一个使用"俾斯麦"这一姓氏的家族成员。如果赫伯特·冯·俾斯麦一直待在故乡，这一姓氏便没有什么了不起的。因为当时"冯"仅代表出生地，尚未成为贵族的标志。还有一些来自俾斯麦村的人似乎也用了"俾斯麦"这一姓氏，俾斯麦村附近的普伦茨劳小城也居住着姓

阿尔布雷希特一世

---

① 英制长度单位，一英里约合一千六百零九米。——译者注

"俾斯麦"的人,甚至边境地区的农民当中还有姓"俾斯麦"的。文德人遭到击退后,神圣罗马帝国持续扩张,越来越多勇敢的殖民者越过奥得河,在波美拉尼亚建起了另一个俾斯麦村。

我们对赫伯特·冯·俾斯麦的家族谱系一无所知,但他的祖先很可能是神圣罗马帝国历代皇帝安插在北方边陲的殖民者,占领着帝国从异教徒手上夺取的土地。赫伯特·冯·俾斯麦似乎是个有钱有势的人,当时就已经拥有了双三叶形纹章,且至今仍被其家族各分支沿用。衣商同业公会的记录中多次提及赫伯特·冯·俾斯麦的后人。不知是赫伯特·冯·俾斯麦的儿子还是孙子,叫鲁道夫或是鲁尔的那位,曾代表施滕达尔对抗邻近的布伦瑞克公国。鲁道

布伦瑞克公国徽章

夫或鲁尔的儿子尼古拉——人们通常叫他克劳斯——为俾斯麦家族创造了财富。克劳斯紧紧追随边境伯爵。在与布伦瑞克公国的纷争中，克劳斯支持边境伯爵，在城镇议会中，克劳斯维护边境伯爵的利益。克劳斯如此忠诚，自然得到了丰厚的回报。在与施滕达尔居民的一次争执过后，克劳斯背井离乡，更加坚定了他为边境伯爵效劳的决心。克劳斯此前或许仅仅是一个普通公民，这时却获得了伯格施道城堡封地。伯格施道城堡地处边境区和马格德堡主教辖区的交界处，是一个军事重地。此后，克劳斯便成功晋身为施洛斯戈瑟森南的特权阶级，地位仅次于边境伯爵。自那一天起，俾斯麦家族就跻身于勃兰登堡的贵族。克劳斯最后官居勃兰登堡的宫廷总管，即宫廷内的首席官员。克劳斯与教会——哈弗尔贝格和马格德堡的主教们都有过争执，甚至一度被逐出教会。克劳斯的父亲和两个儿子也有过同样的遭遇。

约1385年，克劳斯去世，此后的两百年，俾斯麦家族一直生活在伯格施道城堡，产业不断增加。霍亨索伦家族的康拉德受封边境伯爵和选帝侯之后，获得了伯格施道的贵族们的有力支持。康拉德与自己的继任者们常常去伯格施道猎杀鹿和野猪，甚至还有狼和熊。伯格施道城堡附近的森林里满是这些动物。从古至今，霍亨索伦家族一直热衷于户外运动，这让他们的封臣们吃尽了苦头。1555年，勃兰登堡选帝侯阿尔布雷希特三世的后人汉斯·格奥尔格从阿尔文斯莱本家族手中购得邻近的莱茨林根庄园，并在莱茨林根庄园建了一幢房子。这幢房子至今仍是普鲁士历代国王的首选狩猎居所。不久，汉斯·格奥尔格又对伯格施道辖内广袤的森林和保护区垂涎不已，暗示希望拥有这些地方。俾斯麦家族为此反抗了许久。最初，俾斯麦家族被迫交出狩猎权，但这远未结束。汉斯·格奥尔格的胃口越来越大，声称"要彻底摆脱俾斯麦家族的影响"。汉斯·格奥尔格提出用近期遭到查封的几家修道院作为交换，而俾斯麦一家——这个由同住在一座大城堡中的两对兄弟组成的大家庭——始终表示拒绝。他们抗议道，俾斯麦家族的先辈们一直是忠诚的封臣，他们为选帝侯奉献了热血与财富，只希望"一直留在全能的上帝赐予的这块舒适之地"。然而，

勃兰登堡选帝侯阿尔布雷希特三世

一切抗争都是徒劳的。汉斯·格奥尔格固执己见，激怒他只会带来大麻烦。俾斯麦家族最终妥协，交出了伯格施道城堡，接受了申豪森庄园和一座充公的女修道院——克列维斯。俾斯麦家族可以获得女修道院，条件是必须供养遭到驱逐的修女直到她们死去。为此，俾斯麦家族不得不每年提供大量食物及十八桶啤酒。

俾斯麦家族产业的四个主人均无子嗣，但人称"转变者"的弗雷德里克除外。弗雷德里克把俾斯麦家族的全部财产重新聚集到一起。自从弗雷德里克迁往申豪森庄园后，俾斯麦家族便定居于此。古老的申豪森城堡如今片瓦不存，但那座建于13世纪的教堂仍是哈弗尔河和易北河之间土地上最古老、最美丽的一座建筑。房屋与教堂并排矗立在一小块俯瞰易北河的高地上。俾斯麦家族之所以长久居于此地，多少是因为家道中落，他们丧失了财富与地位，境况大不如从前。此后的两百年,俾斯麦家族并没有什么突出的表现,既与附近的乡绅通婚,也参加了每一场战争。弗雷德里克的儿子鲁道夫在法兰西为胡格诺派①而战,而后又在神圣罗马帝国皇帝利奥波德一世的指挥下与土耳其人作战。弗雷德里克的孙子奥古斯特也被征召入伍,成为萨克森-魏玛公爵伯恩哈德麾下的一员。后来,奥古斯特参加了法兰西与神圣罗马帝国的宗教战争,始终为新教而战,最终选择为勃兰登堡选帝侯效力。

奥古斯特在世时发生了一次巨变,改变了后世子孙的命运。1640年,腓特烈·威廉——人称"大选侯"——继承了父亲乔治·威廉的爵位。腓特烈·威廉

神圣罗马帝国皇帝利奥波德一世

---

① 胡格诺派,即基督教新教加尔文宗在法兰西的称谓。——译者注

萨克森 - 魏玛公爵伯恩哈德

奠定的政体使一个德意志小小诸侯国发展成拥有强大的军事实力的欧洲君主制国家。腓特烈·威廉不断发展壮大自己,与神圣罗马帝国皇帝利奥波德一世对峙;和波兰人开战,逼迫波兰国王扬·卡齐米日交出东普鲁士,同时还驱逐了瑞典人。此外,腓特烈·威廉也加强了对自有领土的治理,为柏林的繁荣奠定了基础;改组了行政机构,并集结了一支规模小但能力强的军队。不过,腓特烈·威廉的力量增长很大程度上是以贵族们的牺牲为代价的,腓特烈·威廉收回了贵族们原本享有的诸多特权。腓特烈·威廉的儿子,即后来的普鲁士国王腓特烈一世,继承了父亲开创的事业;腓特烈·威廉的孙子腓特烈·威廉一世继位后,创立了普鲁士行政管理体系,并组建了一支军队。这支军队后来随腓特烈大帝南征北战。

腓特烈・威廉

腓特烈一世

腓特烈·威廉一世

腓特烈大帝

组织严明、力量强大的普鲁士王国日益壮大。随着普鲁士王国的日益壮大，贵族们的地位也发生了根本性变化。德意志南部的男爵们成功摆脱了领主的控制；除了身在远方的神圣罗马帝国皇帝还能掌控他们，德意志南部的男爵们并不受任何控制。他们用几乎独立的权力统治自己的小小领地，拥有自己的法律、货币及军队。

　　在德意志北部，荷尔斯泰因的梅克伦堡及汉诺威的贵族们形成了最具影响力的阶级，控制了整个国家政府。普鲁士领土境内的男爵们发觉自己面对着一股比他们更强大的意志与势力。北部贵族虽然丧失了独立性，但得到的远比失去的多。作为立国之基，北部贵族不再将高超的军事技能浪费在毫无意义的争斗或佣兵活动上，而是在普鲁士的军队和行政机构中充分施展自己的抱负。腓特烈大帝的一次次胜利使普鲁士跃升为欧洲强国，而勃兰登堡的贵族们正是他最忠诚的子民。勃兰登堡的贵族们形成了一个独特的阶层：很少离家，在德意志南部或其他国家都鲜为人知，也极少与自己阶层以外的人通婚。捕猎是勃兰登堡贵族的主要娱乐项目，打仗则是主业。从未有哪个国王拥有如此多的精兵强供其差遣，勃兰登堡贵族指挥着腓特烈大帝的军队，为腓特烈大帝赢得一次次胜利，也为普鲁士的强盛付出了高昂的代价：仅克莱斯特家族便有六十四人在七年战争中战死。

　　勃兰登堡的贵族们完全可以认为，他们协助建立并用生命守护的普鲁士是属于他们的。即便勃兰登堡的贵族们成为普鲁士人，也永远是勃兰登堡人，他们对普鲁士国王的忠诚永不动摇，因为他们深知国王与他们同在，而国王是不会这样对待其他子民的。普鲁士国王也许会到遥远的柯尼斯堡继承王位，但只有勃兰登堡才是国王真正的归属；普鲁士的国土也许会因战争而有所增减，但霍亨索伦家族只要还有人活着，便不会放弃边境地区的子民。勃兰登堡贵族抱有德意志民族特有的、强烈的爱国主义，为国家强盛奠定了最稳固的根基。在神圣罗马帝国其他地区，德意志人所称的"特殊主义者"一心希望赢得独立，与此不同的是，身为普鲁士人的勃兰登堡人更希望在王国内拥有支配地位。

同属勃兰登堡贵族的俾斯麦家族再次分成两个分支,其中一支居住在克列维斯,曾有几位成员在普鲁士政府机构中担任高官,但这一支在1780年左右消亡;另一支仍居住在申豪森,家族成员多数选择从军。奥古斯特的儿子同样叫"奥古斯特"。这位奥古斯特重建了"三十年战争"中被瑞典人破坏殆尽的房屋。这位"奥古斯特"曾官居"兰德雷斯"(即其居住地区的行政长官),还娶了名门望族冯·卡特家的一位小姐。两家的房屋紧挨着。冯·卡特家族曾有个不幸的年轻人因协助腓特烈大帝出逃而被处以极刑,"奥古斯特"的夫人正是这个年轻人的姨母。这个年轻人的坟墓至今仍在伍斯特,在距离申豪森数英里的一条河的对面。而在申豪森建起的一座保留至今的新房子里,冯·卡特家族的纹章与俾斯麦家族的双三叶形纹章保存在一起。俾斯麦家族产业的继承人奥古斯特·弗雷德里克·冯·俾斯麦是一名地地道道的军人,娶了冯·迪波维兹小姐,获得了波美拉尼亚的几处新房产,这几处新房产是他们现在主要居住地。

奥古斯特·弗雷德里克·冯·俾斯麦官至上校。在1742年对抗奥地利人的查图西茨会战中,奥古斯特·弗雷德里克·冯·俾斯麦官战死。在奥古斯特·弗雷德里克·冯·俾斯麦垂死之际,腓特烈大帝陪伴在他左右,称他为"好伙伴"。奥古斯特·弗雷德里克·冯·俾斯麦的儿子卡尔·亚历山大·冯·俾斯麦继承了申豪森庄园,其下一代则延续了家族的军事传统:四个兄弟中有三人都是职业军官,并在德意志解放战争中与法兰西作战。1813年,这三个当职业军官的兄弟中有一个在默克尔恩阵亡,还有一个晋升为中将,剩下那个也参与了德意志解放战争。因为剩下的这个兄弟的儿子——俾斯麦-波伦伯爵特奥多尔在格罗斯贝伦负伤,这个兄弟身为父亲便立即前往顶替,这才使俾斯麦-波伦伯爵特奥多尔在恢复期间,在普鲁士军队中服役的俾斯麦家族的成员未曾减少。两年后出生的奥托·冯·俾斯麦,一定会经常听说三个叔叔和堂兄在那场大战中的历险故事。俾斯麦-波伦伯爵特奥多尔后来官居要职,活了八十多岁,见证了德意志与法兰西的另一次大战。耐人寻味的是,俾斯麦家族的部分成

拿破仑一世

员在整场战争中都为法兰西而战,这反映出了彼时德意志内部的分裂状态。俾斯麦家族有一支定居在德意志南部。这一支的领袖弗雷德里克·威廉·格拉夫·冯·俾斯麦效力于符腾堡公国,后来成为一个著名的骑兵将领,满腔热血地效忠法兰西第一帝国皇帝拿破仑一世。在拿破仑一世远征俄罗斯帝国的战役中,弗雷德里克·威廉·格拉夫·冯·俾斯麦表现卓越,最终在莱比锡战役中被德军俘虏。

卡尔·亚历山大·冯·俾斯麦的四个儿子中最小的卡尔·威廉·弗雷德里克·冯·俾斯麦早早便退伍了。这个和蔼的人喜欢家庭生活。在家族产业分配中，卡尔·威廉·弗雷德里克·冯·俾斯麦得到了申豪森庄园。此后他便在申豪森庄园定居下来，过着安静的生活。卡尔·威廉·弗雷德里克·冯·俾斯麦曾做过一件事，想必在亲朋好友间引起了不少议论：他娶了一个与自己阶层不同的妻子。卡尔·威廉·弗雷德里克·冯·俾斯麦的妻子不是来自克莱斯特家族、卡特家族、布雷多家族、阿尼姆家族、阿尔文斯莱本家族或周围任何一个贵族家庭的小姐，而是家境普普通通的威廉明妮·路易丝·门肯。不过，威廉明妮·路易丝·门肯的出身也不错：她的父亲是莱比锡大学一位教授的儿子，曾就职于普鲁士政府机构，后晋升为最高级别官员，先后担任普鲁士国王腓特烈·威廉二世及普鲁士国王腓特烈·威廉三世的内阁秘书。威廉明妮·路易丝·门肯的父亲品格高洁，颇有能力，深受法兰西的自由主义甚至革命学说的影响。当时，不少行政官员都受到了这种思想和学说的影响。

十六岁成婚的威廉明妮·路易丝·门肯是一个聪慧的女子，儿子奥托·冯·俾斯麦跟她一样聪慧。奥托·冯·俾斯麦遗传了父亲卡尔·威廉·弗雷德里克·冯·俾斯麦的亲切、温暖和幽默。因为双亲的关系，奥托·冯·俾斯麦的性格体现了普鲁士立国的两重根基：从父亲卡尔·威廉·弗雷德里克·冯·俾斯麦那里继承了善战贵族的血统，又从母亲威廉明妮·路易丝·门肯身上习得治学与为官之道。在奥托·冯·俾斯麦的一生中，他怀抱成见、感情用事的特点主要源自其贵族血统，而从母亲威廉明妮·路易丝·门肯那里继承的机敏睿智则帮助他克服自己所属阶层固有的偏见。

年轻的卡尔·威廉·弗雷德里克·冯·俾斯麦夫妇早年并非一帆风顺，几个孩子都夭折了。由于普鲁士战败，遭到其他国家占领，申豪森庄园也被法兰西骑兵夺走，至今庄园内有个门的横梁上还能看见骑兵军刀留下的痕迹。于是，卡尔·威廉·弗雷德里克·冯·俾斯麦只好带着妻子逃进森林，躲避法兰西人的侵犯。

拿破仑一世远征俄罗斯抵达莫斯科

莱比锡战役

夫妻俩最终保住了三个孩子：1810年出生的伯恩哈德、1815年出生的奥托·冯·俾斯麦，以及1827年出生的玛尔维娜。

奥托·冯·俾斯麦在申豪森居住的日子并不长。在奥托·冯·俾斯麦一岁时，卡尔·威廉·弗雷德里克·冯·俾斯麦就带领全家迁往波美拉尼亚，定居在奈弗夫和屈尔茨庄园。这两处房产是奥托·俾斯麦的祖父奥古斯特·弗雷德里克·冯·俾斯麦结婚时得到的。当时，波美拉尼亚是普鲁士贵族最钟爱的一个居住地：比边境地区树木更加繁茂，休闲活动也更多种多样。茂盛的

少年时代的奥托·冯·俾斯麦

草地、宽广的石楠荒原和树林都比旧省份大片的农田和沙荒地更吸引人。奥托·冯·俾斯麦正是在这样近乎与世隔绝的乡村生活中度过了童年时代。这里的生活远离了文明社会的喧嚣与混乱。距离庄园最近的城镇诺沃加德远在五英里之外，交通很不发达，因为普鲁士政府直到1815年后才开始修建公路。虽然整个国家发生了翻天覆地的变化，波美拉尼亚却几乎没有受到任何影响。这个偏远省份的生活就和过去一样。波美拉尼亚的大多数土地归大地主所有，而贵族们就和过去一样，在自己的私有土地上主宰一切。贵族掌握着律法的实施，人们必须在贵族的庄园法院里才能求得公正，但庄园法院不是以普鲁士国王的名义伸张正义，而是以庄园主的名义。波美拉尼亚贵族与当地人共同生活，通常拥有自己的田地可以耕作，既没有英式乡间宅邸的奢华，也没有法兰西贵族般的精致。这里的贵族日出而作，管理田间事务，和农民们用乡间悦耳的"低地德语"交谈，女人们则负责家中琐事。贵族们会花很长时间骑马或乘车去往邻居家中。有时贵族们也会去打猎，因为乡间到处都是鹿和野兔。冬天时偶尔会去趟柏林。至于更远的地方，就少有人去了。多数波美拉尼亚乡绅都到过巴黎，但只是在大战结束时以胜利者的身份去到那里。

波美拉尼亚贵族极少被现代政治思想影响，而是和过去一样满足于普鲁士的统治。当时的普鲁士是宗教社会，不止神职人员，农民和贵族都多多少少保留着对德意志新教朴实的信仰。他们几乎不受18世纪的理性主义或19世纪的自由主义影响。乡村教堂里少有盛大的礼拜仪式，但人类生活的各个重要阶段——出生、结婚、死亡——都需要教会的祝福，并且每年都会举行一到两次肃穆的告解和圣礼。

宗教信仰和政治信念是紧密关联的，因为教会也只是普鲁士的一个组成部分。普鲁士国王是军队的统帅，同时是大主教，因此教会之神圣不可侵犯就此成了王权之神圣不可侵犯。对于贵族和农民，批评或反对普鲁士国王本身就是亵渎神明的行为，伴随君主头衔的"托上帝洪福"一语绝非胡言乱语。现实社会仍是依靠传统的等级制度建立起来的：位于底层的是农民；农民之上是贵族；再往上是"我们仁慈的君主"，即居于柏林的普鲁士国王；最顶层则是天国里的上帝。

  对于德意志南部和各城镇的居民，居住在波美拉尼亚偏远地区的贵族们，即所谓的"容克地主"①的封建生活、中世纪信仰和纯粹的专制主义，无不体现着他们在政治上的愚蠢。在波美拉尼亚贵族看来，自由主义仿佛是另一种形式的无神论。然而，正是在波美拉尼亚这样一个的避世之地、在大平原的清新空气中，才成长起这样一群人：他们与自己的父辈一样，时时刻刻都准备开战，去攻占更多新的地区，为自己的国王开拓疆土。

---

① 容克地主原为普鲁士的贵族地主阶级。"容克"意为"地主之子"或"小主人"。原指无骑士称号的贵族子弟，后泛指普鲁士贵族和大地主。16世纪起容克地主长期垄断德意志军政要职，掌握国家领导权，19世纪中叶开始资本主义化，成为半封建的贵族地主。容克地主也是后来德国军国主义的主要支持者。——译者注

第 2 章

大学生活及仕途坎坷

对奥托·冯·俾斯麦的早年生活，我们知之甚少。奥托·冯·俾斯麦的母亲威廉明妮·路易丝·门肯对他抱有很高的期望，希望他长大后可以进入外交部门工作。为了孩子将来的发展，有些女性甚至愿意牺牲他们眼前的幸福，奥托·冯·俾斯麦的母亲威廉明妮·路易丝·门肯似乎也是这样。年仅六岁时，奥托·冯·俾斯麦就离开家乡前往柏林上学。但在柏林，奥托·冯·俾斯麦并不快乐。他十分想念乡村的自由生活，想念家乡的农田、森林和动物，甚至看到犁他就会大哭起来。学校的管教十分严格，但这样的管教不像野外生活那样天然而有益健康，而是一种人为的斯巴达主义。长久以来，德意志人缺乏爱国情感，也不热衷于战争。后来，在多名作家的影响下，德意志人忽然觉醒，将全部精力投入到对体能和耐力的培养中。也许正是在柏林求学的那段时间，使奥托·冯·俾斯麦产生了对柏林这座城市的厌恶。他一生都没有真正从这种厌恶中走出来，并且童年时他就对大战后非常盛行的、夸张做作的条顿主义怀有偏见。数年后，奥托·冯·俾斯麦的父母也来到柏林定居，他本人则进入文理中学学习，寄宿在一个老师家中。文理中学的教学活动由私人教师辅助进行。在这段求学的时间里，奥托·冯·俾斯麦熟练掌握了英语和法语，这在他之后的生活中发挥了巨大的作用。当然，学校教育主要还是用古典语言进行的。因此，他也精通拉丁语，但没有证据表明他后来仍在学习古典文学。1831年，十七岁的奥托·冯·俾斯麦通过了中学毕业考试，成了一个大学生。同时，他还得到了一项优待：服兵役时间从三年缩短为一年。奥托·冯·俾斯麦的毕业证明显示，他对同学和老师彬彬有礼，能力出众、勤勉刻苦。

1832年，奥托·冯·俾斯麦依照正常程序进入哥廷根大学学习。他之所以会做出这样的选择，很可能是因为哥廷根大学的法律和历史专业久负盛名。据说奥托·冯·俾斯麦曾经渴望去海德堡大学，因为担心他染上酗酒等恶习——这些是海德堡大学这所古老的高等学府的学生们一直非常擅长的——他的母亲威廉明妮·路易丝·门肯坚决不同意。不过，奥托·冯·俾斯麦后来发现，在哥廷根大学学会喝酒这门"技艺"也同样易如反掌。年轻的奥托·冯·俾斯麦身高超过六英尺①，瘦削而结实，体力充沛，行动敏捷。他擅长击剑、骑马、游泳、跑步，同学们都愿意和他交朋友。他直率、开朗，对同学或老师都无所忌惮。在哥廷根大学学习期间，奥托·冯·俾斯麦把时间大都花在了社交生活而不是学习上。入学的第二学期，奥托·冯·俾斯麦加入汉诺威学生联合会，很快便以酒量惊人和好勇斗狠而闻名。据说奥托·冯·俾斯麦曾与人决斗过二十六次，仅有一次受伤，还是因对手的剑折断才遭到误伤。在校期间，奥托·冯·俾斯麦劣迹斑斑，经常受到处罚。

对于多数德意志人而言，大学往往是人生的转折点，但对奥托·冯·俾斯麦而言并非如此。对在市井生活的逼仄环境中成长的人而言，大学是学校的管束与办公室的沉闷之间的唯一一段自由时光；但对于奥托·冯·俾斯麦这样习惯了乡间真正自由的人来说，大学只是一段短暂的经历。不难发现，要让奥托·冯·俾斯麦安于办公室的枯燥工作并非易事。奥托·冯·俾斯麦与大学期间结交的朋友后来鲜有来往，他在学生会的同伴多数应是汉诺威人，而他在普鲁士的同伴极少有进入哥廷根大学的。不过，因为熟练掌握英语，奥

---

① 英制长度单位，一英尺约合零点三零四八米。——译者注

哥廷根大学

托·冯·俾斯麦结识了一些美国人和英国人,他们都十分喜爱哥廷根大学。历数奥托·冯·俾斯麦在哥廷根的同学,能够与他始终保持密切联系的大概只有约翰·洛斯罗普·莫特利了。对奥托·冯·俾斯麦的课业情况,我们所知甚少。似乎没有哪位教授对他的思想或品性产生过显著的影响。实际上教授们也没有什么机会影响他,因为第一学期后奥托·冯·俾斯麦就几乎不上课了。奥托·冯·俾斯麦从来不是个称职的学生,但一直喜欢阅读。他的记忆力与理

约翰·洛斯罗普·莫特利

解力都极强。他只读自己感兴趣的书，并能吸收、理解并记住读过的内容。奥托·冯·俾斯麦学到了大量语言、法律、文学和历史等学科的知识。他与那些优秀的同龄人最大的不同之处在于他的蓬勃朝气，也正因如此，奥托·冯·俾斯麦的思想没有受到当时流行的黑格尔哲学的影响。奥托·冯·俾斯麦十分聪慧，能十分轻松自如地运用自己的聪明才智。奥托·冯·俾斯麦通晓人情世故，他并不仅仅具备学生应有的学识。在之后的从政生涯里，一旦需要任何学科的知识，奥托·冯·俾斯麦总能轻松习得。历史是奥托·冯·俾斯麦最喜爱的科目，尽管他从不像某些政治家那样尝试写作。虽然奥托·冯·俾斯麦的历史知识水平达不到历史学家的高度，但他后来在议会辩论中的表现足以说明，他对于许多事件重要性的认识要比很多毕生从事历史研究的伟大学者更加深刻，并且在解释、证明自己采取的政策时，他对各种例证都能信手拈来。奥托·冯·俾斯麦对自然科学不感兴趣，事实上当时自然科学也不是常规的教育科目。奥托·冯·俾斯麦钻研哲学，但并不是以学生的身份在学习哲学，而是站在人类的高度来钻研哲学。与剖析智力相比，奥托·冯·俾斯麦更重视信仰的本源与处世之道。因此，他主要关注本尼迪克特·德·斯宾诺莎①，而不是伊曼努尔·康德②、约翰·戈特利布·菲希特③或格奥尔格·威廉·弗里德里希·黑格尔④。

　　奥托·冯·俾斯麦的大学生涯似乎没有对他的政治理念产生影响。那时，大学里经常发生骚动，但都被强行镇压了。当时正是1830年革命之后极度压抑的时期。奥托·冯·俾斯麦所属的贵族学生联合会成员们用一种近乎轻蔑

---

① 本尼迪克特·德·斯宾诺莎，荷兰籍犹太裔哲学家，启蒙运动早期思想家，被视为17世纪哲学界最伟大的理性主义者之一，也是荷兰黄金时代的主要哲学代表人物。——译者注
② 伊曼努尔·康德，启蒙运动时期德意志著名哲学家，创立先验唯心主义学说，对当代哲学有着重大影响。——译者注
③ 约翰·戈特利布·菲希特，德意志哲学家、德意志唯心主义哲学主要奠基人之一，有人称他为德意志民族主义之父。——译者注
④ 格奥尔格·威廉·弗里德里希·黑格尔，德意志哲学家、德意志唯心主义哲学代表人物之一，是西方哲学界普遍认可的思想权威，对唯心主义及辩证法的发展都有着极大贡献。——译者注

本尼迪克特·德·斯宾诺莎

伊曼努尔·康德

约翰·戈特利布·菲希特

格奥尔格·威廉·弗里德里希·黑格尔

的态度对待人们口中的"大学生联谊会"。"大学生联谊会"在学生当中宣扬民族热情。

在哥廷根大学学习了一年多后,1833年9月,奥托·冯·俾斯麦离校;1834年5月又进入柏林大学学习,在那里完成了大学学业。我们无从得知奥托·冯·俾斯麦如何度过1834年的冬天和早春的,但我们发现,当他向哥廷根大学提交转往柏林大学学习的申请时,校方有条件地同意了:他必须关一段时间的禁闭,这是校方之前还没来得及对他实施的惩罚。在柏林大学学习期间,奥托·冯·俾斯麦曾与约翰·洛斯罗普·莫特利共居一室。为了准备期末考试,奥托·冯·俾斯麦拼命死记硬背,1835年终于在约翰·洛斯罗普·莫特利的帮助下获得法学博士学位,并立即进入政府部门工作。

早年的经历注定了奥托·冯·俾斯麦将来会从事外交工作。奥托·冯·俾斯麦有着良好的社会关系,他的堂兄俾斯麦-波伦伯爵特奥多尔在宫廷里有着极高的声望。奥托·冯·俾斯麦与军队和行政部门里身居要职的家族成员们都有着密切联系,加上他卓越的才能和社交天赋,职业前景可谓一片光明。然而,他母亲威廉明妮·路易丝·门肯曾经抱有的希望似乎都要落空。奥托·冯·俾斯麦早年从事过多种工作,干的时间都不长。起初,奥托·冯·俾斯麦供职于司法部门,受任于柏林的听证办公室,但因为德意志体制下的司法系统隶属于行政部门,1836年,他主动请求调往管理机构,前往亚琛工作。据说当地官员处理办公事务的方式令奥托·冯·俾斯麦十分震惊与不适,尤其是他们审理离婚案件时的做派。奥托·冯·俾斯麦选择到亚琛工作可能是因为亚琛的长官是阿道夫·海因里希·冯·阿尼姆-博伊岑堡伯爵。阿道夫·海因里希·冯·阿尼姆-博伊岑堡伯爵是边境地区人口最多、最负盛名的一个家族的首领。这个家族有许多成员后来都与奥托·冯·俾斯麦产生了联系。这种联系有好也有坏。阿道夫·海因里希·冯·阿尼姆-博伊岑堡伯爵很有能力,抱持温和自由派思想,数年后晋升为普鲁士首任首相。在阿道夫·海因里希·冯·阿尼姆-博伊岑堡伯爵的支持下,奥托·冯·俾斯麦无疑得到了各种帮助。奥

1836年的奥托·冯·俾斯麦

托·冯·俾斯麦出色地完成了入职考试。他的成绩证明中有着这样的评价：充分展示了自己受过良好的学校教育，法律基础扎实；对自己学习过的内容深入思考，形成了独立的思想。奥托·冯·俾斯麦有良好的判断力、理解能力强，总能快速回答别人的提问，展现出了所有让他日后大放异彩的品质。1836年6月月初，奥托·冯·俾斯麦正式开始在亚琛工作。根据奥托·冯·俾斯麦自己的要求，阿道夫·海因里希·冯·阿尼姆-博伊岑堡伯爵致信各部门主管，告知主管们这位年轻的奥托·冯·俾斯麦先生必将从事外交工作，所以要尽可能让他有更多机会熟悉管理工作的方方面面，需要完成的工作都可交给他，让他一直处于忙碌状态。然而，这并没有持续多久。奥托·冯·俾斯麦发现自己待在

第 2 章 大学生活及仕途坎坷

一个很受欢迎的温泉疗养胜地，便利用自己在语言方面的特长结交了很多法兰西和英国的游客。奥托·冯·俾斯麦到周边的比利时和莱茵地区去旅行，也远赴阿登高地打猎。他把自己应该花在办公室里的时间都用在了社交活动上。奥托·冯·俾斯麦在亚琛的生活很轻松。有些消遣活动虽难以陶冶情操，却让他在大都会的社交活动中变得如鱼得水，这是他在哥廷根和柏林都没能学会的。后来奥托·冯·俾斯麦被派往社会环境与亚琛非常相似的法兰克福，这一年的经历就派上了用场。奥托·冯·俾斯麦在这工作的时间并不长。1837年6月，因身体健康欠佳，奥托·冯·俾斯麦请求休假。奥托·冯·俾斯麦获准休假八天，但实际他休了很长时间。四个月后，奥托·冯·俾斯麦从伯尔尼来信，要求延长假期。奥托·冯·俾斯麦的要求遭到拒绝，还收到一份措辞严厉的批评信。最终，奥托·冯·俾斯麦决定回到普鲁士的某个旧省份去。阿道夫·海因里希·冯·阿尼姆-博伊岑堡伯爵批准了："在亚琛这样的社交环境里，他无论如何都无法好好执行公务，也许回去后他会积极一点。"

奥托·冯·俾斯麦被调往波茨坦，但只在那里逗留了几周。由于尚未服兵役，1838年年初奥托·冯·俾斯麦便按要求进入驻扎在波茨坦的嘉德团的某支步枪队担任列兵，但数周后他又被调入斯德丁的步枪队。其中部分原因似乎是奥托·冯·俾斯麦的母亲威廉明妮·路易丝·门肯抱恙在身、病情危急，他希望能留在母亲威廉明妮·路易丝·门肯近旁。但当时从柏林前往波美拉尼亚要花费超过一天的时间。此外，奥托·冯·俾斯麦的调职还有可能是因为经济问题。奥托·冯·俾斯麦的父亲卡尔·威廉·弗雷德里克·冯·俾斯麦对家族产业管理不善，据说他的母亲威廉明妮·路易丝·门肯总是敦促丈夫进行改革，却未能一以贯之地予以实施。这样的性格特点出现在这位聪慧的女性身上倒也并不反常；她打算把自己从柏林的官僚们那里学到的习惯都引入农事。无论如何，事态已经相当危急，必须出售申豪森庄园的大部分土地。1839年1月1日，奥托·冯·俾斯麦的母亲威廉明妮·路易丝·门肯去世。家族成员决定，奥托·冯·俾斯麦的父亲卡尔·威廉·弗雷德里克·冯·俾斯麦和当时十二岁的独女玛尔维娜一同住在申豪森，两个儿子则负责管理波美拉尼亚的产业。

这样一来，纵然奥托·冯·俾斯麦的政治生涯前景光明，也不得不在二十四岁时放弃，和兄长伯恩哈德就此回到家乡。有趣的是，与奥托·冯·俾斯麦同时代的另一个伟人——"意大利统一三杰"之一的加富尔伯爵卡米洛·奔索也有过类似的经历。但这两位的作为和产生的影响大不相同。在许多领域，加富尔伯爵卡米洛·奔索都是开创者，回归乡里也是如此。加富尔伯爵卡米

加富尔伯爵卡米洛·奔索

洛·奔索退休后回到自己的庄园,为同乡开创了多种新形式的活动与事业。在离家放纵几年后,奥托·冯·俾斯麦则是重复着先辈们过了五百年的生活,并逐接受了自己故乡和阶层的传统。加富尔伯爵卡米洛·奔索总在指明新的道路;奥托·冯·俾斯麦则重新尊崇那些被人们鲁莽断定为"过时"的事物,奥托·冯·俾斯麦还曾在格赖夫斯瓦尔德郊区一家新建的农业院校里听过几堂课,为回乡生活做了一些准备。奥托·冯·俾斯麦兄弟俩对家族产业的管理似乎很成功。两人虽然没有经验,但凭着努力和勤勉使庄园的各项事务在三四年内恢复到令人满意的状态。1841年,家族资产被进行了一次重新分配。奥托·冯·俾斯麦早就想这样做了,因为他发现自己比兄长伯恩哈德付出的多,但得到少。这次分配后,奥托·冯·俾斯麦得到了奈弗夫的房产。之后的四年,奥托·冯·俾斯麦都在这里度过。他的兄长伯恩哈德得到了四英里外屈尔茨的房产,并定居在那里直至1895年逝世。奥托·冯·俾斯麦一直没有真正摆脱他在哥廷根养成的习惯——狂放乖张,喜好嘈杂的娱乐活动。奥托·冯·俾斯麦成了乡里人谈论的话题。他把啤酒和香槟混合,制成他喜欢的一种高级饮料。十里八乡的人都知道他是"疯子俾斯麦"。然而,这些离经叛道的行为只是奥托·冯·俾斯麦生活的一小部分。奥托·冯·俾斯麦以地方防卫军中尉的身份进入骑兵队,从而熟悉了另一种服兵役的方式。年度训练期间,奥托·冯·俾斯麦终于找到机会展现他强健的体魄与英勇的品质。有个马夫在河边饮马时被水流冲走,当时奥托·冯·俾斯麦就站在桥上,见此情景便立即跃入河中,冒着极大的危险救起了溺水者,为此他获得了一枚拯救生命勋章。另外,奥托·冯·俾斯麦的阅读量之大、阅读面之广也令朋友们惊叹。正是在服役的这段时间,他研读了本尼迪克特·德·斯宾诺莎的著作。据说朋友们一直视奥托·冯·俾斯麦为自由主义者。他的许多言行都令朋友们无法理解,而任何无法理解的事情都会被波美拉尼亚的乡绅们归结为受自由主义的影响。当然,一定程度上还因为1843年他从巴黎归来时留着大胡子。不难发现,奥托·冯·俾斯麦很不安分,不满足于现状。奥托·冯·俾斯麦的性格中还有一种病态的躁动,他总是对自

格勒夫斯瓦尔德

己不满意，想用各种疯狂的行径平息这样的心态，结果往往适得其反。手头的事务逐渐步入正轨后，奥托·冯·俾斯麦开始到处旅行。这一年去伦敦，下一年去巴黎。在前往英国的旅途中，奥托·冯·俾斯麦给父亲卡尔·威廉·弗雷德里克·冯·俾斯麦写了一封信。信中有一段很有趣的描述。奥托·冯·俾斯麦先是到达赫尔①，再从那里前往斯卡伯勒和约克。斯卡伯勒和约克的轻骑兵长官热情接待了他。"虽然我一个也不认识，但他们又请我吃饭，又带我见识各种各样的事物。"奥托·冯·俾斯麦从约克又去了曼彻斯特，参观了几家工厂。

> 整体而言，英国人民的友好和善意实在出乎我的预料。如何称赞这种友好和善意都不过分。穷人也都友善、彬彬有礼。一旦开始与之聊天，就很容易成为朋友。和陌生人接触得多的人，如出租车司机或行李搬运工，有时会想着敲客人竹杠。但一旦发现客人懂当地的语言、了解当地的风俗，并且不会上当，他们就很快打消了鬼主意。总的说来，我觉得这里的生活成本比我预想的要低。

1844年，奥托·冯·俾斯麦疼爱的妹妹玛尔维娜嫁给了他的老朋友奥斯卡·冯·阿尼姆。没有哪位兄长写给妹妹的信能够像奥托·冯·俾斯麦写的一样令人愉悦了。这一封封信描绘了他当时生活的快乐情景。妹妹玛尔维娜婚礼过后不久，和父亲卡尔·威廉·弗雷德里克·冯·俾斯麦一同住在申豪森的奥托·冯·俾斯麦写道：

> 现在我和父亲住在一起，一起读书、一起抽烟、一起散步。父

---

① 关于此行有一个著名的趣闻。一个周日的早晨，奥托·冯·俾斯麦抵达赫尔。他在街边走边吹口哨，但路上偶遇一个人，要他别再吹了。奥托·冯·俾斯麦感到厌烦，便离开了这座小城。提到这个故事的人大多会说奥托·冯·俾斯麦去了爱丁堡，但毫无疑问实际上他们指的是斯卡伯勒。——原注

亲吃鳗鱼时我会帮忙。有时候我们也一起演演喜剧，他喜欢把这叫"打狐狸"。在下大雨甚至零下十度的天气，我们会和伊勒、埃琳及卡尔一道动身，而后默不作声地包围一片冷杉丛。我们做好防备，仔细观察周围的动静。尽管我们所有人——我想父亲也是——都完全相信林子里除了一两个拾柴火的老婆婆，不会有一个活物，但我们依旧玩得很开心。伊勒、卡尔和两只狗就会冲出来，发出非常奇特又骇人的声音，尤其是伊勒；父亲则一动不动地站着，警觉地握着已经上膛的手枪，仿佛真的期待能看到些什么。这时伊勒会跳出来站到父亲面前，用极其怪异惊人的方式大喊"呼啦啦！嘿嘿！抓住他！嗨嗨！"接着父亲会问我是不是什么都没看见，而我则要尽可能表现得很惊讶，回答"没有，什么也没有"。诅咒过该死的天气后，我们就动身前往下一个树林，伊勒会尽量自然、信心满满地夸赞这片树林有多么适合玩耍，我们接着重玩一遍这个游戏，就这样持续三四个小时。父亲、伊勒和芬格尔好像一直乐此不疲。除此之外，我们每天要看橘色的屋子两次，羊群一次；每小时要观察房间里的四个温度计一次。如果天气一直不错，我们就依照太阳的运动方向来设定时钟，这些时钟的时间都很接近，只有餐厅的钟会在其他时钟都敲过以后才发出声音……你一定能明白，我要做的事真是太多了，实在抽不出时间去拜访牧师们。

易北河满是冰雪，吹着东南风。产自柏林的最新温度计显示是$8°C$，气压则一直在上升，现在显示为$8.28°C$。我讲这些是想告诉你，如果你给父亲写信，就多谈一谈生活中的琐事，他特别喜欢听这些。告诉他谁去看过你、你去看了谁、晚餐吃了些什么、马儿都怎么样了、仆人们表现如何、门会不会咯吱咯吱响、窗户是不是严实。总之，告诉他一些真实发生的事情。除此之外，他不喜欢我们称呼他"爸爸"，他不喜欢这样的表达。你一定要注意！

奥托·冯·俾斯麦也曾经这样写道：

> 我的信里满是农民式的抱怨：霜冻、病牛、收成差、公路难走、羊羔死了、绵羊挨饿、稻草不够、饲料不够、钱不够、土豆不够、肥料不够，等等，但我实在忍不住要写。屋子外面，约翰还在执着地吹着走调的苏格兰舞曲，很是刺耳，但我不忍心打断他。他不过是想用音乐安抚自己的相思之情。

还有几封长信是奥托·冯·俾斯麦从诺德奈时写的。他很喜欢那里的大海，但限于篇幅，我们不再引述其他内容。只有在这些信及后来写给妻子的信中，我们才能发现奥托·冯·俾斯麦的性情和与生俱来的友善与天真。他热爱自然，也有很强的表达能力，整个德意志乃至其他任何国家都找不到几个比他写信写得更好的人了。

奥托·冯·俾斯麦还是个能力很强、很成功的农民，这一点给邻居们留下了深刻印象。随着时间的推移，当地事务令奥托·冯·俾斯麦十分繁忙。他的兄长伯恩哈德是当地的行政长官，奥托·冯·俾斯麦还曾受任为他的代表。1845年，奥托·冯·俾斯麦当选为波美拉尼亚省议会的议员，同时在申豪森所在的萨克森省议会也占有一席位。此类地方议会是农村地区仅有的代议制政府，权力极其有限。一旦涉及新的法律方案，人们就需要征求地方议会的意见，同时地方议会也被官方视为普鲁士公众议会的有效替代。奥托·冯·俾斯麦的许多朋友，包括兄长伯恩哈德，都敦促他重返政府部门。他们认为奥托·冯·俾斯麦非常适合这样的工作，本来他有可能成为"东普鲁士皇家进步委员"的。

奥托·冯·俾斯麦确实曾尝试重返仕途。1844年年初，奥托·冯·俾斯麦回到波茨坦担任见习法官。因为与上司发生了争执，奥托·冯·俾斯麦担任见习法官的时间并不长。事情是这样的。有一天，奥托·冯·俾斯麦打电话请假，上司让他在接待室等了一个小时。当奥托·冯·俾斯麦终于得到接见时，上司无礼地问道："你想怎么样？"奥托·冯·俾斯麦立即回答："我本来是想请假的，但现在我希望您允许我递上辞职信。"显然，虽然阿谀奉承和服从权威是在政府机构获得升迁的不二法门，但奥托·冯·俾斯麦丝毫不愿如此。辞去波茨坦见习法官一职后，奥托·冯·俾斯麦对普鲁士的官僚作风更是深恶痛绝。

然而，这并不妨碍奥托·冯·俾斯麦以土地所有者的身份履行公职。1846年，奥托·冯·俾斯麦对改善庄园法庭管理的几个提案产生了浓厚的兴趣，希望庄园法庭有所改变，以获得英国体系的某些优势。奥托·冯·俾斯麦也为"种植玉米的贵族们缺乏企业精神、不为公众着想"而扼腕。"很不幸，在世袭权力的笼罩下，大多数乡绅除了计算酬金是否能满足开支，就很难有别的想法了。"不难想象，有这样想法的人自然会被邻居认为是"自由主义者"。然而，当某种制度如其他一切事物一样，在盛极一时的官僚主义侵害下逐渐衰落时，奥托·冯·俾斯麦希望的不过是用一场改革使制度重新焕发生机，并能稳定持久地独立发展。同样是在1846年，奥托·冯·俾斯麦受任耶里肖堤防监察员一职。这一岗位对申豪森和周边的房产非常重要。正如奥托·冯·俾斯麦本人写道："我们会不会时常遭受水患，全要看这个岗位的管理者们是否尽职。"奥托·冯·俾斯麦经常提及水患带来的巨大损失：因易北河的洪水泛滥，他的果树、园子里长得最好的榆树都被淹了，他因此损失惨重。

随着年龄的增长、阅历的增加，奥托·冯·俾斯麦与相似家族的交往越来越频繁。波美拉尼亚是一场古怪的宗教运动的中心。运动的领袖是阿道夫·冯·塔登先生。阿道夫·冯·塔登住在距离奈弗夫仅数英里的特里格拉夫，与冯·森慕福特先生及贝洛家的三兄弟素有来往。他们对当时神职人员宣扬的理性主义信仰深感不满，一心希望强化虔诚之心。阿道夫·冯·塔登在自家组织宗教活动，参加的不仅有村里的农民，还有许多乡绅。他们热切期望路德教[①]的教义能得到最严格的执行，并希望国家能给予教会直接支持。他们的愿

[①] 路德教，基督教新教路德宗的别称。——译者注

望在1840年腓特烈·威廉四世继位时开始获得重视。腓特烈·威廉四世是一个十分虔诚的教徒。在他的统治下，极端路德教派在宫廷中的影响很大。极端路德教派中最具才干的当数冯·格拉赫三兄弟。其中一个叫卡尔·弗雷德里克·奥托·冯·格拉赫，是一个神学家。另一个是恩斯特·路德维希·冯·格拉赫，是萨克森省的总督，与奥托·冯·俾斯麦有许多公务信函往来。第三个是路德维希·弗雷德里克·利奥波德·冯·格拉赫，曾是一名军人。路德维希·弗

腓特烈·威廉四世

约西亚斯·冯·本生

雷德里克·利奥波德·冯·格拉赫对腓特烈·威廉四世感情深厚,对他也产生很大影响——大概只有约西亚斯·冯·本生的影响力能与之匹敌。不过,极端路德教派真正的智慧领袖是神学家弗里德里希·尤利乌斯·施塔尔。

大约从1844年起,奥托·冯·俾斯麦就与这个路德教小团体来往密切,他的朋友莫里茨·冯·布兰肯堡迎娶了阿道夫·冯·塔登的女儿,奥托·冯·俾斯麦也常常到特里格拉夫去。在莫里茨·冯·布兰肯堡的婚礼上,奥托·冯·俾斯麦初遇汉斯·冯·克莱斯特。汉斯·冯·克莱斯特后来成了奥托·冯·俾斯麦最亲密的朋友。据说汉斯·冯·克莱斯特是一个十分讨喜且开朗的人,得体又文雅。他的行为方式与波美拉尼亚常见的行为方式很不同,却令人愉快。汉斯·冯·克莱斯特常常骑马去参加莎士比亚沙龙夜。在沙龙上，汉斯·冯·克莱斯特谈起自己在英国的经历，引得众人开怀大笑。有时他也会参加特里格拉夫的宗教集会。虽然汉斯·冯·克莱斯特从未真正遵守这个团体的所有规矩，但这些长者对他产生的影响在之后十年一直左右着他的政治行为。只要你知道，阿道夫·冯·塔登家中绝对禁止吸烟，甚至连想都不准想，便能理解汉斯·冯·克莱斯特为何从未完全融入他们：其实那时奥托·冯·俾斯麦已经是一个老烟枪。

在遥远的波美拉尼亚的家庭聚会中遇到的这几位先生，数年后改写了整个欧洲的历史。在那里，奥托·冯·俾斯麦初遇阿尔布雷希特·冯·罗恩——布兰肯堡家族的表亲。阿尔布雷希特·冯·罗恩是炮兵部队的一个年轻军官。他

阿尔布雷希特·冯·罗恩

和奥托·冯·俾斯麦经常一同出去打猎。贝洛、布兰肯堡和克莱斯特家族后来成为普鲁士保守党的创立者与领导者，而保守党是奥托·冯·俾斯麦与议会激烈斗争时的唯一支柱。此外，波美拉尼亚家庭聚会上还有几位先生，后来担任了《十字架报》的编辑与撰稿人。

奥托·冯·俾斯麦从这几位先生那里获得的宗教信念深深植根于他的脑海中，这几位先生对他的性格也产生了深刻的影响。奥托·冯·俾斯麦的母亲威廉明妮·路易丝·门肯是一个理性主义者，奥托·冯·俾斯麦并未从母亲威廉明妮·路易丝·门肯那里获得多少宗教修养，反而是这几位路德教的支持者强化了他对君主政治的情感。乍看之下，君主制政府与基督教信仰之间似乎并无必然联结，但对奥托·冯·俾斯麦而言，这两者是紧紧相依、密不可分的，只有宗教信仰能够让他在一种极端排斥人类自然理性的政体中如鱼得水。多年后奥托·冯·俾斯麦曾说："如果我不是基督教教徒，我就会是共和党人。"基督教成为他对抗革命与社会主义的唯一支撑。奥托·冯·俾斯麦不会沉溺于风花雪月，也不会因皇室的浮华与礼节而失去判断力。他固执、独立，不会勉强顺从任何一个人的专制统治。只有当国王代表某种更高等的力量行使权威时，奥托·冯·俾斯麦才愿意顺从国王。奥托·冯·俾斯麦习惯坚决尊重自己的想法，从而得出应有的结论。国王的权力来自哪呢？只有两个答案，要么来自人民，要么来自上帝。如果来自人民，那么是否还要在形式上维持君主制就只是是否便于执政的问题了。人们在是选择国王由人民任命、受议会牵制的君主立宪政体，还是选择明确无疑的共和政体这个问题上根本就不会犹豫不决。几乎所有与奥托·冯·俾斯麦同时代的人都坚信王权来自人民，但他刻意否认这一点。奥托·冯·俾斯麦并不认为人民之声就是上帝之声。王权来自人民的想法首先难以符合他的道德观念，因为这似乎将公共生活中的一切都交由兴趣和志向来决定，全然不顾责任；这种想法也无法满足他的批判性思维，因为"人民"一词在他看来是个模糊不清的概念。是服务于人民、还是服务于君权神授的国王，旋即成为需要通过斗争解决的问题。

奥托·冯·俾斯麦与几位邻居的关系在他婚后变得更加密切。1847年年初，奥托·冯·俾斯麦与约翰娜·冯·普特卡默小姐订婚。他们是在莫里茨·冯·布兰肯堡家中初次相遇。约翰娜·冯·普特卡默来自一个温和、虔诚的家庭，据说最初她的母亲在听闻女儿约翰娜·冯·普特卡默打算与"疯子俾斯麦"成婚时，感到十分担忧。奥托·冯·俾斯麦在写给妹妹玛尔维娜的一封信中宣布了订婚一事。信中奥托·冯·俾斯麦用了用英文写的这样的两个字——"挺好"。婚礼还没来得及举行，奥托·冯·俾斯麦的人生就再次迎来了新的机遇——作为底层贵族的代表，他必须要参加在柏林召开的三级会议。从这一刻起，奥托·冯·俾斯麦的人生就与国家的历史紧紧交织在一起了。

第 3 章

维也纳会议及 1848 年革命

奥托·冯·俾斯麦是普鲁士国王的子民，但普鲁士毕竟只是德意志的一部分。然而，此时的德意志并没有什么实际权力，只不过是一个地理名词罢了。中世纪的皇帝们从未成功建立起领导整个德意志的永久权威，一度几乎实现的统一状态也因宗教改革土崩瓦解。法国大革命后，名义上实现统一的神圣罗马帝国彻底被推翻。1815年法兰西旧王朝复辟①时期，重组德意志也是维也纳会议的一项主要任务。最终政治家们未能完成这项任务，所有复兴神圣罗马帝国的提案都遭到否决。这主要是因为奥地利皇帝弗朗茨一世，即神圣罗马帝国的末代皇帝弗朗茨二世不愿恢复"神圣罗马帝国皇帝"的头衔。法国大革命后的德意志被分成三十九个邦国。其中奥地利是欧洲面积最大、人口最多的君主国之一，但奥地利有一半以上的省份以意大利人、斯拉夫人和匈牙利人为主。奥地利皇帝弗朗茨一世统治着两千多万德意志人。在规模和实力方面仅次于奥地利的邦国是普鲁士，其后是萨克森、汉诺威、巴伐利亚和符腾堡。这些邦国的人口数量从两百万到五百万不等。剩下的还有三十几个邦国，其中最小的仅有数千人。依据维也纳会议召开前通过的准则，每一个邦国均被视为完全独立的君主国，拥有自己的法律和宪法。既然承认各邦国的独立，那就不可能建立

---

① 旧王朝复辟，指拿破仑一世退位后波旁王朝路易十八复辟。——译者注

法兰西旧王朝复辟寓言：寓意路易十八将法兰西从废墟中拯救出来

维也纳会议

共同政府。奥地利和普鲁士谁也不会屈从于谁,更不愿屈从于任何外部权威;巴伐利亚国王马克西米利安一世和符腾堡国王腓特烈一世都对奥地利和普鲁士的独立状态羡慕不已。在德意志各邦国之间,唯一可能实现的是建立一个永久的攻守同盟。为便于处理共同事务,各邦国商定在法兰克福召开议会。但该议会仅仅是外交官联络会。外交官们须依据自己邦国政府的指示行事,无法对

巴伐利亚国王马克西米利安一世

符腾堡国王腓特烈一世

德意志人直接行使权威。从官方立场看,每个德意志人都可能是普鲁士国王、罗伊斯亲王或魏玛大公的国民,视具体情况而定,所以并不存在统一的德意志的军队、德意志的法律或德意志的教会,同时不可能设立任何全德意志的共同机构,因为没有邦联各成员的一致同意,便不能做出任何改变。

维也纳会议令人十分失望,引起了德意志知识分子的强烈不满。反抗拿破仑一世的战争引发了十分强烈的民族情感,但新的政治体制无法满足这样的情感需求。当人们发现议会不仅毫无用处,反而只是极力压制自由时,不满情绪就更加高涨了。克莱门斯·文策尔·冯·梅特涅是一个能力出众的外交官,他知道当时普遍盛行的自由主义和民族主义思想将对奥地利的存在构成致命威胁,便试图在奥地利和德意志压制自由主义与民族主义。在意大利,他也是这样做的。很不幸,尽管腓特烈·威廉三世的利益实际上与奥地利的完全不同,但腓特烈·威廉三世还是被克莱门斯·文策尔·冯·梅特涅说服,采取镇压政策。若普鲁士与奥地利这两大强国联手,便可将两国意愿强加给德意志。两国通过法兰克福议会强行推进一系列措施。这些措施旨在限制出版自由、控制高校及镇压民主言论。

克莱门斯·文策尔·冯·梅特涅

腓特烈·威廉三世

普鲁士与奥地利的强制措施引发了德意志人民的强烈不满。人民尤其是对普鲁士感到不满。1830年七月革命爆发后，多个德意志邦国发生骚乱，但奥地利和普鲁士仍凭借强大的力量固守旧制，与德意志的整体思路针锋相对。南部的一些小邦国开始实施议会政体，自由党人则树立了更宏伟的目标：在普鲁士也建立起议会。

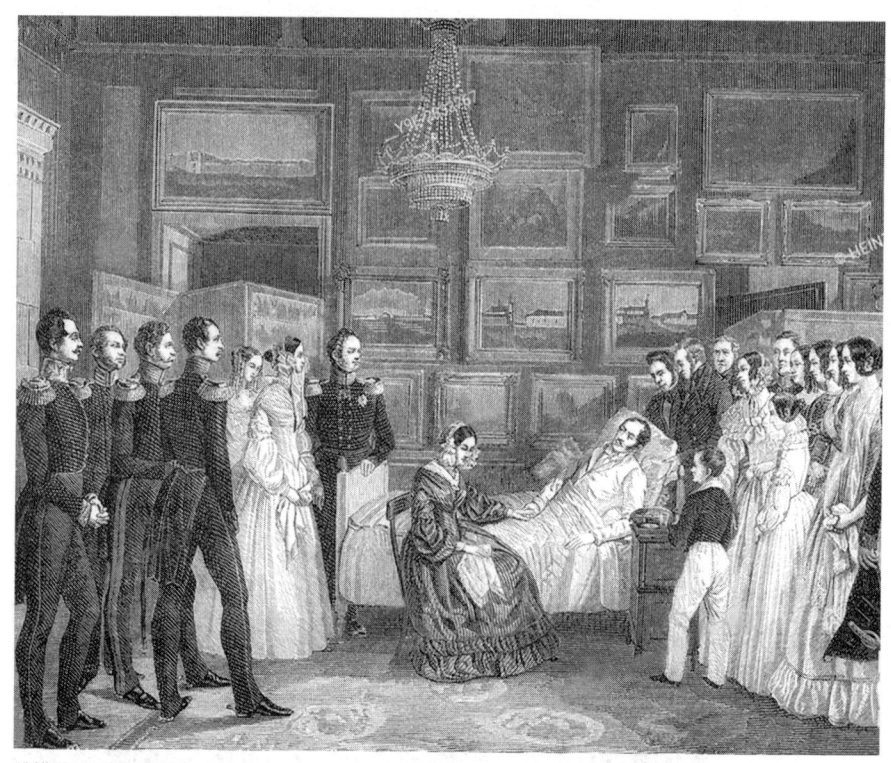

腓特烈·威廉三世驾崩

　　1840年，腓特烈·威廉三世驾崩。他的儿子腓特烈·威廉四世即位。腓特烈·威廉四世学识渊博、品格高洁、志向远大，但对于自己国民在政治上的现代化需求毫无理解。腓特烈·威廉四世生于浪漫主义运动①时期，作为普鲁士这个欧洲最年轻君主国的领袖，他觉得中世纪比现在这个时代更令人自在。腓特烈·威廉四世和那些向让-雅克·卢梭②和路易·勃朗克③学习政治、向大

---

① 浪漫主义运动，18世纪末发源于欧洲的艺术、文学、音乐与文化运动，其特点是强调情感与个性、赞颂过往与自然。——译者注
② 让-雅克·卢梭，18世纪法兰西启蒙思想家、哲学家、教育家、文学家，民主论政家和浪漫主义文学流派的开创者，启蒙运动代表人物之一。——译者注
③ 路易·勃朗克，法兰西政治家及历史学家，支持改革的社会主义者，主张建立合作社以保障城市贫民就业。——译者注

卫·弗雷德里克·施特劳斯①学习宗教的人们，很难产生共鸣。人们曾经希望腓特烈·威廉四世迅速将代议机制引入普鲁士，但腓特烈·威廉四世拖延了许久，久到当代议机制最终被付诸实施时，人们已感受不到一丝皇恩。1822年颁布的一道皇家法令规定任何新贷款项目都需要经当选代表集会同意方能批准。由于建设铁路需要贷款，依据1822年颁布的皇家法令，1847年年初，腓特烈·威廉四世不得不首次召集联合议会。

自此，腓特烈·威廉四世不小心触动了一股他无法掌控的力量。腓特烈·威廉四世曾希望能够将贵族代表、城市代表和农民代表都聚拢在自己身边，希望这些满怀尊崇聚集在他身边的代表们能够为他的王权增光添彩，希望这些代表们能在投票支持所需的借贷后解散，但他真是大错特错了！普鲁士的国民们多年来一直关注着英国与法兰西的议会政体，那才是他们一心向往的制度，但如今摆在他们面前的是中世纪遗产的现代复制品。普鲁士的国民们认为自己已足够成熟，有能力也有权力管理自己的国家，但腓特烈·威廉四世还把他们当成孩子。此前腓特烈·威廉四世的种种行径已经令他们非常反感，联合议会的开幕典礼使这种反感达到了顶峰。腓特烈·威廉四世全然不顾大多数国民对正式成文宪法的渴望，在开幕致辞中特别强调，他绝不会允许"用一张纸将他与上帝分隔开来"。

奥托·冯·俾斯麦能成为联合议会的议员其实是一个意外：一个参会代表病倒了，奥托·冯·俾斯麦前去顶替他。一个寂寂无闻的年轻人从此开始履行他在议会的职责。奥托·冯·俾斯麦不属于任何党派，但他在波美拉尼亚结交的朋友们对他的政治观念产生了深刻影响。奥托·冯·俾斯麦的政治观念在冲突中进一步强化，并随着他阅历的增长而愈加稳固。在最初的几场辩论中，奥托·冯·俾斯麦始终保持沉默。但听到自由党多数派的言论后，他越来越愤

---

① 大卫·弗雷德里克·施特劳斯，德意志自由派新教神学家、作家。他是从历史角度研究基督的先驱。他对"历史上的基督"的描绘及对其神性的否认，影响了当时普遍信奉基督教的欧洲。——译者注

让-雅克·卢梭

路易·勃朗克

大卫·弗雷德里克·施特劳斯

怒。自由党多数派对什么都不满意。在制定财政措施时，他们不是积极地与政府合作，而是开始讨论和批评召集他们前来的那份公告。的确，值得批评的内容有不少：各个等级的人数分布不合理，导致地主往往比市民代表获得更多选票；议员们甚至没有定期召开会议的权力；腓特烈·威廉四世只会在需要更多资金时才被迫再次召开议会。自由党多数派不仅要求获得更大权力，还说这是他们应有的权利；他们还坚称以现有形式召集的议会并不符合法律的初衷；当被要求通过东普鲁士修建铁路的贷款申请时，自由党多数派选择了拒绝，理由是此次议会的召开并不符合条件。

奥托·冯·俾斯麦对这一切忍无可忍。他担心腓特烈·威廉四世的行动会落得一场空。腓特烈·威廉四世固然有许多言论不够慎重，但事实上他仍迈出了决定性的一步。普鲁士既然已有议会，议会就将一直存在。自由党多数派应采用一种友好的态度，而不是试图逼迫腓特烈·威廉四世做出让步。最令奥托·冯·俾斯麦感到愤怒的是这样的一种观念：普鲁士人民凭借自己在德意志解放战争中贡献的力量赢得了宪政。对此，奥托·冯·俾斯麦反驳道：

> 在我看来，如果外国统治者带给普鲁士人的折磨与屈辱不足以使普鲁士人热血沸腾，我们对外国人的憎恨之情不足以成为左右一切的情感，那对我们的国格必是有害而无益的。

有人说奥托·冯·俾斯麦并未生活在那个时代，他答道：

> 我当时尚未出生，这毫无争议。我生不逢时，未能参加德意志解放战争，这真的令我感到十分遗憾。但因为我刚刚听到的那番话，我的遗憾消减了许多。我曾一直以为，我们在解放战争中抗击的是来自他国的奴役，但我刚刚才明白，这样的奴役就存在于我们国内。各位以我并未生活在那个时代为由诋毁我，对此我深恶痛绝。

格奥尔格·冯·芬克

自由党领袖中最有才能的是格奥尔格·冯·芬克。格奥尔格·冯·芬克来自威斯特伐利亚一个历史悠久的家族,父亲是位高级官员。格奥尔格·冯·芬克诚实而独立,但这两种优点在他身上表现得有些过火。他天生就应该是反对派领袖。格奥尔格·冯·芬克专横跋扈、咄咄逼人、难以取悦;他的身材粗壮矮小,面庞和头发都是红色的,看起来更像是农民而非贵族。不过,他善于雄辩,言辞激烈,令对手尊重甚至畏惧。彼时奥托·冯·俾斯麦名不见经传,但两人之间的对抗已经开始。这种对抗甚至持续了近二十年,直到格奥尔格·冯·芬克退出政坛,奥托·冯·俾斯麦赢得胜利,成为众所周知的国家领导者为止。只是在当时,年轻的奥托·冯·俾斯麦要与一个经验丰富且有权有势的领袖交锋,的确需要不小的勇气。

格奥尔格·冯·芬克是个坚定的自由党人,但他秉持英式自由主义,而非普鲁士式自由主义。法治一直是格奥尔格·冯·芬克研究的主题。他曾研习英国历史。当时所有自由党人都要阅读亨利·哈勒姆或弗朗索瓦·基佐和弗里德里希·克里斯托弗·达尔曼的著作,为实现自己的理想做充分的准备。对于约

弗朗索瓦·基佐

弗里德里希·克里斯托弗·达尔曼

翰·皮姆和约翰·汉普登，格奥尔格·冯·芬克如数家珍，并希望效仿他们。英国议会凭借一份权利请愿书和一项权利法案赢得了权力，格奥尔格·冯·芬克希望普鲁士也能如法炮制。但格奥尔格·冯·芬克忽略了这样一点：英国人可以诉诸特许状和长久以来的特权，而在普鲁士，君主的绝对权力是整个国家得以建立的无可争议的基础，且人们的自由或财产仰赖的每一部法律必须经过国王的宣告才可生效。

尽管奥托·冯·俾斯麦的知识面或许没有格奥尔格·冯·芬克那么广，但奥托·冯·俾斯麦能更深刻地理解英国的特性，这也许是因为奥托·冯·俾斯麦十分熟悉自己国家的国情。奥托·冯·俾斯麦奋起反驳对手对普鲁士与英国的种种比较，认为普鲁士自己的问题只能用自己的方式来解决。

与其他国家比较总有不当之处……大革命[①]时期英国民众的情况与今日普鲁士民众的情况也是极其不同的。经历了一个世纪的革命和内战，英国已经完全能够消解王权，奥兰治亲王威廉[②]也接受了所有附加条件。然而，普鲁士的王权实际上有着至高无上的权力。普鲁士的王权承蒙神恩而非来自民众。它已自愿让渡了部分权力给民众，这在历史上罕有先例。

奥兰治亲王威廉

---

① 指英格兰清教徒革命。——译者注
② 奥兰治亲王威廉，即英王威廉三世，他于1689年接受了《权利法案》并登基成为英国国王，还于1701年接受了《王位继承法》。——译者注

奥托·冯·俾斯麦最长、最重要的一次演说意在捍卫基督教君主制，这也表明了波美拉尼亚的朋友们对他产生的重大影响。这次演说针对的是一项增加犹太人特权的提案。奥托·冯·俾斯麦说道：

> 我并不敌视犹太人，即使他们成了我的敌人，我也会原谅他们。我热爱他们，也乐意给予他们各种权利——除了让他们在一个基督教国家执掌权威部门。但这偏偏正是犹太人当下要求的：他们要求担任行政长官、将军、部级大臣，甚至在某些情况下，要担任宗教与教育部门的大臣。我承认自己怀有偏见。正如我之前说的，这种偏见在我还是婴孩时就形成了，我如何辩解也无法否认。一旦想起一个犹太人代表着国王的神圣权威与我共事，而我还必须服从他，我不得不承认，我会感到深深的沮丧和绝望，我为国家尽职履责获得的由衷的自豪感将荡然无存。我与大多数底层人民抱有同样的看法，我并不为此感到羞耻。

在谈到"基督教国家"时，奥托·冯·俾斯麦说：

> 基督教和所有欧洲国家一样历史悠久，是欧洲各国的立国之基。如若没有宗教作为基础，一个国家就无法安全地存续。对我而言，信奉基督教的统治者头衔之前的"托上帝洪福"并非一句空话，这表明统治者们热切期盼并遵循着上帝在人间的意旨，执掌着上帝赋予的王权。至于上帝的意旨，我只认可《基督教福音》中阐明的内容。我相信基督教教义的实现是国家的终极目标，但我并不认为犹太人能帮助我们更接近这一目标……如果我们失去了基督教这一基础，我们的国家便只是权力的偶然集合，是应对人与人之间战争的某种壁垒。古代哲学便阐释了这样的观点。因此，先生们，我们不要

把基督教从人民那里夺走,不要迫使他们不再相信我们的法律的源头是基督教、我们国家的目标是实现基督教教义——即便这一目标最终无法达成。

可想而知,阿道夫·冯·塔登一定为奥托·冯·俾斯麦感到骄傲。"我当然不想和奥托·冯·俾斯麦较量,"阿道夫·冯·塔登这样写道,"在最后几场辩论中,他又有许多极其出色的言论。"在另一封信中,阿道夫·冯·塔登称:"我十分喜爱奥托·冯·俾斯麦。"更重要的是,腓特烈·威廉四世觉得这些也是他的肺腑之言。

在对手中,奥托·冯·俾斯麦同样声名显赫。对手们不知疲倦地重复着各种老掉牙的谈资,嘲笑奥托·冯·俾斯麦"还是婴孩时就形成"的那些中世纪的观念。

此次集会结束后,奥托·冯·俾斯麦带着赞誉回到波美拉尼亚。人们视他为严厉而顽固的保守党内冉冉升起的新星。1847年8月,奥托·冯·俾斯麦成婚时,新娘约翰娜·冯·普特卡默的舅舅——年轻的汉斯·冯·克莱斯特提议为新郎的健康干杯,并预言道:在他们当中有另一位萨克森的奥托已经出现,他对自己国家的贡献将与八百年前的那位同名者①一样伟大。三十年后,在奥托·冯·俾斯麦的长女玛丽·冯·俾斯麦的婚礼上,时任波美拉尼亚省总督的汉斯·冯·克莱斯特提议为新郎的健康干杯,并提起了自己三十年前那些半开玩笑的无心之言。汉斯·冯·克莱斯特的预言成真了,但预言成真的同时意味着奥托·冯·俾斯麦失去了很多早期的友情。多年后,奥托·冯·俾斯麦获得的所有荣光也未能补偿年轻时那些令人愉悦的信任与亲密。

带着所有朋友的美好祝愿,奥托·冯·俾斯麦和年轻的妻子约翰娜·冯·普特卡默踏上了新婚蜜月之旅。他们途经奥地利去往意大利。在威

---

① 八百年前的那位同名者,即奥托一世,史称奥托大帝,是神圣罗马帝国第一位皇帝。——译者注

奥托·冯·俾斯麦夫妇

尼斯,奥托·冯·俾斯麦偶遇腓特烈·威廉四世。借此机会,腓特烈·威廉四世和这位在联合议会上表现出众的男子详谈了多次。初冬时节,夫妇二人回到申豪森居住,开始他们宁静的乡间生活。但命运另有安排。一场酝酿已久的风暴终于爆发,并席卷了整个欧洲,奥托·冯·俾斯麦也被卷入其中。此后,奥托·冯·俾斯麦便一心扑在公务上。他和妻子约翰娜·冯·普特卡默在家族老宅共度的时间加起来不过数月,直到四十多年后,他才再次享受早年的安逸闲适。

1848年2月月底,巴黎爆发革命,革命的影响力迅速蔓延到德意志。德意志随时也有可能爆发革命。奥托·冯·俾斯麦很快就听到了各种消息:先是

威廉·腓特烈·路德维希

德意志南部发生骚乱，接着德累斯顿和慕尼黑①的内阁沦陷；数日之后，据说维也纳也发生了革命。对德意志而言，奥地利起义是某种信号。1848年3月18日，柏林爆发了革命，腓特烈·威廉四世承诺制订宪法。在柏林街头，士兵与民众发生了激烈的战斗，最终腓特烈·威廉四世向暴民投降，并命令军队撤出柏林。他自己则险些被囚禁在王宫中，只剩一支民间国民自卫军守卫了。腓特烈·威廉四世遭到了民众的羞辱，他的弟弟威廉·腓特烈·路德维希②也不得

---

① 当时，德累斯顿和慕尼黑分别是萨克森王国和巴伐利亚王国的首都。——译者注
② 威廉·腓特烈·路德维希，即后来的德皇威廉一世。——译者注

不离开柏林,远走他国。对于腓特烈·威廉四世的节节败退,德意志人民表现出了难以名状的狂热与兴奋——言论自由了,他们很快也要自由、强大起来了。当权者的所有抵抗都失败了,似乎再没有什么能够阻碍人民建立他们理想中团结、自由的德意志。人民成功发动了一场革命,成了一个有政治信仰的阶层,并向世界宣告:德意志的自由可与英国和法兰西匹敌,拥有了自由的德意志人很快也将拥有宪法。奥托·冯·俾斯麦对此并不认同,他眼中只有他推崇的君主制和腓特烈·威廉四世——尽管这位他尊敬和爱戴的国王过错甚多,受尽羞辱,甚至比耶拿会战①遭遇的大败更加不堪。战场上还有机会反败为胜,然而,此时腓特烈·威廉四世的敌人是自己的同胞,是普鲁士的国民把他变成了整个欧洲的笑柄。仅仅数月之前,奥托·冯·俾斯麦还在呼吁国王和人民之间不该丧失信任,这才是普鲁士最美好的传统。而如今,在无数士兵和国民流血牺牲后,这样的信任还能重建吗?奥托·冯·俾斯麦觉得仿佛被人狠狠打了一记耳光,因为对他而言,国家颜面无存,便是他颜面无存。奥托·冯·俾斯麦万般愤恨,难过至极,脑中只有两个念头:第一,让腓特烈·威廉四世重获勇气与信心;第二,报复那些令普鲁士颜面尽失的人。不过,无论如何,奥托·冯·俾斯麦都不会考虑直接对抗革命。他给腓特烈·威廉四世写了封信,信中满是忠君爱国的热切言辞。奥托·冯·俾斯麦对腓特烈·威廉四世说自己还认识一些可以信赖的人。据说,此后的几个月,这封信一直被放在腓特烈·威廉四世的写字台上,陪伴他度过了那可怕的一年。奥托·冯·俾斯麦随后动身赶往柏林,准备在必要时拿起刀剑保卫腓特烈·威廉四世。这完全没有必要,因为腓特烈·威廉四世安然无恙了。虽然腓特烈·威廉四世安然无恙,但实际情况比奥托·冯·俾斯麦担心的更糟。因为腓特烈·威廉四世投降了,并做出了对普鲁士来说是致命的决定:普鲁士将融入德意志。

---

① 耶拿会战是1806年10月发生在拿破仑一世率领的法军和腓特烈·威廉三世率领的普鲁士军队之间的战斗,最终普军惨败,普鲁士被迫向法兰西屈服,直至1812年才重新加入第六次反法同盟。——译者注

柏林革命,军队与革命者在柏林城内交战

维也纳革命,革命者在城内街道上建起路障

在波茨坦，奥托·冯·俾斯麦找到了在护卫队和宫廷里工作的老朋友。他们都陷入了绝望，沉默不语。腓特烈·威廉四世都已经放弃了，那么他们又能做些什么来挽救君主制呢？他们中甚至有些人说要向俄罗斯帝国沙皇尼古拉一世求助。沙皇尼古拉一世主动提出要帮助普鲁士恢复君主制。沙皇尼古拉一世愿意领导普鲁士军队，甚至必要时要与腓特烈·威廉四世为敌也在所不惜。奥托·冯·俾斯麦在亚琛的老上级阿道夫·海因里希·冯·阿尼姆伯爵已

沙皇尼古拉一世

经领导了一个由自由党组成的内阁；普鲁士军队被派往石勒苏益格-荷尔斯泰因，去支援当地人与丹麦人的战斗；各部大臣都赞成波兰自治；普鲁士即将成立制宪议会，由该议会制定新宪法。在这样的形势下，奥托·冯·俾斯麦决定拼尽全力：他回到申豪森，开始收集人们声明效忠腓特烈·威廉四世的签名，希望借人们对国家的忠诚来对抗城市的激进主义，让腓特烈·威廉四世重拾信心。之后，奥托·冯·俾斯麦又迅速回到柏林参加三级会议。这次匆匆召集的会议旨在为换届选举做好准备。有人提议发表一次演说，感谢腓特烈·威廉四世做出的让步。奥托·冯·俾斯麦表示反对，但几乎无人支持他。奥托·冯·俾斯麦说：

> 过去这六个月并未改变我的看法。过去的已经被埋葬，我比你们任何一个人都更遗憾，因为没有任何人能够将它重新唤醒。然而，正是我们的国王亲手将最后一抔土撒在了棺材上。

只有奥托·冯·俾斯麦和阿道夫·冯·塔登两人反对这次演说。"今时今日要扬名立万太容易了，"阿道夫·冯·塔登说，"只要有点儿胆量就能做到。"

胆量的确是必不可少的。柏林笼罩在恐怖之中。新成立的国民自卫军无力维持秩序，几乎没有人敢在街上行走。柏林到处是波兰叛乱分子，其中有许多刚刚出狱。国民议会虽得以召开，却成了极端共和党人的机构。所有比较温和、地位较高的人士都希望成为德意志联合议会代表。该议会正在法兰克福召开会议，目的是为整个邦联确立新宪法。党派之间的势力平衡很快发生了变化：数月之前仍是自由党领袖的格奥尔格·冯·芬克发现，在法兰克福，他被视为极端保守派，而相较于柏林，法兰克福的温和自由派特征更加显著。在此时的德意志，一位普通的英国激进分子会被视为保守的反动派。奥托·冯·俾斯麦并未积极参选哪个议会的代表，他认为自己参与议会讨论也无济于事。对奥托·冯·俾斯麦而言，议会召开会议的行为本身就违反了法律，是有碍国家福祉的。他在议会中找不到合适的位置。两个议会都是制宪议会：一个议会的职责在于建立新的德意志，另一个则旨在建立新的普鲁士，两者对外宣称的目标都是复兴自己的国家。奥托·冯·俾斯麦认为普鲁士不需要复兴，他坚信普鲁士的未来必须以其历史为根基。奥托·冯·俾斯麦并不太在意德意志发生了什么，他只是看到：所有复兴德意志的提案要么意味着普鲁士将要瓦解，要么意味着普鲁士国王要服从外国议会的命令。

1848年夏，奥托·冯·俾斯麦尽其所能地向报纸投稿，批评波兰政府的政策，为遭到抨击的地主和乡绅们辩解。数月之后，柏林的无政府状态升级，

19世纪40年代末的奥托·冯·俾斯麦

议会斗争越发激烈，政府愈加无能。奥托·冯·俾斯麦和几位朋友决定用一种更有组织的方式发出声音。在岳父位于莱茵菲尔德的住所里，奥托·冯·俾斯麦与汉斯·冯·克莱斯特和亚历山大·埃瓦尔德·冯·贝洛决定集中柏林城中的名人召开一次会议，共同讨论当前的局势。他们召开的会议比国民议会召开的会议更显公平正义，因为国民议会中鲜有保守党议员或温和的自由派议员列席。即便保守党议员及温和的自由派议员发声，也会受到暴民的威胁，受到阻拦，无法进入议会。奥托·冯·俾斯麦和朋友们还创办了一份报纸，这是更具有长远影响的事，体现了基督教君主制的基本原则。1848年7月，《新普鲁士报》创刊号发行。它还有一个更广为人知的名字——《十字架报》，这是以该报所属党派命名的。该报纸的创办人有弗里德里希·尤利乌斯·施塔尔、格拉赫三兄弟和奥托·冯·俾斯麦的几位老朋友。当然，奥托·冯·俾斯麦也是该报纸的创办人之一。奥托·冯·俾斯麦时常投稿，身在柏林时他几乎每天都在办公室工作，而一旦身处乡村他便写些谈论农事的文章。他在这方面的确有发言权。

这些做法自然引起了占支配地位的自由党与革命党的关注与敌意。人们控诉所谓的"容克"怀揣反动目的，意图复辟君主专制政体。事实上，恢复君主专制政体的确是容克们期望的，但他们只是在履行自己所属的社会阶层的社会责任。如果容克们无所作为，眼睁睁看着他们珍视的各项制度遭到倾覆而不尝试反抗，那就是纯粹的懦弱与怠惰。在如此巨大的危机中，必须有莫大的勇气才能挺身而出，阻止革命。一开始，容克们通过宪法和法律手段来遏制革命，这树立了很好的榜样。容克们向世人表明，普鲁士拥有贵族，并且是毫不畏惧的贵族，即使遭到国王的抛弃，他们仍会孤军奋战。在最危险的时刻，容克们成立了保守党。事态发展至此，一个有组织的保守党才是那个时代那个阶层的主要需求。

然而，最初这个保守党的影响力很小。因为一个维护君主的党派要获得成功，必然要依附于国王，但此时的国王腓特烈·威廉四世尚未下定决心与自由党顾问决裂。奥托·冯·俾斯麦常常现身宫廷,似乎已经有了一定的影响力。奥托·冯·俾斯麦对腓特烈·威廉四世本人及其他伙伴都始终宣扬勇气与决心。他常常对腓特烈·威廉四世敞开心扉,并得到路德维希·弗雷德里克·利奥波德·冯·格拉赫的声援。两人因此建立了十分亲密的关系。然而,在很长一段时间里,他们两人的劝告都无济于事。不过,1848年秋天发生的一系列事件表明某些决定迫在眉睫:柏林的暴民攻击了放置武器的柏林军械库;议会正在草拟宪法,意图架空腓特烈·威廉四世;当时还通过了一项决议,呼吁各部大臣要求所有军官脱离反对新秩序的军队。这次危机是由维也纳的几桩事件引

路德维希·弗雷德里克·利奥波德·冯·格拉赫

约瑟夫·耶拉契希

发的。1848年10月，奥地利将领约瑟夫·耶拉契希和阿尔弗雷德·坎迪杜斯·斐迪南-温迪施格雷茨率领奥地利军队攻入维也纳，宣布戒严令，强行推翻了革命政府。腓特烈·威廉四世这才下定决心依靠军队推翻革命政府。据说是奥托·冯·俾斯麦亲自向腓特烈·威廉四世提议由哪几位部级大臣担此重任，其中最重要的几位包括腓特烈·威廉四世的叔父、时任首相的勃兰登堡伯爵弗里德里希·腓特烈和与奥托·冯·俾斯麦一样在三级会议上名声大噪的普鲁士贵族奥托·特奥多尔·冯·曼陀菲尔。奥托·冯·俾斯麦常与显要人物交好，像鼓励腓特烈·威廉四世那样鼓励他们，并秘密协助他们，为发起关键行动做好准备。路德维希·弗雷德里克·利奥波德·冯·格拉赫提名奥托·冯·俾斯麦担任

阿尔弗雷德·坎迪杜斯·斐迪南-温迪施格雷茨

勃兰登堡伯爵弗里德里希·腓特烈

奥托·特奥多尔·冯·曼陀菲尔

弗里德里希·斐迪南·冯·博伊斯特

部级大臣，但遭到腓特烈·威廉四世的拒绝。腓特烈·威廉四世在一张纸的边缘写下了几个表明奥托·冯·俾斯麦特征的词："激进的保守分子、充满血腥味、将来必大有作为。"奥托·冯·俾斯麦说话一向犀利，有时甚至连有些与他素有往来的人都感觉不适。萨克森外交大臣弗里德里希·斐迪南·冯·博伊斯特当时身在柏林。当他与奥托·冯·俾斯麦初次见面时，两人谈论起奥地利政府处决了罗伯特·布鲁姆——维也纳围城期间的主要煽动者。弗里德里希·斐迪南·冯·博伊斯特谴责这次处决是"政治谬误"。"不，您错了，"奥托·冯·俾斯麦说道，"若是我的敌人落入我手中，我也会将他捏碎。"

后来事态的发展与奥托·冯·俾斯麦的预判完全吻合：除了胆量和决心，什么都不需要。在勃兰登堡伯爵弗里德里希·腓特烈被任命为首相后，弗里德里希·格拉夫·冯·弗兰格尔麾下的普鲁士军队再次进驻柏林，并宣布柏林进入戒严状态。随后议会接到命令：转移会址到勃兰登堡。但议会拒绝接受命令，随后便被强行驱离会场。由于勃兰登堡的与会代表无法达到法定人数，议会因此被解散。腓特烈·威廉四世利用自己的权威发布了新宪法，随后召集了新议会商讨并批准这部宪法。凭着训练有素的军队，腓特烈·威廉四世没有损伤一兵一卒便重拾了权威。

奥托·冯·俾斯麦参与了新议会的竞选，因为他可以接受召集议会的理由。奥托·冯·俾斯麦代表西哈弗尔地区出席会议，该地区是原边境地区首府勃兰登堡所在地。奥托·冯·俾斯麦以反对革命者的身份发声："各位，我们必须支持政府采取的打击革命的路线，革命威胁着我们每一个人。""不与革命和解"是他所属党派在宣言中提出的口号。奥托·冯·俾斯麦向选民们保证，他将兢兢业业、竭尽所能，恢复国王与人民之间原有的信任，后来他确实做到了。这届议会中，极左派仍占支配地位。在一次面向腓特烈·威廉四世的演说中，极左派要求柏林取消戒严，并要求腓特烈·威廉四世宣布特赦1848年3月18日参与斗争的人们。奥托·冯·俾斯麦认为斗争其实并未结束，不应该宽恕这些人。因此，奥托·冯·俾斯麦对取消柏林戒严的要求表示反对。因为正如他所言："武装暴民对言论自由的威胁比普鲁士的军人们更大。"同时，在奥托·冯·俾斯麦最精心构思的一次演说中，他也明确反对特赦："特赦，是国王的权利，而不是议会的权利。"此外，反复施行特赦将逐渐淡化人民的法律意识，进而传播这样的思想：国家的法律实施取决于斗争，每一个憎恶法律或认为法律不公正的人都有权无视法律。大概没有哪一位读过这一年的欧洲历史的人会质疑此言的正确性。之后，奥托·冯·俾斯麦还谈道：

> 我投票反对特赦的第三个理由是人性。这一年发生的原则性斗

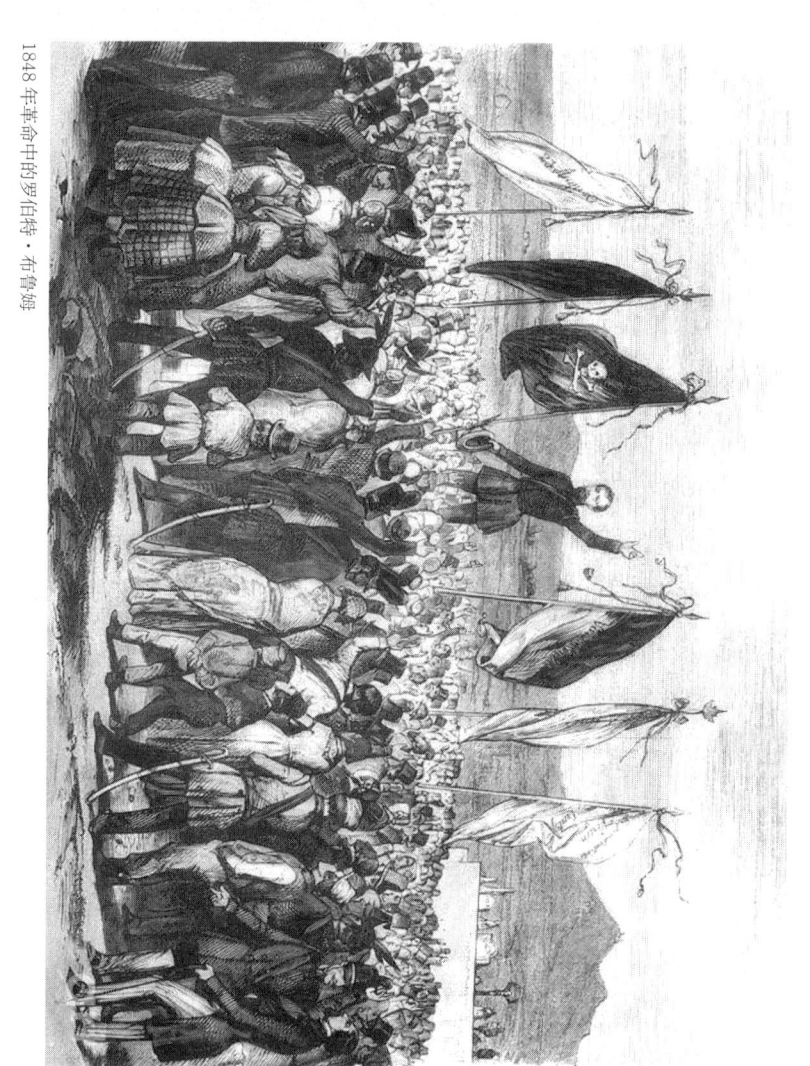

1848年革命中的罗伯特·布鲁姆

处决罗伯特·布鲁姆

争已使整个欧洲支离破碎,再无和解的可能。斗争双方依据的原则完全相反。一方声称立法的根基在于"人民的意志",但事实上是由斗争中占上风者来制定法律;另一方则依赖上帝创造的权威,即蒙恩于上帝而获得的权威,并力求使自身的发展与现有的、宪法规定的法律地位形成有机关联……有关这两种原则的决定不能依靠议会辩论或是十一票所形成的议会多数而做出,指引这场斗争的上帝迟早会做出严酷的裁决。

奥托·冯·俾斯麦的此番发言获得了众人喝彩。不仅是与他同一阵营的人,甚至还有站在他对立面的人们。恰好在当时发生了几件事,表明了上述言论的正确性。奥托·冯·俾斯麦这番话发表于1849年3月22日。1849年3月23日,诺瓦拉战役①爆发,意大利爱国者们的最后一线希望破灭了。数月之内,奥地利军队开展了一系列报复性行动,疯狂压制伦巴第和威尼西亚的起义运动。沙皇尼古拉一世派遣军队支援年轻的奥地利皇帝弗朗茨·约瑟夫一世,使匈牙利俯首称臣。普鲁士军队镇压了萨克森和巴登孤注一掷的最后一次叛乱。革命纷纷失败,却毫无例外地培养了一批新的军事力量,比遭到倾覆的那一支更加坚强、残暴、冷酷。欧洲的控制权从奥地利首相克莱门斯·文策尔·冯·梅特涅和法王路易·菲利普一世手中落入到沙皇尼古拉一世、新任奥地利首相费利克斯·施瓦岑贝格和法兰西第二共和国总统拿破仑三世手中。

后来的腓特烈·威廉四世用权审慎,党派之间的冲突虽仍在继续,但一直都在合法范围内、遵循着宪法的形式。

国民议会因坚持要求如革命中所有议会那样支配执政府而遭到解散。1849年8月,新议会被召集。凭借自己的权威,腓特烈·威廉四世修改了选举法。于是,新议会中出现了相当大一部分温和自由党人。奥托·冯·俾斯麦再次以

---

① 诺瓦拉战役,发生于第一次意大利独立战争期间的战役,交战双方为奥地利帝国和撒丁王国。最终撒丁王国军队惨败并撤退。——译者注

原有身份列席。他还是有许多事要忙，他的影响力也在逐渐扩大。奥托·冯·俾斯麦旗帜鲜明地反对相对温和的自由派，就如他卖力地打击极端革命派一样。最重要的几场辩论都与宪法有关，奥托·冯·俾斯麦参与其中，强烈反对议会抵制税收的诉求。奥托·冯·俾斯麦很清楚，如果赋予下议院每年投票重新决定税收的权力，那他们就有可能完全掌控执政府，这并不是他想看到的。奥托·冯·俾斯麦希望的是，下议院有权商讨和拒绝新税收项目，并在与国王和上议院达成一致的情况下决定年度预算。自由党人坚称，人们应有权拒绝认可征收赋税，这是宪政的基本组成部分。他们以英国的常规做法和法兰西及比利时宪法遵循的原则为依据，认为其他国家引入的这些做法也应当在普鲁士实施。自由党人提出的这些观点中有一条严重冒犯了奥托·冯·俾斯麦的爱国之情——为什么普鲁士要效仿其他国家？为什么不能按自己的方式拥有自己的宪法？据奥托·冯·俾斯麦所言，宪法是当代的"指令"，是人们需要论据时使用的话语。"在普鲁士，只有以普鲁士宪法为依据的才称得上是符合宪法的；无论比利时、法兰西、安哈尔特-德绍或者梅克伦堡等'自由朝霞照耀到的地方'认为怎样才算符合宪法，在普鲁士，判断是否符合宪法必须依照普鲁士宪法本身。"奥托·冯·俾斯麦要维护君主特权，就要维护自己国家的宪法。宪法是一系列法律规章的集合，宪法使国王的行为得到约束。没有宪法的国家不过是东方专制政府，那将使国王每一次随心所欲的心血来潮都转化为行动，这并不是奥托·冯·俾斯麦期望或维护的，普鲁士也没有发生此类情况的危险。奥托·冯·俾斯麦甚至并不反对改变宪法的规定和实施方式，他真正反对的是某些变化会导致统治权落入议会手中。奥托·冯·俾斯麦曾说道："人们一直认为，一位依从宪法规定的国王不能是托上帝洪福的国王，事实正好相反，国王首先必是托上帝洪福的。"

参照他国惯例确实是当时一种古怪的做法。人们曾经讨论，国王是否有权力不经议会同意就宣布进入戒严状态。许多议会发言者试图用法兰西和英国的习惯做法作为案例来阐释普鲁士宪法条文。比如德意志司法大臣就利用法

诺瓦拉战役

诺瓦拉战役中的阵亡者

奥地利皇帝弗朗茨·约瑟夫一世

法王路易・菲利普一世

国大革命中的一个事件为自己的行为辩护；才能出众的反对党成员洛塔尔·布赫尔则抱怨普鲁士没有充分重视英国废止《人身保护法》采取的程序，却完全无视普鲁士并没有《人身保护法》这一事实。不难想象，对于像奥托·冯·俾斯麦这样的人而言，此类做法是多么可恶。奥托·冯·俾斯麦希望的不过是自己的同胞们不去效仿英国宪法的细节，而要学习英国人的自尊自立，要明白沿用异国观念的做法并不恰当。

出现这种奇怪现象的主要原因是自由党期望达到与英国或法兰西同等程度的独立与人身自由。要做到这一点，最简便的方法似乎就是模仿英法两国的制度。还有一个原因是，自由党人在德意志受教育，研习罗马法律，这使他们习惯于寻求法学上的绝对原则，这些原则理当适用于所有国家的立法过程。因此当自由党人转而考虑政治问题时，也会尝试用立宪政府的绝对原则——就如自然法则一样——作为建立本国制度的基础。为了找出这样的绝对原则，自由党人分析了英国宪法，因为英国是代议制政府传统的所在地。他们用研读罗马法律体系的方式研究英国宪法的规定，再利用这些规定阐明本国法律的盲区。奥托·冯·俾斯麦不认同这种思路。奥托·冯·俾斯麦的想法偏向英国模式，认为旧普鲁士宪法就和英国宪法一样，是自然发展而成的习惯法；他通过参考原有做法来确定盲点，就像英国人也会在本国历史上寻找先例一样。

当时，民主宪政的绝对完备是一条极少有人反对的教条。奥托·冯·俾斯麦指出，鲜有证据表明一个强大的国家在由扩大选举权选出的议会管理之下能够繁荣富强，但这一观点在他的听众们看来似乎是悖论。严格来说，并不存在什么经验能作为依据。奥托·冯·俾斯麦称，法兰西是这些理论的发源地，但法兰西并未树立值得借鉴的典范：“就法兰西当前的形势而言，我没有发现什么原因足以让我们将法兰西政治教义的怪物外壳穿到我们的健康躯体上。”彼时是1849年9月，路易-拿破仑·波拿巴①与议会之间的斗争迫在眉睫。自由

---

① 路易-拿破仑·波拿巴，即后来的法兰西第二帝国皇帝拿破仑三世。——译者注

路易-拿破仑·波拿巴

党人推崇比利时,因为比利时至少经受住了1848年的大动荡。奥托·冯·俾斯麦称,俄罗斯帝国也做到了这一点,而比利时宪法只有十八年的历史,"这对淑女而言正是美好的年岁,对宪法却不是"。于是,自由党人又提到了英国,奥托·冯·俾斯麦说道:

> 尽管下议院拥有否决税收的权力,但英国的政务仍运转自如。不过,以英国为参照是我们的不幸。请给我们所有英国人拥有而我们没有的东西吧!给我们英国人对上帝的敬畏、对法律的尊崇,给我们

整部英国宪法。但首先,给我们英国人完全独立的地产所有权、给我们英国人的财富和英国人的常识,尤其要给我们英国的下议院。简言之,给我们现在没有的一切。那样我就会说,你们可以用英国方式来统治普鲁士。

这话还没说完。自由党人如何能以英国为例来证明民主议会是可取的?英国的强大不是依靠民主体制,而是贵族体制。

英国改革①的历史比比利时宪法还要短。这部改革后的宪法能否像早前英国贵族政体的统治那样沿用数个世纪,让我们拭目以待。

在奥托·冯·俾斯麦看来,数年后人们就会发现这是不大可能发生的。奥托·冯·俾斯麦和欧洲大陆的大多数英国制度批评家一样,认为《改革法案》损毁了英国宪法的支柱。1857年,奥托·冯·俾斯麦写道:

自《改革法案》颁布起,英国就丢失了"传承的智慧"。英国人坚持一种粗鲁而激进的自私做派,无视了整个欧洲大陆的内部关系。

这不仅仅是贵族的偏见,更是某种明智的警告。警告普鲁士的同胞们及时止步:不要采用国外理论家推崇的未经证实的新型管理方式,也不要仅仅为了试验就赌上普鲁士的未来。

晚年的奥托·冯·俾斯麦曾为自己在这一阶段的多次演说道歉:"那时候的我真是个可恶的容克。"传记作者在提及他的这些演说时,也暗示奥托·冯·俾斯麦应当为这些演说进行辩解或道歉,这其实没有必要。如果奥

---

① 指英国1832年通过的关于扩大下议院选民基础的法案。这项法案改变了英国下议院由保守派独占的状态。——译者注

托·冯·俾斯麦当时就被委以执掌国家的责任,他的确无法将自己身为议员发表的内容完全付诸实施。但他当时并非国务大臣,只是党派领袖,他的演说本就只是党派演说,而党派演说自然会在唇枪舌剑的激烈交锋之下产生某些夸张的说辞。此外,奥托·冯·俾斯麦的演说是站在反对党立场上发表的,因为他针对的对象更多是议会和整个国家,并非政府本身。就议会和整个国家而言,他所属党派只是微不足道的少数派。那为什么普鲁士就不能有保守党呢?

为使宪政获得良性发展,对占支配地位的自由党学说提出大胆的批评是不可或缺的。奥托·冯·俾斯麦所做的,不过是当时年轻的本杰明·迪斯雷利、

本杰明·迪斯雷利

托马斯·卡莱尔和约翰·罗斯金在英国做过的事。世界是不能依靠某种公式化的宪法来拯救的。

在奥托·冯·俾斯麦所属的党派中,的确有些成员的目标超出了人们通常认可的道德上正确、政治上可行的范围。格拉赫家族和他们的许多朋友,以及腓特烈·威廉四世最小的弟弟查理·腓特烈亲王领导的纯军事派都希望废除宪法、解散议会、恢复绝对王权,并且还要以1815年以来最极端的方式实现这些目标。腓特烈·威廉四世本人也赞同他们。若不是腓特烈·威廉四世已宣誓

托马斯·卡莱尔

查理·腓特烈亲王

维护宪法,或许真的会依照他们的意愿行事。腓特烈·威廉四世很虔诚,他遵守自己的誓言。没有任何证据表明奥托·冯·俾斯麦希望采取极端行动,即便在他的私人信函,至少是已经公开的信函中,我们也找不出他期盼普鲁士完全取消议会的字句。奥托·冯·俾斯麦的确希望议会的职责受到严格约束,且不能完全容许议会来管理国家,但这跟解散议会是两码事。无论如何人们应该记住,奥托·冯·俾斯麦的成功很大程度上要归功于代表制会议。若没有召集三级会议,若没有发生革命,奥托·冯·俾斯麦也许终生都只是一个时常对国家政府感到不满却全然无法发挥作用的乡绅。奥托·冯·俾斯麦的个人声望正是依靠议会建立的,而且他还依靠议会做了好多事。到1847年,公务员是对普鲁士国民开放的唯一公共职业,下级官员和内阁大臣都是从公务员中选拔的。前文提到过,奥托·冯·俾斯麦曾尝试担任公务员,但主动离职了,因为他一直未能克服自己对官僚主义的厌恶,即便他后来成为普鲁士的政府首脑也仍是如此。这一定程度上是因为贵族和办事员生来就是对立的。在这一点上,奥托·冯·俾斯麦和在他之前最伟大的普鲁士首相海因里希·弗雷德里克·卡尔·冯·施泰因感受相似。海因里希·弗雷德里克·卡尔·冯·施泰因为普鲁士君主效力,却从未克服自己对于"握笔动物"的憎恶——他就是这样称呼普鲁士公务员的。当海因里希·弗雷德里克·卡尔·冯·施泰因第一次拿到薪水时,甚至气愤得流下了眼泪。奥托·冯·俾斯麦没能成为像海因里希·弗雷德里克·卡尔·冯·施泰因这样伟大的贵族,也并不厌恶领取薪水,但他觉得公务员就是他所在阶层的敌人。数年之后,奥托·冯·俾斯麦说道:"普鲁士的法律尖刻严苛,只需经历一代人就能让附属国国王沦为普通选民。"奥托·冯·俾斯麦始终声称官僚主义才是将革命带进普鲁士的罪魁祸首。在一次演说中,奥托·冯·俾斯麦面对"敌视自由"的指控,曾这样为自己和朋友们辩解:

> 保守党并不敌视自由,与我们的专制政体密切相关的,是枢密院顾问们的无限权力和坐在绿色会议桌后面的专家们自以为是的无所不知。这是普鲁士教育方式的产物,恕我冒昧,还是必然产物。官僚主义这种产物,我从不欣赏。

奥托·冯·俾斯麦始终坚称普鲁士议会无权代表人民。他之所以有此论断,是因为考虑到议会中官员占据了支配地位。我们不应该忘记,当时真正为国王服务的,大多还是极端自由党人及其最活跃的几位领袖。

正是由于引入了代表制会议,普鲁士历史上才首次有可能出现保守派在野党反对自由主义主导下的普鲁士政府。自由主义有两种形态。这个词在某种意义上表示辩论自由、新闻自由、个人反对政府的权利、人格独立及人身自由。在这层意义上，普鲁士政府并无十分显著的自由主义。然而，自由主义也表示推翻现行的传承自中世纪的旧制度，尤其是摧毁贵族拥有的所有特权。表示欧洲大陆反对各种形式的教条式宗教教义；表示教会对国家绝对服从；表示取消所有地方差别，引入一套统一的主要效仿法兰西代议制度的政体。正是在推翻旧制度这层意义上，普鲁士政府可以说是自由主义的——除了腓特烈·威廉四世治下的最初几年。奥托·冯·俾斯麦和朋友们憎恶普鲁士政府的自由主义，就如他们憎恶法国大革命倡导的自由主义一般。

从奥托·冯·俾斯麦反对强制实施世俗婚礼法案这一事件，人们便能清晰地看出他对自由主义的态度。奥托·冯·俾斯麦在一次演说中明确表示反对这一做法，但这一演说在多年之后被他人引用，反对他推行一项与自己当年反对的强制实施世俗婚礼法案一模一样的措施。彼时奥托·冯·俾斯麦称，世俗婚礼是一种外国制度，是对法兰西法规的效仿，只会削弱人民对基督教的信仰。奥托·冯·俾斯麦还说："在过去一两年里，许多有此想法的朋友终于承认，对普通人来说，在一定程度上信仰基督是必要的，否则他就有可能威胁人类社会。"期望强制推行世俗婚礼，只是体现了人们一直抱有的效仿他国的愿望。

奥托·冯·俾斯麦说："如果不仅仅是我们的国家在经受此类法兰西骗术的影响，事情会很有趣的。在我们讨论的过程中，站在此地的各位先生经常说，整个欧洲都视我们为善于思考的民族。先生们，那已成为过去了。近两年民众的表现已经让我们失去了这个好名声。整个欧洲都失望地发现，我们的人民不过是在翻新法兰西的旧货，而不是有独创性的思想者。"也许当世俗婚礼终于成为主流时，人们才会睁开眼睛看到，他们为之牺牲的是怎样的一场骗局。或是在基督教原有的基本权利被一个接一个夺走后，人们才会真正认识这场骗局。这些权利包括：受基督教地方长官管理；确知自己的孩子能够在校接受基督教教育——这是身为基督教教徒的父母必须支持和采用的教育方式；

以基督教形式成婚，这是基督教教义对每个信徒的要求，与宪法规定的仪式无关。如果我们能坚持现有的道路，我仍有希望看见如今的愚人之船撞毁在基督教会的岩石上，因为与对宪法条款救世力量的信仰相比，人民对于现已昭示的上帝之言的信仰更加坚定。

作为议员，奥托·冯·俾斯麦也以类似立场批评过政府的某些提案。这些提案旨在解除农民的实物付款项目、解除在某些省份仍与农民财产相关的劳务。奥托·冯·俾斯麦抨击政府的财政提案，揭露地税的不公，积极维护乡绅的庄园管辖权，尤其维护自己所属的普鲁士贵族阶层——这一阶层已经遭到太多攻击了。奥托·冯·俾斯麦指出，正是依靠贵族们的流血牺牲，普鲁士王国才得以建立。奥托·冯·俾斯麦坚称普鲁士贵族并不像人们经常说的那样不得人心。议会中三分之一的席位属于普鲁士贵族，他们也并不总是反对自由，而且他们至少是普鲁士最忠实的卫士。人们不应该把爱国主义和自由主义混为一谈。普鲁士贵族为了普鲁士获得真正的政治独立而做出的贡献，有谁能企及？毕竟没有了政治独立，任何自由都无从谈起。七年战争结束时，领导军队的小伙子们都是自己家族唯一的生还者。他们的贵族特权遭到剥夺，但他们并未有过任何民主主义者的行为，对国家的忠诚也从未动摇过，甚至没有组成投石党。奥托·冯·俾斯麦并不以身为容克为耻，"我们会为这个名字争得荣耀"。这简直是奥托·冯·俾斯麦给议会的临别赠言了。

奥托·冯·俾斯麦很快在议会中如鱼得水。奥托·冯·俾斯麦尽管观点犀利，却并非不得人心。对手们也如此看待他。奥托·冯·俾斯麦始终彬彬有礼、通晓世故，也乐于与不同阶层和党派的人来往，而不像自己的许多朋友那样有着军人固有的顽固与傲慢。一则有多个不同版本的轶事可以说明奥托·冯·俾斯麦与对手的关系。有一天，奥托·冯·俾斯麦在茶点室碰巧与一个最极端的共和党人卡尔·路德维希·约翰·德斯特站在一起，两人交谈了起来。卡尔·路德维希·约翰·德斯特建议两人订立契约：无论哪一方在权力斗争中获胜，都要答应放过对方。如果共和党人获胜，不能把奥托·冯·俾斯麦送上断头台；

如果保守党人获胜,卡尔·路德维希·约翰·德斯特也不该被绞死。"不,这没用。"奥托·冯·俾斯麦回答,"若是你们掌权,我的人生也就没有意义了。一定会有人被绞死,只是要把那人体面地送上绞刑架。"

如果奥托·冯·俾斯麦后来是因成为议会政府的强大对手而声名显赫,那都是因为他在议会辩论中能够坚持立场。无论何时,奥托·冯·俾斯麦并不希望自己成为雄辩家,他总是鄙视那些靠修辞技巧增强影响力的人。奥托·冯·俾斯麦本身缺乏成为伟大演说家的天赋:尽管身形魁梧,他的声音却疲弱无力;不带有任何演员的特质,无法驾驭低沉的声音、肃穆的语调、威严的姿态、超凡的风采,但法兰西共和党政治家皮埃尔·马里·勒内·埃内斯特·瓦尔德克-卢梭、普鲁士保守党政治家约瑟夫·冯·拉多维茨和德意志政

皮埃尔·马里·勒内·埃内斯特·瓦尔德克－卢梭

治家海因里希·冯·加格恩正是凭借这些特质来征服和控制他们的听众。奥托·冯·俾斯麦的思想本质上具有批判性，因而他更多地诉诸理性而非感性。奥托·冯·俾斯麦的演说总是富有争议，但他确是十分优秀的辩论家，能够迅速、自然地掌握议会语调。这很不寻常。奥托·冯·俾斯麦的演说语气柔和、风格平实，其中有许多演说都经过了精心的准备。奥托·冯·俾斯麦虽然一般不写出来，但还是会对着自己或与自己同住在柏林的汉斯·冯·克莱斯特一遍又一遍地练习。奥托·冯·俾斯麦的演说与其他人的大不相同。事实上，这些演说就和他写的信一样，为当时散文体薄弱的普鲁士文学增添了新的篇章。

海因里希·冯·加格恩

这些演说富有想象力,例证确凿,思想清晰。虽然模糊的概念和抽象的想法能够轻易打动奥托·冯·俾斯麦同时代的人们,但他对此始终不满意。

没有任何用英语或德语发表的演说能像奥托·冯·俾斯麦的演说这样生动且富有力量。奥托·冯·俾斯麦简直是唯一一个能让自己的演说一定程度上成为大众读物的议会雄辩家。没有哪个雄辩家能像奥托·冯·俾斯麦这样,在演说中注入全新的表达和意象,从而提升语言的丰富性。奥托·冯·俾斯麦的演说和信函同样具有一个显著的特点:完全没有任何矫揉造作,而是言辞诚恳、富有智慧。奥托·冯·俾斯麦的演说往往不够整齐、缺乏条理,也未能出色地对前后关联的说理内容予以符合逻辑的表达,但他一定会用强而有力且独具一格的言辞陈述对他有影响的观点,给听众留下深刻印象,不然决不罢休。奥托·冯·俾斯麦还常常能发现一些词句。这些词句是那些只要还说德语的人们不可能忘记的词句。

不难想象,在其他环境下,或者在其他国家,奥托·冯·俾斯麦可能早已掌权,担任议会事务大臣。奥托·冯·俾斯麦还常常提及英国议会的做法与传统。欧洲大陆上鲜有政治家能够像奥托·冯·俾斯麦一样,在英国下议院感到无比自在。奥托·冯·俾斯麦所属的阶层涌现出多位伟大的英国政治家,他是这样描述他们的:

> 我们缺乏的,是推动英国政治运转的那一整个阶级,是由那些生活富足因而立场保守的绅士们形成的阶级。他们不受物质利益支配,受的教育意在将他们培养成英国式政治家。他们的人生目标就是为英格兰联邦效力。

英国绅士们所在的阶级正是奥托·冯·俾斯麦所属的阶级,他必然十分乐意为这样一个议会政府效劳。

奥托·冯·俾斯麦所处的位置之所以不够强大,是因为他熟知和代表的实际上仅仅是这个国家的一半国民。在处理地产或农民境况的问题时，奥托·冯·俾斯麦具有丰富的学识。然而，奥托·冯·俾斯麦的发言有时言过其实，他把普鲁士说成一个完全由农民组成的国家。实际上，从当时到现在，治理普鲁士的困难之处始终在于普鲁士是由这样两部分组成的：一部分是几乎纯农业化的旧省份，那里拥有土地的主要是大贵族；另一部分是新省份、莱茵地区及威斯特伐利亚，这些地方从事工业的人口数量巨大，且仍在增长。奥托·冯·俾斯麦总是对着新省份的居民谈论普鲁士的老传统和普鲁士贵族的成就，这也许毫无意义。对于七年战争，科隆和亚琛的居民有什么可在意的呢？如果他们的先辈参与了那场战争，那也一定是与普鲁士的君主们为敌。当奥托·冯·俾斯麦说科隆与亚琛的居民都是普鲁士人并将一直是普鲁士人时，显然他是在表达边境地区和波美拉尼亚人民的看法，实际上西部省份的居民仍然自认为是德意志人而非普鲁士人，三十年来几乎都没有融入普鲁士这个君主国。这些西部省份的居民并非不忠，只是相当乐意，不，是很希望看到普鲁士成为德意志的一部分。没有人能够统治普鲁士，除非有人能让这个国家的贵族与平民阶级都服从他的政策，而这正是奥托·冯·俾斯麦当时所属的普鲁士保守派一直未能做到的，当然他反对的自由党人同样也没有成功。不过，后来，奥托·冯·俾斯麦曾差一点儿完成一项几乎不可能完成的任务。

第 4 章

德意志问题及《奥尔米茨条约》

奥托·冯·俾斯麦并不仅仅关注宪政改革和政府内部问题，也时常谈及政府的外交政策，并在这类演说中表现出了独特的见解。

德意志革命和意大利革命一样具有两面性：既是自由主义的，也是民族主义的。其中民族主义要素更加显著，也更加根深蒂固。由于无法得到一个强大政府的保护，德意志人一直能深刻感受到自己受到的屈辱，他们希望成为某个有民族属性的国家的子民，就像法兰西人、英国人和俄罗斯人那样。人们普遍希望革命有助于建立一个令整个德意志俯首帖耳的政府，这也是制宪议会的任务。自1848年春天起，制宪议会便在各国政府的许可下于法兰克福召开会议。维也纳的外交官们未能建立起一个统一的政府，制宪议会的议员们能否成功呢？无论如何，议员们心怀善意地商讨着未来。然而，人们很快发现，为了达成建立统一政府的目的，除议员们的踏实努力外，其他因素更加必要。制宪议会必须克服以下三大困难。第一大困难来自共和党人。他们不会允许成立共和政体以外的政府，同时他们还希望能通过起义的方式建立一个新的国家。共和党人在德意志人民中占极少数，几次企图起义都遭到镇压，在议会中也因获得少数票而落败。第二大困难来自奥地利。德意志领土有相当大一部分都属于奥地利帝国。如果整个德意志都被纳入德意志人民希望成立的新国家，那意味着奥地利的部分领土将被分割出去，改用不同的法律并由一个新的政府管辖，之后，奥地利的德意志人聚居省份和斯拉夫人聚居省份之间将仅存人与人的联结，其余一切将荡然无存。1848年年底重掌政权后，奥地利政府便拒绝接受这样的状态，继而发布了新宪法，将所有省份更紧密地联结在一起。法兰克福议会无权逼迫奥地利皇帝弗朗茨·约瑟夫一世，便采取了另一种解决方案：重组除奥地利省份以外的德意志其他地区。但新的问题又出现了，奥地利会不会接受这一做法？会不会允许建立一个将自己排除在外的新德意志？只要奥地利当局尚有能力阻止，则一定不会允许。第三大困难是各独立邦国与新的中央政权之间的关系。很显然，无论新政府被赋予怎样的权力，各邦国的统治者都会将其夺走，因为此前各邦国一直享有完整的主权。在德意志，部分人民十分忠于现有的各邦国政府，希望维持邦国的统治者及当地议会的完整权力，这些人被称作"特殊主义者"。在激动人心的革命中，特殊主义者几乎完全缄默，但随着国家秩序与权力的恢复，他们开始重新发挥影响力。因此，若非被迫，许多邦国都很可能拒绝接受新宪法。有什么力量能够促使他们接受？国民议会中有许多人希望借助人民的力量，通过发起叛乱和斗争来强迫所有邦国的统治者接受新宪法。在德意志，只有另一支力量能够做到这一点，那就是普鲁士军队。那么，腓特烈·威廉四世会接受这项任务吗？

1849年3月，德意志宪法确立。议会主席及温和派领袖海因里希·冯·加格恩凭借老练的手段和强大的个人影响力成功说服了多数议员支持世袭君主制，普鲁士国王腓特烈·威廉四世也被推选为首任德意志皇帝。1849年4月月初，授予腓特烈·威廉四世皇位的代表团抵达柏林。德意志的未来将系于此次腓特烈·威廉四世给代表团的答复。如果腓特烈·威廉四世接受皇位，他将成为革命运动的领导者，从而有责任促使其他所有邦国接受新宪法，必要时还要与奥地利开战，以维护新宪法。此外，腓特烈·威廉四世需要治理的不仅是普鲁士，还有德意志。他治理德意志应该遵循的宪法几乎将所有权力交给了一个经过普选选出的议会，而国王在议会中仅有暂时否决权。那么即便腓特烈·威廉四世拒绝接受皇位又有什么值得惊讶的呢？他的理由是无法接受普选,而且德意志皇帝的头衔与权力不应由全民议会来授予。腓特烈·威廉四世只能接受由与他地位相同的德意志邦国统治者授冠。

普鲁士议会讨论了腓特烈·威廉四世的决定,并发表了一篇讲话,宣布法兰克福宪法为合法存在,要求腓特烈·威廉四世接受皇位。奥托·冯·俾斯麦正是在此时首次成为一个极右翼小党派的领袖,他立即提到了先前的问题,认为议会连商讨这一事务的权力都不具备,因为这本就是腓特烈·威廉四世享有的特权。

奥托·冯·俾斯麦越来越强烈地反对腓特烈·威廉四世接受皇位,满心只想着如果腓特烈·威廉四世接受皇位,将不得不服从议会,导致行为权力受到限制。奥托·冯·俾斯麦的演说中有这样一句格言:普鲁士应当始终是普鲁士。奥托·冯·俾斯麦还说道:"法兰克福的皇冠也许十分闪耀,但使它真正光芒四射的那块金子,是熔化了普鲁士的王冠才获得的。"奥托·冯·俾斯麦的演说引起了极大的愤慨。人们印了上万份演说稿散发给选民们,力图让选民们了解"反动派"真正的原则与目标。

在普鲁士政府自行采取主动、提出自己的解决方案时,奥托·冯·俾斯麦仍坚决反对任何对普鲁士与德意志的区分。1849年夏,普鲁士宣布规划,政府邀请德意志其他邦国共同成立新的联盟;新宪法将以法兰克福宪法为基础,但只要有必要则尽可能予以修订;联盟的成立将遵循自愿原则。为实施这一政策,腓特烈·威廉四世任命约瑟夫·冯·拉多维茨为外交大臣。约瑟夫·冯·拉多维茨品格高洁、能力出众,本职是军官,但因兴趣广泛、博学多才而声名卓著。腓特烈·威廉四世还发现约瑟夫·冯·拉多维茨和自己一样热爱文学。约瑟夫·冯·拉多维茨是法兰克福议会的一员,他在极端保守派中发挥着重要作用。他是一个罗马天主教教徒,总是积极维护宗教和秩序,与自由党和共和党针锋相对。他善于雄辩,凭着真挚的感情与良好的口才使德意志爱国者们濒临破灭的希望得到短暂复苏。

奥托·冯·俾斯麦十分厌恶新上任的外交大臣约瑟夫·冯·拉多维茨。其

约瑟夫·冯·拉多维茨

实这个热爱祖国、充满激情的普鲁士人和奥托·冯·俾斯麦一样憎恶革命,但两人的政见有一个最本质的差别:约瑟夫·冯·拉多维茨希望通过道德感化来改造德意志,而奥托·冯·俾斯麦则认为这是不可能实现的。也许奥托·冯·俾斯麦也不希望它实现。在约瑟夫·冯·拉多维茨之前,内阁成员几乎都是奥托·冯·俾斯麦的朋友,或是他向腓特烈·威廉四世举荐的人。约瑟夫·冯·拉多维茨的能力比其他内阁成员都要强,奥托·冯·俾斯麦也不必妄想能够左右他。奥托·冯·俾斯麦对约瑟夫·冯·拉多维茨的不信任几乎上升为仇恨,但这主要是因为他害怕新政会造成普鲁士的毁灭。奥托·冯·俾斯麦持有极端特殊主义观点,对于普鲁士以外的德意志地区并不感兴趣,甚至对他而言,符腾堡和巴伐利亚都是异国。在所有呼吁制定新宪法的提案中,奥托·冯·俾斯麦只看到普鲁士被要求完全牺牲其独立性，看到普鲁士国王将要执行一个外国全民议会颁布的法令；普鲁士国民被要求不再是普鲁士人，而要成为德意志人。奥托·冯·俾斯麦拒绝这样做，他说："我们是普鲁士人，并将一直是普鲁士人。"奥托·冯·俾斯麦完全反对当时有很多迎合者的"统一德意志"的想法。他愿意接受的统一德意志的方式只有一种，就是腓特烈大帝创下先例的那一种。恩斯特·莫里茨·阿恩特[①]那首著名的歌曲《什么是德意志国家》反映了德意志民族的理想，德意志人的国家不是施瓦本或普鲁士，也不是奥地利或巴伐利亚，而是使用德意志语言的整个德意志。奥托·冯·俾斯麦有意回避这一点，

恩斯特·莫里茨·阿恩特

---

① 恩斯特·莫里茨·阿恩特，德意志民族主义史学家、作家、诗人，是德意志民族主义的奠基人之一，19世纪统一德意志运动的主要倡导者。——译者注

他说道:"我从未听到有哪个普鲁士士兵唱过《什么是德意志国家》。"德意志的新国旗必是德意志三色旗,即黑色、白色和金色。

奥托·冯·俾斯麦还大声疾呼:

> 普鲁士军人们并不热爱三色旗。和其他所有普鲁士人一样,在他们身上看不到德意志民族复兴的愿望。他们对普鲁士这个名字心满意足,也引以为傲。他们追随黑白旗而非三色旗,甘愿在黑白旗下为自己的国家献出生命。而三色旗,从1848年3月18日起,他们就已经知道那是代表敌人的颜色。

奥托·冯·俾斯麦的这些话引发了一些人的强烈不满。紧随他之后的一位发言者称他为"德意志国家的逆子""丢掉了父亲的房子"。奥托·冯·俾斯麦拒绝接受这样的诨名,他说道:"我绝非逆子,我父亲的房子就在普鲁士,我从未离开过。"可见奥托·冯·俾斯麦旗帜鲜明地反对"德意志人"这一称呼,当别人都热衷于某种想法而受到鼓动时,唯独他坚守着对一个现存国家的忠诚。

奥托·冯·俾斯麦说,除原有的普鲁士制度以外,一个统一的德意志没有任何合理之处。

> 真正保护我们的是独属于普鲁士的那些东西,那是经过革命洗礼的普鲁士主义留下的遗迹,是普鲁士的军队、普鲁士的财富、普鲁士的行政机构多年来的智慧成果,也是国王与人民团结合作的见证。那是普鲁士人民对世袭王朝的依恋,体现着普鲁士的传统美德:道义、忠诚、顺从还有勇气。这些美德源自普鲁士的脊梁——我们的军官,这些美德影响了整支军队,哪怕最年轻的新兵也不例外。

奥托·冯·俾斯麦提醒议会，是一支普鲁士军队刚刚从叛乱的暴民手中拯救了法兰克福议会，而现在议会提出要削弱甚至消灭所有普鲁士管理体系，转而建立民主的德意志。议会要求议员们赞成的那部宪法，将使普鲁士政府沦为省区议会，接受某个依赖议会存在的帝国部门的领导，而普鲁士的利益在议会中仅占少数。普鲁士议会最重要而光荣的职责将被转移给一个全民议会。腓特烈·威廉四世将失去否决权，从而不得不违背自己的意愿赞成他厌恶的法律。普鲁士军队将不再由国王单独指挥。普鲁士人民能从中得到什么回报呢？

（回报大概只有）因遵从某种高尚无私的政策、满足民族复兴的需要、完成普鲁士的历史任务而使内心感到愉悦与欣慰或是其他此类模糊不清的说法而已吧。

奥托·冯·俾斯麦将此与腓特烈大帝可能遵循的真正的普鲁士政策带来的后果进行了对比。

腓特烈大帝知道，将我们的父辈召唤到君主旗帜下的号角声对于今天的普鲁士人而言仍有效。腓特烈大帝将会有两种选择：要么与我们的老朋友奥地利携手，担任沙皇尼古拉一世曾经扮演的光辉角色，摧毁革命事业；要么凭借他在夺取西里西亚时行使的权力，拒绝接受帝位，而后让德意志人明白他们应当拥有怎样的宪法，让刀剑来发挥支配作用。其后，普鲁士便有能力为德意志在欧洲议会上赢得应有的地位。

我们都怀着同样的愿望。我们都希望普鲁士之鹰能够展开双翅，守卫并统治从梅梅尔到当纳斯山的每个地方。普鲁士之鹰应该拥有自由意志，而不是受到某个雷根斯堡新议会的约束。我们是普鲁士人，也将一直是普鲁士人。我知道我说的这句话也是普鲁士军队和大多数同胞的心声,我将向上帝发愿,当这页纸像枯萎的秋叶被人遗忘时,我们仍将是普鲁士人,永远都是。

外交大臣约瑟夫·冯·拉多维茨的政策注定失败,倒不是因为政策本身有多大缺陷,而是因为普鲁士尚不够强大,不足以抗击各方敌人。相较于其他德意志邦国不冷不热的态度,奥地利显得十分不友善。汉诺威国王恩斯特·奥古斯特一世和萨克森国王弗里德里希·奥古斯特二世退出了联盟,理由是他

汉诺威国王恩斯特·奥古斯特一世

萨克森国王弗里德里希·奥古斯特二世

们只会在整个德意志都参与时才加入；巴伐利亚一早便拒绝加入，其实是因为汉诺威国王恩斯特·奥古斯特一世和萨克森国王弗里德里希·奥古斯特二世私下阻止了巴伐利亚，让汉诺威和萨克森有借口退出。这样一来，普鲁士就被二十八个小邦国包围了。这些邦国召集了议会，在埃尔福特就新宪法展开讨论。奥托·冯·俾斯麦被推选为议员，在议会中公然表示要维护普鲁士的利益。奥托·冯·俾斯麦要求议会政府至少要将埃尔福特通过的宪法再次提交给普鲁士议会审议，因为他担心普鲁士许多最重要的权利都会被牺牲。奥托·冯·俾斯麦的要求遭到了拒绝。因为如果在埃尔福特议会得出结论后，新宪法还要听取二十八个联盟邦国议会的意见，那么新联盟将永远无法成立。奥托·冯·俾斯麦想用普鲁士议会的权力充当维持普鲁士完全独立的武器，这其实很滑稽。十六年后，当奥托·冯·俾斯麦从事约瑟夫·冯·拉多维茨未竟的事业时，他遇到的最主要困难是：有些人提出了他十六年前曾经提出的要求，而他则不得不像约瑟夫·冯·拉多维茨拒绝他一样拒绝这些人的要求。

在埃尔福特的辩论中，奥托·冯·俾斯麦并未发挥多大作用。身为最年轻的一个议员，奥托·冯·俾斯麦只是担任秘书一职。议会主席是辛普森，一位杰出的公务人员，也是一个改变信仰的犹太人。奥托·冯·俾斯麦曾评论道："如果我的父亲活到今天，看见我成了一个犹太文人的职员，他会说些什么？"奥托·冯·俾斯麦曾经卷入一场险些造成严重后果的纷争中：由于两名记者对会议的报道有失偏颇，并且激烈地反对奥地利，奥托·冯·俾斯麦竟利用自己担任秘书的权力将他们逐出去了。奥托·冯·俾斯对议会的态度从下面这些话中可见一斑：

> 我知道我的发言影响不了你们的投票，但我同样深信，你们的投票对于事件的发展也不会有任何影响。

事实上，因奥地利的反对，整个联盟瓦解了。奥托·冯·俾斯麦在早期的一次演说中提醒人们警惕一种政策，这种政策将使普鲁士陷入同诺瓦拉战役之前皮埃蒙特①一样的境地。当时奥地利正和撒丁王国交战，如果撒丁王国胜利，奥地利的君主政体便会遭到推翻；如果撒丁王国战败，便会签订耻辱的和平条约。奥托·冯·俾斯麦是在用自己的方式告诉人们，他希望腓特烈·威廉四世最终不会选择开战，不会罔顾奥地利的反对而维护新的自由主义宪法。腓特烈·威廉四世需要做出选择的那一天终于到来了。奥地利在法兰克福召集

---

① 皮埃蒙特，即撒丁王国。——译者注

撒丁王国徽章

旧议会开会,普鲁士则否认旧议会仍合法存在。显然,这两种原则是相悖的。尽管围绕石勒苏益格-荷尔斯泰因和黑森事务,普奥两国还存有其他争议,但奥地利要求恢复旧宪法,而引领德意志自由主义的普鲁士则召集周围的邦国形成了一个新的联盟。这才是双方争议的真正焦点。奥地利全副武装,并得到了沙皇尼古拉一世和许多德意志邦国的支持;普鲁士和巴伐利亚两国驻扎在黑森的前哨部队也确实交火了。奥地利大使受命离开柏林。如果奥地利大使果真这样做,战争便不可避免了。好在奥地利大使违抗命令留在了柏林,请求与腓特烈·威廉四世会面,想尽办法说服腓特烈·威廉四世。内阁分化了,外交大臣约瑟夫·冯·拉多维茨势单力孤。其他内阁大臣都是奥托·冯·俾斯麦的朋友,一直不信任约瑟夫·冯·拉多维茨的政策,希望修复与奥地利的联盟关系。战争大臣称普鲁士不能冒险与奥地利争斗,据说他是有意不做任何准备,力图阻止腓特烈·威廉四世领导自由党。这次危机中,腓特烈·威廉四世在莱茨林根召见了奥托·冯·俾斯麦,奥托·冯·俾斯麦的建议是不言自明的。最终主和派占了上风,约瑟夫·冯·拉多维茨辞职,听闻这一消息的奥托·冯·俾斯麦兴奋地绕着桌子跳了三圈舞。首相勃兰登堡伯爵弗里德里希·腓特烈不久后撒手人寰,奥托·特奥多尔·冯·曼陀菲尔继任首相后,要求与奥地利首相费利克斯·施瓦岑贝格会面。双方在奥尔米茨进行会晤,达成了一致意见。根据双方协议,在普鲁士与奥地利的各种纷争中,普鲁士实际上都屈服了。

费利克斯·施瓦岑贝格

《奥尔米茨条约》签订现场

《奥尔米茨条约》[①]是任何一个欧洲国家都不曾有过的最彻底的羞辱。普鲁士执行了一项政策,并在普鲁士大多数人民的同意下坚持了一年多,但奥地利要求普鲁士放弃这项政策。于是,两国都进入备战状态。随着最后通牒的下达,一切战争准备已经就绪,普鲁士却在此时屈服了。这当中有两方面的原因:一方面,普鲁士的确还不够强大,不足以应对奥地利和俄罗斯帝国的联合力量;另一方面,腓特烈·威廉四世本就举棋不定,因为依照宪法规定,他无法冲破险阻而维持政策的执行。

支持内阁行为的人不多,奥托·冯·俾斯麦是其中之一。在奥托·冯·俾斯麦最精彩的一次演说中,他接受挑战,揭露了约瑟夫·冯·拉多维茨政策的所

---

① 《奥尔米茨条约》,1850年11月29日,普鲁士与奥地利在奥尔米茨签订的条约。普鲁士同意终止埃尔福特联盟,放弃争夺德意志的领导权,并向奥地利称臣,在奥地利领导下恢复德意志邦联。——译者注

有弱点与危险之处，称那不是值得普鲁士为之赌上国运的事业。如果最终普鲁士不是服从各邦国的统治者，而要受制于小邦国的议会，那普鲁士为什么要卷入战争呢？奥托·冯·俾斯麦称，为联盟而战总让他想起那个与哨兵打斗、只为能在哨岗上自缢的英国人，因为那是他为自己和每个自由的英国人争取的权利。腓特烈·威廉四世的顾问们有责任提醒他远离一项将把国家带向毁灭的政策。

> 我并不畏惧战争，只要有人能向我证明战争的必要性，或是指出只有战争才能带来的有利结局，我就会建议参战。现今各大国为什么发动战争？大国行为的唯一合理的原则是政治利己主义而非浪漫主义。一个大国不会为了任何无关自身利益的事务而战斗。先生们，告诉我们有什么目标是值得通过战争来争取的，我就愿意投上一票。身在办公室或会议厅的政治家们凭借威望自吹自擂、终日坐在炉边烤火取暖，这绝非难事，但他把自己体制的胜利与荣耀交给在雪地里流血战死的步兵们，没有什么比这更容易的了。但如果政治家们没有找到一个在战争结束后仍然成立的战争借口，那真该遭雷劈。我相信，一年以后你们会用不同的角度来审视我们当前面临的问题，届时你们将会用更长远的眼光来回顾战场与战争、痛苦与不幸。到那时你们如果有勇气走向坐在小屋灰烬旁的农民、走向残疾人、走向失去孩子的父亲，告诉他们："你们饱受苦难，但我们应该高兴，联盟得到了拯救。高兴起来吧！路德维希·哈森弗鲁格不再是首相了，现在的黑森由拜恩霍夫管理着。"你们真的能高兴起来吗？

奥托·冯·俾斯麦的确是能言善辩，但他自己的行为成了这些言辞的奇怪注脚。1850年普鲁士参与战争的理由要比1866年更加明确而富有正义，他这番演说中的每一个词在十六年后也都能发挥同样的效果，1850年宪法与他后来要求德意志通过的宪法也别无二致。约瑟夫·冯·拉多维茨的策略在当时是唯一适合普鲁士的策略，如果无法奏效，那也是因为普鲁士的军队不够强大，战争只会带来失败和灾难。有一个人亲眼见证了种种不幸，那就是普鲁士亲王威廉·腓特烈·路德维希。威廉·腓特烈·路德维希下定决心，如果有朝一日成为统治者，必将重振普鲁士军队。

也许正是这次演说决定了奥托·冯·俾斯麦日后的生涯。奥托·冯·俾斯麦维护了普鲁士与奥地利的协议，也认同普鲁士政府的政策，政府自然而然就需要他来协助实施他支持的政策。普鲁士同意恢复法兰克福议会。因此，需要派遣一名代表。既然普鲁士已经服从于奥地利，那么缔结友谊才是唯一明智的策略。还有谁能比奥托·冯·俾斯麦更能胜任这项工作呢？还有谁曾那样大胆地支持和称颂奥地利的新统治者呢？当人们口中的"哥达党"①想把奥地利驱逐出德意志时，正是奥托·冯·俾斯麦站出来声称奥地利和符腾堡或巴伐利亚一样，并非异国。任命奥托·冯·俾斯麦为代表将是普鲁士政府忠心于奥地利的最佳证明。

数年后，奥托·冯·俾斯麦曾对好友约翰·洛斯罗普·莫特利谈起过他获得任命一事。约翰·洛斯罗普·莫特利这样写道：

> 1851年夏，他（奥托·冯·俾斯麦）告诉我，首相奥托·特奥多尔·冯·曼陀菲尔有一天忽然问他愿不愿意接受法兰克福大使一职，他稍加考虑后便回答"好的"，再无二话。这个提议出乎他的意料，让他感到十分意外。这种意外的程度就像是下一封邮件里可能有人通知我被选为马萨诸塞州州长一样。同一天，腓特烈·威廉四世召见他，问他愿不愿意接受这个职位，他同样简短地答道"好的"。腓特烈·威廉四世有些惊讶，问他为何既不询问详情也不提任何条

---

① 1849年，在哥达举行的右翼自由派代表大会上了成立哥达党。该党因畏惧革命胜利而提出以下目标：把德意志统一在霍亨索伦王朝的普鲁士领导之下，并把奥地利排除在外。——译者注

件。奥托·冯·俾斯麦答道,只要国王坚决认为必须由他出任,他也会坚决认为自己必须接受。我只需要道出这些细节,人们就可能对奥托·冯·俾斯麦多少有些了解。奥托·冯·俾斯麦严谨、正直、勇敢,有极强的荣誉感、坚定的宗教信仰和卓越的才能。所有这一切在任何时代、任何王朝都不可能有了。奥托·冯·俾斯麦注定成为首相,对此我毫不怀疑,除非他固执的真诚——这是所有政客的绊脚石——挡住了他的去路。

第5章

奥托·冯·俾斯麦在法兰克福

三十六岁时，奥托·冯·俾斯麦前往法兰克福。那时的他没有任何外交经验，也早已不习惯官场生活。奥托·冯·俾斯麦之所以表现出众，正是因为他身上没有所谓外交官身上特有的那些习性。身为议会辩论者，奥托·冯·俾斯麦一直十分坦率，即便在革命期间也是如此；他敢于揭露那些人人知晓却选择忽视的事实；他总能轻松随意地与人交往，似乎很难具备一名机要人员应有的克制与谨慎；他独立自主、来去自由，可能很容易与腓特烈·威廉四世和内阁大臣们产生龃龉；他甚至不愿意向经验丰富的官员学习。奥托·冯·俾斯麦在法兰克福的前两个月一直担任一等秘书，但上级从不让他参与比较重要的谈判。1851年7月月底，当奥托·冯·俾斯麦接到担任公使的明确任命时，他对自己的工作内容仍知之甚少，和他第一次刚到法兰克福时并无差别。

不过，为了熟悉当地的社会环境，奥托·冯·俾斯麦用了很长时间。奥托·冯·俾斯麦对法兰克福的第一印象十分不好，觉得这座城市的氛围很奇怪。法兰克福虽为德意志政治体系的中心，却比这个国家的其他所有城市都更缺乏德意志气息。法兰克福是个国际化城市，德意志各邦国和其他大国都在此派驻公使。法兰克福的外交界并无显著优势，因为这里既没有尊贵的王宫，也并不毗邻哪个行政强国。外交官们与法兰克福的居民共同生活，并无差别。法兰克福的确是一个庞大的金融市场,是整个欧洲大陆的金融中心,没有任何大型的生产活动。法兰克福周围有多个温泉疗养地和赌场。仅需乘马车或搭火车就可快速到达洪堡、威斯巴登、索登和巴登-巴登等地。无所事事的德意志公爵们也经常造访法兰克福。在法兰克福,阴谋诡计取代了政治才能,而1850年到1870年正是欧洲历史上阴谋诡计发挥作用最显著的一段时间。向法兰克福派遣外交官的小邦国中,有一半国家的野心与其自身实力不相符。尽管这些国家很希望在欧洲政治中发挥作用,但由于它们过于弱小,无法独立自主行事,所以只能试图利用狡猾的伎俩来获取原本无法通过其他方式获取的地位。奥托·冯·俾斯麦即将在这座城市开始他的外交学徒生涯。

奥托·冯·俾斯麦给妻子约翰娜·冯·普特卡默的信中有两段文字,清晰地反映了他此时的个性特点。

> 周六,我和特奥多尔·冯·罗乔驱车前往吕德斯海姆。在那儿,我搭了条船,进入了莱茵河。我沐浴在月光下,只露出鼻子和眼睛在水面上。而后,随水流漂浮而下,我到达宾根的鼠塔,那是邪恶的主教哈托一世丧命的地方。[①] 在静谧、温暖的月光下,我浮在水面上,随着轻柔的水流向前,竟产生一种奇异的梦境之感。能够望着头顶上的月亮和星空,又能看见河流两旁笼罩在月光下的树木繁茂的山顶和城堡的围墙。除了动作激起的轻柔水声,什么也听不见。真希望每天晚上都能这样游游泳。随后,我喝了些上好的红酒,和利纳尔坐在露台上长谈一番,露台下面就是莱茵河。我的小本《圣经》和浩瀚的星空把我们引向了基督教话题。利纳尔的精神有着堪比让-雅克·卢梭的品质。这令我激动不已。

---

① 传说美因茨主教哈托一世很富有却很吝啬。为了摆脱前来请求救济的穷人,哈托一世把他们都骗到了粮仓并烧死。穷人们的冤魂变成了老鼠,将主教哈托一世追赶到一座石塔中,把他吃得精光。——译者注

> 昨天，我去了威斯巴登，怀着感伤的心情重游我做过蠢事的那些地方。这只酒杯里的二十一年香槟干巴巴地泛着泡沫，真希望上帝用他清澈的烈酒装满它……我不理解一个终日自省却始终对上帝一无所知的人如何在耻辱和厌倦中度过一生，我也不知道自己过去是如何度过的。如果现在的我和当时一样，没有上帝、没有你、没有孩子们，我不知道我为什么不像丢掉一件脏衣服那样舍弃我的生命。然而，我认识的许多人都是这样活着的。

我们再看看奥托·冯·俾斯麦如何看待自己的新职责。

> 外交官之间的交往不过是相互猜忌和刺探，我还真希望有些什么值得刺探和隐藏的事！他们担心的都是些微不足道的小事。这些外交官们一副自信满满的样子，对琐事总是大惊小怪，我觉得他们比上议院那些故作高贵姿态的先生们还要可笑。除非发生什么外部事件，且法兰克福议会里的那些聪明人无法控制或预见这些事，否则我已经猜到，一年、两年或三年之内事态将如何发展；如果各国外交官的理智与真诚只能维持一天时间，我们就会在二十四小时之内达成最终结果。洋洋洒洒却言之无物也是门艺术，在这方面我有了惊人的进步。我会写很多页的报告，文笔流畅，构思精巧，就如同社论一般。但如果首相奥托·特奥多尔·冯·曼陀菲尔读完之后能说出里面写了些什么，他就会有比我更大的成就。我们都这样做，仿佛我们都相信彼此，相信彼此都已经有了计划，只不过大家都不说出来。但由始至终，关于德意志的未来，我们谁也不比谁知道得更多。

威斯巴登

主教哈托一世命丧鼠口

对于身为议会主席的奥地利公使,奥托·冯·俾斯麦这样写道:

> 表面上看,弗雷德里克·冯·图恩热情友好,还带着一点儿维也纳式的不羁。但我不认为这副外表下隐藏着政治影响力和智慧,反而更像是某种异乎寻常的圆滑与狡黠。一旦涉及政治问题,这种圆滑与狡黠就会从他良善无争的伪装下不动声色地显露出来。我认为弗雷德里克·冯·图恩是这样一种对手:他可能对任何真诚信任他的人不利,且从不以同样的真诚相报。

奥托·冯·俾斯麦对其他同僚的看法也同样明确。说起奥地利的外交官们,奥托·冯·俾斯麦写道:

> 永远不要奢望他们会仅仅因为理由正当且恰如其分就采纳这样的理由作为制定政策的依据。我们彼此交往的显著特点是:谨慎的欺骗。他们不具备任何足以让人信任的品质,只会在亲密友好的假面下实施诡计。

奥托·冯·俾斯麦还认为根本不可能与奥地利的外交官们有开诚布公的合作。

> 他们满嘴说的都是共同行动之必要,可一旦事关实现我们的愿望,他们总是公事公办地来一句"我们不反对",却在暗地里设置各种障碍,幸灾乐祸。

其他国家的外交官也都是如此,几乎没有人认为正义本身存有价值。

> 他们就像是滑稽漫画上的外交官：要是我找他们借个火，他们就会摆出一副官方面孔。要是他们想要厕所间的钥匙，就会带着雷根斯堡式的谨慎，精心选好姿态和用词。

在给路德维希·弗雷德里克·利奥波德·冯·格拉赫的信中，奥托·冯·俾斯麦谈道：

> 奥地利人满嘴谎言、两面三刀。一个来自旧边境地区的老实人根本无法想象莱茵河河畔的那些谎言和诡计，这些德意志南部长大的人们本质上就很腐朽。

奥托·冯·俾斯麦对外交官们的看法似乎并未随着了解的加深而有所改观，多年以后他写道：

> 长远来看，绝大多数外交官都宁可折损自己的道德心与爱国情，也不会坚决地维护自己国家和君主的利益。外交官们不愿无休止地与某个强大而不择手段的敌人设下的种种困难做斗争，因为这会危及他们自己的职位。

对于自己的普鲁士同僚们，奥托·冯·俾斯麦的看法也没有好多少。他总是抱怨自己没有得到足够的支持。他写道：

> 对我们而言，官方外交可能表现为与同一屋檐下的陌生人携手对付自己的同胞。

奥托·冯·俾斯麦的这些信之所以有趣，主要是因为它们反映了他外交生涯之初的性格特点。对其中的表述我们其实不必当真。奥托·冯·俾斯麦擅长讲故事，必定会想方设法让故事更精彩；他也擅长写信，必会添油加醋增加表达效果。此外，奥托·冯·俾斯麦也曾在其他场合提到，他不善于发现人的优点，他总是能更敏锐地发现人的缺点[①]。经过几次交锋，奥托·冯·俾斯麦与弗雷德里克·冯·图恩的关系已经十分融洽。两年后，当奥托·冯·俾斯麦又回想起弗雷德里克·冯·图恩时，言语中满是温暖。"就私人关系而言，我很喜欢弗雷德里克·冯·图恩。在申豪森，要是我们能成为邻居，我会很高兴。"

我们必须注意，奥托·冯·俾斯麦对外交事业的第一印象是：荒唐而无用的欺骗。从当初到现在，一直有人指责他降低了欧洲普遍承认的政治道德标准。其实这些人是对政治知之甚少，因为在他们所处的时代，奥地利首相费利克斯·施瓦岑贝格才是大政治家。

必须立即近距离了解政治生活最令人不快的一面，这就是奥托·冯·俾斯麦的宿命。外交工作必定包含大量的间谍活动和秘密行动，这是奥托·冯·俾斯麦职责的一部分，也是他必须尽快学会的。奥托·冯·俾斯麦受托管理报界，这包括两部分工作：首先，必须在有影响力的报纸上安排一些文章，以利于普鲁士政府计划的进行；其次，当有敌对文章出现时，或是某些可能造成麻烦的消息被公布时，必须找出始作俑者，找出这份可恶的报纸是得到谁的授意，或是谁传递了这些消息。此类活动当然不可能详述，但很明显，奥托·冯·俾斯麦在非常短的时间内就在新岗位上表现得游刃有余。在他写给首相奥托·特奥多尔·冯·曼陀菲尔的信中是满稀奇古怪的消息，谈论着仇视普鲁士的人们怀揣的各种阴谋诡计。奥托·冯·俾斯麦很快明白不能相信警方提供的消息，他毕生都不太尊重普鲁士的警察部门。不久，奥托·冯·俾斯麦也有了为自己服务的特工。我们发现弗莱堡有一个排字工人受雇于他，为他提供了

---

① 尤利乌斯·赫尔曼·莫里茨·布施证实了奥托·冯·俾斯麦的这一特点。在他与奥托·冯·俾斯麦的对话录中显示，奥托·冯·俾斯麦对同僚们几乎没有什么好评价，仅有一两次例外。——原注

有关巴登的教皇绝对权力主义者[①]计划的秘密消息。此外,如果柏林的某个官员向报纸传递了秘密信息,奥托·冯·俾斯麦很快就能查出此人。从他的信及我们掌握的其他信息中可以得出这样一种现象:德意志的所有外交官都始终忙于向唯利是图的报纸杂志匿名投稿,以相互构陷。

这正是当时特有的风气。奥托·冯·俾斯麦不得不提醒妻子约翰娜·冯·普特卡默,在他本人收到之前,她写来的所有信都会先由邮政部门过目。不仅奥地利人如此,普鲁士的大臣们都拥有自己的报刊,借以达成自己的目的,例如抨击同僚。正是在这段时间,一件关于奥地利驻柏林大使安东·冯·普罗克施-奥斯滕的有趣的事大白于天下。由于工作地点从柏林改为

安东·冯·普罗克施-奥斯滕

---

① 教皇绝对权力主义者,指天主教内部持有某种政治理念的教士,他们坚决支持教皇掌握的各种特权与势力。——译者注

法兰克福,安东·冯·普罗克施-奥斯滕在离开柏林时将住所内的部分家具出售了。人们在一个五斗橱里发现了一大捆报纸,里面有安东·冯·普罗克施-奥斯滕手书的许多报纸文章,这些文章被发表在了多家不同的报纸上,内容都是抨击普鲁士政府的,而他当时正担任驻普鲁士大使。对安东·冯·普罗克施-奥斯滕,奥托·冯·俾斯麦曾这样写道:"我不知道人们能否发现安东·冯·普罗克施-奥斯滕的叙述有多少是他的编造,又有多少是事实。"还有一次,奥托·冯·俾斯麦在许多人面前反驳安东·冯·普罗克施-奥斯滕的一些言论,安东·冯·普罗克施-奥斯滕叫嚷:"如果我说的不是事实,那我就是以王室政府的名义撒谎了。""你就是撒谎了。"奥托·冯·俾斯麦答道。谈话就此结束,但之后安东·冯·普罗克施-奥斯滕又公开承认自己说的并非事实。

与报界的这番交往使奥托·冯·俾斯麦形成了一种根深蒂固的思维习惯:对于多数德意志政治家和他自己而言,利用报纸本身并非为了表达民意,而是为了支持政府。如果一份报纸与政府为敌,似乎就可以推断这份报纸已被其他某些国家收买。奥托·冯·俾斯麦曾提道:

> 若是某些得到外国支持的报纸遭到镇压,所有国民都将欢欣鼓舞,因为国民们都明白这些报纸全无爱国之心。在内政上有可能出现反对意见,但如果一份普鲁士的报纸代表其他国家反对国王的政策,那理当被看作是不光彩的,它也必须得到不光彩的对待。

奥托·冯·俾斯麦在政界的处境非常艰难。奥地利违背普鲁士的意愿恢复了法兰克福议会。普鲁士派遣公使去法兰克福本身就是对普鲁士的羞辱,但奥托·冯·俾斯麦仍抱着对奥地利友好的态度前往。奥托·冯·俾斯麦得到授意,要重拾1848年以前采取的政策,即:普奥两国之间的所有重大问题在提交法兰克福议会之前要事先进行磋商。但奥托·冯·俾斯麦很快发现,奥地利已再无此意,他在柏林一直维护的奥地利如今已经换了一副面孔。奥托·冯·俾斯麦原本期望得到一个热情而忠诚的朋友，结果他面对的是一个狡猾而傲慢的敌人。奥地利首相费利克斯·施瓦岑贝格保住了普鲁士，但意图羞辱普鲁士，他想利用法兰克福议会让奥地利永远居于霸权地位。除非普鲁士被迫像萨克森或巴伐利亚一样默认自己的附庸国地位，否则他绝不罢休。这并非不可能实现，因为普鲁士似乎已经在走下坡路了。

当然，实施这一计划必须经过法兰克福议会，而普鲁士的议会代表是一个毫无经验的年轻人。这似乎是个绝好的机会。弗雷德里克·冯·图恩和他的继任者们用尽各种办法，只为让普鲁士看起来低奥地利一等。他们还把这场争斗扩大到整个社会，用外交家们惯用的伎俩，通过各种公开形式的社交活动来达成政治目的。在这方面，奥托·冯·俾斯麦倒可以与他们一较高下。关于双方的冲突，奥托·冯·俾斯麦说过不少故事。

比如，作为法兰克福议会主席的弗雷德里克·冯·图恩为自己争取了一些特权，没有人敢提出异议。奥托·冯·俾斯麦后来回忆道：

> 军事委员会开会期间，只有奥地利代表在抽烟。当时担任普鲁士公使的特奥多尔·冯·罗乔嗜烟如命，他一定很想抽，但没敢抽。后来我进去了，我不明白这有什么不可以的，于是，我向会议主持国代表借了火。对此，特奥多尔·冯·罗乔和其他先生们惊讶又生气，显然这在他们眼里不是小事。这样一来，只有奥地利和普鲁士两国代表在抽烟。其他国家代表十分重视此事，纷纷发送报告回国。一定也有人将此事向柏林方面汇报了，因为先王①向我提出了疑问。他本人不抽烟，也许对此事并不敏感。各小国对此事深思熟虑，大约有半年时间都只有普奥两国的代表在会上抽烟。后来，巴伐利亚公使施伦克也开始借由抽烟凸显自己的尊贵地位；萨克森的诺斯蒂茨肯

---

① 此处"先王"指腓特烈·威廉四世。——译者注

定也想抽，但我猜他当时还没有得到萨克森首相斐迪南·津斯基的许可。不过，当诺斯蒂茨后来看见汉诺威的博特默抽了一根雪茄时，他一定已经与自己的邻国奥地利达成了谅解，因为他也拿出烟草袋点了火。汉诺威的博特默是十足的奥地利人，儿子都在奥地利军队服役。这样就只剩下符腾堡王国和黑森-达姆施塔特大公国了。这两国代表根本不抽烟，但国家的荣誉与地位使他们不得不抽，于是，第二天符腾堡代表果真取出了雪茄。我现在就看到他抽着一根，又长又细，是黄色的，像黑麦秸秆的颜色。他抽了至少一半了，脸色阴沉却充满决心，这是他为自己国家——施瓦本做出的牺牲。黑森-达姆施塔特大公国代表是唯一忍住没抽的。

还有一次，弗雷德里克·冯·图恩只穿了一件衬衣会见奥托·冯·俾斯麦。奥托·冯·俾斯麦说道："您做得太对了，天真热。"便脱去了自己的外衣。

在事务处理方面，奥托·冯·俾斯麦发现了同样的问题。奥地利似乎打算故意采取一种对普鲁士不利的策略，即争取大多数邦国的选票，击败普鲁士，使普鲁士陷入进退两难的境地：要么接受对自身不利的决定，要么公开与邦联决裂。议会每讨论一桩事务，同样的情景就会反复出现。比如，在支配舰队的问题上，这支舰队很大程度上是依靠普鲁士提供经费来供养与维护的，但奥地利要求将舰队当作邦联资产，虽然多数国家从未提供任何经费。还有，在关税联盟的问题上，反普鲁士派竭尽全力要推翻普鲁士创立的这一联盟，从而损毁普鲁士的唯一伟大功绩。对于这诸多伎俩，奥托·冯·俾斯麦一直采取守势。还有一次，奥地利企图把公布法兰克福议会的议程也当作对付普鲁士的手段。这样的你来我往不过是一连串的争论，有时事态严重，有时又微不足道。

奥托·冯·俾斯麦很快在议会站稳了脚跟。可怜的弗雷德里克·冯·图恩，他的精神可不够强大。和奥托·冯·俾斯麦进行一场激烈的讨论后，弗雷德里克·冯·图恩在当天17时就上床睡觉了。弗雷德里克·冯·图恩抱怨自己的身体状况不佳，再继续争斗下去他将无法担任这一职位。后来，他的继任者安东·冯·普罗克施-奥斯滕在离开法兰克福前往君士坦丁堡时曾说道："与智者阿里而不是奥托·冯·俾斯麦对话，简直要幸福得多。"

随着最初的陌生感逐渐消散，奥托·冯·俾斯麦在自己的岗位上逐渐变得游刃有余。妻子约翰娜·冯·普特卡默和孩子都来到了法兰克福陪在他身边，这让奥托·冯·俾斯麦又有了一个温馨的家。他的家很快成为城里最受欢迎的一个地方。奥托·冯·俾斯麦和妻子约翰娜·冯·普特卡默都亲切好客，他也利用自己的地位扩大普鲁士和自己的影响力。1855年，奥托·冯·俾斯麦的老朋友约翰·洛斯罗普·莫特利曾上门拜访。后来约翰·洛斯罗普·莫特利写信告诉妻子：

……奥托·冯·俾斯麦一家还是一如既往地友善，再没有谁能比他们更直率、热情了。我一整天都待在他家。在那里，人人都各得其所，喜欢什么就做什么。他们正式会客的房间在房子前面，起居室都在后面，包括客厅和餐厅，都是面朝花园的。在他家里，可以同时看到年轻人和长者、祖父母和孩子，还有小狗。大家吃着、喝着、抽烟、弹钢琴、（在花园里）打枪。这一切都是同时进行的。在他家里，你能找到世间所有好吃的、好喝的。身边随时都有黑啤、苏打水、淡啤酒、香槟、勃艮第或波尔多红酒，人人都抽着上好的哈瓦那雪茄。

1855年7月30日，星期一
于法兰克福

奥托·冯·俾斯麦私交甚广，来往的多数人都与他意气相投。婚后的奥托·冯·俾斯麦不再四处玩乐，很少有外交官像他一样从不光顾洪堡的赌桌。

奥托·冯·俾斯麦经常运动,还和英国公使亚历山大·马利特爵士一起打猎。几年后,一些声称奥托·冯·俾斯麦志在取代时任首相奥托·特奥多尔·冯·曼陀菲尔的报道频频出现,他是这样反驳其中一篇报道的:

> 在法兰克福再待上三五年,然后也许到维也纳或巴黎再待上这么一段时间。接着风风光光当十年首相,最后以乡绅的身份离开这个世界,这就是我的白日梦。

这样的愿望通常没有那么容易实现,但在奥托·冯·俾斯麦身上几乎全部实现了。

履职外交工作的第一年,奥托·冯·俾斯麦仍担任上议院议员。他偶尔会在上议院出现,但他从议会辩论中获得的满足已经开始消退,对外交事业却越发感兴趣。

1853年5月,奥托·冯·俾斯麦在柏林写信给妻子约翰娜·冯·普特卡默,说道:

> 我已经完全厌倦了这里的生活,盼望着离开的那一天。我发现议会里的阴谋诡计极其幼稚,也极不体面。如果一直和这些人在一起,我就会欺骗自己,以为这些阴谋诡计精妙绝伦。我从法兰克福来到这里,看到了他们真正的嘴脸,我觉得自己就像一个清醒的人掉进了醉汉堆里。议会的氛围会让人道德败坏,即便最好的人也会不知不觉变得虚荣自负起来。

奥托·冯·俾斯麦这么快就改变了一年前的想法:当时他觉得外交官们的阴谋诡计是毫无用处、败坏道德的,现在则觉得议会辩论才是如此。不过,至此,奥托·冯·俾斯麦从未改变过这种看法。

这段时间发生的一件事可能加深了奥托·冯·俾斯麦对议会生涯的厌恶。在辩论过程中，奥托·冯·俾斯麦与自由党领袖格奥尔格·冯·芬克又有了一次激烈的言语交锋。这在两人之间经常发生。谈到奥托·冯·俾斯麦的外交成就时，格奥尔格·冯·芬克轻蔑地说道："据我所知，就是他抽了那根著名的雪茄。"

奥托·冯·俾斯麦愤怒地予以回击，并在会议结束时向格奥尔格·冯·芬克发起了挑战。四天后，两人之间发生了一次手枪决斗，这也是奥托·冯·俾斯麦一生中唯一一次手枪决斗。两人都没有受伤，打第一枪的格奥尔格·冯·芬克看见前一晚领受了圣餐的奥托·冯·俾斯麦在祈祷，可能故意没有对准他，之后奥托·冯·俾斯麦则向空中开了一枪。

出于种种原因，1852年议会解散时，奥托·冯·俾斯麦没有再次参选，即便腓特烈·威廉四世对于他的决定十分不悦。其后不久，奥托·冯·俾斯麦被任命为新成立的上议院议员。因职责所在，奥托·冯·俾斯麦偶尔为政府举措投票，但从不发言。在奥托·冯·俾斯麦以首相身份出现在议会之前，他再也没有在议会发过言。奥托·冯·俾斯麦很高兴能从议会的束缚中解脱出来，因为那已经干扰了他在法兰克福的工作。奥托·冯·俾斯麦对在法兰克福的工作投入了异乎寻常的精力。无论是他应当承担的职责，还是柏林方面发来的种种命令，他都积极地完成。这份工作甚至让奥托·冯·俾斯麦对官场生活的反感都烟消云散了。

奥托·冯·俾斯麦有着惊人的工作能力：一系列重要、复杂的谈判都由他经手。在需要久坐的文书工作方面，奥托·冯·俾斯麦一直缺乏经验和实践，所以他似乎会故意给自己增加工作量。奥托·冯·俾斯麦给首相奥托·特奥多尔·冯·曼陀菲尔发去公函，谈论总体政策问题，信写得又长又仔细。其中有些信思虑之周全、表达之清晰，放在如今也是很好的示范。奥托·冯·俾斯麦的论述总是清晰、完整、简洁。因此，这些信完全没有迂回累赘的陈述和矫揉造作的文风。这两点使许多外交信函变得几乎一文不值。奥托·冯·俾斯麦总会长时间工作，直至深夜。次日清晨，前往柏林的邮差已经离开，他又会骑马来到乡间。正是在这些年里养成的习惯才使奥托·冯·俾斯麦的晚年身体状况不佳。但在1852年，他好像拥有用之不竭的体力和智慧。

只要奥托·冯·俾斯麦认为某些政策应当执行，他就一定会积极推进。奥托·冯·俾斯麦与路德维希·弗雷德里克·利奥波德·冯·格拉赫素有书信往来，其中有许多都被呈送给腓特烈·威廉四世。这样一来，即便奥托·冯·俾斯麦不在现场，他仍会一如既往地影响着官方与非官方顾问们的意见。奥托·冯·俾斯麦很快成为德意志事务首席顾问，经常被召往柏林，这才使他的意见得以被采纳。奥托·冯·俾斯麦上任不足两年便被派往维也纳执行一项特别任务：尝试就关税联盟纷争达成协议。后来奥托·冯·俾斯麦虽然失败了，但对奥地利宫廷的各种人物与各方观点有了一定的了解，这对他日后的外交工作大有用处。

这些年，奥托·冯·俾斯麦对德意志有了十分深入的了解。奥托·冯·俾斯麦曾经一直居住在普鲁士，而今他身处德意志政治体系的中心，频频与其他王国就重大问题进行磋商。数年之后，奥托·冯·俾斯麦对德意志所有显要公务人员的性情与思想都有了了解。

随着阅历的增长，奥托·冯·俾斯麦更加坚信自己一开始观察到的情况：普鲁士与奥地利已经不可能维持良好关系了。奥托·冯·俾斯麦在信中对奥地利的口吻很快从怀疑和失望转变为明确而坚定的敌意。在其他某些事务上，奥托·冯·俾斯麦也发现世界不再是他以前看到的样子了。奥托·冯·俾斯麦一直以来都把革命视为最主要的威胁，而他所在的法兰克福正是革命开始的地方。德意志议会在法兰克福用将近一年的时间召开会议，在附近的巴登大公国、黑森大公国及普法尔茨地区，共和党分子仍很强大。奥托·冯·俾斯麦发现他们依然具有革命性，但很快学会藐视他们而不是畏惧他们。

如果可以用嘴来发动革命，那么这里的人们一定能造成政治大动荡。只要有流血牺牲、贡献力量的需求，他们就愿意服从有胆量担任指挥并在必要时敢于开战的任何人。他们只对懦弱的政府构成威胁。

我在这里的两年，从未见哪两个人打斗过。他们如此怯懦，却并不妨碍这些完全没有内在基督信仰、也完全不尊敬权威的人们同情革命。

奥托·冯·俾斯麦观察到的南德意志人的性格特征更加深了他对普鲁士人的敬意，也增强了他对普鲁士的信心。

奥托·冯·俾斯麦来法兰克福还不到一年时间，就断定奥地利对普鲁士的敌意是无法消除的。明确了这一点，奥托·冯·俾斯麦便不再为盟国的背叛而哀痛惋惜，很快适应了新形势，开始考虑政府应当采取何种行动。奥托·冯·俾斯麦的立论很简单：既然奥地利成了我们的敌人，我们就必须做好准备用外交手段或战争来应对敌意。我们的国家不够强大，不可单打独斗，所以我们必须结盟。奥托·冯·俾斯麦认为德意志范围内没有可靠的盟友，他藐视其他所有德意志邦国。如果发生了战争，他宁可与这些邦国为敌也不愿与之为伍。因此，普鲁士必须寻求其他国家的帮助，奥地利就是通过与俄罗斯帝国结盟才让普鲁士屈服的。所以很显然，普鲁士现在唯一能做的就是寻求可能获得的支援，这种支援或者来自俄罗斯帝国，或者来自法兰西。可以的话，可以与两国都结盟。在这一点上，奥托·冯·俾斯麦又恢复了普鲁士的原有政策。普鲁士与奥地利从1813年才开始结盟。从1813年到1866年，奥托·冯·俾斯麦的所有政策都致力于部署欧洲武装力量，力图让奥地利失去盟友，使普鲁士在德意志事务中重新获得优势。

奥托·冯·俾斯麦的境况发生了改变，但性格并没有变。他仍和以前一样，有着强烈的爱国热情。他个人感情也夹杂其中，包括他的自尊心和抱负。尽管自尊心和抱负与他对国家的热爱和对国王的忠诚相比不值一提。奥托·冯·俾斯麦是普鲁士的勇士：在柏林，他必须保护政府免受内敌攻击，但如今危险发生了变化，政府的力量已经确立，为什么还要浪费时间和自由主义者争斗呢？其他敌人正步步逼近。当约瑟夫·耶拉契希和阿尔弗雷德·坎迪杜斯·斐迪南-温迪施格雷茨以胜利者的姿态站在血迹斑斑的圣斯德望祭坛边时，奥地利军队已经击溃了大家共同的敌人。①同样是这支奥地利军队，同样是这两位奥地利政治家，如今却想扼制普鲁士的雄心。奥托·冯·俾斯麦用他在议会辩论中表现出的勇气和毅力，积极进行外交较量。奥托·冯·俾斯麦已经预见到，普鲁士很快将在意大利爱国者和匈牙利造反派当中找到盟友。

东欧发生的一系列纷争让奥托·冯·俾斯麦开始在欧洲广阔的政治领域中施展外交才能。沙皇尼古拉一世计划分裂奥斯曼土耳其帝国，但遭到英国、法兰西和奥地利的反对。普鲁士尽管并未立即表示关切，但起初也支持各大国的反对意见，这让沙皇尼古拉一世遭到欧洲一致的反对。

奥托·冯·俾斯麦从一开始就对形势感到担忧，他发现普鲁士卷入这场俄罗斯帝国与列强的争斗将会失去许多，却什么也得不到。如果普鲁士继续支持各大西方强国，就会引起俄罗斯帝国的敌意，也许法兰西皇帝拿破仑三世的政策忽然一变，普鲁士就会变得孤立无援，无力独自招架俄罗斯帝国的报复行动。如果战争爆发，普鲁士参战，法兰西与俄罗斯帝国之间的争斗就会发生在德意志的土地上。那样无论哪一方获胜，德意志都是输家。有什么东西值得让普鲁士这样以身犯险呢？为什么普鲁士要牺牲自己来维护英国在地中海的势力或是奥地利在多瑙河的利益呢？奥托·冯·俾斯麦想采取完全相反的政策。奥地利陷入窘境，普鲁士就有了机会。要恢复普鲁士在德意志的地位，现在正是时候。奥地利与俄罗斯帝国的友好关系对普鲁士是种威胁，但如今这种友好关系被打破了。如果普鲁士能与沙皇尼古拉一世达成谅解，眼下被孤立的就会是奥地利。其他德意志邦国并不希望因为支持了奥地利在东欧的支配地

---

① 指1848年奥地利革命政府被推翻，重新恢复了君主制。——译者注

法兰西皇帝拿破仑三世

位而陷入战争泥沼。只要普鲁士足够坚定,其他邦国就会转而向普鲁士寻求支持,而后普鲁士便会重新获得掌握法兰克福议会多数票的能力。

出于以上原因,奥托·冯·俾斯麦建议普鲁士政府维持武装中立,如有可能再联合其他德意志邦国。如果一定要支持哪一方,奥托·冯·俾斯麦希望不是西欧强国,对此他是这样说的:

> 我们应当寻找其他盟友。在欧洲各国中，俄罗斯帝国是可以用最小代价争取到的盟友，因为它只不过是想在东欧发展势力而已；而争取另外两个强国——英国和法兰西则需要我们付出代价。

奥托·冯·俾斯麦的信始终没有提及纷争的真实起因，这表现出他外交手段的进步。换作别人，也许会讨论土耳其基督教教徒的境况或是耶路撒冷的圣殿，而奥托·冯·俾斯麦只考虑纷争对于自己国家的利与弊。开放黑海、分裂土耳其、控制地中海、多瑙河公国何去何从，这些都是奥托·冯·俾斯麦不在乎的，因为这些事务无关普鲁士的利益。只有当大国间的新组合可能对普鲁士产生或好或坏的影响时，这些事务对他才有意义。

1854年，危机爆发。一支俄罗斯帝国军队占领了摩尔达维亚和瓦拉几亚。英国和法兰西向黑海派遣舰队，决定发动战争，并希望与奥地利结盟。奥地利有意加入，因为驻扎在多瑙河的俄罗斯帝国军队对奥地利构成了威胁。但没有普鲁士和德意志的支持，奥地利不敢轻举妄动。奥地利向德意志邦联求助，敦促盟国派遣军队支持其请求，但德意志各邦国无意消耗自己的兵力来换取奥地利皇帝弗朗茨·约瑟夫一世在东欧的利益。如果有普鲁士撑腰，这些邦国就会明确拒绝。德意志的形势和欧洲形势一样，取决于普鲁士如何行动，而行动决定权就在腓特烈·威廉四世手上。

普鲁士会支持俄罗斯帝国还是西欧各大国？柏林方面就这一问题展开了辩论，时间长达数月。

普鲁士的民众站在西欧大国这一边，他们担心俄罗斯帝国会插手德意志内政。他们还没有忘记，也没有原谅沙皇尼古拉一世在1849年所扮演的角色。人们似乎必须在英国和俄罗斯帝国、自由和专制、文明和野蛮之间做出选择。站在西欧大国这一边的还有那些希望普鲁士与奥地利维持联盟关系的人们。除了在王宫和军队里，俄罗斯帝国的盟友极少。但《十字架报》一派、王宫秘密顾问团及指挥嘉德团的王公贵族们都一心希望与沙皇尼古拉一世建立亲密的联盟，因为正是俄罗斯帝国把欧洲各君主国从革命中拯救出来。"我们应该公开为维护俄罗斯帝国而战，"他们说道，"这样我们或许就能获得奥地利的支持，而后三大君主国就将修复旧有联盟，再次对德意志的天敌法兰西及其君主拿破仑三世发起征讨的机会便会到来。"

王宫内部的派系冲突最剧烈。柏林社会分裂成了亲俄与亲英两派。普鲁士王后伊丽莎白·卢多维卡热情支持俄罗斯帝国；亲英派则聚集在威廉·腓

伊丽莎白·卢多维卡

奥古斯塔·玛丽·路易丝·卡特琳

特烈·路德维希周围，在王妃奥古斯塔·玛丽·路易丝·卡特琳的会客室里进行会面。腓特烈·威廉四世在英俄两国之间摇摆不定。他一如既往地更加感性而非理性地做决定，但他仍左右为难。腓特烈·威廉四世如何能在奥地利和俄罗斯帝国这两个普鲁士的古老盟友之间做出决定呢？他对沙皇尼古拉一世又敬又爱，对拿破仑三世又惧又疑。要和反基督的异教徒结盟，这对腓特烈·威廉四世而言是个可怕的念头，但他也了解沙皇尼古拉一世的行为之暴烈、欲望之无度。腓特烈·威廉四世无法忽视西欧的看法，希望与英国友好相处。为腓特烈·威廉四世提供建议的人们则秉持完全相反的立场：约西亚斯·冯·本生支持英国，路德维希·弗雷德里克·利奥波德·冯·格拉赫支持俄罗斯帝国，内阁发生了分裂。人人都在极力左右腓特烈·威廉四世的决定。沙皇尼古拉一世和拿破仑三世分别派遣特使前往普鲁士王宫；维多利亚女王及

维多利亚女王

阿尔伯特亲王

其丈夫阿尔伯特亲王提醒腓特烈·威廉四世,不要忘记他对欧洲和全人类应负有的责任,只要与英法结盟,就不会发生战争。但腓特烈·威廉四世仍在动摇。"他晚上睡觉时是亲英的,一觉醒来又亲俄了。"沙皇尼古拉一世如是说,他一直很瞧不起这个内兄①,虽然这个内兄对他很是尊敬。

斗争进行到白热化阶段时,奥托·冯·俾斯麦被召往柏林。腓特烈·威廉

---

① 沙皇尼古拉一世的妻子是亚历山德拉·费奥多罗芙娜。亚历山德拉·费奥多罗芙娜和腓特烈·威廉四世同为腓特烈·威廉三世的孩子。其中,腓特烈·威廉四世是长子。——译者注

四世想要听听他的意见。奥托·冯·俾斯麦在柏林和莱茨林根与腓特烈·威廉四世频频会面，后来他曾这样描述那里的情景：

> 有六位大使都留在旅馆里，策划如何反对外交大臣的政策。依照当时的风气看来，这没有什么可奇怪的。

奥托·冯·俾斯麦发现柏林分裂成了两派：一派把沙皇尼古拉一世看作是赞助人与保护者，另一派则希望获得英国的支持，但他并未见到有人对于普鲁士的利益所在抱有坚定的信念。奥托·冯·俾斯麦本人的意见是：反对与西欧大国或奥地利结盟，与俄罗斯帝国结盟要比与英国结盟好，但更好的做法是保持中立，维持欧洲的力量平衡。人们认为奥托·冯·俾斯麦十分亲俄，但他自己并不同意这一说法，他说："我并不亲俄，我只亲普鲁士。"奥托·冯·俾斯麦用十分坚定的口吻抨击腓特烈·威廉四世的追随者们，认为他们更在意沙皇尼古拉一世而不是自己的国王，对沙皇尼古拉一世的谄媚近乎到了叛国的程度，而他还是和过去一样宣扬勇气和决心。有些人谈起普鲁士有被孤立的危险，奥托·冯·俾斯麦回答："我们有四十万士兵，难以被孤立。"法兰西公使警告奥托·冯·俾斯麦，称奥托·冯·俾斯麦的方针有可能导致另一次耶拿战役的出现。奥托·冯·俾斯麦答道："为什么不会是另一次滑铁卢呢？"有人说英国有可能封锁海岸，奥托·冯·俾斯麦指出，此举对英国的损害要比对普鲁士的损害更严重。

> 我们要勇敢起来，依靠我们自己的力量。我们要扬言与俄罗斯帝国结盟，以吓阻奥地利；也要让俄罗斯帝国认为我们可能与西欧大国结盟，以吓阻俄罗斯帝国。即便我们的确不可能与俄罗斯帝国并肩，至少我们应该表现出有这样做的可能。

依据腓特烈·威廉四世的性格，人们完全能够想象到最终的结果。腓特烈·威廉四世无法明确支持竞争中的任何一方，在英俄之间来回摇摆。他时而支持这一方，时而支持那一方。1854年3月，奥托·冯·俾斯麦还在柏林时，英国方面忽然发生了一些不光彩的事。约西亚斯·冯·本生被从伦敦召回，内阁首席顾问阿道夫·冯·博宁被解职。作为西欧联盟的主要支持者，威廉·腓特烈·路德维希提出抗议，从而也被看作是敌对行动的一员而不得不离开柏林，甚至面临失去职位、遭到逮捕的威胁。与俄罗斯帝国发生战争的危险似乎都已过去，奥托·冯·俾斯麦心满意足地回到法兰克福。但他刚刚离开，人们对奥地利的往日情谊又占了上风。普鲁士单独签订了一份协议，承诺支持奥地利的诉

阿道夫·冯·博宁

求，必要时可采取武装手段。直至协议签订完成，奥托·冯·俾斯麦才听闻此事，部门大臣们有意不征求他的意见，因为他们知道奥托·冯·俾斯麦是不会同意签订协议的。奥托·冯·俾斯麦强忍着极其厌恶的情绪，给奥托·特奥多尔·冯·曼陀菲尔写了一封语气冰冷的贺信。在给路德维希·弗雷德里克·利奥波德·冯·格拉赫的信中他则写道：

> 国王陛下真该记住让大臣们多喝点儿香槟。不管哪位要员，没有半瓶下肚就不应该走进国王的会议室。这样一来，我们的方针很快会得到应有的重视。

奥托·冯·俾斯麦完全明白，真正的阻碍是腓特烈·威廉四世本人的性格。"如果我告诉任何一位同僚'即使奥地利有意破坏，我们仍会保持坚定'，他会当面嘲笑我说，'只要国王还在世，奥地利和普鲁士就不会发生战争'"，以及"国王对奥地利恶行之宽容，与我恳求上帝给予我的仁慈是一样的"。

此事对于奥托·冯·俾斯麦的忠诚是一次严峻的考验，但他经受住了。我认为奥托·冯·俾斯麦从未表达过自己对于腓特烈·威廉四世的意见，但我们可以猜出那会是什么样的。那是一幅悲哀的图景：国王暴烈而怯懦，固执而犹豫，被各色人等的意见拖向这边、带向那边。这些人包括他喜爱的人们、他的妻子、他的兄弟、他那些彼此钩心斗角的大臣们、提出政策而不执行命令的大使们，还有平静地袖手旁观并极力粉饰政策连续性的首相奥托·特奥多尔·冯·曼陀菲尔。

也许正是奥托·冯·俾斯麦在这段时间里得到的经验才使他在日后成为首相时对不负责任的外来顾问们很是戒备。奥托·冯·俾斯麦并未企图取代奥托·特奥多尔·冯·曼陀菲尔担任首相，而是制定了这样一条规则：他的下属必须通过他本人才可与国王沟通。身为外交大臣的奥托·冯·俾斯麦不会容许宫廷中有路德维希·弗雷德里克·利奥波德·冯·格拉赫这样的人物，也不会容许和自己身份相同的人与普鲁士公使们来往。的确,奥托·冯·俾斯麦一直十分小心,尽量不对腓特烈·威廉四世耍弄阴谋。但在他身上永远看不到一个坚定而高效的大臣所必需的完全顺从的姿态。腓特烈·威廉四世常常直接询问奥托·冯·俾斯麦的意见,他有义务说出自己认为的事实,但常常不赞同奥托·特奥多尔·冯·曼陀菲尔的看法。为了让自己看起来并无异心,奥托·冯·俾斯麦要求路德维希·弗雷德里克·利奥波德·冯·格拉赫把自己写的信呈给奥托·特奥多尔·冯·曼陀菲尔,但并不是所有信都如此。经奥托·特奥多尔·冯·曼陀菲尔过目的信少得可怜,根本不足以覆盖奥托·冯·俾斯麦陈述的所有内容。如果产生意见分歧,奥托·冯·俾斯麦对腓特烈·威廉四世所负有的义务必须凌驾于他对首相奥托·特奥多尔·冯·曼陀菲尔的忠诚之上,而这两者也并不总是可以调和的。其实,在英国人看来,国王在内阁大臣不介入或不知晓的情况下频繁征求其他政客的意见,这是十分不当的行为,这也正是在普鲁士不可能实施英国宪政思想的一个原因。在英国,君主不得就任何政务咨询除相关部门以外的其他任何人的意见,这是宪法的一条准则。这条准则之所以得以实施,不过是因为最终决定权在议会和内阁手上,而不在君主手上。然而,奥托·冯·俾斯麦始终坚持普鲁士的实际决策权在国王手上,这无疑是对普鲁士宪法的正确解读。因此,国王必然拥有咨询任何人意见的绝对自由,只要这些意见对他有帮助;国王也能命令驻外公使直接与自己沟通,并在必要时向自己大臣的政治对手征求意见。如果禁止这些做法,并下令所有请求必须经过大臣之手再转达给国王,那么事实上就用内阁独裁替代君主政体了。

内阁独裁后来确有发生,当时德意志皇帝威廉一世已经老了,奥托·冯·俾斯麦凭借丰富的经验和巨大的成就独自操纵整个国家的政策。彼时的奥托·冯·俾斯麦既不受议会支配,也几乎不允许任何独立顾问接近威廉一世,这在普鲁士的历史上很少见。普鲁士内阁大臣更多时候需要在私下讨论而不是公开辩论的场合与自己的对手或批评者交锋。在软弱的君主领导下,国家政策总是会受到宫廷阴谋的干扰,就像英国在软弱的内阁领导下,国家政策

德意志皇帝威廉一世

会受到党派斗争的干扰一样。国王的想法可能会被自己亲密的朋友甚至是家人左右,从而突然推翻大臣们周密完善的计划。大臣们必须对此有所准备。可以说,在这样的情况下任职,一个人精神再饱满也无法胜任,因为这确实不容易。因为一位有才能、有决心的内阁大臣既私下受到反对者的阻挠,又要被议会的意见限制。当时有一种普遍的看法:在议会政体下难以实现强势的外交政策。然而,普鲁士1815年到1863年的历史似乎也表明,在君主政体下,有力的外交政策同样难以实现。

与此同时,奥托·冯·俾斯麦脑中有一个更大胆的计划:为什么普鲁士不与拿破仑三世结盟以获取自己需要的支持呢?

德意志人怀着疑虑和警觉目睹了拿破仑三世的崛起。一直以来，他们受到的教育都是，法兰西是他们的天敌。拿破仑三世掌权并称帝以后，德意志人原有的疑虑又复苏了，单是"拿破仑"这个名字就勾起了许多关于双方敌对的回忆。德意志人担心拿破仑三世会采取野心勃勃的好战政策、会终止欧洲和平与弱国安全所仰赖的各项协议、会扩张到莱茵地区和法兰西边境。拿破仑三世是首位内政方针全然不受德意志支持的法兰西统治者。自由党曾是拿破仑三世的天然盟友，但他推翻共和国后便失去了自由党的支持，而保守党也并不认为他的做法值得称颂。对这位扼制议会、恢复专制政府的皇帝，普鲁士的维护君主派只有钦佩与羡慕，它无法批判一种自己也乐于效仿的行为，但无法原谅拿破仑三世的篡位行径。维护君主派的信念是：镇压自由党是具有合法地位的国王享有的特权。

人们相信，欧洲君主们有义务确保所有国家都不得改变当前治理国家依靠的政体或王朝；神圣同盟①还主张各君主共同反对革命。这都是合理性原则残存的表现。当年奥地利首相克莱门斯·文策尔·冯·梅特涅正是利用这些有力地支撑着奥地利议会的支配地位，但如今的时代已大不相同！奥地利本身已大不如前，原有的信念只在圣彼得堡和柏林有一息尚存，但这些信念也已变得衰弱而无用。人们已不再探讨实施武装干预，不会再有滑铁卢或瓦尔米战役，有的只是某种过分保守的态度。普鲁士不能、也不敢拒绝与法兰西开展外交，但他们决定不表现出丝毫热情：普鲁士王室的纯粹圣洁不能因为与罪人过从甚密而遭到玷污②。即便不对波拿巴主义③发起又一场征讨，至少也不能与之结盟。

---

① 神圣同盟，法兰西第一帝国瓦解后，在沙皇亚历山大一世的提议下，俄罗斯、奥地利、普鲁士三国于1815年9月在巴黎订立同盟，旨在遏制欧洲的自由主义与世俗主义。——译者注
② 这里我引用了路德维希·弗雷德里克·利奥波德·冯·格拉赫的比喻说法，但基于英语的特点，我无法引用全文。——原注
③ 波拿巴主义，指拿破仑·波拿巴及其追随者的政治理念，后用于指代那些希望恢复波拿巴王朝及其政体的人们。——译者注

奥托·冯·俾斯麦从一开始便对这种不得改变政体的观点表示无法苟同。他认为在一个丧失了支撑合理性的稳固基础的国家，发动政变是有必要的，法兰西只能通过铁腕手段来治理。但作为普鲁士人，奥托·冯·俾斯麦并不感到高兴，因为他眼见一个曾经软弱的敌人实力得到增强，但他认为拿破仑三世的好战欲望对法兰西不利。拿破仑三世称帝在某种程度上是有利的。因为法兰西第二共和国的倾覆打破了德意志革命者与法兰西共和派的联结。只要普鲁士安全，奥托·冯·俾斯麦并不十分在意其他国家发生了什么。

毫无意外，奥托·冯·俾斯麦很快开始采取进一步措施，他警告朋友们不要激怒拿破仑三世。拿破仑三世成婚时，《十字架报》发表了一篇言辞激烈的文章，称这场婚姻是对普鲁士的侮辱与威胁。这种无用的斥责与奥托·冯·俾斯麦的教养相悖，令他反感，而且这样的做法似乎很危险。如果普鲁士要与法兰西斗争，就必须寻求东欧列强的支持，而如果俄罗斯帝国和奥地利知晓此

拿破仑三世成婚

事，普鲁士就会受其控制。这种态度的唯一后果是：普鲁士在外交博弈中会彻底丢失有用的一着。奥托·冯·俾斯麦说道：

> 让人们觉得我们反对法兰西的态度十分决绝，这没有任何好处。如果与法兰西结盟，那无疑会是极大的不幸，但我们为什么要将此昭告天下？我们应当采取更明智的行动，使奥地利和俄罗斯帝国不得不向我们抛出橄榄枝，一同对付法兰西，而不是把我们看作主动送上门的盟友。

奥托·冯·俾斯麦常常说起这样一个话题：

> 若与法兰西结盟，我们免不了显得有些低劣，但即便是像德意志邦国统治者那样可敬的人，在中世纪的时候都曾从下水道逃走，以免挨打或被勒死。

然而，依照所有德意志邦国即便不遵守却还是公开承认的荣誉准则，与拿破仑三世结盟一定是不可原谅的罪孽。不过，上一代的德意志各邦国的统治者们有一半都奔向拿破仑一世的王宫，从他手上取得邻国的土地，为自己的国民争取自由。没有人怀疑这位新的拿破仑皇帝也将采用类似手段以确保法兰西的利益，但拿破仑三世会遇到愿与他合作的国家吗？至少德意志人彼此似乎并不信任。没有哪位邦国的统治者敢于向统治法兰西的家族示好，也没有哪位政治家能前往巴黎，否则人们便会痛斥他出卖自己、出卖国家。民族主义新闻媒体总是惯用此类指控来针对他们厌恶的统治者。奥托·冯·俾斯麦有意助长人们对自己国家是否与法兰西合作的疑心，而多数人十分希望自己的国家能够免受这样的怀疑。奥托·冯·俾斯麦这样的做法固然需要政治头脑，但道德勇气更是必不可少的。奥托·冯·俾斯麦已经树敌太多，很快又有传闻称他支持与法兰西结盟。这样的传闻竟持续了十年。奥托·冯·俾斯麦常常在私人书信中抗议这种毫无根据的指控，但他的抗议似乎很荒谬，因为即便他并不希望普鲁士与法兰西结盟，他也至少希望人们会惧怕这样的同盟。人不能既以"可能实施抢劫"来威胁朋友，同时享有克己正直的好名声。

奥托·冯·俾斯麦十分清晰地解释了与法兰西结盟将带来的益处。

> 德意志各邦国对我们十分关注，就如它们十分相信法兰西视我们为盟友一样。这些邦国永远不会信任我们，它们多看一眼地图就多一分怀疑。它们知道，各不相同的利益和主权的滥用总是阻碍着普鲁士政策的整体趋向，它们显然知道这当中的危险。正是我们最仁慈的上帝无私地帮助它们抵挡了这种危险，获得短暂的安全。腓特烈·威廉四世的想法至少能在一段时间内降低各邦国的不信任感，但他不会因此收获任何感激。他的看法只会遭到利用。在真正有需要的时刻，感激与信任不会促使人走上战场。如果我们能深谋远虑、清楚明确地利用它们的恐惧，就能让整个邦联臣服于我们。而要让其他邦国逐渐感到恐惧，我们就要清楚地表明我们与法兰西的友好关系。

奥托·冯·俾斯麦反对普鲁士遵循所谓的德意志政策；如他所言，这种"民族的、爱国的"政策意味着普鲁士的所作所为不是为了自己的利益，而是为了小邦国的利益。

直到克里米亚战争结束后，奥托·冯·俾斯麦才有能力推行自己的政策。当时拿破仑三世已经确立了自己在欧洲的地位，维多利亚女王也造访了法兰西宫廷，这令路德维希·弗雷德里克·利奥波德·冯·格拉赫十分痛心和反感。拿破仑三世本人很希望与普鲁士结盟，这既出于情感因素，也涉及利益。拿破仑三世十分喜爱德意志，他所受的教育及确立的思想都更德意志化而非法兰西化。他足智多谋,是唯一一位真诚希望并努力推动他国利益增长的法兰西统治者,他也相信民族是国家存在的基础。拿破仑三世的先辈们是革命派,这使他自然而然地抵触奥地利,也乐于帮助普鲁士恢复过去的政策。

纳沙泰尔事件[①]给了奥托·冯·俾斯麦机会,令腓特烈·威廉四世对他心存感激。奥托·冯·俾斯麦抓住了这次机会,因为他知道王室的偏见是组成联盟的最大阻碍。1857年,奥托·冯·俾斯麦被派往巴黎商讨结盟及其他事务。其实早在1855年,奥托·冯·俾斯麦就曾被引见给拿破仑三世,但当时他反对法兰西的政策。如今,十年中在外交界同为领袖、时敌时友的奥托·冯·俾斯麦和拿破仑三世首次有了紧密的联系。奥托·冯·俾斯麦并不看好拿破仑三世。奥托·冯·俾斯麦曾写道:"人们夸大了他的才智,但低估了他的勇气。"拿破仑三世非常友善,他帮助普鲁士国王的心愿甚至超过了他遵循法兰西国家政策的职责。拿破仑三世曾说:"我们为什么不能是朋友?让我们忘掉过去吧。如果每个人都抓住回忆不放,两个曾经交战的民族一定会永远交战下去。政治家们应当着眼于未来。"

但这仅仅是奥托·冯·俾斯麦的看法。奥托·冯·俾斯麦写信回国,提出他可以为拿破仑三世造访普鲁士铺路。拿破仑三世本人也乐意前往,因为这会带来很好的成效。尽管腓特烈·威廉四世对奥托·冯·俾斯麦心存感激,但这仍超出了他所能允许的范围,他要求路德维希·弗雷德里克·利奥波德·冯·格拉赫,只要奥托·冯·俾斯麦尚在巴黎,就不要对拿破仑三世来访一事给出任何回复。然而,奥托·冯·俾斯麦又在正式报告和私人书信中反复提出与法兰西达成谅解能带来的政治优势,说奥地利才是普鲁士的天敌,因为奥地利的利益是与普鲁士相悖的。如果普鲁士抗拒拿破仑三世前进的步伐,就会迫使拿破仑三世与俄罗斯帝国结盟,这样的危险是奥托·冯·俾斯麦一直担心的。那段时间,拿破仑三世的堂弟拿破仑亲王约瑟夫·查尔斯·保罗·波拿巴正造访柏

---

① 纳沙泰尔自1713年起为普鲁士王室所有,1848年遭瑞士革命分子抢夺,最终腓特烈·威廉四世在奥地利等大国的干预下放弃了该土地的所有权。——译者注

拿破仑亲王约瑟夫·查尔斯·保罗·波拿巴

林。在经过法兰克福时,拿破仑亲王约瑟夫·查尔斯·保罗·波拿巴特意找到奥托·冯·俾斯麦,表现得十分友善。拿破仑亲王约瑟夫·查尔斯·保罗·波拿巴无疑是得到了某些指示。《十字架报》再次抓住机会羞辱了法兰西统治者。奥托·冯·俾斯麦担心这种羞辱会招致敌意,再次向《十字架报》抗议了这种假托"遵守原则"之名的小肚鸡肠的泄愤行为。奥托·冯·俾斯麦最终未能说服腓特烈·威廉四世和自己的密友路德维希·弗雷德里克·利奥波德·冯·格拉赫,他得到的都是同样的回答:"法兰西是德意志的天敌,拿破仑三世是革命的代表,普鲁士国王和革命派之间不可能结盟。""智慧如你,怎么能为了一个人牺牲自己的原则呢?"路德维希·弗雷德里克·利奥波德·冯·格拉赫这样问道。路德维希·弗雷德里克·利奥波德·冯·格拉赫想证明的并不是与法兰西结盟很愚蠢,而是与法兰西结盟是错误的。若是在1852年,奥托·冯·俾斯麦也会说出和路德维希·弗雷德里克·利奥波德·冯·格拉赫相同的话。但这些年,奥托·冯·俾斯麦见过了许多,也学到了许多,早已摆脱了早年朋友们对他的影响,挣脱了朋友们的理论形式主义,学会了用自己的眼睛看世界,学会了要使国家免受弱国阴谋和强国压力之害。对曾经生活在王室阴影下的人们而言,现在的世界与过去大不相同了。奥托·冯·俾斯麦仍然记得,普鲁士能够强大

19世纪50年代的奥托·冯·俾斯麦

起来，并不是依靠严格遵守一般原则。腓特烈·威廉二世从不会被狭隘的自我拷问阻挡脚步；腓特烈·威廉三世也毫不犹豫地与革命者主导的法兰西结盟。僵硬地固守正当准则、在良知问题上小心决策，这样的做法似乎更适合忏悔者，而不是一位伟大君主的顾问。至于人们要求奥托·冯·俾斯麦牺牲国家未来以成全的那条原则真的是正确的原则吗？普鲁士为何要被其他邦国的内部体制困扰？法兰西是由波旁家族、奥尔良家族还是波拿巴家族统治着，与普鲁士有何关系？既然东欧三大君主国的亲密联盟已经不复存在，普鲁士又如何坚守神圣同盟的政策？万一法兰西要进攻德意志，普鲁士根本无法指望俄罗斯帝国的支持，甚至无法肯定奥地利会给予支持。因此，必须与法兰西达成协议，不为实现抱负，只求自我保护。

奥托·冯·俾斯麦向奥托·特奥多尔·冯·曼陀菲尔呈上了一份大篇幅的详尽简报，提出了上述想法及其他一些思考，并附上了写给他本人和路德维希·弗雷德里克·利奥波德·冯·格拉赫的信。这些信论证严密、表达清晰、学识渊博、论点有力，是他政治文书的顶尖之作。奥托·冯·俾斯麦在其中总结了他政治生涯学徒时期的成果，确定了实施国家政策应当遵循的原则。这些原则也是日后他本人执行的原则。

奥托·冯·俾斯麦曾问道："有什么理由反对与法兰西结盟？主要的理由就是人们坚信拿破仑三世是革命的主要代表，他就等同于革命？而与革命派妥协无论在国内还是国外政策上都是不可接受的？"奥托·冯·俾斯麦有力地驳斥了这两种论调："为什么我们非得把拿破仑三世视作革命派的代表？欧洲几乎没有哪国政府和革命无关……在政治世界里还有什么具备完整的法律依据呢？西班牙、葡萄牙、巴西、比利时、荷兰、瑞士、希腊、瑞典，还有以1688年光荣革命为基础建立起完整体系的英国。回溯这些国家的法律体系，无一具有合理合法的起源。即便对于德意志各邦国的统治者，我们也无法给予任何完全正当的头衔，这些君主们的地位部分来自以前的神圣罗马帝国和皇帝、部分来自其他君主，还有部分来自三大阶级。"

奥托·冯·俾斯麦继续说道：革命并非为法兰西所特有，甚至不是起源于法兰西。

革命比拿破仑家族出现在历史上的时间要久远得多，其涉及范围之广也远远超过了法兰西一国。只要我们相信宗教改革或罗马教会的夸大之词，如果我们要在这世界上找出革命的源头，我们不应该在法兰西找，而应该到英国，或是回到更早时期的德意志或罗马去找。

如果拿破仑三世不是革命的唯一代表，为什么要把反对他视作原则问题呢？拿破仑三世并未表现出大肆宣传革命的意图。

利用革命威胁其他国家多年来都是英国的伎俩，不与革命政权联合的原则是近期才出现的，18世纪可没有。欧洲君主们称呼奥利弗·克伦威尔为兄弟并与他交好，是因为这对他们有益。西班牙尚未承认荷兰议会时，最可敬的公爵们都已与荷兰结盟。为什么如今只有普鲁士要采取如此过分谨慎的态度而令自己受损呢？

奥托·冯·俾斯麦进一步谈道：他不仅排斥合理性原则，也绝不受任何原则的束缚。他并未脱离任何党派而加入另一个党派，他以外交为业，而外交不涉及喜爱和厌恶等情感。

外交中如何运用原则？那就是说服他人采取某种对劝说者本人有利的政策。

"我对外国政府的态度并不基于任何恨意，而是基于他们对普鲁士有益还是有害。""充满情感的政策很危险，因为那是片面

奥利弗·克伦威尔

的,而这是普鲁士独有的奇观。""其他所有政府都以自身利益为唯一行动标准,无论人们可能如何大肆诟病它们的正义感与同理心。""我理想中的外交政策应当避免偏见,我们的决策不应当由憎恨或喜爱他国及其政府的情感来决定。"

这是奥托·冯·俾斯麦指引自身行动的标准,他也希望他人能够遵从这一标准。

我毕生从未同情过外国人，但英国及其人民除外。甚至直到现在我仍然同情他们，但英国人不需要我们的同情。我很愿意让我们的军队向着法兰西人、英国人、俄罗斯人或奥地利人开火，只要有人能向我证明这一切都是为了在普鲁士推行一项健全、成熟的政策。

在我为自己的国家从事外交活动的责任感面前，我无法认为单纯的同情或反感外国政权及其人民是有道理的，无论是我自己还是他人皆不应如此。因为这里面藏着背信弃义的种子，会对我的国王或国家不利。就我看来，甚至国王本人都没有权力让国家利益服从于他个人对陌生人的好恶之情。但即便他果真如此，也是对上帝负责而非对我负责，因此，在这一点上我保持沉默。

奥托·冯·俾斯麦关于腓特烈·威廉四世的这些说法很具有代表性。奥托·冯·俾斯麦对履行公职怀有崇高的理想，当然也就十分厌恶家庭关系和骨肉亲情时时左右君主的思想。德意志邦国的统治者们一直执行着纯家庭化政策，导致他们忘记要把家庭利益和国家利益区分开来。此外，这些邦国的统治者们在公务决策方面也自然而然受到影响：不仅受到个人情感的影响，也受到他们至亲的情感与意见的左右。对于奥托·冯·俾斯麦这样视国家责任高于一切的人，职业政治家的计划被不负责任的人批评，甚至在某些女士的心血来潮之下遭到推翻，这是最令人厌恶的。奥托·冯·俾斯麦是一个坚定的君主主义者，却不是阿谀逢迎之人。奥托·冯·俾斯麦这一时期的信有时会提及王妃奥古斯塔·玛丽·路易丝·卡特琳如何严重影响着自己身为王位继承人的丈夫威廉·腓特烈·路德维希。这位王位继承人的儿子腓特烈·威廉·尼克劳斯·卡尔还向英国的维多利亚长公主求婚，奥托·冯·俾斯麦对这一事件可能给普鲁士政策带来的影响也不无忧虑，担心这会导致英国在普鲁士的影响力提升，导致普鲁士的亲英倾向增强，而普鲁士却不可能对英国产生类似的影响。"如果我们未来的王后有英国血统，我断定我们的王宫就会笼罩在英国的权势之下。"

腓特烈·威廉·尼克劳斯·卡尔

奥托·冯·俾斯麦并非对英国抱有任何敌意,他几乎在同一段时间里写道,英国是他唯一喜爱的异国。他只是一如既往地在努力争取独立自主、自力更生,这也是英国人身上令他十分赞赏的品质。绝对禁止君主凭借个人情感和家庭喜好来干预国家利益,这是英国维持了两个世纪的传统。如果霍亨索伦家族渴求得到德意志帝国统治者的地位,就必须采取同样的方式。就在此时,拿破仑三世与英国外交官、第四代克拉伦登伯爵乔治·维利尔斯谈起普鲁士联姻一事。拿破仑三世说道:"这会对维多利亚女王的政策产生很大影响,对普鲁士有利。"身为英国大使的乔治·维利尔斯回答:"不,陛下。只要女王认为事关英国的荣耀与福祉，她的私人情感就不可能发挥任何作用。"奥托·冯·俾斯麦为这种思想所触动，也尝试让腓特烈·威廉四世接受，这是他多年来孜孜以求的目标。在奥托·冯·俾斯麦写给奥托·特奥多尔·冯·曼陀菲尔的一封信中，他对各邦国君主责任的看法可见一斑："只有基督信仰能够让君主们表现出他们应有的样子，并使他们摆脱对生活的某种想法。正是这种想法导致许多君主在上帝赋予他们的地位上追求不负责任、纵情享乐的生活。"奥托·冯·俾斯麦努力争取腓特烈·威廉四世和路德维希·弗雷德里克·利奥波德·冯·格拉赫支持他的观点，可最终还是失败了。唯一的结果就是老朋友们开始对奥托·冯·俾斯麦持有怀疑的态度，他的新观点也遭到质疑。奥托·冯·俾斯麦对自己在王宫的地位失去了把握，他的直言不讳往往冒犯他人。在读完他的最后一封来信后，路德维希·弗雷德里克·利奥波德·冯·格拉赫回复道："你的解释只是让我觉得我们已经相隔甚远了。"两人持续近七年的书信往来就此中断。奥托·冯·俾斯麦觉得自己越来越势单力孤，他必须强迫自己接受，他那位政治上和生活中的昔日密友、那位无论他何时返回柏林都热情欢迎他的朋友，现在只想与他保持距离。在给路德维希·弗雷德里克·利奥波德·冯·格拉赫的最后几封信中，奥托·冯·俾斯麦写道："我曾是宠儿，但现在不是了。陛下不再像以前那么希望见我；宫里的女士们脸上的微笑比过去冷淡了；先生们握我的手时也不那么热情了。人们不再认为我大有可为，只有首相奥托·特奥多尔·冯·曼陀菲尔比过去更热情友好。"这也许略显夸张，但毫无疑问，裂痕已经出现，并将逐渐扩大：奥托·冯·俾斯麦不再是《十字架报》一派的成员了。但幸运的是，普鲁士政府方面即将发生改变，曾经发挥作用的人物将会消逝，新的时代即将开始。

第 6 章

驻圣彼得堡大使及《维拉弗兰卡停战协定》

1857年秋，腓特烈·威廉四世的身体彻底垮了，无法处理国家事务。1857年9月，他不得不任命弟弟威廉·腓特烈·路德维希代表自己继续执政。腓特烈·威廉四世从一开始就注定不可能康复，给威廉·腓特烈·路德维希的正式的委任状延期了三次。在漫长的拖延过后，1858年10月，腓特烈·威廉四世终于签署法令，任命威廉·腓特烈·路德维希为摄政王。1858年春，据说威廉·腓特烈·路德维希一度想让奥托·冯·俾斯麦组阁，但最终未能实现。不过，威廉·腓特烈·路德维希上任摄政王之初便要求奥托·特奥多尔·冯·曼陀菲尔辞职，转而组建温和自由主义内阁，任命霍亨索伦家族的卡尔·安东为首相。卡尔·安东是霍亨索伦家族天主教分支（即霍亨索伦-西格马林根家族）的领袖。

除了极端保守派，这所谓的"新纪元"得到各方热烈欢迎。实际上没有哪届内阁比奥托·特奥多尔·冯·曼陀菲尔内阁更不得人心。在随后举行的选举中，新内阁获得了绝大多数席位，摄政王威廉·腓特烈·路德维希及各位大臣得以在议会和全国人民的全力支持下展开工作。

奥托·冯·俾斯麦对这样的变化并不感到很惋惜。此前他与王宫优势派系之间的分歧已经扩大到内政外交事务的管理上，尤其是1857年到1858年，他越来越不受欢迎。此外，奥托·冯·俾斯麦也希望议会能注入新鲜血液。

> 我们的议会丧失了活力。这是由于个人的无能和下议院的奴性造成的病态。议会大多数都没有自主的坚定信念,只是沦为内阁为所欲为的工具。如果我们的议会无法把自己与公共利益紧密联结并取得全国人民的关注,那么迟早会被毫不留情地送进坟墓。

有趣的是,在奥托·冯·俾斯麦自己成为首相后,他在议会对政府的责任和与政府的关系上转变了看法。奥托·冯·俾斯麦认为,内阁因大多数人的支持而获得权力是个有利条件,唯一值得担忧的是摄政王威廉·腓特烈·路德维希可能会因此采取极左路线。但奥托·冯·俾斯麦希望在德意志事务及他国事务方面,议会能更加决断,摄政王威廉·腓特烈·路德维希能摆脱曾经困扰自己兄长腓特烈·威廉四世的那些顾虑,不再顾忌依靠普鲁士的武装力量。

新政府最初的一项举措就是把奥托·冯·俾斯麦从法兰克福召回。改变不可避免,奥托·冯·俾斯麦已经预见到了这一点。新政府当然希望能与奥地利重新建立联系,摄政王威廉·腓特烈·路德维希不想从一开始就采取敌对政策。然而,只要奥托·冯·俾斯麦还在法兰克福,普鲁士与奥地利在德意志事务方面就不可能达成亲密合作,因为奥托·冯·俾斯麦在过去八年里所持的观点已经广为人知。此外,普鲁士与奥地利的关系显然面临着危机:法兰西与奥地利的战争一触即发,欧洲又出现了新的要素皮埃蒙特和新的人物——时任撒丁王国首相的加富尔伯爵卡米洛·奔索。

1858年8月,加富尔伯爵卡米洛·奔索与拿破仑三世在普隆比埃进行了一次具有决定意义的秘密会谈。两位政治家达成协议,法兰西将尽全力帮助皮埃蒙特把奥地利人逐出意大利。奥托·冯·俾斯麦希望抓住这次机遇,利用奥地利的尴尬处境使普鲁士在德意志确立更稳固的地位,如有必要,他甚至准备与法兰西结盟。对皮埃蒙特的感情并未对奥托·冯·俾斯麦造成多大影响,因为如前文所述,他认为负责外交政策的官员绝不能屈从于情感。真正能左右他的是一种很简单的想法:奥地利是普鲁士和皮埃蒙特共同的敌人,只要两方存在共同的利益,就有可能结盟。然而,普鲁士政府并不乐意采取这一政策。也许有人猜测,一个自由主义内阁将比前任的保守党内阁更理解意大利人的愿望。然而,加富尔伯爵卡米洛·奔索很快发现,事实并非如此。

造访普隆比埃之后,加富尔伯爵卡米洛·奔索匆匆穿越国境,在巴登-巴登度过了两天时间。加富尔伯爵卡米洛·奔索会见了威廉·腓特烈·路德维希和当时尚任首相的奥托·特奥多尔·冯·曼陀菲尔及其他几位德意志政治家。加富尔伯爵卡米洛·奔索到访的前一周,奥托·冯·俾斯麦一直在巴登-巴登,数日后又回去了。但加富尔伯爵卡米洛·奔索在巴登-巴登的两天里,恰逢奥托·冯·俾斯麦忙于法兰克福的事务,两位伟大的政治家缘悭一面。这次行程之后,加富尔伯爵卡米洛·奔索写信给阿方索·费雷罗·拉马尔莫拉,说威

阿方索·费雷罗·拉马尔莫拉

廉·腓特烈·路德维希和其他普鲁士人表明的支持态度令他十分高兴,普鲁士不会对意大利的愿望抱持敌意。然而,在普鲁士内阁调整之后,1858年12月,加富尔伯爵卡米洛·奔索再次致信驻法兰克福的意大利公使,称普鲁士新任外交大臣亚历山大·冯·施莱尼茨比他的前任外交大臣奥托·特奥多尔·冯·曼陀菲尔难对付。新内阁并不像奥托·特奥多尔·冯·曼陀菲尔那般对奥地利怀有敌意,同属德意志的思想使普鲁士和奥地利重修旧好。

> 我不信任他们表面的自由主义倾向,说不定您的同僚奥托·冯·俾斯麦先生倒会给予我们更多支持,但我担心即使奥

亚历山大·冯·施莱尼茨

托·冯·俾斯麦先生被留在法兰克福，他所发挥的作用也无法像上一届内阁期间那样显著。

加富尔伯爵卡米洛·奔索果真洞悉了一切。意大利人的问题暂时唤醒了奥地利的旧情。在法兰西肆无忌惮的进攻面前，奥地利似乎成了德意志民族的战士。很少有人像奥托·冯·俾斯麦一样漠视这种民族情感而支持意大利。故意与拿破仑三世携手，无缘无故地攻击同民族的一位友好的君主，这样的行为只有与腓特烈大帝具备同等才干的人才能做到。奥地利毕竟属于德意志，把波兰省份划归普鲁士的权威势力也把意大利的部分省份划归奥地利。可以将心比心地设想一下，如果奥地利与法兰西携手建立统一的波兰并为此占领波兹南和西普鲁士，这将会引发普鲁士人多么强烈的抗议。如果普鲁士此次加入法意同盟，甚至给予其外交支持，那便与上述设想中奥地利的行为如出一辙。即便奥托·冯·俾斯麦在此期间担任首相，也几乎不可能与法意结盟。

普鲁士政府整体上采取了正确的举措。战争已迫在眉睫，摄政王威廉·腓特烈·路德维希召集了普鲁士军队，全国上下进入战争状态。摄政王威廉·腓特烈·路德维希向奥地利皇帝弗朗茨·约瑟夫一世表明了武装中立的态度，保证奥地利在意大利保有其属地。作为回报，摄政王威廉·腓特烈·路德维希要求握有德意志议会所有武装力量的指挥权。如果奥地利接受这些条件，要么战争会因力量失衡而中止，要么普鲁士国王所领导的整支德意志军队将会在莱茵河畔进攻法兰西。然而，奥地利皇帝弗朗茨·约瑟夫一世拒绝接受条件，他要求普鲁士不仅要确保其在意大利保有属地，还要维护奥地利与其他意大利君主的协定。此外，普鲁士军队必须由法兰克福议会委任的将军来指挥，奥地利才会接受普鲁士的援助。要是真认为有哪位普鲁士政治家会接受这样的条件，那简直太荒唐了。奥地利的行为实际上暴露了它对普鲁士的怀疑与敌意，完全证实了奥托·冯·俾斯麦在法兰克福任职期间写到的内容。奥地利皇帝弗朗茨·约瑟夫一世最终没有按照普鲁士提出的条件接受其援助，而是与法兰西重归于好。奥地利皇帝弗朗茨·约瑟夫一世宁可交出伦巴第,也不愿在普鲁士的帮助下守住它。加富尔伯爵卡米洛·奔索说道:"感谢上帝,奥地利人用自己的狂妄自大成功地让整个世界团结起来与他们为敌。"

奥托·冯·俾斯麦在圣彼得堡度过了1859年的春天,他被任命为普鲁士驻圣彼得堡大使。据奥托·冯·俾斯麦自己说,是被"打入冷宫"了。这个职位更加体面,也更尊贵,但远在圣彼得堡就远离了政治事务中心。俄罗斯帝国尚未从克里米亚战争的影响中恢复过来;沙皇亚历山大二世正忙于进行国内改

沙皇亚历山大二世

革、解放农奴。东欧问题被暂时搁置，俄罗斯帝国并不打算在解决意大利事务方面发挥主要作用。因此，奥托·冯·俾斯麦的大使职责并不重要，他也不再有机会就通行做法向政府进言。亚历山大·冯·施莱尼茨先生不大可能听得进意见，他是内阁成员中最软弱的一位。他性格友善，但没有什么突出的能力，之所以能拥有现在的职位，是因为与摄政王威廉·腓特烈·路德维希和王妃奥古斯塔·玛丽·路易丝·卡特琳私交甚笃。无论哪位大臣处在奥托·冯·俾斯麦过去几年的职位上，都会觉得无比难堪。奥托·冯·俾斯麦还很年轻，自信满满、勤奋工作、坚持不懈，其他外交官们都只想应付日常工作。而奥托·冯·俾斯麦每晚花很长时间写信，探讨国家的整体外交政策。实力再强的首相也可能对奥托·冯·俾斯麦的行为感到忧惧。

我们并未找到奥托·冯·俾斯麦离开法兰克福以后写下的公务信函。他写给奥托·特奥多尔·冯·曼陀菲尔和路德维希·弗雷德里克·利奥波德·冯·格拉赫的信有极其重要的价值，但我们没有拿到。奥托·冯·俾斯麦曾有过一段独来独往的生活，甚至找不到一个人能够和他在信里毫无保留地交流政治问题。

奥托·冯·俾斯麦留意着意大利相关事务的进展，他感到十分焦虑。1859年5月月初，他写了一封长信给亚历山大·冯·施莱尼茨，促请他大胆采取行动。他也曾经这样写信给奥托·特奥多尔·冯·曼陀菲尔。奥托·冯·俾斯麦详述了自己在议会中的经历，反复强调他的信念是"联邦关系无法给普鲁士带来任何好处"，越早打破这种关系就越好。目前普鲁士最需要法兰克福议会越过其权力范围，通过某个普鲁士无法接受的决议，这样普鲁士便可直接应战、强行决裂。这一机遇有助于宪法的修订。奥托·冯·俾斯麦写道："在联邦关系中，我只看到普鲁士处于弱势。这迟早必须纠正，用铁和火纠正。"也许是亚历山大·冯·施莱尼茨的回复打消了奥托·冯·俾斯麦再次去信的念头。在私人书信中，奥托·冯·俾斯麦依然谈论着意大利事务。1859年6月奥托·冯·俾斯麦都是在莫斯科度过的，但月底又匆匆赶回圣彼得堡，了解战争相关信息。在

解放农奴宣言

俄罗斯农奴聆听解放农奴宣言

《维拉弗兰卡停战协定》①的消息传来之前，奥托·冯·俾斯麦一直担心普鲁士会为了奥地利参战。

> 我们准备得太迅速、太彻底了。我们背负的责任太重，一直把我们向下拖拽。我们不应当成为奥地利的保护区，这只会让我们为了奥地利牺牲自己，反倒让它摆脱战争。

从奥托·冯·俾斯麦虔诚顺服的语气中，我们不难发现他有多么焦虑不安，显然这是因为他担心自己的建议没有被采纳。

> 听从上帝的旨意。这里的一切都只是时间问题。民族与人类、智慧与愚昧、战争与和平，这些都像雨水一般来了又走，唯有大海仍然存留。说到底，一切都不过是虚伪与谎言。

奥托·冯·俾斯麦在这封信和其他许多信中的类似言语，一定程度上与健康状况有关。奥托·冯·俾斯麦在法兰克福期间时常焦虑，工作繁重，再加上作息不规律，生活习惯不好，身体终于被压垮。在圣彼得堡期间他患上了胃炎和风湿，病得很重，瑞典打猎时腿上受的伤这时又疼了起来。医生采取放血和施用碘酒的治疗方法，似乎倒让病情加重了。1859年7月月初，奥托·冯·俾斯麦回到柏林休假，在那儿卧床了十天。他召来了妻子约翰娜·冯·普特卡默，在她的照顾下渐渐好转。1859年8月，奥托·冯·俾斯麦一直在威斯巴登和瑙海姆享受温泉，1860年秋的大部分时间他都在柏林。1859年10月，奥托·冯·俾斯麦因公务前往华沙接待并陪伴沙皇亚历山大二世。沙皇亚历山大二世此行是要前往布雷斯劳与摄政王威廉·腓特烈·路德维希会面。奥托·冯·俾斯麦从

---

① 《维拉弗兰卡停战协定》，1859年拿破仑三世与奥地利皇帝弗朗茨·约瑟夫一世在意大利小镇维拉弗兰卡签署了停战协定，终结了法、奥、意三国间的战争。——译者注

圣彼得堡

布雷斯劳匆匆赶回柏林,又从柏林前往波美拉尼亚——他的妻子与岳父都在那里。那一周他又返回柏林,动身前往圣彼得堡。当时他尚未完全康复,这样漫长的旅程导致了十分严重的后果。在去往圣彼得堡的途中,奥托·冯·俾斯麦有一晚前往东普鲁士的霍恩多夫与老朋友亚历山大·埃瓦尔德·冯·贝洛先生会面,但刚回到住处就患上了肺部感染和风湿热,情况危急。他因此便在圣彼得堡度过了整个冬天,直到1860年3月月初才康复,回到柏林。路德维希·弗雷德里克·利奥波德·冯·格拉赫不久后与奥托·冯·俾斯麦会面,说他看起来仍是病恹恹的。漫长的病痛对奥托·冯·俾斯麦的人生产生了巨大影响,他一直没能恢复年轻时候的精神与活力,变得神经紧张、躁动易怒,这常常严重干扰他的政务工作,也使本就繁重的工作给他带来更多不快。奥托·冯·俾斯麦早年出了名的好脾气不复存在,此后变得神经过敏、过分严苛。1860年3月到6月,奥托·冯·俾斯麦在柏林出席上议院的会议,秘密投票支持政府举措。奥托·冯·俾斯麦认为自己作为国家公仆,有责任支持政府,虽然他并不赞同内政方面采取的自由主义政策。这段时间他几乎孤立无援，在意大利问题上的看法导致他与老朋友们彻底决裂。战争结束后，德意志和英国的舆论都转变了方向。加富尔伯爵卡米洛·奔索的成功引得人们纷纷效仿，民族情感得到了有力的推动。人们成立了"德意志民族联合会"，进一步推动普鲁士领导下的德意志统一事业。是否承认新成立的意大利王国这一问题已迫在眉睫，所有自由党人都十分强调这一点。然而，如果采取某一行动会使人们认为摄政王威廉·腓特烈·路德维希同意强行褫夺君主们的君主身份，那么摄政王威廉·腓特烈·路德维希自己必然会反对这一行动。随着普鲁士民族情感与自由主义情绪的增长，摄政王威廉·腓特烈·路德维希的君主政治原则似乎也有所增强。人们熟知的奥托·冯·俾斯麦在与法兰西结盟的问题上持的观点成了新闻素材，被严重夸大。奥托·冯·俾斯麦有太多敌人要对付，可以说他的确希望普鲁士与法兰西结盟，希望普鲁士效仿皮埃蒙特的做法。普鲁士可以把莱茵河西岸出让给法兰西，以获取拿破仑三世的帮助，吞并较小的邦国。在这段时期的信中，奥托·冯·俾斯麦一直表示抗议，称人们对他的指控是失实的。他写道："如果我要与魔鬼为伍，至少不能是法兰西这个魔鬼。不要把我当作波拿巴主义者，我只是个很有抱负的普鲁士人。"正是在这段时间，奥托·冯·俾斯麦给路德维希·弗雷德里克·利奥波德·冯·格拉赫写去最后一封信。1860年4月月底两人会面后，路德维希·弗雷德里克·利奥波德·冯·格拉赫写信抗议奥托·冯·俾斯麦所表达的想法。

和你谈话之后，我非常痛心地发现，你对奥地利的怨恨使你偏离了原先对法律和革命的单纯看法。对你而言，与法兰西和皮埃蒙特结盟是可行的，这种想法是我不能接受的。亲爱的奥托·冯·俾斯麦，本来这也应该是你不能接受的。对我而言，路易·拿破仑（拿破仑三世）比他的叔叔（拿破仑一世）更像是革命的化身，而加富尔伯爵卡米洛·奔索是和马克西米利安·冯·蒙特哲拉一样的莱茵邦联公

马克西米利安·冯·蒙特哲拉

使。你不能、也不应该否定神圣同盟的原则。这些原则表明政府的权威由上帝赋予,君主们是以上帝任命的公仆身份治理着国家。

次日,奥托·冯·俾斯麦这样回复:

> 我和你成长于不同的时期,每个人身上都有着青春岁月留下的痕迹。你对路易·拿破仑的无尽恨意难以磨灭。你称他是革命的化

身，你要是知道有什么其他更恶毒的称呼，你也会用在他身上。我从二十三岁到三十二岁一直生活在乡村，我将永远憧憬再次回到那里。我并非全心全意投身于政治。我对法兰西的厌恶更多地针对奥尔良家族，而不是波拿巴政权，因为波拿巴政权反对立宪政府掩盖下的官场腐败。我愿意与波拿巴作战，直至狗把血迹都舔干。但我也愿以同样的恨意与克罗地亚人、波希米亚人和班贝格的同胞们作战。

这对好友此后再未相见。1861年年初，普鲁士老国王腓特烈·威廉四世驾崩，他那未必智慧却绝对忠诚的臣子路德维希·弗雷德里克·利奥波德·冯·格拉赫一周后也驾鹤西去。

1860年夏，奥托·冯·俾斯麦回到俄罗斯帝国履职。这一次，除1860年10月离开了两周时间以外，他在圣彼得堡待了一整年时间。奥托·冯·俾斯麦还是没有从疾病中恢复过来，无法过多地参与社交活动，但他在俄罗斯帝国宫廷中很受喜爱，成功地赢得沙皇亚历山大二世及其眷属的信任。妻儿如今跟随着他，让他终于在动荡的两年过后愉快地过上了比较恬静的生活。奥托·冯·俾斯麦喜欢在俄罗斯帝国的森林里运动，也学习俄语，在俄罗斯帝国生活得十分自在。除了身在俄罗斯帝国的"约二十万名普鲁士流浪汉"引发的问题，他在政治工作上也没有太多负担，但他对国内事务了解甚少。

我与国内政治脱节了。除了报纸，我几乎收不到官方新闻之外的任何消息。而官方新闻并不能体现问题的实质。

当时不再有传言说奥托·冯·俾斯麦会进入内阁，但他表示对自己的现状感到心满意足。也许他确实感到如此。

我对这里的环境很满意，不希望自己的职位再有什么变动。之

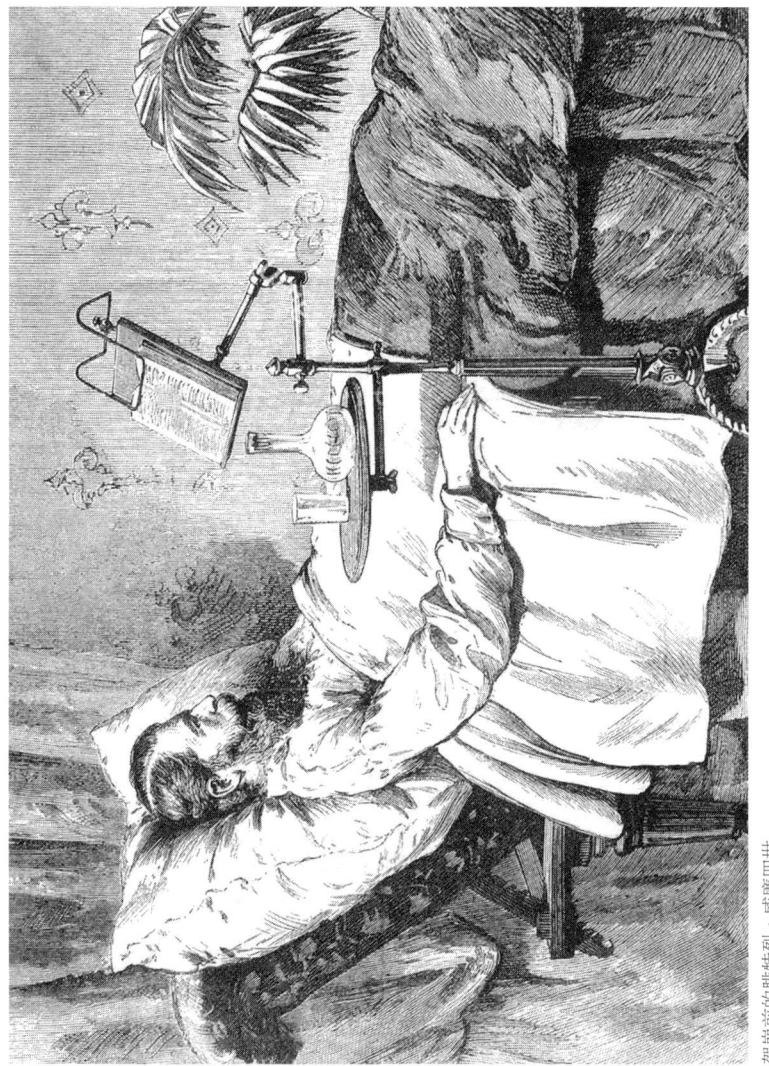

驾崩前的腓特烈·威廉四世

后我会依从上帝的旨意在申豪森或赖恩费尔德安静地定居下来,开始悠闲地过后半辈子。

1860年10月,奥托·冯·俾斯麦和沙皇亚历山大二世一同前往华沙与摄政王威廉·腓特烈·路德维希会面。陪同摄政王威廉·腓特烈·路德维希的是首相卡尔·安东。卡尔·安东借机与驻圣彼得堡大使奥托·冯·俾斯麦长谈了一番。据说卡尔·安东希望摆脱日渐繁重的职责,便在这次会面后建议摄政王威廉·腓特烈·路德维希任命奥托·冯·俾斯麦为首相,但他的建议没有被采纳。

卡尔·安东

与此同时，普鲁士发生的一些事件即将引起重大的宪政变化。"新纪元"内阁的成功并未满足国民的期待：虽然执行了正确的外交政策，却和前几届内阁一样活力不足。整个国家都处于兴奋的状态中，人们希望看到某些明智而激动人心的政策出台，尽管他们并不很清楚自己究竟想要的是什么。此后，摄政王威廉·腓特烈·路德维希和大臣之间开始出现嫌隙。摄政王威廉·腓特烈·路德维希的自由主义思想一直不够坚定。事实上他的自由主义主要源于他反对兄长腓特烈·威廉四世治下的反动政府。作为一个正直的人，摄政王威廉·腓特烈·路德维希想依循宪法严格治国，但他从一开始就不打算让议会侵占王座的特权。大臣们认为自己一定程度上组成了议会内阁，他们在议会中占多数，并愿意服从议会。不久，摄政王威廉·腓特烈·路德维与大臣之间存在差异的潜在诱因被军队改革的问题激发了出来。

摄政王威廉·腓特烈·路德维希是一名军人，这是他最主要、最根本的身份。当年作为先王腓特烈·威廉三世的次子，他能否继承王位一直是个疑问。摄政王威廉·腓特烈·路德维希对军队的所有情况了如指掌，也早就知道有许多方面需要改革，在继承兄长腓特烈·威廉四世的王位后，他的第一个举措就是指派战争办公室委员会编制军队改组方案。阿尔布雷希特·冯·罗恩为他草拟了一份备忘录，稍加修改后得到了战争办公室委员会的认可。战争大臣阿道夫·冯·博宁——也就是1854年东欧纠纷危机中遭到解职的那一位——似乎对改革一事无动于衷。对于一场并非由他本人发起、他也可能并不完全赞同的重要改革，阿道夫·冯·博宁自觉缺乏实施的动力。摄政王威廉·腓特烈·路德维希打定主意进行改革，因为1859年从军队调遣中得到的教训已表明军队为严重。趁军队还处于战备状态，此时实施变革计划恰逢其时。阿道夫·冯·博宁因此辞职。1859年12月，阿尔布雷希特·冯·罗恩接任战争大臣。

这次任命影响深远，立刻打破了内阁内部的和谐状态。其他大臣都是自由党人，阿尔布雷希特·冯·罗恩则是坚定的保守党人。阿尔布雷希特·冯·罗恩公开的任命只是部门大臣，但很快就成为摄政王威廉·腓特烈·路德维希最信任的臣子。阿尔布雷希特·冯·罗恩天生精力充沛、行为果断，他是普鲁士官员的最佳典型：除了学识渊博，还有着极强的责任感，那是源自根深蒂固、虔诚真挚的宗教信仰。首相卡尔·安东实际上已经退出政坛，内阁群龙无首。阿尔布雷希特·冯·罗恩进入内阁，实际上开启了之后的所有重大事件。若非有他，议会内部便不会发生冲突，奥托·冯·俾斯麦也不可能成为首相。

1860年年初，一项包含军队改革提案的法律方案被提交给下议院。下议院依照惯例为该项目安排了一个小型委员会进行审议。

提案内容包括：一是增加每年征召的新兵数量；二是延长服役期限；三是改变后备军人与军队其他成员的关系。

受托权衡这些改革方案的委员会接受了第一条提案，但驳回了第二条和第三条。委员会坚称服三年兵役并无必要，也极其厌恶所有干预后备军人事务的提案。议会接受了委员会的报告。几位较有远见的自由党人试图说服自由党领袖支持政府，但并未奏效。内阁大臣们指出自由党多数派已经获选为内阁多数派，所以有责任支持来自同一党派的各位大臣，但这样的努力劝说是徒劳的。既然该法律必须撤销，内阁便转而要求议会投票支持临时拨款九百万泰勒，仅供当年使用，以维持军队成立之初的状态。内阁要求投票时，议会明确指出，绝不能破坏军队的组织原则。

> 当前提案不涉及以下这些问题：将来要不要实施两年或三年兵役制、预备役时期是否要延长、后备军人应当被置于何种地位。

在此前提下，议会投票同意拨款，限期一年。然而，内阁并未信守承诺，战争大臣阿尔布雷希特·冯·罗恩仍然依据遭到议会否决的计划实施军队改组。新的军队成立了，整支军队到1860年年底已完成改组。摄政王威廉·腓特烈·路德维希和阿尔布雷希特·冯·罗恩应对这一行动负责。他们在其他大臣离开柏林、毫不知情的情况下实施了计划。

1861年年初，议会召开会议时，发觉遭到了欺骗。更令议会感到激愤的是，阿尔布雷希特·冯·罗恩声称整个改组行动凭借国王的特权便可合法进行，无须确立新法，所以不必由议会斟酌这一系列变革，只需投票同意拨款支持即可。议会当然拒绝投票。在漫长的争论过后，这一问题又推迟了一年才得以解决。尽管这一次议会仅以十一票的多数票同意以部分修改为前提拨出所需款项，但限期仍仅为一年。

1859年到1861年这段时间，奥托·冯·俾斯麦一直安静地留在圣彼得堡，在各项事务上都没有发挥作用，因为军事法与他无关。摄政王威廉·腓特烈·路德维希也并未就外交政策征询他的意见。然而，从阿尔布雷希特·冯·罗恩被任命一事中获益最大的就是奥托·冯·俾斯麦。奥托·冯·俾斯麦在普鲁士宫廷中又有了朋友和支持者，填补了路德维希·弗雷德里克·利奥波德·冯·格拉赫空出的位置。奥托·冯·俾斯麦和阿尔布雷希特·冯·罗恩相识于波美拉尼亚的那段岁月。他们之间的联结来自莫里茨·冯·布兰肯堡——奥托·冯·俾斯麦的亲密朋友，也是阿尔布雷希特·冯·罗恩的表弟。然而，作为战争大臣的阿尔布雷希特·冯·罗恩属于自由党内阁，却选择了与之对立的两位保守党领袖为政治盟友，这就不难理解他的地位有多么岌岌可危了。

实际上，自阿尔布雷希特·冯·罗恩进入内阁开始，危机便从未停止。

自由党大臣仅给予军事法案冷淡的支持。他们同意实施法案，但前提是威廉一世[①]要批准他们建议的措施，以维护自由党领袖的地位。自由党大臣提议引入上议院改革法案、大臣职责法案和地方政府法案，这与威廉一世的想法相悖。威廉一世的反对意见得到阿尔布雷希特·冯·罗恩的支持。于是，威廉一世拒绝批准，但他没有革除大臣们的职位，大臣们也并未辞职。既然大臣们愿意遵循威廉一世提出的条件继续任职，威廉一世也就没有理由罢免他们。如果罢免他们，军事法案便失去了最后一线得以通过的希望。这种不稳定的局面

---

① 此时摄政王威廉·腓特烈·路德维希已登基继承王位，成为普鲁士国王威廉一世。——译者注

贯穿了1861年一整年时间。阿尔布雷希特·冯·罗恩反复致信威廉一世，指出必须罢免自己的内阁同僚们。他希望组个保守党内阁，由奥托·冯·俾斯麦担任首相。阿尔布雷希特·冯·罗恩认为奥托·冯·俾斯麦是唯一一个有胆量实施军队改革的人。还有一些人也怀揣同样的想法。奥托·冯·俾斯麦十年前在议会辩论中就表现出了非凡的能力，谁能比他更适合辅佐威廉一世呢？每当危机激化时，柏林那些喜欢说长道短的人们就会摇着头说："我们需要奥托·冯·俾斯麦领导内阁，那样就可以发动政变、推翻宪法。"

这段时间，奥托·冯·俾斯麦一直安静地生活在圣彼得堡，等待大事发生。终于，他得到了召唤：1861年6月28日，阿尔布雷希特·冯·罗恩发电报告诉他，时机已经成熟，要他立即动身，迟则危险。发去电报后，阿尔布雷希特·冯·罗恩又写了一封信，更详尽地描述了当前的处境。发生危机的直接原因是威廉一世想和兄长腓特烈·威廉四世一样庆祝登基，庄严地接受所有国民的尊崇，但内阁拒绝批准这样一种"封建"、反动的行为。庄严地宣誓效忠国王是自由党最不愿意做的事。他们不愿意的理由就和威廉一世强调此事的理由是一样的。威廉一世为此深感烦恼，阿尔布雷希特·冯·罗恩无疑希望其他阁僚最终被迫辞职，所以需要奥托·冯·俾斯麦掌控局面。

奥托·冯·俾斯麦不能几日不在圣彼得堡，但他回复了一封电报加一封长信。那封信的开头体现了那段时间他所有信的典型风格：

> 我本可以在赖恩费尔德享受静谧时光，轻松地冥想，你的来信把这一切都打破了。你要我"速来"的呼声是那么尖锐刺耳。自从身体不好后，我的精神日渐不佳，总是筋疲力尽、无精打采。

信的末尾写道：

> 搬迁、争吵、烦恼、劳苦的日子，这些都影响了我的态度，让我思

念着赖恩费尔德或圣彼得堡。要加入这个局,你无疑是我最好的伙伴,但我们在萨多尔荒原上追猎鹧鸪的时候,显然要比现在快乐。

奥托·冯·俾斯麦一直写信到深夜,次日早晨又加了一段附言:"如果陛下能在某种程度上符合我的期待,我会很乐意参与到这项工作中。"奥托·冯·俾斯麦在信中详尽地讨论了他的计划。他认为宣誓效忠并不是最重要的,在军事问题上达成一致、与议会决裂并解散议会,才是更应该做的事。奥托·冯·俾斯麦还认为,真正的难题在于外交政策,只有改变外交事务的管理方式才能解除威廉一世的压力,否则威廉一世最后将不得不屈服。奥托·冯·俾斯麦无意接手内政部门,因为外交政策不改变就不会带来任何益处,但威廉一世可能并不希望改变外交政策。

> 我国政策的主要问题在于我们在国内问题上是自由派,而在国外问题上是保守派。我们把自己国王的权利看得太轻贱,而把他国君主的权利看得太重。这是大臣们的宪政倾向与国王陛下给外交政策制定的拥护君主制的路线之间的差异所导致的必然结果。从那不勒斯到汉诺威,没有哪位君主会感激我们的关爱,我们给予他们的是对敌人的狂热之爱,这将以我们自己王权的安全为代价。我虔诚地效忠于自己的国王,但对其他君主,我丝毫不认为自己有一丝义务要给予他们任何帮助。我担心我的这种态度与我们尊贵的陛下相去甚远,他不会认为我适合成为他的顾问。出于这个原因,他恐怕更愿意让我管理内政事务。但依我所见,这并无区别,因为除非我们的对外态度更加积极、更少依赖其他王室的支持,否则我不敢指望政府会有多大作为。

1861年7月9日,奥托·冯·俾斯麦到达柏林,当时危机已经结束,柏林几

威廉一世的加冕礼

乎变成一座政治上的空城。阿尔布雷希特·冯·罗恩已经去往波美拉尼亚,威廉一世则身在巴登-巴登。威廉一世与内阁达成了妥协:不举办效忠仪式,但会举行加冕礼。因此,没有人再谈起奥托·冯·俾斯麦进入内阁一事。亚历山大·冯·施莱尼茨告诉奥托·冯·俾斯麦,他将被从俄罗斯帝国调离,只是没有说起调到什么职位上。1861年7月10日,奥托·冯·俾斯麦奉命匆匆赶往巴登-巴登。威廉一世在许多政策事务上希望得到他的建议,并要他草拟一份德意志问题简报。奥托·冯·俾斯麦借此机会力劝威廉一世采取更大胆的政策,同时尝试争取保守党领袖的支持。换届选举在即,保守党宣言的措辞无疑让人觉得那是在明确而刻意地否定奥托·冯·俾斯麦惯常使用的语言,他们的要求是:

我们的德意志国家应当统一,但不是像意大利王国那样通过

"血与火"①达到。那应该是坚守权威与法律的各邦国的统治者与各民族的统一。

奥托·冯·俾斯麦听闻此事后便给他的老朋友、保守党的领袖之一亚历山大·埃瓦尔德·冯·贝洛先生寄去一份德意志事务简报,随附一封信。奥托·冯·俾斯麦重申了自己原先的观点:普鲁士是在牺牲自己国家的王权以支持其他君主的权威,而这些君主的安全与普鲁士没有丝毫关系。说保守党的利益是一致的,这只是个危险的谎言,除非这样的一致性能够最大限度实现互惠互利。如果只有普鲁士贯彻这样的一致性,那就是堂吉诃德式的愚狂。它使威廉一世和政府无法开展真正重要的任务——无论在国内还是国外,保护普鲁士不受任何不公正的对待。这是上帝赋予威廉一世的任务。

> 我们把德意志邦国的统治者们对于主权的那种毫不尊重历史的、妒忌的、无法无天的狂热当作了普鲁士保守党心爱的后代.我们热情对待那些由拿破仑一世创造、受奥地利首相克莱门斯·文策尔·冯·梅特涅保护的小主权国家,却对威胁普鲁士和德意志独立性的各种危险视而不见。②

奥托·冯·俾斯麦希望对普鲁士政策能有明确的表述,希望德意志军事力量能更加集中、关税联盟能进行改革、一系列共同制度得以采用,以维护物质利益、抵消各邦国的畸形格局导致的不利影响。

---

① "血与火",即Blut und Brand,这和奥托·冯·俾斯麦用来描述本应遵循的政策的用词基本一致。——译者注
② 霍斯特·科尔出版了一本当年(1861年)的备忘录,可能正是奥托·冯·俾斯麦寄给亚历山大·埃瓦尔德·冯·贝洛先生的那本。备忘录对这封信所表达的思想予以更详尽的阐述,语言也更加谨慎。在备忘录中,奥托·冯·俾斯麦建议在法兰克福议会实施人民代表制,但指出在当前形势下议会不可能赞同。奥托·冯·俾斯麦似乎更倾向于这样的方案:部分邦国构成单独联盟。那正是约瑟夫·冯·拉多维茨一直主张,而十年前奥托·冯·俾斯麦极力反对的方案。——原注

除了这一切，我不知道我们有什么理由要如此羞怯地抗拒成为人民的代表。对于这样一种我们保守党人在普鲁士都不能摒弃的制度、被每个德意志邦国都视为正统的制度，我们无法像打击革命那样与之对抗。

这封信耐人寻味。它表明奥托·冯·俾斯麦在德意志事务上的愿望与自由党和"德意志民族联合会"的想法不谋而合。奥托·冯·俾斯麦要求保守党人采纳对手计划中的要点。当然，保守党人不会照办。对于奥托·冯·俾斯麦提议的这项大胆而冒险的政策，威廉一世本人并不太感兴趣，他甚至感到担忧。奥托·冯·俾斯麦的预感得到了证实：威廉一世并不打算任命他为外交大臣。亚历山大·冯·施莱尼茨先生果真辞职了，取而代之的是驻伦敦大使阿尔布雷希特·格拉夫·冯·伯恩斯托夫。阿尔布雷希特·格拉夫·冯·伯恩斯托夫对自己

阿尔布雷希特·格拉夫·冯·伯恩斯托夫

成功履职几乎没有信心,所以他并未放弃原有职位,而是身兼两职,但其中一个职位正是奥托·冯·俾斯麦满心期盼的。

于是,在参加了柯尼斯堡的加冕礼之后,奥托·冯·俾斯麦便返回圣彼得堡继续履职。未来仍不明朗,奥托·冯·俾斯麦自己和孩子们的健康状况都令他烦恼。他第一次开始抱怨起寒冷的天气。

> 自从生病以后,我总是十分疲惫,做什么都无精打采。三年前我还可以是个十分尽职的大臣,可现在想到这个,我就觉得自己像个衰弱的杂技演员。我很乐意去伦敦、巴黎,或是留在这里。只要这顺应天意、让陛下欢喜。想到内阁的将来,我就不寒而栗,如同洗了个冷水澡一般。

1862年3月,奥托·冯·俾斯麦仍十分迷茫。家里的情况也糟透了。

> 约翰娜·冯·普特卡默一直在咳嗽,这让她筋疲力尽。比尔——奥托·冯·俾斯麦次子——发烧卧床不起,医生还说不清他怎么了。家教老师恐怕没有再见到德意志的那一天了。

此时奥托·冯·俾斯麦完全无意加入内阁。对他来说,连巴黎都太喧闹了。

> 伦敦安静一些,但出于气候和孩子们的健康考虑,我更愿意留在这里。我曾经想去伯尔尼:平静的地方、可爱的邻居,都很适合老年人。不过,那里无法进行体育锻炼,我可不想跟岩羚羊一起爬山。

奥托·冯·俾斯麦的决定取决于国内发生的事件。内阁的地位变得越发危险,大选进行得并不顺利。激进派不再韬光养晦,1848年动荡中的几位元老再次现身,组建了一个叫"进步党"的新政党,并争取到了一百个席位,但保守党和自由党温和派的席位相应减少了。进步党承诺不实施军事改革,坚决执行两年服役制,打算借军事改革事务上的意见分歧展开一场关键性的斗争,确保并扩大议会对行政部门的控制。为此,进步党开始强调威廉一世和议会此前一直避讳的宪法问题。自议会会议开幕之日,事态便已明朗:给军队的拨款不可能获得通过。在后来那场关键的辩论上演之前,议会多数派发起了攻势,通过了对内阁的不信任投票。于是,内阁官员向威廉一世递交了辞呈,保守党人取代了内阁自由党的位置。本次议会会期仅维持六周便瓦解了。"新纪元"随之终结。

难以预测各位新上任的大臣是否具备足够的能力和决心应对危机,他们仍然群龙无首。霍恩洛厄-英格尔芬根亲王阿道夫·卡尔被任命为临时首相。他是霍恩洛厄家族新教分支的一员,与现任的德意志帝国首相[①]来自同一家族。国民的想法已十分明朗,大选导致保守党与温和自由派彻底失败,原先的大臣们无一回到内阁。因此,毫无疑问,威廉一世要么必须在军队问题上做出让步,要么必须强行违背议会多数派的意愿而执政。斗争点已不止集中于军队问题,这是议会与王权之间一场正式的交锋。1852年遭遇挫败的那一次引入议会政体的尝试如今卷土重来,谁又能知道结局?依照别国以往的经验,威廉一世和议会之间的斗争可能迟早会以威廉一世的失败告终,除非威廉一世准备采取拿破仑三世的手段。威廉一世不愿屈服,坚信军队改革对于维护国家安全很有必要。威廉一世过于循规蹈矩,不可能诉诸暴力或违背宪法。不过,如果宪法最终导致他无法治理国家,威廉一世便准备将王位拱手让出。如果威廉一世肩负着引领政策、维护普鲁士利益的责任,但同时国民又拒绝赋予他履行这些职责的手段,则他的确也没有办法继续维持他的地位。

1862年5月6日,大选开始。1862年5月10日,奥托·冯·俾斯麦到达柏林。他

---

① "现任的德意志帝国首相"即本书写作年代的德意志帝国首相霍恩洛厄-希灵斯菲斯特亲王。——译者注

霍恩洛厄-英格尔芬根亲王阿道夫·卡尔

终于被召回了。奥托·冯·俾斯麦一出现在柏林，人们就预料他将被任命为首相。所有希望维护君主权威的人们都认为他是唯一一个能够直面危险的人。阿尔布雷希特·冯·罗恩仍一如既往地积极支持奥托·冯·俾斯麦的活动，这些活动得到了部分同僚的拥护。但亚历山大·冯·施莱尼茨得到了王后奥古斯塔·玛丽·路易丝·卡特琳的支持，也想担任首相。理事会长时间地召开会议，威廉一世也长时间地接见大臣，但旧有的势力仍残留影响。奥托·冯·俾斯麦不想进入内阁，除非能担任外交大臣，但威廉一世仍畏惧他、提防他。这段关键时期发生了一件事，多少能够说明奥托·冯·俾斯麦让人担心的缘由。普鲁士与黑森的长期矛盾因为一次极其无礼的行为而达到了顶点。威廉一世派遣卡尔·威廉·维利森将军给黑森大公路德维希三世送去一封亲笔信，而黑森大公路德维希三世收到信后甚至没有打开便扔到了桌上。由于信中表达了普鲁士的最终要求，对于黑森大公路德维希三世无礼行为的唯一应对方式只能是调用附近的数支部队，准备战斗。时任外交大臣的阿尔布雷希特·格拉夫·冯·伯恩斯托夫借奥托·冯·俾斯麦身在柏林之机征询了他的意见，得到的回答是："黑森大公路德维希三世把国王来信扔在桌上，用这个当战争借口并不明智。想要开战，让我当你的副手，我保证数周之内发动一场最高规格的德意志内战。"可以想见，威廉一世也许担心假若任命了奥托·冯·俾斯麦，不是担任副手而是担任大臣，则无论自己愿意与否，在数周内都必将卷入一场最高规格的德意志内战中。威廉一世需要一个有勇气、有能力在议会面前保卫君主制政府的人，以辩论家姿态声名鹊起的奥托·冯·俾斯麦是唯一能够胜任这一任务的。奥托·冯·俾斯麦本可以担任内政大臣，但后来威廉一世提出让他担任不履行职责的首相。奥托·冯·俾斯麦可能未明确表示拒绝，但他也十分不赞同。他将无法与阿尔布雷希特·格拉夫·冯·伯恩斯托夫和平共处，而后亚历山大·冯·施莱尼茨便可能介入。"我并不认同阿尔布雷希特·格拉夫·冯·伯恩斯托夫在政治事务上的见解。在我眼里他根本就没有什么见解。"阿尔布雷希特·格拉夫·冯·伯恩斯托夫"太呆板了"，"他的衣领竖得太高了"。这番漫长的任职商讨中，奥托·冯·俾斯麦在写给妻子约翰娜·冯·普特卡默的信中这样说道：

> 我们的前途一片灰暗，就和在圣彼得堡时一样。现在柏林这边已经到了重要关口，我无论怎样都无计可施。等一拿到前往巴黎的委任状，我就唱歌跳舞庆祝。现在没有人说起伦敦，但一切都可能变化。我几乎整日都在参与讨论。我发现这些大臣们并不比他们的前任更团结。

奥托·冯·俾斯麦厌倦了长久的等待和不确定，他催请威廉一世做出决

19世纪60年代的奥托·冯·俾斯麦

定。在拖延了两周后,他最终被任命为驻巴黎大使,但这实际上又是一次拖延,并未有任何实质性的决定。威廉一世明确告诉奥托·冯·俾斯麦,他只是暂留巴黎。奥托·冯·俾斯麦在柏林写信给妻子约翰娜·冯·普特卡默,谈道:

> 我非常高兴,但背后仍残留阴影。我几乎已经肯定会进入内阁了。但也许等我离开内阁的视线,内阁又会发现另一个首相人选。我预计明天动身前往巴黎。时间长短只有上帝知道,也许只要几个月甚至几个星期。内阁成员筹划让我留在这里,我必须十分坚定才能摆脱这种东奔西走的生活,即便是暂时摆脱也好。

奥托·冯·俾斯麦并不真的认为自己会离开柏林超过十天或是两周。在他动身前的一场告别会中，威廉一世的举动似乎让奥托·冯·俾斯麦认为自己很快便会得到一直向往的职位——外交大臣。

1862年5月30日，奥托·冯·俾斯麦抵达巴黎，在空荡荡的大使馆里开始履职。奥托·冯·俾斯麦动身出发前甚至没有见上妻子约翰娜·冯·普特卡默一面。他后来致信妻子约翰娜·冯·普特卡默，要她不要着急前来陪伴。

> 我是否会一直留在这里尚无定论。我身居巴黎中央，要比你在赖恩费尔德更孤独。我坐在这里，就像废弃屋子里的一只老鼠。只有上帝知道这会持续多久。也许八天、十天过后，我就会收到召唤我前往柏林的电报，再也不能纵情玩乐。假若我的敌人们知道他们的胜利给我带来了多大的好处、知道我有多么由衷地希望他们胜利，亚历山大·冯·施莱尼茨便可能会出于纯粹的恶意，尽全力让我回到柏林。

日子一天天过去，威廉一世的征召令一直没有来。相反，阿尔布雷希特·格拉夫·冯·伯恩斯托夫在信中似乎表明他会留任外交大臣一职，但他并未提出会放弃伦敦大使的职位。阿尔布雷希特·冯·罗恩则在信中提到，他在与威廉一世的谈话中提到了任命奥托·冯·俾斯麦的问题，而威廉一世依然表现得既偏向奥托·冯·俾斯麦，又犹豫不决。内阁已经召开过会议，但起初数周的会程都在出人意料的平静中过去。直至秋天，预算问题才被提上日程。奥托·冯·俾斯麦致信阿尔布雷希特·格拉夫·冯·伯恩斯托夫，想打探自己将何去何从。威廉一世的眼前就放着奥托·冯·俾斯麦的这封信，他实在无法做出任何决定。

于是，奥托·冯·俾斯麦决定利用这段强加给他的空闲时光前往伦敦度过几日。奥托·冯·俾斯麦只在年轻时到过英国一次，而且他一直认为自己很快会负责外交事务，所以有必要与英国的政治领袖们建立起私人友谊。毋庸置疑，奥托·冯·俾斯麦之所以被派往巴黎,一定程度上是因为想恢复与拿破仑三世的私交。此外,伦敦即将举办第二届国际博览会,届时那里必定人山人海。遗憾的是,我们没有取得奥托·冯·俾斯麦在英国期间的信。在回到巴黎后,奥托·冯·俾斯麦在写给阿尔布雷希特·冯·罗恩的信中谈道:

> 我刚从伦敦回来。那儿的人们对中国和土耳其的了解要比对普鲁士多得多。英国大使奥古斯特·洛夫特斯勋爵写给阁僚们的信里那些胡言乱语,恐怕比我想象的更多。

奥古斯特·洛夫特斯勋爵

我们唯一知晓的事是奥托·冯·俾斯麦这次曾与本杰明·迪斯雷利会面。本杰明·迪斯雷利是当时英国下议院的反对党领袖。两人是在俄罗斯帝国驻萨克森-魏玛公国大使举办的晚宴上会面的。萨克森公使查理·弗雷德里克·菲茨图姆·冯·艾克斯塔特伯爵也是座上宾，他看见奥托·冯·俾斯麦和本杰明·迪斯雷利在晚宴后长谈了一番。之后本杰明·迪斯雷利把谈话内容对他和盘托出。奥托·冯·俾斯麦的原话如下：

> 不久之后，我将不得不担负起领导普鲁士政府的责任。我最关切的事务是整顿军队，无论议会是否支持我。国王确定了这项任务，这是正确的。然而，目前他身边的那些顾问令他无法坚决执行。待军队博得人们尊敬之时，我将不失时机地向奥地利宣战，迅速瓦解德意志邦联，让中小邦国臣服于我们，让德意志在普鲁士的领导下完成民族统一。我来这里，正是要把这些告诉维多利亚女王的大臣们。

作为萨克森公使的查理·弗雷德里克·菲茨图姆·冯·艾克斯塔特伯爵对此当然很感兴趣。本杰明·迪斯雷利又补充道："小心这位先生，他可是说到做到。"不过，奥托·冯·俾斯麦似乎没有机会向英国的帕默斯顿勋爵亨利·约翰·坦普尔或是约翰·罗素伯爵说明他的计划。

1862年7月，为了接收几封公函，奥托·冯·俾斯麦整月都留在了巴黎。不过，那几封信我们一直找不到，不知所踪。事态仍不明朗，巴黎无事可做，拿破仑三世和大臣们纷纷离开了。奥托·冯·俾斯麦仍是孤身一人留在大使馆，没有帮手，连家具也没有。奥托·冯·俾斯麦写信对妻子约翰娜·冯·普特卡默说，不知道晚餐该吃什么，也不知道晚餐该摆在哪里。于是，奥托·冯·俾斯麦申请休假，认为既然威廉一世近期不会任命他为外交大臣，说明他进入内阁的时机尚未成熟。奥托·冯·俾斯麦致信阿尔布雷希特·冯·罗恩，提议内阁延续冲突状态，与议会在小事务上纠纷不断，以令国民产生厌烦心理。待国民精疲力

帕默斯顿勋爵亨利·约翰·坦普尔

约翰·罗素伯爵

竭之时，便会希望政府出手相助，终结冲突，那时便是召唤他回到柏林的最佳时机。

> ……那是我们决不放弃斗争的标志。内阁新阵营的出现可能令人们眼前一亮——这正是我们现在所需要的——尤其是在有关政变和新宪法的言论引发了骚乱以后。在这之后，我随意动用暴力的名声将助我一臂之力，人们会认为，"现在是时候了"。接着所有三心二意的人们都会赞同进行谈判。我国议会的政治无能真的令我震惊，而我们又都是有教养的国民。毫无疑问，真是太有教养了。我们的政治领袖们带着一种幼稚的自信，把自己的无能当作模范和榜样，彻头彻尾地暴露于人前。其他国家的议会也许并不比我们聪慧，但他们身上没有那种幼稚的自信。我们德意志人是怎么树立起胆腆羞怯、谦逊稳重的形象的？我们当中没有一个人不认为自己万事皆通：大到战略政策、小到犬背捉虱，我们好像比毕生钻研的专业人士们还要精通。

奥托·冯·俾斯麦费了一番周折才获准休假，因为威廉一世还是一如既往地优柔寡断。至于如此费周折的原因，从阿尔布雷希特·冯·罗恩的信中可见端倪。当时有一个党派极力支持亚历山大·冯·施莱尼茨，因为他是唯一一位留任的自由党内阁成员，所以获得了十分有力的支持。

> 维多利亚女王陛下于周日回到巴伯尔斯贝格。她十分焦躁，一定会有大事发生。内阁的气氛十分沉重。

奥托·冯·俾斯麦终于获准休假六周，于1862年7月月底离开。奥托·冯·俾斯麦一路前往波尔多和巴约讷，经过比利牛斯山脉到达圣塞瓦斯蒂安。奥托·冯·俾斯麦远离外界所有信息，有几周时间甚至连一份德意志报纸也没有看。

1862年9月14日，奥托·冯·俾斯麦来到图卢兹。那里的海水浴和山风让他把工作和烦恼都抛诸脑后，温暖的气候彻底治愈了他。从到达圣彼得堡一直到此时，奥托·冯·俾斯麦第一次感觉恢复了原有的精神、决断力和快速行动的能力。奥托·冯·俾斯麦写信谈到自己必须收到某些明确的决定，否则将要递上辞呈。"我的家具都在圣彼得堡，会冻住的；我的马车在斯德丁，而马匹在柏林；我的家在波美拉尼亚，而我自己在路上。"奥托·冯·俾斯麦已经做好准备担任普鲁士王国派驻巴黎的公使，但同时做好了进入内阁的准备。"无论如何，请给我个明确的说法。"奥托·冯·俾斯麦在给阿尔布雷希特·冯·罗恩的信中写道："我会给你的照片画上天使的翅膀。"1862年9月17日，和一年前一样，奥托·冯·俾斯麦收到了阿尔布雷希特·冯·罗恩发来的一封电报，要他即刻前往柏林。于是，奥托·冯·俾斯麦于1862年9月20日早上回到柏林。

一场迟来许久的危机终于爆发。1862年9月11日，有关预算案的辩论和军队改革投票开始，前后持续了五天，最终议会以二百七十三比六十二的多数票否决了增强军队建设所需的拨款。这一投票结果意味着，如果议会的想法得以践行，1862年的前八个月的所有拨款都将是违法的，此外，已经成立两年的军队也必须解散。实际上，这一投票结果也不可能付诸实施，因为钱款已经用完。在1862年9月17日早晨举行的一次内阁会议上，包括阿尔布雷希特·冯·罗恩在内的多数人似乎都希望尝试与议会和解，只有威廉一世一人立场坚定。威廉一世了解各位大臣的看法后，起身说道，照此看来他将无法继续执政了，只能让太子腓特烈·威廉·尼克劳斯·卡尔继位。威廉一世边说边把手放在摇铃上，唤来了传令官。所有大臣都从椅子上跳了起来，请求国王信任他们，并保证会始终支持国王。阿尔布雷希特·冯·罗恩正是在这样的情况下召来了奥托·冯·俾斯麦。王后奥古斯塔·玛丽·路易丝·卡特琳与太子腓特烈·威廉·尼克劳斯·卡尔的势力十分强大，威廉一世仍在犹豫是否应当继续斗争。

波尔多

巴约讷

但有一件事他已经做了决定：如果不得不让步，他就要退位。1862年9月20日，威廉一世再次询问阿尔布雷希特·冯·罗恩的意见，得到的回答是："任命奥托·冯·俾斯麦为首相吧！""但他不在这里，他不会接受的。"威廉一世表示反对，这无疑是指奥托·冯·俾斯麦此前曾对任命一事提出异议。"他此刻人在柏林。"阿尔布雷希特·冯·罗恩答道。威廉一世便命令奥托·冯·俾斯麦前来波茨坦。奥托·冯·俾斯麦到达时，看见威廉一世坐在桌旁，面前是已经签名的退位书。威廉一世问他是否愿意接管政府，即便要对抗议会多数派，即便没有预算。奥托·冯·俾斯麦回答，他愿意。这是最后的机会了，威廉一世撕毁了退位书。1862年9月23日，奥托·冯·俾斯麦被任命为临时首相，并于1862年10月月初获得首相与外交大臣的最终任命。

第 7 章
铁血演说及波兰问题

奥托·冯·俾斯麦接受任命时的政治环境极其恶劣,再坚强的人在这个职位上也会受到精神上的考验。这种时候哪怕还有其他人愿意继续领导政府,威廉一世断不会求助于奥托·冯·俾斯麦。奥托·冯·俾斯麦是最后的希望,担起了人人避之不及的责任。奥托·冯·俾斯麦承诺要在一场与全国为敌的冲突中支持威廉一世,但他只有在上议院里才能找到盟友、得到支持。欧洲其他国家的人与普鲁士人一样,都明确地与奥托·冯·俾斯麦看法相左。几乎没有人把他看作是一位严肃的政治家,人人都认为他将在数周后被迫下台,威廉一世将放弃这赌上王位的无用斗争。

奥托·冯·俾斯麦对于自己的地位有着清醒的认识。他受威廉一世召唤前来,他执政的权力完全仰赖于威廉一世,但威廉一世是否具备充分的意志力和勇气展开抵抗?奥托·冯·俾斯麦被任命仅数日之后,威廉一世便前往巴登-巴登逗留了一周。与王后奥古斯塔·玛丽·路易丝·卡特琳会面回来后,威廉一世却变得垂头丧气。奥托·冯·俾斯麦自己行进了一段路去迎接威廉一世,在一个路边小站上了火车。奥托·冯·俾斯麦看到威廉一世在一节头等车厢里孤独地坐着,已经打定主意要屈服了。威廉一世说道:"最后会是什么结果?我好像已经看见,在王宫前的那块地方,你的脑袋掉在上面,接着我的也掉在上面。"奥托·冯·俾斯麦答道:"在我看来,死在战场或断头台上才是最体面的

处决托马斯·温特沃思·斯特拉福德伯爵

死法。我会像托马斯·温特沃思·斯特拉福德伯爵[①]那样倒下,而陛下您,并不会像路易十六[②]那样,您将成为查理一世[③],那可是一位相当值得尊敬的历史人物。"

当时,议会是利益焦点所在。新官上任的奥托·冯·俾斯麦试图从达成和解入手。首先宣布撤回原来的1863年预算案,目的在于尽可能减少现有的争执。1863年的新预算案将尽快提交给议会,如此仅需确定1862年的预算即可。这番宣告引发了负面反响,议会持怀疑态度,认为这是企图故伎重演,跟当初

[①] 托马斯·温特沃思·斯特拉福德伯爵,英国政治家、英国内战爆发前的重要人物。他是英王查理一世的支持者,担任查理一世的主要顾问。后来议会判处他死刑时,查理一世在极不情愿之下签署了死刑执行令。——译者注

[②] 路易十六,法兰西波旁王朝的末代国王,于1774年继位,在1792年法兰西大革命时期被废黜,后被送上断头台。——译者注

[③] 查理一世,英格兰、苏格兰及爱尔兰国王,1625年即位,1642年打响了英国内战,战败后于1649年被送上断头台,成为欧洲历史上第一个、英国历史上唯一一个被公开处死的君主。与路易十六不同的是,查理一世是在捍卫自己的王权战争中战败才被杀的,因此,在欧洲各国的保守派看来他是值得尊敬的。——译者注

一样推迟预算审议直至预算实施当年的年初。奥托·冯·俾斯麦参与的首场讨论不在议会,而是在预算委员会。预算委员会提出了一项决议,要求政府立即将1863年预算案提交给议会,并宣称任何使用下议院明确否决的拨款的行为都是违宪行为。预算委员会就预算案问题进行了长时间的讨论,奥托·冯·俾斯麦多次发言。委员会讨论只有三十人参与,本质上是对话形式的,没有人做读稿式的报告,会议室里挤满了前来聆听新首相发言的议员们。奥托·冯·俾斯麦没有让他们失望。他的发言思想深刻、富有智慧、旁征博引。有位观察家评论道,这些都是普鲁士大臣们身上难见的品质。奥托·冯·俾斯麦提醒议员们,不要过分夸大自己的权力。普鲁士宪法并未规定下议院握有确定预算的专属权力,预算必须经过与上议院和威廉一世商议方可确定。对于如何解读宪法存在不同的意见,而所有立宪政府都需要妥协,宪法不是没有生命的,它需要激活。人们可以用风俗习惯与常见做法来解读宪法,但不要操之过急是更明智的选择。这样一来,法律问题也许能够轻易转化为权力问题。内阁面临如今的境况并非内阁之过,人们对形势过于悲观了,尤其是报刊上的各种言论就像是世界末日即将到来。奥托·冯·俾斯麦补充道:"不过,宪法斗争绝非耻辱,而是荣耀,毕竟我们是同一国家的子民。"虽然话说得不错,但在之后的斗争中他常常无法坚守这一点。奥托·冯·俾斯麦曾在信中详细阐述了他对德意志人性格的看法:人们常说普鲁士民族清醒克制,的确如此,但个人的显著独立性使普鲁士难以实施宪政;法兰西的情况则不同,法兰西人缺乏这样的个体独立性。"也许是因为我们受过太多教育而难以忍受宪法,我们都过于挑剔了。"人们普遍拥有评判内阁措施和下议院法案的能力,普鲁士有太多卢修斯·塞尔吉乌斯·喀提林①那样的阴谋叛变者存在,他们企图发动革命。奥托·冯·俾斯麦提醒议员们,德意志在意的并不是普鲁士的自由主义,而是普鲁士的权力。巴伐利亚、符腾堡和巴登都可能陷入自由主义,而普鲁士必须集中权力,蓄势

---

① 卢修斯·塞尔吉乌斯·喀提林,罗马共和国时期曾任罗马元老院议员,其最为人所知的是"第二次喀提林阴谋",意图推翻罗马共和国,夺取贵族元老院的权力。——译者注

查理一世被送上断头台

路易十六被送上断头台

待发，抓住已经不止一次错过的大好时机。维也纳会议确定的普鲁士领土范围并不利于普鲁士政治的健康发展。"当今时代的重大问题并不是通过演说和多数票解决的——那是1848年到1849年的重大失误——而是用铁和血解决的。"奥托·冯·俾斯麦恳请人们信任他："不必吵吵闹闹，我们都是坦诚的人，请相信我们。"

奥托·冯·俾斯麦的这些演说造成了十分负面的影响。他反应过于迅速、表述标新立异，给人们留下了不好的印象，甚至他喜好使用较长的外来词也令爱国的记者们感到不快。这样的演说在听众看来太鲁莽了。奥托·冯·俾斯麦引用1815年在维也纳签订的两项条约不过是在效仿拿破仑一世的政治手腕，不然能是什么？人们知道自己正在创造历史，知道自己卷入了一场重大而惨烈的冲突中。原本指望奥托·冯·俾斯麦首相能够郑重其事地发挥应有的作用，但他们听到了一连串没有显著逻辑关联的诙谐短句。我们都知道，即便在英国，一位负责任的政治家在处理严肃事务时频繁使用警句，都是很危险的，而这在德意志则危险得多。这里的大臣们几乎都是经过严格训练的官员。奥托·冯·俾斯麦有一种容易招致麻烦的天赋：他能够组成意味深长、精炼有力的句子，这很容易给他的政敌们留下口实——"对错与否由力量大小决定"。奥托·冯·俾斯麦本人虽未说过这样的话，但确有一些与此类似的言论。这话也真实反映了听众领会到的有关他演说的要旨。另外还有这个词——"铁和血"。奥托·冯·俾斯麦在之后的岁月里让人们知道了"铁和血"的真正含义：

> 把最强壮的武装力量，也就是说，尽可能多的铁和血，放到普鲁士国王手中，他就会有足够的能力贯彻你所期望的政策。演说、庆典、歌唱都不可能让国王做到，只有铁和血能够。①

---

① 出自奥托·冯·俾斯麦在1886年1月28日的演说。——原注

奥托·冯·俾斯麦发表"铁血演说"

人人都认为奥托·冯·俾斯麦的意思是必须流血牺牲、使用武器。目前看来，人们也许并没有错。

调解最终失败了。预算委员会的报告得到采纳。格奥尔格·冯·芬克提出了修正案，奥托·冯·俾斯麦已经打算接受，但修正案又遭到否决。奥托·冯·俾斯麦警告议会不要过分激化冲突，否则总有一天实施和平解决方案的希望会破灭，到那时内阁也会随时用一种理论对抗另一种理论，用这种解读驳倒那种解读。

奥托·冯·俾斯麦拿出了橄榄枝，对议会主席说："这是我从阿维尼翁带到议会来的，但现在好像还不是时候。"

修正后的预算方案在得到下议院的通过后被提交给了上议院。上议院全体议员表示否决，在法律上他们有权这样做。不仅如此，上议院还把预算案恢复成政府最初提交时的形式，并发回下议院。这显然是违法的。然而，上议院的行为对内阁十分有利。两院开始发生冲突，内阁实质上摆脱了调停失败的责任，被一条坚不可摧的原则保护着：法律规定，预算案必须获得两院通过，否则内阁不可采取任何行动。但两院无法达成一致，内阁也束手无策。于是，下议院立即通过了一项动议，宣告上议院修改预算案的投票无效。事实上那的确无效。在讨论进行的过程中，议会主席传来一条信息，宣布议院当天下午休会。这样下议院恰好有时间通过决议，并把决议送到等在上议院门口的一辆马车里。在上议院贵族的哄笑声中，决议得以宣读，而后两院都被召入宫中，会议结束。这场冲突的第一回合就此完结。

　　休会期很短。依据宪法规定，下一次会期开始时间必须不晚于1863年1月15日。许多人认为宪法将被置之不理，议会也不会再召集，但奥托·冯·俾斯麦并不打算这样做。奥托·冯·俾斯麦极其严格地遵循所有流程要求，小心翼翼地防止所有无法严格遵守宪法规定的行为。国家政府的执政充满活力、大获成功，奥托·冯·俾斯麦绝不给对手留下任何漏洞，以免影响威廉一世对他的看法。政府使用的是未经投票通过的款项，这确属事实，但奥托·冯·俾斯麦解释，这并非他的过错，因为法律有着十分明确的规定。

　　内阁有义务向下议院提交预算案供其修订，其后预算案应以法律形式获得通过，为此议会两院和威廉一世均须表示同意。上议院无权提出修正案，但有权予以否决。此次上议院便行使了否决权。两院未能达成一致，因而没有任何法律获得通过。之后该何去何从？宪法没有什么作用，它本身存在疏漏，因而内阁需要尽其所能。不能指望关闭内阁办事处，停止向军队提供经费，最终让国家政府停止运转。政府必须尽其所能继续执政，履行其所有职责，直至达成某些共识。

　　议会刚一召集会议便提议向威廉一世呈文。议会表现得有些胡编乱造。事实上它必须这样做。议会说威廉一世被大臣们误导，并不了解国民的真实态度。即便议员们和所有人一样，完全明白大臣们只是在执行威廉一世的命令，但他们不能宣之于口。不过，奥托·冯·俾斯麦并未试图掩盖真相，他声称这封呈文伤害了威廉一世。遭到抗议的那些行为都是以威廉一世的名义实施的，议会这是在与威廉一世针锋相对。这场角逐的结果在于究竟由谁统治普鲁士，是霍亨索伦王室还是议会？奥托·冯·俾斯麦立即遭到不忠的指控，议会称他想躲在威廉一世背后保护自己，而他当然不可能不这样做。支撑奥托·冯·俾斯麦所有行为的正当理由就在于他是在执行威廉一世的命令。说到此次内阁与议会冲突的根源，不就是威廉一世的意愿和议会多数的意愿最终何者占上风的问题吗？假若采用英国惯例，不借用威廉一世的名义，那便是采取了议会主张的宪法理论，即国王既无决定权，也不必负责的英式理论。这将逐渐削弱宪法中的君主作用，但王权正是奥托·冯·俾斯麦想要维护的。威廉一世本人从未试图逃避责任。他曾在一次公开演讲中说道，组建军队是他的工作："这是我自己的责任，我为此感到自豪。我将坚持不懈、用尽全力实施到底。"威廉一世在此次演讲及之后几个不同场合都回应了议会的呈文，明确表示自己并未遭到任何隐瞒，也从未反对大臣们的行动。

这封呈文以二百五十五比六十八的多数票获得通过，但威廉一世拒绝亲自接收。于是，议会便拒绝讨论已递交上来的一份军队重组法案。议会通过决议，要稍后再讨论这样一个问题：内阁应当为1862年非法支付的哪一部分资金负责。其后，议会又讨论1863年的预算案，再次否决了军队预算，也拒绝支付用于提高大使薪资的款项。在圣彼得堡期间，奥托·冯·俾斯麦深受薪资不足之苦，他希望自己的继任者能免于遭受同样的苦楚。议会还增加了一系列有关大臣职责的法案。然而，公众的关注点很快从这些内政事务转移到了更加严肃的外交问题上。

1863年2月月初，波兰人再次对统治他们的俄罗斯帝国政府发动起义，得到了西欧国家的深切同情。英国、法兰西和奥地利都纷纷向沙皇亚历山大二世陈情并提出抗议，也希望普鲁士能够成为它们中的一员。

没有什么比这更让奥托·冯·俾斯麦头疼了。当时奥托·冯·俾斯麦正忙于德意志内部事务的磋商，可能他也急于快速解决普鲁士与奥地利之间的问题。于他而言，当务之急首先是与法兰西和英国维持友好关系，除非他能确定奥地利没有盟友支持，否则他也不愿挑战奥地利。但现在，奥托·冯·俾斯麦不得不选择与俄罗斯帝国或法兰西交恶。然而，波兰起义已十分危急，其他事务都须暂缓。在波兰问题上，奥托·冯·俾斯麦的看法从未改变：不可让步。奥托·冯·俾斯麦的态度十分明确。他对英国的安德鲁·布坎南爵士说："对我们而言，波兰问题是生死攸关的问题。"波兰有两个党派，一是极端共和党，它期盼确立独立的共和政体；另一个党派则接受俄罗斯帝国王权统治下的自治与国家制度，并得到了俄罗斯帝国某个大党派的支持。一旦起义获得胜利，这两个党派中的任何一个都不会同意让波兰继续从属于俄罗斯帝国，它们会要求得到普鲁士的波兹南。而且除非重新获得波罗的海沿岸的普鲁士的东部省份，否则这两个党派也不会罢休。奥托·冯·俾斯麦深知，如果波兰顺服俄罗斯帝国，普鲁士将面临巨大危险。当然，一个存在于普鲁士东部边境的独立共和国本就危险。一旦波兰人的热切希望得到了泛斯拉夫党派和俄罗斯帝国军队的支持，那对普鲁士将是毁灭性的。俄罗斯帝国和波兰可能达成和解，但普鲁士和波兰永远不能。因此，普鲁士必须与其他强国划清界限。威廉一世没有向沙皇亚历山大二世提出抗议，而是写了一封亲笔签名信，提议两国政府共同采取措施应对共同的威胁。收到这封信的古斯塔夫·冯·阿尔文斯莱本将军很快签署了协定，约定普鲁士和俄罗斯帝国军队可以穿越边境追捕叛乱分子，同时调动两支普鲁士军队驻守波兰边境。

很快人们便知道了这份协定。不难想象，普鲁士人民和下议院对于政府的所作所为有多么愤慨。如果美国总统协助西班牙政府镇压古巴起义，美国人民的愤慨之情大约就与此相似。问题并未得到圆满解决。1863年2月26日，德意志历史学家海因里希·冯·济贝尔提出，必须保持绝对中立才能维护普鲁士的利益。显而易见，奥托·冯·俾斯麦的行为已经使普鲁士被完全孤立。除了沙皇亚历山大二世，普鲁士在欧洲再无其他盟友，在德意志也势单力孤。在对海因里

古斯塔夫·冯·阿尔文斯莱本将军

海因里希·冯·济贝尔

希·冯·济贝尔的回应中，奥托·冯·俾斯麦从一开始就奚落道：人们怀揣着对其他民族的热爱，即便要以牺牲普鲁士的利益为代价才能实现这些民族的目标也在所不惜。很不幸，这是一种只在德意志蔓延的政治疾病。但这样的嘲讽并不公道，因为没有人比海因里希·冯·济贝尔更努力地在史学著作中指出普鲁士必须在分裂波兰行动中发挥作用，尽管他也知道普鲁士的行为绝非正义。没有人能以海因里希·冯·济贝尔那样有说服力的方式描绘波兰政治与社会的道德沦丧。其后，奥托·冯·俾斯麦又痛斥议会缺乏爱国主义精神。在复杂的谈判过程中，议会毫不犹豫地让自己国家的内阁陷入困境。"英国的下议院绝不会像它这样。"奥托·冯·俾斯麦如是说。但我们对他此言无法苟同，因为英国反对党也会做出和普鲁士下议院多数派一样的行为。如果大臣与议会在政策的总体原则上意见一致，那么议会的确有义务不反复变动各项外交措施而使政府陷入窘境，他们必须自我约束、展现信任。但在普鲁士，大臣与议会意见并不一致。议会完全有理由相信，奥托·冯·俾斯麦的目的与他们的愿望完全相悖，议会无法再信任他。和过去一样，议会再次不失时机地力图扳倒奥托·冯·俾斯麦。

奥托·冯·俾斯麦在波兰问题上的态度从未动摇。他首次就别国事务公开发表意见，便是于1848年抨击波兰针对普鲁士政府的政策。奥托·冯·俾斯麦写道：

> 毋庸置疑，获得独立的波兰将与普鲁士势不两立，直到他们攻下维斯瓦河口、普鲁士东西部、波美拉尼亚和西里西亚的所有使用波兰语的村庄。

1888年，奥托·冯·俾斯麦在德意志国会发表了一次重要演说。那也是他人生中最后几场演说之一。在这次演说中，奥托·冯·俾斯麦抨击了波兰对普鲁士天主教派的支持。奥托·冯·俾斯麦总是不知疲倦地嘲笑典型的德意志浪漫主义：人们如此热衷于实现他国的安宁与幸福。奥托·冯·俾斯麦回忆起儿时，1831年起义发生后，波兰难民得到了所有德意志城镇的接纳，德意志人民对此表现出的荣誉感和热忱，是那些为德意志而战的人们都未曾得到的。当时德意志的孩子们甚至会唱起波兰国歌，仿佛这是自己国家的国歌一般。

在奥托·冯·俾斯麦的影响下，德意志人的思想发生了一些变化。而德意志对波兰态度的改变则淋漓尽致地表现了德意志思想发生的这种变化。从前，德意志人只能记起分裂波兰罪大恶极，只有他们的愿望和决心能让这样的罪恶感稍稍减轻。当时，波兰人遍布欧洲各国，尤其是在各国革命运动的战斗第一线；他们协助德意志人为自由而战，德意志人也帮助他们重获独立。1848年，波兰将领路德维克·梅罗斯瓦夫斯基像个凯旋的大英雄，被人簇拥着穿过

路德维克·梅罗斯瓦夫斯基

柏林的大街小巷；巴登起义军自愿接受波兰人的领导，而指挥维也纳人反抗奥地利军队的也是波兰人。在诺瓦拉战场上，又是波兰人让意大利溃不成军。在诗人还是政治领袖的年代、在英国诗人乔治·戈登·拜伦留下的记忆与影响力尚未被磨灭的年代，几乎所有德意志诗人都唤起过人们对波兰的热爱——奥古斯特·冯·普拉滕、路德维希·乌兰德、克里斯蒂安·约翰·海因里希·海涅无一例外。奥托·冯·俾斯麦必须对抗这样一种早已成型的态度，最后他大获成功。奥托·冯·俾斯麦教育民众，德意志有义务行使所有国家权力来摧毁波兰的语言与民族；普鲁士的波兰人要变成普鲁士人，就像俄罗斯帝国的波兰人必须变成俄罗斯人一样。波兰人的国家早在一百年前就毁灭了，如今波兰的语言和民族也应当不复存在。

这是普鲁士在德意志占据优势地位所导致的必然结果。由于德意志的重心仍然明显偏向西部，人们对波兰的热爱倒也理所应当。即便复兴的波兰扩张到波罗的海沿岸，德意志仍可以是伟大、繁荣、幸福的，但普鲁士将不复存在，而奥托·冯·俾斯麦则教育德意志人要视自己为普鲁士人。

波兰问题持续的几周里的确危机重重。拿破仑三世提出，奥地利、英国和法兰西应当分别向普鲁士呈递一份完全相同的公文，以表示抗议与威吓。约翰·罗素伯爵拒绝了。奥托·冯·俾斯麦后来说道，全靠约翰·罗素伯爵对德意志的友好态度，普鲁士才免于遭受危险。奥托·冯·俾斯麦本人的地位并不稳固，但他一如既往地顶住了这次抨击，尽管很少有人知道他在精神与身体上付出了怎样的代价。奥托·冯·俾斯麦曾把晚年的体弱多病归咎于这几个月里持续的焦虑。这段时间，他很神经质，自制力差。而且别忘了，除了始终维护威廉一世的统治不受公众批评，他还必须对抗王宫中那些想要在威廉一世面前毁谤他的人们。

不过，奥托·冯·俾斯麦赢得了俄罗斯帝国坚定的友谊。在圣彼得堡期间，沙皇亚历山大二世已对奥托·冯·俾斯麦十分敬佩。如今除了个人感情，奥托·冯·俾斯麦和沙皇亚历山大二世之间又多了一份莫大的恩情。在俄罗斯人看来，奥地利和普鲁士的行为形成了多么巨大的反差啊！已故的老沙皇尼古拉一世拯救了奥地利，使其免于解体，可奥地利是如何回报的？奥地利不但在东欧问题上对抗俄罗斯帝国，如今又在波兰事务上支持西欧各国。相反，普鲁士仅凭一己之力就拯救了俄罗斯帝国，使俄罗斯帝国在镇压波兰大起义时免受法兰西和英国的主动干预。拿破仑三世提议在立陶宛登陆，和波兰人会合。奥托·冯·俾斯麦立即宣称，如果拿破仑三世果真如此，他便认为这是在向普鲁士宣战。沙皇亚历山大二世感到极度愤慨，便亲自致信威廉一世，提出双方结盟，共同对法兰西和奥地利发起攻击。这对奥托·冯·俾斯麦而言，相当具有诱惑力，但此时他又表现出了自己身为外交家所特有的谨慎。奥托·冯·俾斯麦担心在这样一场战争中，普鲁士将受到巨大冲击，交战方议和时谈判主控权会落到沙皇亚历山大二世手上。奥托·冯·俾斯麦愿意与奥地利开战，但决心在战争来临时对和平条约做好筹划。在他的建议下，威廉一世拒绝了沙皇亚历山大二世的提议。

围绕波兰问题的一系列争论造成的怨恨之情，很可能使大臣们再也不想参与议会会议。奥托·冯·俾斯麦在其中发挥了推波助澜的作用。奥托·冯·俾斯麦对议员们说道：

> 你们问我，既然我们意见不一致，为什么不解散议会。那是因为我们希望国民能有机会彻底了解你们。

奥托·冯·俾斯麦疲惫而恼怒。某次会议期间他写信给约翰·洛斯罗普·莫特利谈道：

> 我不得不听那些极其幼稚、情绪激动的政客们嘴里说出来的无聊至极的发言。这使我有了一段非我所愿的空闲时光。我用这段时间来告诉你我有多么幸福真是再合适不过了。我从未想到在我更年长

乔治·戈登·拜伦

奥古斯特·冯·普拉滕

路德维希·乌兰德

克里斯蒂安·约翰·海因里希·海涅

的岁月里，还要被迫担任议会代表这样毫无价值的工作。当公使的时候，虽然也是官员，我至少觉得自己还是绅士，而当议会代表后，我就成了奴隶。我卑微到了极点，我自己也不知道怎么回事。

今天是1863年4月18日。昨天我写到这里，会议就结束了。我在议会工作了五个小时，一直到15时才结束：花了一个小时向陛下汇报；三个小时又花在了一顿极其无聊的正餐上，正餐是和那些有权有势的老辉格党①一起吃的；之后又继续工作了两个小时；最后，我和一位同事共进晚餐。他可是会因为我瞧不起他的鱼就伤心的人。今天早晨，我几乎一点早餐都没吃就坐到了奥地利外交官阿洛伊斯·卡罗伊对面。紧随他而来的是丹麦、英国、葡萄牙、俄罗斯帝国和法兰西大

阿洛伊斯·卡罗伊

---

① 辉格党，英国历史上的一个政党，他们反对君主专制、支持君主立宪制。17世纪80年代到19世纪50年代一直与托利党争权夺势，曾在1688年光荣革命中发挥了重大作用。——译者注

使，我甚至不得不在13时提醒法兰西大使，我该前往议会了。之后我便在议会参加会议，听人们胡说八道，再把我的信写完。他们所有人都同意批准我们与比利时的协定，但仍有二十个发言人十分激烈地相互斥责，仿佛非要斗个你死我活。他们虽然取得了一致意见，动机却各不相同，于是……唉！这是一次典型的德意志式——德意志人的争吵。你们盎格鲁-撒克逊的美国朋友有点同样的倾向……你们的战斗是血淋淋的，我们的则是口头上的。这样喋喋不休的人实在无法治理普鲁士。我必须要用点方法对付他们，他们愚蠢又自大，甚至就算穷尽"愚蠢"二字的内涵，也不足以完全表现他们的特点。单独看来，这些人有时也很聪明，因为他们普遍受过教育，即受到过德意志大学的正规培养。但在政治上，除自己所在教会的利益之外，他们几乎就和学生时代的我们一样无知，甚至不如我们。在外交政治方面，他们一个个看起来也都像孩子般幼稚。在其他所有问题上，他们只要联合在一起就幼稚了起来。群体性愚蠢，个体性智慧。

晚年的奥托·冯·俾斯麦回想起那些日子，这样说道：

> 我永远不会忘记，每天早晨我不得不接待英国大使安德鲁·布坎南爵士和法兰西代表塔列朗。法兰西代表塔列朗谴责普鲁士偏袒俄罗斯帝国的政策不可饶恕，并对我施加威胁。正午时分，我又有幸聆听普鲁士议会的争论与抨击。这些争论与抨击和外国大使们早上对我说过的那些大同小异。

当然，议会所使用的言辞削弱了奥托·冯·俾斯麦的海外影响力。其他国家政府发现自己的要求得到普鲁士议会支持时，便表现得更加坚决。英国议会注意到普鲁士国民已经与政府卑劣可耻的政策划清界限，令他们心满意足。

最终，人际冲突达到了顶点，此次会议不得不终止。要理解个中原因，我们必须记住，普鲁士众大臣并不一定是两院的议员，但依据宪法，他们享有参与辩论的权利，并可以随时要求发言；他们不与其他议员坐在一起，而是坐在议会主席右侧一张较高的长椅上，面向所有议员，所以他们丝毫没有感受到作为议会成员的所谓"团队精神"。当奥托·冯·俾斯麦和同事们在议会发表讲话时，他们的身份不是议员，甚至也不是少数派代表，而是局外人、是敌对势力的象征，单就这一点便不难理解议会为何几乎全体一致地反对奥托·冯·俾斯麦。他的对手不是议会中的某个党派，而是议会本身，是各式各样的议会。某次辩论过程中，奥托·冯·俾斯麦与议会主席发生了冲突，议会主席指出他的某些言辞与主题无关，他立即回击："我无法容许议会主席在我演讲过程中因纪律问题而打断我。我没有荣幸成为议员，没有投票通过议会的现行规则，也没有参与议会主席的选举投票，因此，我不受议会的纪律管束。议会主席在我这里没有权威。我只有一位上级，就是国王陛下。"这导致了奥托·冯·俾斯麦与议会主席之间产生了一场激烈的交锋。议会主席坚称议会在他的权力范围之内，他的确不能撤销大臣发言的权利，但他有权打断。奥托·冯·俾斯麦立即逐字重复了自己讲话中那些令人不快的言语。议会主席威胁道，如果奥托·冯·俾斯麦再说一次，就要中止会议。奥托·冯·俾斯麦实际上做出了让步，他说："我无法阻止议会主席休会，但我已经说过两次的话，无须再说第三次。"此后辩论继续进行，再无人打断。数周之后，类似的情形再次发生。这一次不是奥托·冯·俾斯麦，而是阿尔布雷希特·冯·罗恩。他不像奥托·冯·俾斯麦那样能够敏锐地理解议会的常规做法。奥托·冯·俾斯麦对议会主席的违抗已经到达挑战议会主席法律权力的极限，而阿尔布雷希特·冯·罗恩则有过之而无不及。议会主席要打断他的讲话，他拒绝中止发言，议会主席便摇铃示意。议会主席说道："当我打断大臣的发言时，他就必须住口，正因如此我才用上了摇铃；如果大臣不遵行，我就得戴上帽子了。"议会主席戴上帽子意味着议会必须休会。阿尔布雷希特·冯·罗恩答道："我不在意议会主席戴不戴帽子。依据宪法规定，我想说就可以说,谁都无权打断我。"双方又是一番口角。阿尔布雷希特·冯·罗恩继续反抗议会主席的权力,议会主席便从座位上起身,要求把帽子递上来,戴在了头上。此时所有议员起立,议会休会。不巧的是,递给议会主席的那顶帽子并不是他自己的,帽子太大,完全遮住了他的头部和脸部。会场内一阵哄笑,缓解了紧张的气氛。但从此以后,大臣们便拒绝列席议会,除非有人向他们保证议会主席不会再对他们施加纪律管束。议会和内阁交换了一系列备忘录,真正的争议点实际上微不足道,甚至双方是否存在意见分歧都不明确。所有人都同意:内阁大臣可以随心所欲地发表讲话,议会主席不能要求他们停止发言。唯一的问题在于:议会主席能否打断大臣以做出评论,但双方都不打算对此达成共识。议会求助于威廉一世,但威廉一世支持内阁。数日之后,议会休会。第二阶段会议就此结束。

三日后发布的王室公告宣布了一系列条例,对新闻界施以严格监管。依据这些条例,只要警方不认可报纸的整体倾向,便有权禁止其面世。除了《卡尔斯巴德法令》①发布的那段时间,还没有哪届德意志政府如此极端地使用权力。

《卡尔斯巴德法令》漫画:嘲讽《卡尔斯巴德法令》限制新闻和言论自由

---

① 1819年9月20日,德意志邦联各国在波希米亚的温泉小镇卡尔斯巴德召开邦联大会,通过了一系列新闻审查、控制大学思想等相关反动条例,力图镇压人民对于德意志统一邦联的不满情绪。——译者注

第 7 章 铁血演说及波兰问题 | 215

这些条例是基于宪法中的这一条款：如果议会并未召开会议，政府在危机时刻拥有制定特殊新闻条例的权力。此处提及宪法简直是种侮辱。宪法所指的危机显然是战争时期，而政府似乎是以内战为借口使议会休会，以利用这一条款。这些条款使人们回想起法王查理十世限制出版自由的敕令。毫无疑问，人们认为这只是暴力统治的开始。

现在，斗争已经不再止于议会内部。议会的确十分疲软，所有能用言语、投票和演说做到的事都已经尝试过，但都宣告失败，威廉一世仍然支持内阁。

法王查理十世

如今是全体人民站出来的时候了。大城镇的市政当局自然而然成了领袖，普鲁士政府的自由主义政策给予了它们相当程度的独立性。它们通过民选产生，几乎每个城镇的大多数人都反对内阁。这些大城镇效仿首都柏林，向威廉一世发出了一系列呈文，并多次组织公众集会。科隆则安排了一场盛大的庆祝活动，欢迎海因里希·冯·济贝尔和来自莱茵地区的其他代表。在普鲁士这样一个君主制国家，对国王个人行为的不满竟可以公开表达，这是极其严重的。这段时间，太子腓特烈·威廉·尼克劳斯·卡尔正在东普鲁士进行军事检查，但一个又一个城镇拒绝发表效忠演说。这些城镇不欢迎太子腓特烈·威廉·尼克劳斯·卡尔，或者不参与日常的仪式，他们拒绝向威廉一世及其他王室成员致以司空见惯的效忠演说。这不再是内阁和议会之间的冲突，而是威廉一世与国民之间的冲突。

普鲁士的国民们突然间意识到，王位的合法继承人太子腓特烈·威廉·尼克劳斯·卡尔站在他们这一边。太子腓特烈·威廉·尼克劳斯·卡尔一直憎恨奥托·冯·俾斯麦，他的唐突无礼曾令太子腓特烈·威廉·尼克劳斯·卡尔不快。厌恶矫揉造作的奥托·冯·俾斯麦总是用漫不经心、波澜不惊的口吻谈论十分严肃的问题，这也令太子腓特烈·威廉·尼克劳斯·卡尔很是反感。太子腓特烈·威廉·尼克劳斯·卡尔也曾反对任命奥托·冯·俾斯麦一事，而如今奥托·冯·俾斯麦在他父亲威廉一世内阁中的地位就和十年前他的父亲威廉一世在兄长腓特烈·威廉四世的内阁中所拥有的地位一样。太子腓特烈·威廉·尼克劳斯·卡尔与英国的关系对他自己影响很深，而英国王室对奥托·冯·俾斯麦持有十分不好的看法。此前太子腓特烈·威廉·尼克劳斯·卡尔从未在任何公开场合主动表示反对态度，但在新闻条例问题上无人征求过太子腓特烈·威廉·尼克劳斯·卡尔的意见，他也从未接到邀请，参与条例通过会议的程序。这样的轻视深深刺伤了太子腓特烈·威廉·尼克劳斯·卡尔，也令他十分担忧。于是，太子腓特烈·威廉·尼克劳斯·卡尔在到达但泽时乘机与内阁行为划清界限，唯恐内阁行为危及整个王室。太子腓特烈·威廉·尼克劳

但泽

斯·卡尔称无人征询他的意见,他完全不知道新闻条例一事,无法对此负责。太子腓特烈·威廉·尼克劳斯·卡尔言语不多,也很克制,却让整个德意志都知道了一直以来只有接近王室的人们才了解的事实:太子腓特烈·威廉·尼克劳斯·卡尔属于反对内阁的那一方。

数日后发生了一件事,可能又加剧了关系的破裂。在但泽发表讲话后,太子腓特烈·威廉·尼克劳斯·卡尔主动提出要放弃所有官职。威廉一世并未要求太子腓特烈·威廉·尼克劳斯·卡尔这样做,但他严令太子腓特烈·威廉·尼克劳斯·卡尔不要再次与内阁针锋相对。太子腓特烈·威廉·尼克劳斯·卡尔保证服从父亲威廉一世,但暗地里仍继续反对"那些傲慢无礼的大臣们"。太子腓特烈·威廉·尼克劳斯·卡尔与父亲威廉一世往来的书信既饱含深情,又不失庄重,但数日之后,《泰晤士报》驻柏林记者刊出了这些信的内容。没人知道谁该为这次严重的信任破裂事件负责,但一定是某些十分亲近太子腓特烈·威廉·尼克劳斯·卡尔的人导致这些信被刊出。科堡王室自然而然成了人们怀疑的对象。不过,太子腓特烈·威廉·尼克劳斯·卡尔的信任遭到滥用的事件并不止这一桩。

新闻条例事件自然大大加深了奥托·冯·俾斯麦对太子腓特烈·威廉·尼克劳斯·卡尔随从的厌恶之情。的确有许多人——一半是文人、一半是政客，乐于依附一个自由派太子，借以发挥自己的作用。他们毫不犹豫地寻求外国媒体，尤其是英国媒体的帮助，利用其影响力左右普鲁士事务的决策。很不幸，这些人的人脉关系大多来自英国，因为他们十分崇尚英国式的自由，他们也常常被称为"英国党"。由于"英国党"在处理跟英国的关系上不够谨慎，德意志人不但对他们形成了强烈的偏见，也逐渐对英国产生了偏见。德意志人民把某些"英国党"作家（几乎都是德意志作家）的看法与真正的英国人混淆了，其实真正的英国人对于欧洲大陆的事务极度不关心。此后多年，奥托·冯·俾斯麦与太子腓特烈·威廉·尼克劳斯·卡尔之间的关系十分疏远。后来太子腓特烈·威廉·尼克劳斯·卡尔在石勒苏益格-荷尔斯泰因事务上的坚决态度，更是加深了两人之间的嫌隙。

新闻条例事件表明，奥托·冯·俾斯麦十分了解他需要面对的国民。新闻条例并不真的违法，反而得到了严格的实施。许多报纸遭到警告，还有些则被查封。多数报纸立即改变了口吻，比较温和地表达对政府的敌意。在英国，类似环境下总会出现许多恶语毁谤的宣传册，但普鲁士警方高度警觉，使这种情况不可能发生。威廉一世拒绝接受呈文；内政部下达了一条命令，禁止镇议会商讨政治问题；一个市长因无视这一命令而被中止任期；公众集会也遭到镇压。这些措施取得了成效。虽然公众仍旧不满，且不满情绪在加剧，但没有出现骚乱或暴动。公然挑战民意需要极大的勇气，但有了勇气，便可以像议会一样免受责罚地挑战民意。当时，英国人提出普鲁士人为什么不拒绝缴税，答案很简单，拒绝缴税没有法律依据。在预算通过之前，虽然大臣们依照法律不能动用一分一毫公帑，但仍可以征收税款。征税问题不必年年投票，一旦开始征收就会持续下去，直至通过法律撤销为止。然而，真正的情况是：虽然内阁并未获得授权使用税款，却有义务征收税款。除此之外，我们还要知道，普鲁士这个国家没有遭遇什么灾祸，十分富庶，收入一直在增长。社会民主党的骚动不久前才出现。但这并不针对政府，而是针对整个社会。比起自由派领袖，普鲁士社会主义开创者斐迪南·拉萨尔与奥托·冯·俾斯麦有很多共鸣之处。斐迪南·拉萨尔公开呼吁自己的追随者们支持君主制，反对那些可恶的"资产阶级"——他就是这样称呼自由派的。除了宪法上存在冲突，普鲁士总体上治理良好，再无其他因素干扰思想自由或行动自由。

此外，人们普遍认为当前的形势不会持续太久。自由派相信未来属于他们，时间会替他们报仇雪恨，最坏的情况也不过是等到威廉一世驾崩。威廉一世当时已近古稀之年，政治上遭遇重重困难也让他的身体情况很不理想。等他驾崩了，太子腓特烈·威廉·尼克劳斯·卡尔会让宪法事业夺取胜利的。

然而，后来的情况绝非他们料想的那样。冲突年复一年地持续着，每年都要召集议会商讨预算，但每年议会都会否决预算。议会否定政府措施、拒绝提供贷款、要求威廉一世开除各位内阁大臣。不过，每次会期都十分短，1864年议会会期仅持续了数周。

奥托·冯·俾斯麦公开藐视议会，一年比一年更甚；议会对他的恨意同样也是一年甚于一年。人们还是继续支持他们各自的代表，各大城市仍然拒绝向国王发表效忠演说。不过，内阁的信心却在逐年增长。不难看出，最终结果将取决于内阁在外交事务上的成就。接下来我们该转向这个话题了。

当时，英国人一致反对威廉一世，即便现在也很难评判这一情况。英国人支持那些想要效仿他们的人们，这是人之常情。当他们发现最有才干的议会领袖、最博学多才的历史学家和最机敏的法学家都渴望让普鲁士政府机构效仿英国机构时，他们的自尊心得到了满足。而正是因为这一点，我们该停下脚步了。对于那些试图把其他国家的机构的优点和缺点都引进普鲁士的政客，我们做何感想？"为什么普鲁士国王不能满足于英国女王或比利时国王所拥有的地位？这样他就不会再不得人心了。"当时有位英国作家提出了这样的问题。我们不妨反过来问：为什么普鲁士国王要牺牲自己的势力与特权呢？英国作家的问题之荒唐可笑，就好像有人问"为什么英国议会不满足于普鲁士议会所拥有的权力"。当时人们普遍认为，持续的斗争表现出政治才能的缺失。如果所谓"政治才能"是指总要笼络民心、总在明知自己的事业正确的情况下屈服，哪怕冒着毁灭国家的风险也在所不惜的话，的确如此。必须记住，多年来普鲁士一直处于危险之中。如果普鲁士政府坚称有必要维持一支大型的高效军队，就会被扣上军国主义的罪名。但人们忘记了，没有强大的军队，普鲁士君主制便难以为继，就好像大英帝国没有强大的海军便难以生存一样。当时的各种秘密外交谈判都把分裂普鲁士作为可以考虑的策略。法兰西想要夺取莱茵河左岸地区，奥地利则一直没有放弃重获西里西亚部分地区的希望，普鲁士占据萨克森王国的一半领土也才五十年。敌人们会不会组成同盟夺回这些领土？另外，博爱的英国和诡计多端的法兰西仍在考虑复兴波兰的可能，但此处所指的"波兰"势必包括普鲁士已经获取的部分领土。

常有人说，欧洲军国主义的迅速增长必定起源于这一时期内阁与议会的冲突，正是威廉一世和奥托·冯·俾斯麦的胜利引发了随后的几场战争，导致之后的欧洲开始了军备竞赛。这在一定程度上当然是事实，虽然这些超大型军队的出现是否是绝对的不幸，目前尚不清楚。不过，这只是事实的一部分，责任不该由普鲁士政府独自承担。并不是普鲁士政府率先扩大武装，也并不是普鲁士政府最先打破了欧洲自1815年以来一直维持的和平状态。普鲁士的过失似乎并不在于率先扩大武装，而在于当普鲁士着手进行这一工作时，做得比其他国家都好。如果普鲁士因此事受到批评，那事实也应该是：先王腓特烈·威廉四世领导的政府过分忽略了军队建设，普鲁士在这方面起步太晚了。1848年，奥地利就已开始实施新的军事管辖权，并得到俄罗斯帝国的支持，还被法兰西仿效。普鲁士被这些帝国包围，每一个国家的人口都至少比它多一倍，所以普鲁士不得不扩大武装规模，借以自卫。正是因为没有早些进行武装，普鲁士才会因《奥尔米茨条约》而受辱。普鲁士的总体政策一直是虚弱而摇摆的，因为政府害怕激化冲突，届时普鲁士势必会落败。

在内阁与议会的冲突中，关于奥托·冯·俾斯麦本人还有一事当提。我们要永远记住，议会与王权和内阁的冲突并不是奥托·冯·俾斯麦的责任。冲突始于奥托·冯·俾斯麦不在德意志的那段时间，他本人对于事件的发展几乎没有任何影响。如果奥托·冯·俾斯麦早两年进入内阁，也许就不会发生这场冲突了。自由党领袖应对这场冲突负一部分责任。从目前出版的回忆录看来，自由党领袖反对政府军事主张的行为违背了他们自己的信念，因为他们担心不这样做的话，自由党人就不会再追随他们。这场冲突还有很大一部分责任在于"新纪元"内阁。"新纪元"内阁对事务处理不当，而这样的不当源于内部成员之间缺乏团结，因为占大多数的自由党人在许多事务上都与威廉一世和王权针锋相对。正是因为内阁内部缺乏精诚合作，才导致重大失误的发生：战争大臣阿尔布雷希特·冯·罗恩的所作所为看起来像是——实际上的确是违反了财政大臣卡尔·冯·博德尔施文格的承诺。如果当时由奥托·冯·俾斯麦当权，毋庸置疑，他一定能想出办法，让内阁与温和的自由派领袖之间达成妥协。至少不会有人因为发生的事指责他，我们甚至还应当给予他最高褒奖，因为当威廉一世彻底陷入不堪一击的境地时，是他挺身而出，不顾自己的声名、前途，乃至生命，站在了威廉一世这一边。

第 8 章

邦联改革及普鲁士与奥地利夺取德意志霸权

我们已经知道,冲突的结果最终取决于内阁将如何处理外交事务。在被任命为外交大臣之前,奥托·冯·俾斯麦始终坚持政府只有依靠更加有力的对外政策才能获得在国家内部的自由。现在,奥托·冯·俾斯麦有能力执行他期望的政策了,内阁与议会的这场冲突使他成了威廉一世不可或缺的助手,如果他退出,威廉一世就只能向议会屈服。奥托·冯·俾斯麦始终牢记这一点,并敦促自己持续发挥作用,对抗所有敌人。1863年的整个春天,奥托·冯·俾斯麦的敌人们无所不用其极,企图削弱威廉一世对他的信任。

有许多人认为奥托·冯·俾斯麦有意让摩擦继续,以赢得不可或缺的地位,事实上,他与议会的恶劣关系本身就能带来这样的"益处",即便他尝试考虑议会的想法也根本于事无补。如果得到了议会的友善支持,奥托·冯·俾斯麦就不得不为自己的政策提出正当理由,甚至可能要修订政策。既然无论他做什么,议会都一定要拒绝配合,那么即便再多一两次不信任投票也无所谓了。奥托·冯·俾斯麦继续用自己的方式开展普鲁士的外交,其手法之明确,态度之坚定,就像是没有议会存在一般。

1863年秋,奥托·冯·俾斯麦首次有机会展示自己巨大的影响力。夏日假期来临,威廉一世照例前往加施泰因疗养,奥托·冯·俾斯麦几乎一直随侍在旁。奥托·冯·俾斯麦也许不敢离开威廉一世,但常常抱怨自己生活的新状况，只想回到波美拉尼亚和妻子约翰娜·冯·普特卡默、孩子们在一起。奥托·冯·俾斯麦从巴登写信对妻子约翰娜·冯·普特卡默说：

> 我希望会出现什么阴谋诡计，让政府不得不另组内阁，这样我就能体面地抛弃这一团漆黑，平静地过我的乡村生活了。这种令人不安的日子实在难以忍受。十周以来我一直都在旅馆里做着办事员的工作。这不是一个老实的乡绅该过的日子。

1863年7月月末，奥地利皇帝弗朗茨·约瑟夫一世提出了一项建议，若不是奥托·冯·俾斯麦态度坚决，这项建议可能会产生十分深远的影响。奥地利皇帝弗朗茨·约瑟夫一世前去探望威廉一世，商讨邦联改革提案，详细说明了奥地利针对亟待进行的改革提出的计划，并询问威廉一世是否愿意加入德意志君主议事会共同商讨这项计划。威廉一世基于很多理由拒绝了。然而，两天后，奥地利皇帝弗朗茨·约瑟夫一世向所有君主及各自由城市的市长发出了正式邀请，请他们参加将于法兰克福召开的代表大会。除了威廉一世，其他君主都接受了邀请。1863年8月15日，代表大会召开。奥地利皇帝弗朗茨·约瑟夫一世亲自主持会议，希望说服各国君主采纳他的提案。这将对奥地利十分有利。但很显然，普鲁士国王威廉一世缺席会议，将导致此次大会毫无成果。于是，奥地利决定派出特别代表团邀请威廉一世重新考虑参会。1863年8月14日，威廉一世刚刚离开卡尔斯巴德去往巴登，恰好在法兰克福近旁，因而很难不接受这特殊的邀请。威廉一世说："三十位君主向我发出邀请，还让一位国王送来消息，我如何能够拒绝！"

威廉一世本人愿意前往，虽然他也同意奥托·冯·俾斯麦的看法：置身事外更加明智，但所有亲属都敦促他参加。能够同时与德意志其他各国君主进行友好的会面，那本是十分令人愉快的，然而，奥托·冯·俾斯麦断定实际情况不会如此。奥托·冯·俾斯麦先行到了巴登-巴登，威廉一世在送出答复之前征询他的意见。经过耗尽心力的长时间的争取，奥托·冯·俾斯麦最终说服威廉一世拒绝了邀请。奥托·冯·俾斯麦威胁威廉一世，不采纳他的建议，他便要辞职。回绝信一封口寄出，奥托·冯·俾斯麦就拿起桌上的一个玻璃托盘，摔得粉碎。"你生病了吗？"他房间里的一个朋友问道。奥托·冯·俾斯麦回答："没有，我曾经是病人，但现在好多了。我就是觉得要摔点东西。"可见这番努力争取给他带来了多大的精神压力。

在没有普鲁士代表出席的情况下，代表大会继续进行。

各国君主召开秘密会议，商讨奥地利的提案。君主们很享受这种异乎寻常的自由，这是他们第一次在没有内阁大臣干预的情况下商讨自己国家的事务。当然，大臣们也来到了法兰克福，但他们发现自己无法插手任何事务。不难想象他们对奥托·冯·俾斯麦会有多么钦佩和嫉妒，但奥托·冯·俾斯麦为威廉一世所做的一切，他们当中没有人能够为自己的君主做到。

也许奥托·冯·俾斯麦当时的意图是推进普鲁士与奥地利夺取德意志霸权的斗争。如果他真这样想，可能要失望了。在外交领域又出现了新的难题：沉睡已久的石勒苏益格-荷尔斯泰因问题终于爆发了。此后近三年，奥托·冯·俾斯麦才重拾他早前确定的政策。人们常说是他导致了这一问题及之后战争的爆发。这绝非事实。石勒苏益格-荷尔斯泰因问题的爆发和波兰问题一样，严重扰乱了他的计划。接下来您将看到，奥托·冯·俾斯麦如何足智多谋地从最初十分不利的情况中为自己的国家赢得优势。

我们有必要简短地解释这个问题的起因，这是欧洲外交领域最复杂的问题。

荷尔斯泰因公国一直是神圣罗马帝国的一部分。数百年来，荷尔斯泰因公爵同时是丹麦国王。这样的联结起初只是纯粹的共主邦联，但石勒苏益格公国的存在让事态变得复杂。石勒苏益格一直不属于神圣罗马帝国，也不属于德意志邦联，过去一直是丹麦的领地。但是，荷尔斯泰因的贵族们逐渐将德意志的势力和语言渗透到石勒苏益格，导致石勒苏益格人口中有超过半数的德意志人。石勒苏益格和荷尔斯泰因的联结还源于十分古老的传统,据说这种联结是依据丹麦历任国王颁发的特许状确立的。特许状宣称石勒苏益格与荷尔斯泰因将始终由同一位君主统治,且将与丹麦王国有显著区别。这样的特许状并非毫无争议,但就石勒苏益格和荷尔斯泰因的情况而言,人们普遍相信有某种权力存在着,要比从法律上探讨这种权力是否真实存在来得更加重要。这在政治领域是司空见惯的。

真正的麻烦开始于1830年,涉及两个层面:宪政问题和王位继承问题。丹麦人希望巩固君主政体,便选择无视石勒苏益格与荷尔斯泰因原有的地方议会的权利,从而导致了骚乱与冲突。两个公国为维护地方特权而斗争,与丹麦

荷尔斯泰因的盾徽

石勒苏益格的盾徽

针锋相对。此外，丹麦还出现了一个生机勃勃的民主党派，他们的目标是将整个石勒苏益格纳入丹麦王国中，并不在意荷尔斯泰因所发生的情况。这个党派名为"丹麦艾德"，因为丹麦艾德希望丹麦能够扩张到艾德河流域。分裂石勒苏益格与荷尔斯泰因的提案遭到了激烈的抗议。1848年，起义爆发。这场起义当年得到了普鲁士的支持，也得到了德意志所有人——无论君主还是人民的同情。

宪法问题因继承王位一事变得复杂。统治丹麦的王室的父系后代所剩无几。依据1660年颁布的一项法律，母系后代可以继承丹麦王位，但这项法律可能从未在荷尔斯泰因和石勒苏益格两个公国颁布，因为两国都实行古老的《萨利克法典》。依照正常程序，1847年继位的腓特烈七世一旦驾崩，荷尔斯

腓特烈七世

泰因和丹麦长久以来的联结就中止了。然而,石勒苏益格是会追随荷尔斯泰因还是丹麦呢?每个石勒苏益格-荷尔斯泰因人和每个德意志人都宣称,石勒苏益格与荷尔斯泰因必须永远保持"不确定"状态。大多数丹麦人则下定决心,无论法律如何规定,他们都要留住石勒苏益格,那儿一直都是丹麦的领土。腓特烈七世采取了不同的态度,想把所有资产都留在自己的王宫中,希望由同一个人继承丹麦王国及石勒苏益格与荷尔斯泰因的统治权。没有任何权威有资格对这一法律问题做出裁决,因此,权利问题必然会演化为权力问题。起初掌握权力的是丹麦人,这似乎有些不可思议。德意志太弱小、太不团结,普鲁士派去支援起义的军队因《奥尔米茨条约》后的形势变化而被撤回,这对石勒苏益格与荷尔斯泰因的国民是致命的打击。其后,在伦敦召开的欧洲代表大会对石勒苏益格-荷尔斯泰因问题进行了商议。这个由各大国组成的会议公开宣称：丹麦王国的完整事关整个欧洲的利益，继而擅自决定由谁继承公国统治权与丹麦王权。大会选择了格吕克斯堡的克里斯蒂安①继位，各大国都宣誓承认克里斯蒂安为丹麦王国所有领土的统治者。

包括普鲁士和奥地利在内的各大国都签订了这份《伦敦条约》，但法兰克福议会不受其制约。同时，丹麦也做出了某种约定，承诺维持石勒苏益格-荷尔斯泰因和丹麦的分隔状态，不对石勒苏益格的德意志人实施压迫。丹麦人没有信守诺言。蔑视德意志人的他们恢复了原有的政策，试图阻止人们使用德

格吕克斯堡的克里斯蒂安

---

① 克里斯蒂安，即克里斯蒂安九世（1818—1906），丹麦国王，1863年至1906年在位；1863年至1864年兼任石勒苏益格、荷尔斯泰因与劳恩堡公爵。——译者注

语，并颁布了与荷尔斯泰因和石勒苏益格的地方特权相悖的新法。荷尔斯泰因议会向法兰克福议会寻求保护。于是，德意志人提出抗议，但丹麦人很顽固。随着时间的推移，德意志人的热情持续高涨，他们相信——这种信念恰如其分——维护石勒苏益格与荷尔斯泰因的权利事关德意志的名誉。石勒苏益格-荷尔斯泰因象征着德意志的弱点与耻辱。为了维护德意志的尊严，人们的民族热情被再度唤醒。

奥托·冯·俾斯麦并不认同民众的热情，对于石勒苏益格-荷尔斯泰因的未来也不感兴趣。起初，奥托·冯·俾斯麦仅仅视石勒苏益格和荷尔斯泰因居民为对抗合法君主的造反派，但在法兰克福充分了解信息后，他的态度变得中立，但仍然认为两地居民是外国人，且仅从普鲁士利益的角度来看待他们的诉求。奥托·冯·俾斯麦本人的认同感和理智都使他实质上选择支持丹麦人。"维护丹麦符合我们的利益。"他在1857年曾这样写道。但丹麦要继续存在，只能依靠省级议会多少有些专制的统治方式，这种方式已经存续了一百年。奥托·冯·俾斯麦在另一封信中又写道："我们没有理由希望荷尔斯泰因人在公爵的统治下愉快地生活。若果真生活愉快，他们就不会那么在乎普鲁士。然而，荷尔斯泰因人在意普鲁士，这对普鲁士将是大有裨益的。无论他们进行的事业有多么正当，普鲁士都必须十分谨慎地行事。"奥托·冯·俾斯麦已经意识到，如果石勒苏益格与荷尔斯泰因的不满再次引发德意志和丹麦之间的战争，所有损失都将由普鲁士承担，普鲁士海岸将直接面临丹麦舰队的进攻。如果战争胜利，法兰克福议会和联邦宪法都将得到强化。如我们所见，这是奥托·冯·俾斯麦最不愿意看到的结果。但如果战争失败，普鲁士也要独自背负所有的屈辱和责难。

唯一能够说服奥托·冯·俾斯麦介入石勒苏益格-荷尔斯泰因问题的理由在于：普鲁士有希望吞并石勒苏益格与荷尔斯泰因，但这种希望似乎太渺茫了。

因此在法兰克福期间，奥托·冯·俾斯麦一直竭力维护和平，成为首相后仍坚持这一方针。大多数德意志邦国都希望由邦联处理荷尔斯泰因问题，但奥托·冯·俾斯麦力图制止。奥托·冯·俾斯麦热情地支持约翰·罗素伯爵，试图借助英国的调停来解决荷尔斯泰因问题，但他的努力是徒劳的，因为丹麦政府仗着德意志软弱无能，继续实施挑衅。1863年3月30日，丹麦公布了新宪法，将荷尔斯泰因彻底从丹麦分割出去。荷尔斯泰因议会事先并不知情，便向法兰克福议会寻求保护。依照邦联法律规定，法兰克福议会在这样的情况下可以占领违法君主的领土，迫使其遵循宪法执政。德意志国家党则希望更进一步，将石勒苏益格和荷尔斯泰因两个问题混为一谈，借机与丹麦开战。奥托·冯·俾斯麦致信奥尔登堡大公彼得二世，称反对逼迫丹麦就范，因为会给英国留下极

奥尔登堡大公彼得二世

坏的印象。他还坚称，在荷尔斯泰因问题上，除了由邦联来接管，别无他法。荷尔斯泰因是邦联的一部分，荷尔斯泰因的问题就是纯粹的德意志事务，没有任何理由让英国或法兰西介入。结果，议会投票支持对荷尔斯泰因实施简单的接管。即便如此，奥托·冯·俾斯麦也并未放弃维护和平的希望。奥托·冯·俾斯麦对丹麦人施压，并得到了英国的支持。只要丹麦撤销1863年3月30日的公告，并接受英国在石勒苏益格问题上进行调停，奥托·冯·俾斯麦就承诺将尽其所能阻止德意志邦联对荷尔斯泰因的接管，而且保证能够成功。

奥托·冯·俾斯麦的缓和手段得到了约翰·罗素伯爵的热情支持，但毫无意外地让他自己在德意志更加不得人心。丹麦政府拒绝接受奥托·冯·俾斯麦的建议，并提出了新宪法，判定将石勒苏益格完全纳入丹麦王国的领土。这公然违背了丹麦政府之前订立的条约，是在向德意志宣战。1863年11月月初，丹麦议会以规定的三分之二多数票通过了新宪法，并呈给国王腓特烈七世签署认可，但腓特烈七世未及签字就驾崩了。

人们认为腓特烈七世驾崩不会对事态产生很大影响，因为各大国已经同意由格吕克斯堡的克里斯蒂安继承丹麦王国的所有领土。格吕克斯堡的克里斯蒂安目前要做的第一件事就是签署新宪法，据说他有些犹豫，但大臣们知会格吕克斯堡的克里斯蒂安，如果他拒绝签署，他们既不保证他顺利继位，也不保证他的安全。1863年11月23日，格吕克斯堡的克里斯蒂安最终签署了新宪法，即《十一月宪法》。

在格吕克斯堡的克里斯蒂安签署新宪法之前，事态发生了意想不到的变化。又有人声称自己拥有石勒苏益格与荷尔斯泰因的继承权。腓特烈七世驾崩次日，奥古斯滕堡①公爵克里斯蒂安·奥古斯特的长子奥古斯滕堡的腓特烈发布了一项公开声明，宣布自己以腓特烈八世的名义继承石勒苏益格与荷尔斯泰因。似乎没人事先预料到他的做法，人们都认为1853年协议订立后，继位问题

---

① 奥古斯滕堡，全称为"石勒苏益格-荷尔斯泰因-森讷堡-奥古斯滕堡"，是奥尔登堡家族的石勒苏益格-荷尔斯泰因-森讷堡公爵的家族分支。——译者注

奥古斯滕堡公爵克里斯蒂安·奥古斯特

便已圆满解决。不过，整个德意志民族还是乐于得知这一消息。于是，公国君主继位问题又被提起。

德意志人相信奥古斯滕堡的腓特烈是合法继承人，他们从奥古斯滕堡的腓特烈的声明中看到了将石勒苏益格与荷尔斯泰因与丹麦永久分割的可能，似乎只有《伦敦条约》会阻碍他们达成这一目标。当然，石勒苏益格与荷尔斯泰因的权利、加上德意志邦联支持奥古斯滕堡的腓特烈的诉求，将足以压制那份不公正的条约。

一定有人会问，奥古斯滕堡的腓特烈的诉求是否有效？没有人能给出肯定回答，因为这一诉求从来没有经过哪个主管法院的审理。我认为不妨这样说：尽管有人提出异议，可能使奥古斯滕堡的腓特烈无权继承公国的部分领地，

奥古斯滕堡的腓特烈

但几乎可以肯定的是，任何一个公正无私的法庭都会判定，奥古斯滕堡的腓特烈的继承权至少比所有竞争对手都合法，至少在1848年，这是完全成立的。不过，《伦敦条约》签订的前提就是所有继承权主张者须发表放弃声明。俄罗斯帝国沙皇亚历山大二世、奥尔登堡大公彼得二世及其他几位的放弃声明来得比较容易，但奥古斯滕堡公爵克里斯蒂安·奥古斯特一直拒绝声明放弃。为了迫使他放弃继承权，丹麦政府拒绝恢复他的私有财产，这些财产是由于他参与最近一次起义而被没收的。奥古斯滕堡公爵克里斯蒂安·奥古斯特曾经十分富有，但后来遭到流放，收入也被剥夺了。丹麦政府以此诱使他签署了一份文件，当中他承诺自己及其继承人绝不提出继承权主张。这份文件措辞怪异,并没有任何实质性的放弃声明,只是承诺不采取行动。作为回报,丹麦政府给了奥古斯滕堡公爵克里斯蒂安·奥古斯特一笔钱,但与他被没收的财产并不等值。奥托·冯·俾斯麦在法兰克福担任公使期间曾参与了迫使奥古斯滕堡公爵克里斯蒂安·奥古斯特放弃继承权一事的磋商,颇费心神,最终丹麦国王腓特烈七世和奥古斯滕堡公爵克里斯蒂安·奥古斯特都对他感恩戴德。我认为,当时的奥托·冯·俾斯麦无疑认为双方的协议是真诚的、可持续的。此后奥古斯滕堡公爵克里斯蒂安·奥古斯特便替长子奥古斯滕堡的腓特烈放弃了所有主张,但奥古斯滕堡的腓特烈并未签署协议,坚称自己不受协议约束。奥托·冯·俾斯麦当然无法认可这一点,他对这位继承人的态度从一开始就注定是不友善的。

需要指出的是,无论出于什么理由,奥古斯滕堡家族应尽之事都不该超过与丹麦政府签订的协议所提出的要求,其与丹麦之间没有恩情的牵绊。人们常说,奥古斯滕堡家族并非出卖自己的权利,因为其得到的仅仅是自己财产的一部分。但无论情况如何,奥古斯滕堡的腓特烈的诉求得到了支持:不仅是人民和议会的支持,还有以巴伐利亚国王马克西米利安二世为首的德意志各邦国的统治者们的支持。

于是,奥托·冯·俾斯麦被要求废除普鲁士认可的《伦敦条约》,支持奥古斯滕堡的腓特烈的诉求,执行法兰克福议会的政策,并在必要时派遣普鲁士军队支持奥古斯滕堡的腓特烈对抗丹麦新王克里斯蒂安九世。奥托·冯·俾斯麦完全不想照做,他得首先考虑条约对普鲁士的约束。奥托·冯·俾斯麦曾说:"我们也许会后悔签了字,但木已成舟。我们有智慧、有荣誉感,这让我们坚定不移地忠于我们订立的条约。"此外,奥托·冯·俾斯麦还考虑到,如果依照德意志人的想法行事,不仅丹麦会与他为敌,俄罗斯帝国和英国也会反对他。在狭窄的半岛上发生军事行动,强大的英国舰队将轻易击溃普鲁士军队。此外,奥托·冯·俾斯麦最关心的一点是即便普鲁士在战争中获胜,又能从中得到什么好处。"发动战争的最理想结果是确立石勒苏益格-荷尔斯泰因的新公爵，而这位新公爵会因为畏惧普鲁士的进攻，在法兰克福议会上对我们投反对票。我可不认为这符合普鲁士的利益。"

至此，奥托·冯·俾斯麦的政策已经很清晰了：他必须拒绝认可奥古斯滕堡的腓特烈的诉求，必须拒绝撕毁《伦敦条约》。然而，这并不妨碍奥托·冯·俾斯麦同时像对待丹麦先王腓特烈七世那样向丹麦新王克里斯蒂安九世施压，诱使新王克里斯蒂安九世遵循条约承诺，并在新王克里斯蒂安九世未能履约时对丹麦宣战。

此时，奥托·冯·俾斯麦头脑中甚至有了另一个想法：希望能够通过某些手段直接扩大普鲁士的版图。如果奥古斯滕堡的腓特烈的诉求得到认可，奥托·冯·俾斯麦的希望就不可能实现，因为届时石勒苏益格与荷尔斯泰因或者继续受丹麦国王克里斯蒂安九世管辖，或者由于丹麦人战败而归奥古斯滕堡的腓特烈所有。

奥托·冯·俾斯麦的政策得到了奥地利的支持。奥地利政府也参与订立了《伦敦条约》。德意志爆发的近乎革命的暴力骚乱令奥地利政府很是烦恼。得知普鲁士不会像1849年时一样充当运动领袖，而是要反对这场运动，奥地利轻松了许多。这两个近期刚刚针锋相对过的强国，此时又结成了同仇敌忾的亲密同盟。

对立双方在法兰克福议会展开争论。奥古斯滕堡的腓特烈向议会提出诉求。支持他的人们提出，由于石勒苏益格和荷尔斯泰因的继承权存在争议，在统治者最终确定之前，应派出邦联军队占领石勒苏益格与荷尔斯泰因。与此相对，奥地利和普鲁士提出，此前已经决定由邦联接管荷尔斯泰因，眼下应当立即实施。如果投票同意接管，那便是间接承认了克里斯蒂安九世的统治者地位，因为实施接管是与克里斯蒂安九世内阁相对应的。争执不下的议会最终投票表决究竟要接管还是占领。

然而，奥古斯滕堡的腓特烈在普鲁士王室中有很大影响力，这令奥托·冯·俾斯麦的处境十分尴尬。奥古斯滕堡的腓特烈是普鲁士公主的至交好友,普鲁士公主和威廉一世本人都赞同他的诉求。觊觎石勒苏益格和荷尔斯泰因爵位的奥古斯滕堡的腓特烈在发表声明之后立即来到柏林,得到了威廉一世的亲切接见。威廉一世对于受《伦敦条约》约束一事深表遗憾,但明确表示希望这一困难得到解决。奥托·冯·俾斯麦采取了不同的态度,说自己正试图劝服丹麦新王克里斯蒂安九世不要签署宪法。但令奥托·冯·俾斯麦十分厌恶的奥古斯滕堡的腓特烈表示,这徒劳无益,他仍要维持自己的诉求。

威廉一世和其他所有人一样憎恶《伦敦条约》,但他不得不同意奥托·冯·俾斯麦的观点:废除《伦敦条约》会造成危险。不过,如果普鲁士在法兰克福议会中以少数票落败,威廉一世一定很乐意接受投票结果,服从大多数人的决定,他甚至希望就此尘埃落定。奥托·冯·俾斯麦则会认为,票数不利足以成为普鲁士彻底退出邦联的理由。如果普鲁士在投票中落败,就不得不卷入奥托·冯·俾斯麦并不乐见的欧洲战争中,并成为德意志邦联里势单力孤的一支力量。与其如此,奥托·冯·俾斯麦宁可支持丹麦。"比起德意志各邦国,丹麦是更好的盟友。"奥托·冯·俾斯麦说道。在普鲁士宫廷和在法兰克福议会一样,对立双方又产生了激烈的交锋。格奥尔格·冯·芬克给威廉一世写了一封言辞恳切的长信。亚历山大·冯·施莱尼茨再次现身,依旧得到普鲁士王后奥古斯塔·玛丽·路易丝·卡特琳的支持。太子腓特烈·威廉·尼克劳斯·卡尔仍在英国,但他和妻子英国长公主维多利亚都由衷地支持奥古斯滕堡的腓特烈。

从奥托·冯·俾斯麦写给阿尔布雷希特·冯·罗恩的一封信中,不难看出他遭到了宫中反对势力的极大阻碍。

> 我从不做仓促或自私的判断,但我能感觉到,陛下反对革命的事业失败了。他的心已经归属于另一个阵营。他对敌人要比对朋友更有信心。此后一年或三十年,对我们而言无关痛痒,但对我们的后代并非如此。陛下在开会之前命我前来商讨讲话内容。我不会说太多,

部分原因是我整夜没有合眼,十分不适,而且我真的不知道该说什么。议会肯定会拒绝提供贷款,而陛下最终将与民主党联手,冒着与欧洲决裂,再遭遇一次《奥尔米茨条约》的风险。他们将共同支持奥古斯滕堡的腓特烈,建立起新的国家。发表演讲、大加斥责有什么用呢?除非有神迹,否则这场比赛我们输定了。当今世人和子孙后代都会怪罪我们。遵从上帝的旨意吧,他知道普鲁士将存在多久。但只有上帝知道,普鲁士不复存在时,我会有多么难过。

奥地利是奥托·冯·俾斯麦的唯一盟友,双方联手力量巨大,足以在法兰克福议会上凭多数票实现接管而非占领,不过该提议添加了附加条款:继位问题并不因此受到影响。

接管得以实施。1863年12月,汉诺威军队和萨克森军队占领了荷尔斯泰因。丹麦人没有抵抗,退到了艾德河北岸。1863年年末,荷尔斯泰因已被完全控制。奥古斯滕堡的腓特烈也跟随德意志军队前来,定居在这片他声称由自己统治的土地上。

接下来该怎么做?奥古斯滕堡的腓特烈希望立即推进继位一事,由法兰克福议会即刻下达决议,而后将荷尔斯泰因移交给新任公爵,同时立即占领石勒苏益格,正当地将其从"异邦篡权者"克里斯蒂安九世手中夺回。奥托·冯·俾斯麦对此置若罔闻,仍然坚持自己的策略:普鲁士应当放弃《伦敦条约》,承认克里斯蒂安九世的统治权,并要求克里斯蒂安九世这位丹麦所有领土的合法统治者废除可恶的《十一月宪法》。在这一点上,奥托·冯·俾斯麦依旧得到奥地利的支持。如果丹麦不接受这些十分克制的要求,德意志人就要进驻并占领石勒苏益格作为抵押。这样一来,奥托·冯·俾斯麦便可以随心所欲地不受《伦敦条约》束缚,因为战争会废止所有条约。

上述计划的好处在于,它使英国完全找不到介入的理由。眼下普鲁士人正独自坚守《伦敦条约》,并阻止法兰克福议会违背条约。在丹麦的诉求上,丹麦人大错特错。于是，奥托·冯·俾斯麦得到了奥地利、俄罗斯帝国，或许还有法兰西的支持，同时免于遭到英国的敌视。与他针锋相对的是德意志的民意、德意志议会、普鲁士议会，以及所有他既不畏惧也不在意的人。只要威廉一世足够坚定，奥托·冯·俾斯麦就对未来充满信心，即便他并不知道未来会发生什么。

普鲁士议会其实不会有任何作为。议会当然强烈支持奥古斯滕堡的腓特烈，并拒绝站在普鲁士的立场上看待邦国问题。奥托·冯·俾斯麦说："在你们这边，没有人敢斩钉截铁地说自己的所作所为是为了普鲁士的利益、是普鲁士人应有的行为。"议会忌惮奥托·冯·俾斯麦将石勒苏益格与荷尔斯泰因交还给丹麦的提议，拒绝视奥托·冯·俾斯麦为真正的外交大臣，反倒说他是急躁冒进的外行。这击中了奥托·冯·俾斯麦最敏感的痛点，因为他至少在这个领域是底气十足的。外交是他的专长，议会中的那些教授和空谈者能知道些什么呢？只不过是一心想操控国家的政策而已。奥托·冯·俾斯麦认为："如今，一个三百五十人组成的议会最终将无法指引一个大国的政策。"内阁请求通过军事行动贷款。奥托·冯·俾斯麦呼吁议会发扬爱国精神，但徒劳无益。议会投票同意对威廉一世呈文，抗议外交事务行为，并以二百七十五比五十一的票数否决了贷款。"如果你们不支持这笔拨款，我们就通过其他渠道获得。"奥托·冯·俾斯麦这样警告议会。于是，议会立即休会。这次会期仅持续了两个月，直到1865年1月之前议会都没有再召集。

在法兰克福议会上，奥地利和普鲁士提出了奥托·冯·俾斯麦的策略，但其他邦国希望商讨继位问题，所以拒绝采纳。普鲁士在一次分组表决中因得票较少而落败。于是，普鲁士和奥地利两大强国单独达成了协定：仍然承认丹麦王国的完整性，但要尽力迫使丹麦国王克里斯蒂安九世撤销可恶的《十一月宪法》。如果他不同意，就占领石勒苏益格。

在给威廉一世的呈文中，普鲁士议会断言，奥托·冯·俾斯麦政策的唯一结果是将石勒苏益格与荷尔斯泰因交还给丹麦。难道无人担心有这种可能吗？如果丹麦在英国的极力敦促下最终屈服，会发生什么？如果丹麦撤销了可恶的新宪法并满足了奥托·冯·俾斯麦的所有要求，普鲁士和奥地利又为什么要合作支持丹麦的领土完整并在必要时借助武力将联邦军队赶出荷尔斯泰因呢？奥托·冯·俾斯麦正是考虑到了这样的可能性，才采取了预防措施。多年后，弗里德里希·斐迪南·冯·博伊斯特对奥托·冯·俾斯麦提过这个问题。"哦，我当时并不担心，"奥托·冯·俾斯麦答道，"我完全肯定丹麦人不会屈服。我让他们相信英国会支持他们，虽然我知道事实并非如此。"奥托·冯·俾斯麦还有一个更可靠的保证：他们发给丹麦的最后通牒的那番措辞，足以让丹麦国王克里斯蒂安九世想遵从也无法遵从。奥托·冯·俾斯麦的要求是在1864年1月1日前撤销宪法。依照宪法，克里斯蒂安九世在其权力范围内无法做到这一点，必须先征得丹麦议会的同意。出于以下两点原因，议会不可能同意。其一，旧宪法下的议会已经解散，不再是合法存在；其二，时间不足，新的议会无法在1864年1月1日前召集。如果议会在1864年1月1日后召集，则当然应当以新宪法为依据，但这样一来，那份可恶的新宪法就将正式实施，这几乎意味着向普鲁士宣战。就算克里斯蒂安九世要屈服，也得有充足的时间，他必须获准召集新议会，将德意志的要求提交给议会，并要求议会宣布自我废除。英国政府仍在积极维护和平，称奥托·冯·俾斯麦让丹麦陷入了进退两难的窘境。1863年12月，身处柏林的英国特使约翰·沃德豪斯伯爵提出至少多给丹麦一点时间，但奥托·冯·俾斯麦拒绝听从他的要求。奥托·冯·俾斯麦说：

> 这些宪法问题与丹麦国王克里斯蒂安九世没有任何关系。丹麦人已经让德意志人等得太久了，不能再等了。丹麦国王克里斯蒂安九世总会发动政变的，反正他迟早都得这样做。只要民主党掌权，德意志和丹麦就不可能维持和平状态。

丹麦没有让步，而是一直指望英国伸出援手，但并没有等到。关键性的一

约翰·沃德豪斯伯爵

天过去了,奥地利与普鲁士组成联军进入荷尔斯泰因,随后在1864年2月月初开始入侵石勒苏益格。普奥联军与邦联占领军之间的关系十分微妙。两者都反对丹麦人,但都反对彼此。如果萨克森人有胆量,就会反抗普鲁士的进军。但实际上,萨克森人只是愤愤地看着普鲁士人和奥地利人的队列向北行进,入侵丹麦。

这是改造后的普鲁士军队首次在战场上接受考验。奥托·冯·俾斯麦指出,它们是在为德意志的事业与奥地利携手而战。战争一开始,奥托·冯·俾斯麦的地位便有所提高,这位大臣给了威廉一世和军队一个极好的开战理由,并让他们能够与旧时盟友并肩作战，他们自然对奥托·冯·俾斯麦更有信心了。普鲁士军队在人数和作战纪律上都占据优势，为军事作战的胜利提供了保证。丹麦人撤出在丹内维尔克边墙的首个阵地，随后德意志军队占领了整个石勒苏益格，并在修整了一段时间之后又进军日德兰，其后终于开始围攻杜佩尔强大的防御工事。这一战十分艰难。但战斗过后，1864年4月，德意志终于赢得了胜利。

与此同时，外交上的困境仍在持续。英国提议召开大会。奥托·冯·俾斯麦一直希望维持自己克制的表象，便接受了这一提议。在接受提议之前，他知道自己已经得到了一个重要的盟友。拿破仑三世对于英国政府很不满意，正是他向奥托·冯·俾斯麦提议，解决当前困境的最好办法就是将石勒苏益格与荷尔斯泰因并入普鲁士，而这正是奥托·冯·俾斯麦所希望的。"能提出来吗？"奥托·冯·俾斯麦一边不得不考虑自己在大会上应当采取的态度，另一边又怀着这样的念头。

奥托·冯·俾斯麦当然不能公开提出来，但或许可以制造一些事件，待人们一片茫然时，兼并公国的解决方案就会得到认可。首先，对于奥古斯滕堡事件在德意志人当中引发的焦躁情绪，他开始改变自己的看法。奥托·冯·俾斯麦本来一直持反对、打压的态度，如今则想让德意志人的焦躁得到随心所欲的释放，他写道：

> 事已至此，我认为在大会上与丹麦摊牌似乎更合情合理。大家共同的声音将逐渐使其他国家的人认为丹麦不可能征服石勒苏益格与荷尔斯泰因，各国将不得不考虑普鲁士政府无法明示的那些计划。

这段话的意思是：必须让英国和俄罗斯帝国相信，丹麦无法收回石勒苏益格与荷尔斯泰因，而后英俄两国就会考虑该由谁接手。奥托·冯·俾斯麦认为奥地利与奥古斯滕堡的腓特烈不共戴天，他写道："奥地利宁可让石勒苏益格与荷尔斯泰因落入我们手中，也不愿让奥古斯滕堡的腓特烈得到。"因此，奥地利和俄罗斯帝国会反对奥古斯滕堡的腓特烈成为公国统治者。那么，如果丹麦和奥古斯滕堡的腓特烈都不行，便是时候由法兰西提出让普鲁士来接管，并随之提议将石勒苏益格与荷尔斯泰因按照民族的区别相互分割。

依据自己的信条，拿破仑三世希望彻底抛开法律问题，他对于《伦敦条约》、奥古斯滕堡的腓特烈的继承权或是石勒苏益格与荷尔斯泰因的特许权力通通漠不关心。拿破仑三世想征询当地居民们的意见，让各个村庄投票决定要成为德意志还是丹麦的领土。这样一来，北部使用丹麦语的地区就将并入丹麦，而整个荷尔斯泰因及石勒苏益格的南部地区就将永远成为德意志的一部分，并优先归属于普鲁士。在奥地利政治家们的眼中，拿破仑三世的这些革命信念就是犯罪，因为照此执行下去，奥地利不仅会失去威尼西亚，整个奥地利都会土崩瓦解。

奥托·冯·俾斯麦认为仍有必要维持与奥地利的联盟关系，也对拿破仑三世那些对普鲁士十分有利的建议表示赞同，以维护与拿破仑三世的友谊。奥托·冯·俾斯麦用尽了智谋才能如此左右逢源。

衡量奥托·冯·俾斯麦的外交成就时，我们不应设想他曾误以为自己能够清楚地预见将来会发生的所有情况。他太了解各项工作的不确定因素了。譬如，没有人能够预言英国内阁斗争或下议院投票的结果。与此相同的是，不能对拿破仑三世给予的保证抱有希望。奥托·冯·俾斯麦说道：

> 我在政界工作的时间越长，对人类谋划能力的信心就越小。我凭借自己身为人的理解力来看待事件，但我一直感激上帝的帮助，这使我坚信上帝能够让我们的错误转变为对我们有利的条件。我每天都能感受到这一点，我深感羞愧。

但这一次，奥托·冯·俾斯麦的预测错了。1864年5月23日，奥托·冯·俾斯

普鲁士军队炮轰杜培尔

普鲁士军队冲进杜培尔

麦给奥地利发去一封公函，提出了两个解决方案：由奥古斯滕堡的腓特烈继位，或者由普鲁士兼并石勒苏益格与荷尔斯泰因。奥托·冯·俾斯麦称，如果承认奥古斯滕堡的腓特烈的地位，那么他倾向于第一种方案。

> ……务必要确保成立保守派政府，同时要保证石勒苏益格与荷尔斯泰因不会发生民主骚乱。

奥托·冯·俾斯麦曾在其他场合说过："不能让基尔成为下一个哥达。"毫无疑问，奥托·冯·俾斯麦预料到奥地利会否决第一种方案，而后普鲁士兼并石勒苏益格与荷尔斯泰因一事便可顺理成章被提出来讨论。如果奥地利始终如一，那么一切都能顺利进行，但此时情况发生了变化。如果奥地利政府支持奥古斯滕堡的腓特烈，便能赢得民心，这对奥地利有利，它当然愿意如此。无论如何，邦联中一个新国家的成立，更多的是增强奥地利的力量，而非削弱，因为新国家的领导者很可能和其他小国的君主一样，倾向于支持奥地利。于是，在回复奥托·冯·俾斯麦的信时，奥地利不再始终如一，而是积极提议推动奥古斯滕堡的腓特烈的诉求。"这正是我们所要建议的。"奥地利如是说。这样一来，奥托·冯·俾斯麦不得不尽其所能摆脱窘境。由于奥地利没有否决由奥古斯滕堡的腓特烈继位这一方案，奥托·冯·俾斯麦开始撤回自己提出的这一建议，他给出席大会的代表阿尔布雷希特·格拉夫·冯·伯恩斯托夫写信谈道：

> 奥地利正试图定下奥古斯滕堡的腓特烈继位一事，这样普鲁士就很难提出特殊条件了。我们不能就此同意。讨论石勒苏益格与荷尔斯泰因的统治问题时，必须特别考虑普鲁士的利益。因此在我们与奥古斯滕堡的腓特烈进行谈判、确定他和他的国家将与普鲁士形成何种关系之前，我们不能排除其他可能性。如果在大会上，奥古斯

滕堡的腓特烈继位比石勒苏益格与荷尔斯泰因分割计划遭到更强烈的反对，那么就放弃前者。

不过，奥古斯滕堡的腓特烈继位的提案最终不得不提出。仅有这一次，德意志各诸侯国表面上达成了一致。它们要求各中立国承认奥古斯滕堡的腓特烈的继承人地位。但奥托·冯·俾斯麦的提案措辞巧妙，并未承认奥古斯滕堡的腓特烈继位的合法性。奥古斯滕堡的腓特烈继位的提案理所当然被丹麦人和俄罗斯人的否决。对奥托·冯·俾斯麦而言，此时利益焦点暂时从伦敦转向了柏林。

时机到了。奥托·冯·俾斯麦必须确定自己对奥古斯滕堡的腓特烈要采取何种态度了。此前他一直避免做出不可改变的决定，认为有两种可能性仍然存在：要么在适当的情况下让奥古斯滕堡的腓特烈成为普鲁士可用之人，要么完全不与他往来。事实上，奥托·冯·俾斯麦对两种方案都持开放态度。奥托·冯·俾斯麦在外交工作中的一个显著特点，就是往往会在脑中同时保留几种不同的计划，并分别予以一定程度的实施。如果哪个计划失败了，便开始另一个。就目前事务，奥托·冯·俾斯麦打算如有可能就尽力为普鲁士夺取石勒苏益格与荷尔斯泰因。应当预见到的是，其中的困难可能难以克服。因此，奥托·冯·俾斯麦就需要考虑仅次于此的替代方案，那就是成立一个新的国家，但以一项单独的特殊协定将这个国家与普鲁士结合。普鲁士准备提出许多要求，其中有些是合理的。奥托·冯·俾斯麦认为获取基尔十分重要，因为他想建立普鲁士的海军部队。此外，奥托·冯·俾斯麦也急于开凿一条穿过荷尔斯泰因的运河，让普鲁士的船无须经过松德海峡便可到达北海。当然，奥托·冯·俾斯麦还得考虑在北部实施军事保护，这样一来，无论谁成为石勒苏益格-荷尔斯泰因的公爵，普鲁士都会获得某些军事特权及其他特权。1864年整个夏季，奥古斯滕堡的腓特烈和普鲁士当局都在就上述内容进行非正式磋商。这里我们无法详述。不过奥古斯滕堡的腓特烈似乎很乐意应允海军和军事方面的上述要求，他详细地提出了一些建议和异议，同时指出，依照宪法规定，在他正式成为公爵并得到石勒苏益格与荷尔斯泰因议会的同意之前，他无法订立有效的协定。但我认为，奥古斯滕堡的腓特烈本人忠于普鲁士并真心希望此事有令人满意的结局，这一点是毋庸置疑的。可以料到，在与奥托·冯·俾斯麦的谈判中，奥古斯滕堡的腓特烈十分谨慎，但他写给威廉一世的信则坦诚得多。如果奥托·冯·俾斯麦愿意，随时可以与奥古斯滕堡的腓特烈达成协议，但他从未让双方有机会就约定条件的具体措辞展开严肃认真的商议。奥托·冯·俾斯麦不希望被这些约定束缚，但依然维持着双方的磋商，以防有些突发事件可能迫使他接受奥古斯滕堡的腓特烈继位这一解决方案。

奥托·冯·俾斯麦个人始终对奥古斯滕堡的腓特烈感到厌恶，这对他处理公国继位问题多少有些影响。

这种敌意从何而来？就奥古斯滕堡的腓特烈的性格看来，这并不合乎情理。奥古斯滕堡的腓特烈谦逊、可敬、有教养，尽管缺乏实际能力，但他仍能在一个十分关键的时刻坚定地宣布自己的诉求，并坚决予以维护。奥托·冯·俾斯麦私下总能公平对待自己的敌人，他也承认："要是处在您的位置上，我也会有同样的做法。"奥托·冯·俾斯麦自己总说，他之所以不信任奥古斯滕堡的腓特烈，是因为他厌恶为奥古斯滕堡的腓特烈提供建议的那些人。奥古斯滕堡的腓特烈与进步党交往甚密，在他周围能够组成内阁的主要是这样一些人。他们生来是石勒苏益格或荷尔斯泰因的居民，但已在科堡[①]公爵的保护下在哥达居住多年。他们是坚定的自由党，科堡王宫正是他们所属党派在德意志的中心。他们与普鲁士的太子腓特烈·威廉·尼克劳斯·卡尔关系密切。毫无疑问，他们期盼着太子腓特烈·威廉·尼克劳斯·卡尔成为普鲁士国王时将奥托·冯·俾斯麦解职，转而由自由党执政。这些足以成为奥托·冯·俾斯麦厌恶奥古斯滕堡的腓特烈的原因，但很可能是他在刻意强调事情的这一面，因为他

---

① 此处"科堡"即萨克森-科堡-哥达公国。——译者注

想借此让威廉一世对奥古斯滕堡的腓特烈怀有偏见。如果威廉一世认可奥古斯滕堡的腓特烈的诉求，在为普鲁士夺取石勒苏益格与荷尔斯泰因一事上，威廉一世将受到束缚。

如前文所述，1863年年末，威廉一世与奥古斯滕堡的腓特烈曾有过短暂会晤，如今新一次会面已经安排好，公开提出的讨论内容是：奥古斯滕堡的腓特烈需满足哪些条件才可以让普鲁士支持他。太子腓特烈·威廉·尼克劳斯·卡尔急于帮助自己的朋友，他说服奥古斯滕堡的腓特烈前往柏林，如有可能就与威廉一世和奥托·冯·俾斯麦达成清晰的共识。但奥古斯滕堡的腓特烈不愿走这一步，他忠于普鲁士，但很不信任奥托·冯·俾斯麦，他担心如果把自己的事业毫无保留地放到普鲁士手上，奥托·冯·俾斯麦可能会背叛他。奥古斯滕堡的腓特烈的立场始终如一：他是世袭的现任公爵，只希望不受干涉地自行统治石勒苏益格与荷尔斯泰因。奥古斯滕堡的腓特烈知道如果自己不受干涉，各国会立即承认他的地位，他便能够执政。为了赢得领土，奥古斯滕堡的腓特烈向德意志寻求帮助，他并不特别在意帮助他的是普鲁士、奥地利，还是德意志邦联，但他十分理解普鲁士必然要为自己所付出的帮助获得报酬。奥古斯滕堡的腓特烈担心的是，如果与普鲁士达成任何单独的秘密协定，他将失去德意志其他邦国的支持，而后奥托·冯·俾斯麦就将有借口不践行承诺，最终奥古斯滕堡的腓特烈将孤立无援。可以说，奥古斯滕堡的腓特烈的疑心是杞人忧天，因为奥托·冯·俾斯麦不会如此背弃任何与他达成协议的人，但奥古斯滕堡的腓特烈并不了解这一点，他有充分的理由不信任奥托·冯·任俾斯麦。

1864年5月30日，奥古斯滕堡的腓特烈忧心忡忡地来到柏林。1864年5月31日晚，奥古斯滕堡的腓特烈和奥托·冯·俾斯麦进行了长时间的会面，从9时一直进行到午夜。毫无疑问，这次会面使奥托·冯·俾斯麦决定放弃奥古斯滕堡的腓特烈。从那时起，奥托·冯·俾斯麦便决意要让奥古斯滕堡的腓特烈在任何情况下都不能成功，而他自己则想要什么基本都能得到。据此，我们不难猜到发生了什么。奥托·冯·俾斯麦和奥古斯滕堡的腓特烈都讲述了会谈的情况，但很遗憾，两人在十分重要的几点上存在分歧，而那场会谈没有其他任何人在场。很显然，出于前文所述的原因，奥古斯滕堡的腓特烈由始至终都有着极大的保留。如果他能坦然把自己交到奥托·冯·俾斯麦手上，尽情享受普鲁士的慷慨，并同意奥托·冯·俾斯麦提出的条件，那无疑会是更明智的做法，但我们在前文已经解释过奥古斯滕堡的腓特烈没有这样做的原因。奥古斯滕堡的腓特烈与奥托·冯·俾斯麦谈话的主要内容是：普鲁士要求奥古斯滕堡的腓特烈交出基尔，并做出其他一些让步。奥古斯滕堡的腓特烈表示大部分要求他都很愿意允准，但没有石勒苏益格和荷尔斯泰因两地议会的许可，他无法订立任何正式的协议。离开会议室时，奥古斯滕堡的腓特烈似乎对谈话的内容相当满意，若果真如此，他就是在可悲地欺骗自己。奥古斯滕堡的腓特烈刚刚离开（那时已经是午夜时分），奥托·冯·俾斯麦就立即给圣彼得堡、巴黎和伦敦发去公函，表示他再也不想支持奥古斯滕堡的腓特烈，并要求驻各地大使照此执行。不仅如此，奥托·冯·俾斯麦还立即提出了候补人选。许多人都曾提出过对石勒苏益格和荷尔斯泰因公国的继承权，其中包括奥尔登堡大公彼得二世和俄罗斯帝国沙皇亚历山大二世。他们二人来自同一个家族的同一个分支。1864年5月月底，沙皇亚历山大二世将自己的继承权转让给奥尔登堡大公彼得二世。此时奥托·冯·俾斯麦又致信圣彼得堡，称自己也准备支持沙皇亚历山大二世。我们无须认为奥托·冯·俾斯麦有哪怕一点点想让奥尔登堡大公彼得二世成功继位的念头，但他因这次假装支持获得了两重优势。首先，奥托·冯·俾斯麦博得了沙皇亚历山大二世的欢心，防止俄罗斯帝国带来任何麻烦；其次，出现竞争对手将会无限期地推迟问题的解决。只要奥古斯滕堡的腓特烈是德意志唯一的候选继承人，那么他突然被扶上公爵之位的风险就一直存在。就像伦敦代表大会擅自决定两国的继承问题一样，到时奥托·冯·俾斯麦就无力阻止了。不过，如果尼古劳斯·腓特烈·彼得二世站出来，奥托·冯·俾斯麦就会立即提出：既然有竞争者出现，那就应当依法进行合理裁定。普鲁士不可行事不公、支持其中任何一方，以免不利于最终做出决定。不需让任何人知道，正是奥托·冯·俾斯麦诱使尼古劳斯·腓特烈·彼得二世重新提出继承权诉求。

奥托·冯·俾斯麦同时还采取了其他措施阻挠奥古斯滕堡的腓特烈愿望成真。奥托·冯·俾斯麦让普鲁士各大报纸发表了一份声明，称1864年5月31日会谈期间，奥古斯滕堡的腓特烈说他从未要求过普鲁士提供帮助，若不是因为普鲁士人，他本可以进展得很顺利。这样的说法会让威廉一世对奥古斯滕堡的腓特烈怀有强烈的偏见，而奥托·冯·俾斯麦正是想消除奥古斯滕堡的腓特烈对威廉一世和其他普鲁士人的影响。当时及后来的很长一段时间，奥古斯滕堡的腓特烈一直都在否认他说过"无须普鲁士提供帮助"这样的话，即便他可能的确在某次长时间的会谈中说过被如此解读的话。最终，奥托·冯·俾斯麦把私人商谈中的话语断章取义地公之于众，这极大地破坏了奥古斯滕堡的腓特烈与普鲁士的互信。普鲁士报界接受了奥托·冯·俾斯麦的说辞，之后很多年都没有停止过对奥古斯滕堡的腓特烈的恶意攻击。奥托·冯·俾斯麦的这一行为似乎恰恰印证了奥古斯滕堡的腓特烈前往柏林时的忧惧。

无须为奥托·冯·俾斯麦的行为寻找什么牵强的解释，最简单的就是最真实的。他安排这次会面并未怀有任何欺骗奥古斯滕堡的腓特烈的意图。他只是一直无法肯定，赞同奥古斯滕堡的腓特烈继位并与奥古斯滕堡的腓特烈单独达成协定，会不会是更明智的做法，这一切都取决于奥古斯滕堡的腓特烈的性格及其对普鲁士的态度。奥托·冯·俾斯麦对自己的识人之道很有信心，觉得私下进行一次会面是他做出判断的最佳方式。而这次会面的结果是，他觉得无法信赖奥古斯滕堡的腓特烈。奥古斯滕堡的腓特烈并非开放、自信、乐于达成"交易"，而是保守、犹豫、多疑且挑剔。奥托·冯·俾斯麦给过奥古斯滕堡的腓特烈机会，但奥古斯滕堡的腓特烈没能抓住。奥古斯滕堡的腓特烈不是一个懂得感恩的人，只是普鲁士走向伟大之路的绊脚石，因而必须清除。如今，所有外交手段都被调动起来对付奥古斯滕堡的腓特烈。他的影响力必然遭到破坏，但不是通过武力，因为他的弱小恰恰是他的力量的源泉。现在要做的是：

逐渐削弱德意志人民对奥古斯滕堡的腓特烈的关注和对他事业的热忱。这样的任务交到普鲁士报界手中恰到好处。

1864年6月月底，伦敦会议最终解散，没有得出任何结果。奥托·冯·俾斯麦得以让普鲁士正式脱离旧有的《伦敦条约》，此后他在处理丹麦事务时便不再受到约束。

又一笔赫赫战功结束了普丹战争：普鲁士军队渡过大海转移到阿尔森岛，丹麦只能认输，最终在维也纳缔结了和平协定。依据协定，丹麦必须放弃石勒苏益格、荷尔斯泰因及劳恩堡。丹麦国王克里斯蒂安九世将自己拥有的所有权利都让渡给了奥地利皇帝弗朗茨·约瑟夫一世和普鲁士国王威廉一世。至于劳恩堡，情况很简单，克里斯蒂安九世对这一公国拥有无可争议的权威。而对于石勒苏益格-荷尔斯泰因，原有的问题仍然存在。克里斯蒂安九世让渡了他的权利，但他有哪些权利呢？他只能交出属于他的那部分权利。如果奥古斯滕堡的腓特烈成为石勒苏益格-荷尔斯泰因的公爵，克里斯蒂安九世便不能交出属于奥古斯滕堡的腓特烈的权力。不过，当中还存在这样一个分歧：至今为止，石勒苏益格与荷尔斯泰因问题一直是整个欧洲的问题，但自伦敦大会后，再没有其他国家要求介入。关于石勒苏益格与荷尔斯泰因继承权的争议必须在奥地利和普鲁士之间解决。和平协定中有一条特殊条款，要求继承权问题必须由普奥两国协商决定，无须提交给法兰克福议会。

第 9 章

《加施泰因条约》

回想起以《维也纳和约》的签订而告终的一系列谈判，奥托·冯·俾斯麦总是异常喜悦。在外交事务方面，奥托·冯·俾斯麦行事相当高明，成功将石勒苏益格与荷尔斯泰因从丹麦分离出去，同时让其他国家没有任何介入的机会。他与奥地利维持了紧密的联盟关系，也百般取悦并成功讨好了沙皇亚历山大二世和拿破仑三世。最令奥托·冯·俾斯麦满足的或许是，尽管结果是整个德意志民族期望的，却是他以备受谴责的方式取得的。而分离石勒苏益格与荷尔斯泰因这一结果本身也重重地挫败了民主党和国家党。

《维也纳和约》开启了新的阶段。石勒苏益格与荷尔斯泰因已被转移到普奥联盟手中，接下来应当如何处置呢？我们已经知道，奥托·冯·俾斯麦希望普鲁士能够兼并石勒苏益格与荷尔斯泰因。如果确有必要，在普鲁士能够获取极大权益的前提下，奥托·冯·俾斯麦也愿意另外安排一位公爵治理石勒苏益格与荷尔斯泰因。如果兼并行为将触发普鲁士与某个欧洲大国的战争，奥托·冯·俾斯麦也做好了这样的准备。不过，如果必须要任命一位石勒苏益格-荷尔斯泰因公爵，奥托·冯·俾斯麦也绝不会让他既不信任也不喜欢的奥古斯滕堡的腓特烈担任。奥托·冯·俾斯麦的外交行动的真正目的是让他人将石勒苏益格与荷尔斯泰因主动送到普鲁士手上，但沙皇亚历山大二世曾经告诉过他，这不大可能。

奥托·冯·俾斯麦希望普鲁士吞并石勒苏益格与荷尔斯泰因，但希望以和平方式实现。他没有忘记自己决心与奥地利一决雌雄，但他并不想借这个事件挑起战争。然而，除非威廉一世同意相应地扩大奥地利的领土，否则奥地利拒绝同意普鲁士的吞并行动。威廉一世断然拒绝。他有一条不可动摇的原则：普鲁士王国的领土，哪怕一个村庄都不能放弃。威廉一世的自尊不容许他考虑用旧省份交换新领土。如果奥地利不愿把石勒苏益格与荷尔斯泰因交给普鲁士，那么法兰克福议会也不会愿意的，议会多数仍然倾向于支持奥古斯滕堡的腓特烈。同样，石勒苏益格与荷尔斯泰因的人民也坚决反对普鲁士的兼并方案。奥托·冯·俾斯麦的朋友和亲信曾试图发起将石勒苏益格与荷尔斯泰因并入普鲁士的请愿，但总是失败。对于合并行动，甚至就连普鲁士人民也并不十分热心。得到官方授意的普鲁士报界持续两年发表相关文章后，普鲁士人民才终于从心底里相信兼并公国是最合适的——我不能说是最体面的——解决办法。在兼并这件事上，威廉一世曾犹豫过，但自从夺取杜佩尔之后，他的征服欲就被唤醒了。威廉一世去看过那个许多普鲁士士兵为之付出生命的杜佩尔，真心希望士兵们征服的这片土地能够属于自己的国家，这是人之常情。然而，威廉一世仍觉得奥古斯滕堡的腓特烈的权利不容忽视，他和奥地利皇帝弗朗茨·约瑟夫一世讨论石勒苏益格与荷尔斯泰因事务、提起合并的话题时，便总是沉默不语、坐立不安。

奥托·冯·俾斯麦要想从心所愿，就得首先说服威廉一世，而后才可能找到机会。已经有人准备将石勒苏益格与荷尔斯泰因交给奥托·冯·俾斯麦，那就是拿破仑三世。需要注意的是，维也纳谈判一结束，奥托·冯·俾斯麦就到位于法兰西比亚里茨的度假村，在那度过了几周，并借此机会与拿破仑三世和他的大臣们进行了交流。

在经历了两年漫长的焦虑过后，此刻的奥托·冯·俾斯麦需要休息，做些改变。奥托·冯·俾斯麦觉得世上再没有比法兰西南部更舒适的地方了。他写信给妻子约翰娜·冯·普特卡默说：

比亚里茨

再次来到这里就像是一场梦，我已经觉得挺好的了。只要你们也过得很好，我就会更加高兴了。想起我在国外自由自在的日子，我觉得柏林的生活简直像是种劳役刑罚。

洗洗海水浴，做做运动，再穿越国境探个险，奥托·冯·俾斯麦就这样度过了三周。

我有很长时间都不曾感到这么舒适了，但我那可恶的工作习惯已经深植于我的本性中，让我对自己这样的懒散感到良心不安。我简直开始向往威廉大街①了，至少我亲爱的人们都在那里。

1864年11月25日，奥托·冯·俾斯麦离开"可亲的比亚里茨"并前往巴黎，发现有各式各样的政治活动在等待他。奥托·冯·俾斯麦在那里与拿破仑三世和他的大臣们又进行了一次会谈，这成为决定后来许多事务的基础。其后，奥托·冯·俾斯麦就回到了柏林继续工作。

当时奥托·冯·俾斯麦并不打算与奥地利决裂，而仍希望找到和平兼并石勒苏益格与荷尔斯泰因的途径。就如他数月之后在给普鲁士驻法兰西大使罗伯特·冯·德·戈尔茨伯爵的信中写的："我们尚未从我们与奥地利的联盟关系中得到我们能得到的所有好处。"普鲁士具有独特的优势：地处北德意志，与奥地利相比更便于掌控石勒苏益格与荷尔斯泰因，而这样的占有还将持续下去，对这里的控制力也将越来越强，任何强国都不大可能主动发动战争来驱逐普鲁士。因此，整体而言，目前奥托·冯·俾斯麦似乎想维持现状，逐渐增强普鲁士对石勒苏益格与荷尔斯泰因的控制，一直等到这两个公国自然而然并入普鲁士。然而，要采取这一政策必须先排除其他所有提出继承权的人，但这没

---

① 威廉大街是柏林的一条街道，从19世纪中叶到1945年，这里一直是德国的行政中心。因此，"威廉大街"在德国常用来代表德国政府，在英语中也常用来指代德国外交部。——译者注

罗伯特·冯·德·戈尔茨伯爵

有奥地利的同意就无法实现。此事成为普奥两国产生摩擦的起因,最终导致两国的共同所有权无法维系。

荷尔斯泰因驻扎着德意志邦联部队。部队是一年前到达的,此后再未撤离。奥古斯滕堡的腓特烈与他有名无实的王室仍居住在基尔。荷尔斯泰因还有普鲁士自己的盟友奥地利军队。所有这些都要一一除掉,而奥托·冯·俾斯麦选择从德意志邦联军队开始下手。

奥托·冯·俾斯麦采用最严格的法律条文来支撑自己的观点。当然,他一直也是这样做的。奥托·冯·俾斯麦指出,接管石勒苏益格与荷尔斯泰因要仰赖丹麦政府,而克里斯蒂安九世在这里已失去任何权威,接管行为本身也应当在事实上停止。奥托·冯·俾斯麦便写信要求奥地利与普鲁士联手向萨克森和汉诺威提出撤军要求。他已经打定主意，一旦萨克森和汉诺威拒绝要求，便强行驱逐两国的军队。汉诺威国王格奥尔格五世十分厌恶奥古斯滕堡的腓特烈，便立即同意了，但萨克森国王约翰一世拒绝了。奥托·冯·俾斯麦开始进行军事部署，萨克森人也开始武装起来，萨克森王室的珍藏也被从德累斯顿转

汉诺威国王格奥尔格五世

萨克森国王约翰一世

移到了柯尼希施泰因。奥地利支持萨克森还是普鲁士？人们就这个问题辩论了数日，最终奥地利决定在法兰克福议会上支持一项提案，宣布接管行动结束。这项动议以八比七的多数票获得通过，萨克森不得不服从。在返乡途中，萨克森军队拒绝穿过普鲁士领土。自此以后，弗里德里希·斐迪南·冯·博伊斯特和萨克森国王约翰一世必然会被奥托·冯·俾斯麦看作不共戴天的敌人。

第一个对手除掉了，接下来还有奥地利和奥古斯滕堡的腓特烈。

恰在此时，奥地利内阁发生了变化。帮助维持两国联盟的奥地利首相约翰·伯恩哈德·冯·雷希贝格下野，反普鲁士党上台，要对付奥古斯滕堡的腓特烈不再那么容易了，因为奥地利成了奥古斯滕堡的腓特烈强有力的新盟友。奥

第9章 《加施泰因条约》 | 259

亚历山大·冯·蒙斯多夫-普伊伯爵

地利新首相亚历山大·冯·蒙斯多夫-普伊伯爵在一系列冗长的公文中提出了解决石勒苏益格-荷尔斯泰因问题的方案，即普鲁士与奥地利的权利应该转让给奥古斯滕堡的腓特烈，石勒苏益格-荷尔斯泰因应当成为德意志邦联中一个独立的国家。奥地利的立场从此变得明确，但奥托·冯·俾斯麦永远不可能赞同奥地利支持的政策，因此，他还需要提出其他方案。奥托·冯·俾斯麦说，只有在普鲁士获得大量权益的情况下，才能允许这个新的邦国成立。而这样的权益包括哪些内容，需要多加考虑，还需要征询各个部门的意见。考虑这些问题需要时间，每拖延一个月，普鲁士都会得到更多好处。1865年2月，奥托·冯·俾斯麦终于提出要求：基尔应成为普鲁士港口，伦茨堡则应为普鲁士要塞；普鲁士将开凿运河，并掌握运河的所有权；邮政与电报业务及铁路运输应由普鲁士管理；军队不仅要遵守普鲁士的组织形式，也要实质上并入普鲁士军队，确保士兵宣誓效忠普鲁士国王威廉一世，而非他们自己国家的公爵；石勒苏益格与荷尔斯泰因还须加入普鲁士关税联盟，其财政体系也须融入普鲁士财政体系。奥地利不可能支持如此苛刻的提案，奥古斯滕堡的腓特烈也不可能接受。事实上，奥托·冯·俾斯麦曾告诉过太子腓特烈·威廉·尼克劳斯·卡尔，他本就不期望这些提案能被接受。一个奥地利大臣曾说："若是以这样的条件成为一国之君，那我宁愿去挖土豆。"在普鲁士上述提案正式提出时，奥地利大使阿洛伊斯·卡罗伊伯爵得到指示，斩钉截铁地否决了提案，也同时中止了相关讨论。

普鲁士和奥地利都提出了各自的解决方案，两国都拒绝考虑对方提出的建议。同时，由于邦联部队撤离，石勒苏益格与荷尔斯泰因的管理权落入了普鲁士和奥地利手中。普鲁士和奥地利都企图依照自己的意愿管理事务，以促使该问题最终以它们各自希望的方式解决：普鲁士希望合并石勒苏益格与荷尔斯泰因，奥地利则要支持奥古斯滕堡的腓特烈继承公国。奥古斯滕堡的腓特烈仍居住在基尔，地位十分奇怪：他打出公爵的名号，摆出在位的姿态，身边有类似宫廷的组织，也有几个大臣。在整个荷尔斯泰因及石勒苏益格大部分地区，他几乎毫无例外地被人们当作合法君主来对待。奥古斯滕堡的腓特烈的生日作为公众假日庆祝，人们也经常为他祈祷。奥地利人对这一切处之泰然，间接表达着他们的支持。奥托·冯·俾斯麦想把奥古斯滕堡的腓特烈赶出石勒苏益格-荷尔斯泰因，但没有奥地利的同意这不可能实现。1865年3月月底，法兰克福议会再次提起石勒苏益格-荷尔斯泰因事务。巴伐利亚和萨克森提出动议，希望奥地利和普鲁士将行政权力转移给奥古斯滕堡的腓特烈。普鲁士公使起身说道，两国尽可有此期待，但普鲁士无法满足。普鲁士公使还提议，所有继承权享有者的诉求都应当交由法兰克福议会加以考虑，这不仅包括奥古斯滕堡的腓特烈的诉求，还包括奥尔登堡大公彼得二世及勃兰登堡家族的诉求。

勃兰登堡家族的继承权诉求成为奥托·冯·俾斯麦乐于利用的新武器。没有人认为这样的诉求是合理的，它并不是被严肃提出的。但如果动议通过，法兰克福议会就要参与一场十分复杂且必定十分冗长的法理探讨。从一开始人们就知道结果将会如何，但法兰克福议会及其各委员会总是行动迟缓，奥托·冯·俾斯麦可以强硬地坚称：在议会得出决定之前，没有任何理由将管理权移交给奥古斯滕堡的腓特烈，至少在其他竞争者的诉求得到充分考虑之前，不移交管理权是完全合理的。整个过程必定要耗费数月时间，其间可能发生各种情况。与此同时，法兰克福议会将会束手无策。在法兰克福议会做出决定后，奥托·冯·俾斯麦就可以再次指出，议会不具有为任何国家确定统治者的法律权力，所以议会的决定并无意义，所有事情都将再次回到原点。奥地利支持萨克森提出的移交权力动议，该动议以九比六的多数票获得通过。普鲁士对此的回应是：将舰队从但泽派往基尔，占领基尔港。普鲁士政府要求议会投票支持建造防御工事和码头，并成立舰队，但普鲁士议会拒绝拨款。阿尔布雷希特·冯·罗恩在议会公开宣称普鲁士将保住基尔——既然已经进驻，就不打算离开。占领基尔也是对奥地利的公开挑衅。数日后，奥托·冯·俾斯麦致信普鲁士驻佛罗伦萨公使吉多·乌泽多姆伯爵，指示他试探意大利政府是否愿意与普鲁士一道向奥地利开战。这表明普鲁士占领基尔是早有预谋的。与此同时，奥托·冯·俾斯麦致信普鲁士驻法兰西大使罗伯特·冯·德·戈尔茨，想知道奥地利和法兰西是否在巴黎结成了同盟。要完全理清外交关系、以明确知道开战是否保险是需要一些时间的。奥托·冯·俾斯麦利用这段空当继续就共管原则展开磋商。奥托·冯·俾斯麦提出了一项新的建议，一项十分惊人的建议：应当召集石勒苏益格公国和荷尔斯泰因公国的议会，并与其举行谈判。这是奥托·冯·俾斯麦所有行动中最令人费解的一项，他不顾所有相关人士的反对提出了建议。所有人都警告奥托·冯·俾斯麦，如果召集石勒苏益格-荷尔斯泰因议会，议会的首要行动就是宣布确认奥古斯滕堡的腓特烈的公爵身份。有人认为是威廉一世坚持要奥托·冯·俾斯麦走这一步，但这种可能性微乎其微；还有人认为奥托·冯·俾斯麦的这一提议是故意招致奥地利的反对，因为这样一来，奥地利因支持奥古斯滕堡的腓特烈而在德意志获得的巨大势力就可能丧失。然而，奥地利顺水推舟接受了提议，此后便开始商讨石勒苏益格-荷尔斯泰因议会召集的形式。普鲁士和奥地利与石勒苏益格-荷尔斯泰因议会应当形成何种关系？这引起了一次无法解决的小争论。毫无疑问，奥托·冯·俾斯麦也不希望这个小争论得到解决。不过，奥托·冯·俾斯麦提出的条件里有这样一条：在议会召集前，奥古斯滕堡的腓特烈必须离开荷尔斯泰因。奥古斯滕堡的腓特烈当然拒绝了，因为他深知自己一旦离开，就再不可能回来。奥尔登堡大公彼得二世总是在奥托·冯·俾斯麦需要时积极响应，他亲自提出驱逐奥古斯滕堡的腓特烈。威廉一世给奥古斯滕堡的腓特烈发去一封措辞严厉的信，暗示自己对他的行为不满，告诫他应离开荷尔斯泰因。奥古斯滕堡的腓特烈的回复一如往常，他表达了自己的感激和对普鲁士的一贯忠诚，但拒绝离开荷尔斯泰因。这一态度被各大报纸广为报道。除非使用武力，否则奥古斯滕堡的腓特烈不可能离开，但奥托·冯·俾斯麦必须首先确保普鲁士的地位才敢使用武力。

1865年7月月初，诸多事件开始演化成危机。奥托·冯·俾斯麦指派了一个由普鲁士律师组成的委员会，报告各位候选继承人的继承权调查结果。后来，这份报告公之于众。正如我们所料，委员会的结论是：奥古斯滕堡的腓特烈完全没有继承权，只有实际控制石勒苏益格-荷尔斯泰因的奥地利和普鲁士握有完整权力。普鲁士律师委员会的意见即便在普鲁士也没产生多少影响，但似乎成功说服了威廉一世。在那之前，威廉一世一直担忧，一旦剥夺奥古斯滕堡的腓特烈的继承权，就夺走了一个德意志贵族应有的权利，这对威廉一世而言是一个十分严肃的问题，但如今他不必再为此感到良心不安了。从此，奥古斯滕堡的腓特烈失去了在普鲁士最后的支柱，因为他忠诚的朋友太子腓特烈·威廉·尼克劳斯·卡尔几乎丧失了全部势力。此后，奥托·冯·俾斯麦便能为了达到吞并石勒苏益格-荷尔斯泰因目的更快速地行动起来。1865年7月5日，整个荷尔斯泰因公国都在兴高采烈地庆祝奥古斯滕堡的腓特烈的生辰，威廉一世对此十分不满。其后不久,奥托·冯·俾斯麦离开柏林觐见威廉一世。当时威廉一世正在卡尔斯巴德接受一年一度的治疗。1865年7月28日,在巴伐利亚的雷根斯堡,威廉一世召集国务议事会。这可能是唯一一次某个国王在自己的领土之外做出重要决定的议事会。出席议事会的不仅有各位大臣,还有几位将军及从巴黎被特地召回的罗伯特·冯·德·戈尔茨伯爵。会议决定向奥地利下达最后通牒,主要要求是:奥地利需从奥古斯滕堡撤走所有支持奥古斯滕堡的腓特烈的力量,并立即同意将奥古斯滕堡的腓特烈驱离石勒苏益格与荷尔斯泰因。如果奥地利不同意,普鲁士将自行解决,将逮捕奥古斯滕堡的腓特烈,送他上船,带他前往东普鲁士。为了表明自己说到做到,普鲁士先是在荷尔斯泰因抓捕了几个普鲁士国民并送往柏林受审,因为他们为报纸撰写的文章表现出反对普鲁士政府的意愿。为了应对各种可能性,普鲁士向意大利发送了一份官方请求,要求意大利在战争爆发时予以支援。在做出上述决定后,威廉一世继续前往奥地利边境的加施泰因完成治疗,在奥托·冯·俾斯麦的陪伴下,在奥地利的国土上等待回音。

奥地利国内产生了意见分歧。这一年来,奥地利人对普鲁士越来越感到厌烦。奥地利武装派一直在发展壮大,许多人恨不得立即应战。假若奥地利真这样做,那本是最明智的选择——奥地利应该公开支持奥古斯滕堡的腓特烈的诉求,要求立即召集荷尔斯泰因议会。如果奥托·冯·俾斯麦把威胁的言论付诸实施,奥地利就应该领导整个德意志,为一个德意志贵族和德意志邦国的合法权利拍案而起,迎接普鲁士的挑战。

不过,有一些重大原因导致奥地利无法开战。奥地利皇帝弗朗茨·约瑟夫一世极不情愿开战,而统治者的个人感情素来与政府政策有很大关联。奥地利国内的政治与财政情况不容乐观,必须先筹集贷款,而这并不容易做到。另外,意大利也一直是个威胁。因为奥地利知道,即便不存在任何联盟关系,一旦奥地利在这一端遭到普鲁士进攻,另一端的威尼西亚便一定会被意大利进攻。克莱门斯·文策尔·冯·梅特涅之子、奥地利驻法兰西大使理查德·冯·梅

理查德·冯·梅特涅伯爵

特涅伯爵受命前去请求拿破仑三世，但得到的回答是奥地利不必指望与法兰西结盟，因此，奥地利人担心拿破仑三世可能已经与普鲁士订立了盟约。出于所有这些原因，奥地利决定尽可能达成和解。内阁成员进行了调整，其中一名新成员的古斯塔夫·布洛姆伯爵被派往加施泰因。他发现威廉一世和奥托·冯·俾斯麦并非没有达成和解的意愿。其实奥托·冯·俾斯麦对于佛罗伦萨和巴黎发来的消息也并不十分满意：他发现一切并非如他所预料的那样已准备就绪。奥托·冯·俾斯麦担心奥地利和拿破仑三世可能私下达成了某种谅解。而且如我们所见，为了得到石勒苏益格与荷尔斯泰因，奥托·冯·俾斯麦很希望避免战争发生，他虽然从未放弃某一天与奥地利开战的想法，但眼下这个开战理由实在糟透了。

> 哈伯贝尔与奥古斯滕堡的腓特烈的做法令我们很快将不得不使用武力。这会导致我们与维也纳之间的嫌隙。这并非我所愿，但奥地利让我们别无选择。

这段话是奥托·冯·俾斯麦在普奥和解数日前写下的。经过了犹豫不决的几天，双方终于达成和解，缔结了《加施泰因条约》。条约规定：放弃普奥双方对石勒苏益格与荷尔斯泰因实施共管的计划，奥地利将管辖荷尔斯泰因，而普鲁士负责石勒苏益格；双方都尽力不通过法兰克福议会商讨这一问题；劳恩堡公国将由普鲁士国王威廉一世完全接管，奥地利皇帝弗朗茨·约瑟夫一世因为放弃管辖权而得到两百万泰勒的补偿。劳恩堡是奥托·冯·俾斯麦献给威廉一世的首个新领土。心怀感激的威廉一世授予了他伯爵头衔，之后更是将这块极其宝贵的王室领土中的大片产业赠予他。后来，继任的德意志帝国皇帝威廉二世也正是以"劳恩堡"头衔为卸任的帝国首相奥托·冯·俾斯麦封爵的。

第 10 章

普奥战争爆发

　　《加施泰因条约》难以长久，那只是用来延缓冲突的权宜之计。如果奥地利皇帝弗朗茨·约瑟夫一世仍拒绝将荷尔斯泰因让给普鲁士的话，冲突终究不可避免。然而，事态发展到现在，普鲁士已获得了巨大的好处，因为这件事的结果令奥地利失去了其他德意志邦国的尊重。在那以前，奥地利的优势来自坚决支持人民的想法，支持大多数德意志人、王储和人民都认为公正的想法。然而，和普鲁士单独订立协议后，奥地利的好形象在人们心中被动摇了。这样的阵线变化令巴伐利亚尤其气恼。这个南部最重要的邦国可能很快就会站到普鲁士那一边。这是奥托·冯·俾斯麦一心向往的圆满成就，他为此一直不遗余力。

　　由于法兰西的态度比德意志各邦国的态度更重要，1865年秋，奥托·冯·俾斯麦再次来到法兰西。就如一年前一样，奥托·冯·俾斯麦去比亚里茨泡了海水浴。奥托·冯·俾斯麦选择此行很不寻常，因为拿破仑三世对《加施泰因条约》表现出显而易见的不满，并公开发表了自己的意见。在巴黎，奥托·冯·俾斯麦与法兰西外交大臣爱德华·德律安·德·吕会面后便前往拿破仑三世所在的比亚里茨，并在比亚里茨逗留了十天，一直与皇室来往密切。奥托·冯·俾斯麦给人留下了很好的印象。作家普罗斯佩·梅里美写道："（奥托·冯·俾斯麦是）一个真正的伟人，他不为情感左右、精神昂扬。"在返回途中，奥托·冯·俾斯麦经过巴黎，又一次见到了拿破仑三世，两人达成了谅解。拿破仑三世向奥托·冯·俾斯麦保证，一旦普鲁士和奥地利发生战争，法兰西将保持绝对中立。两人还商定，石勒苏益格与荷尔斯泰因并入普鲁士后，法兰西不会因普鲁士领土的增长而感到不安，而会予以支持。奥托·冯·俾斯麦甚至取得了更大的进展，他提出要对德意志宪法的部分条款进行彻底改革，使普鲁士能够全权管理北德意志，他指出：

> 要使普鲁士完成历史赋予他的使命，兼并石勒苏益格与荷尔斯泰因只是第一步。要继续完成这一使命，我们必须与法兰西维持最好的关系。在我看来，支持普鲁士履行其民族责任是符合法兰西利益的。

拿破仑三世默认了这一点。如我们所知，拿破仑三世之所以坚持"拿破仑思想"，目的就是让欧洲分裂成几大民族国家。拿破仑三世很愿意帮助德意志做出改变，就和他之前帮助意大利做出改变一样。双方都赞成，应当先允许事态顺其自然地发展，待时机成熟，要达成某些明确的协定就易如反掌了。

然而，这并不是全部。拿破仑三世为普鲁士提供如此宝贵的帮助却不要任何回报，那是不可能的。我们已经了解，对于因同情他国而牺牲自己国家利益的政治家，奥托·冯·俾斯麦有着怎样的看法。在北德意志建立一个强大的统一国家并不符合法兰西的利益，法兰西的威势一直都建立在德意志分裂而弱小的基础上。即便是宽宏大量、见多识广的拿破仑三世本人愿意做出牺牲，法兰西人也不会同意。拿破仑三世知道，奥托·冯·俾斯麦也知道，拿破仑三世不能无视国民的想法。拿破仑三世的权力来自普选、来自他的名声，他无法像威廉一世那样直面人民的不满，因此，法兰西必须得到一些补偿。会是什么补偿？要达成如此亲密的特殊谅解，需要满足什么条件？我们无从知晓双方具体说了些什么，但我们能确定的是，奥托·冯·俾斯麦让拿破仑三世和他的大

爱德华·德律安·德·吕

臣们都相信,普鲁士将支持法兰西扩张领土。奥托·冯·俾斯麦明确表示威廉一世绝不会放弃普鲁士的任何一个村庄,可能还说了普鲁士不会容许法兰西得到任何德意志领土。因此,法兰西必须向使用法语的人们寻求补偿。法兰西外交大臣爱德华·德律安·德·吕曾说"奥托·冯·俾斯麦提出给予我们各种不属于他的东西"。这或许有些夸张了,但拿破仑三世后来也强调,奥托·冯·俾斯麦对他们承诺了各种补偿。双方没有订立书面合约,问题将留待进一步谈判,但他们口头上达成了协议,双方都认为这是有约束力的。这次会面类似加富尔伯爵卡米洛·奔索与拿破仑三世的普隆比埃会晤,但比起加富尔伯爵卡米

意大利国王维克托·埃马努埃莱二世

洛·奔索,奥托·冯·俾斯麦有所进步。奥托·冯·俾斯麦要求的不多,只要法兰西保持中立,也不要求威廉一世像意大利国王维克托·埃马努埃莱二世^①那样交出政府的原有财产。

大西洋的风让奥托·冯·俾斯麦恢复了健康,成功也令他振奋起来,他精神焕发地回到了柏林。现在,奥托·冯·俾斯麦要做的第一件事就是确保意大

---

① 维克托·埃马努埃莱二世,1849年至1861年任撒丁王国国王,1861年成为意大利统一后首任国王,被意大利人尊称为"国父"。——译者注

利能提供帮助。奥托·冯·俾斯麦在巴黎见过了意大利驻法兰西大使科斯坦蒂诺·尼格拉，并告诉科斯坦蒂诺·尼格拉战争将不可避免，希望能够仰赖与意大利的联盟关系。但有件事仍令奥托·冯·俾斯麦十分焦虑，因为意大利可能最终与奥地利达成协议。

此时，普、奥、法、意四国之间的关系十分引人注目，它们的焦点是威尼西亚。若不能把这一省份收入囊中，新成立的意大利王国绝不会善罢甘休。拿破仑三世在道义上必须践行承诺，"解放整个意大利直至亚得里亚海"。如果他做不到，那么他的王位、他儿子的王位都将难保。奥地利与普鲁士开战显然将给拿破仑三世带来绝佳的机会，因此，他用尽全力阻止这两个德意志强国达成和解。拿破仑三世十分担忧奥地利会与普鲁士达成协议：奥地利同意将石勒苏益格与荷尔斯泰因拱手让给普鲁士；作为回报，普鲁士则会承诺向奥地利奉上其所拥有的意大利领土。奥托·冯·俾斯麦前往比亚里茨拜会拿破仑三世时，法兰西皇帝的第一个问题是："你向奥地利保证它会得到威尼西亚吗？"正是因为担忧这一问题，拿破仑三世对于《加施泰因条约》很气恼。然而，奥托·冯·俾斯麦自己也有要担心的事。奥地利总是有可能不与普鲁士达成和解，而选择与另一方结盟；奥地利可能交出威尼西亚，为自己在德意志战争中获得法兰西和意大利的支持。而现实的情况是：奥地利随时可能受到意大利和普鲁士的攻击，但它可能无力同时抵抗两国的进攻。一位明智的政治家可能早已和其中一方或另一方达成协议：要么向意大利交出威尼西亚，反正那是奥地利的弱点所在；要么与普鲁士就石勒苏益格与荷尔斯泰因及德意志问题达成协议，从而获得普鲁士的支持，对抗意大利。当心高气傲的奥地利外交大臣亚历山大·冯·蒙斯多夫-普伊伯爵和奥地利的武装派终于愿意做出让步时，一切都已经太迟了。

不过，由于一直担忧奥地利可能与某一敌方达成协议，普鲁士与意大利迟迟未能结盟。意大利人不信任奥托·冯·俾斯麦，担心如果与他订立合约，就会把意大利卷入战争中，而后他就会像在加施泰因那样，再与奥地利言归于好。

奥托·冯·俾斯麦也不信任意大利人,他担心意大利人和拿破仑三世可能在最后一刻把威尼西亚抢走,转而提出把普鲁士的某个省份交给奥地利,这曾险些发生。而且奥托·冯·俾斯麦也不能相信拿破仑三世的任何承诺,因为拿破仑三世一直受到两方面的牵制。拿破仑三世自己的政策和偏好会引领他与普鲁士结盟,但实力逐年增强、且得到欧仁妮皇后支持的天主教集团希望拿破仑三世能够支持天主教的力量。结果,从法兰西归来后的奥托·冯·俾斯麦没有

欧仁妮皇后

哪一天能够完全心安地认为自己不会与由奥地利、法兰西和意大利组成的三国同盟对峙；奥地利人则认为普鲁士、法兰西和意大利会结成类似的同盟，令奥地利受害；法兰西则一直担心德意志的两个大国——奥地利与普鲁士会相互结盟。

奥托·冯·俾斯麦采取的第一步措施是完善并确定了与意大利签订的一份贸易协定。1866年1月月初，威廉一世授予维克托·埃马努埃莱二世黑鹰勋章①，奥托·冯·俾斯麦也利用自己的影响力劝诱巴伐利亚王国加入该贸易协定并承认意大利王国合法。1866年1月13日，奥托·冯·俾斯麦致信普鲁士驻佛

黑鹰勋章

---

① 黑鹰勋章是普鲁士王国最高级别的骑士勋章，由普鲁士国王腓特烈一世于1701年1月17日创立。——译者注

罗伦萨公使吉多·乌泽多姆伯爵,称德意志的最终决定将受到意大利行为的影响。奥托·冯·俾斯麦暗示道,如果意大利无法提供有力的支持,那么和平局面将继续维持。奥托·冯·俾斯麦希望通过这种方式迫使意大利与普鲁士结盟。

石勒苏益格与荷尔斯泰因事件给了奥托·冯·俾斯麦机会,使他有充分的理由对奥地利抱持敌对态度。奥地利驻荷尔斯泰因新总督安东·冯·加布伦茨仍在支持奥古斯滕堡的腓特烈兴风作浪。原本有许多人认为,奥地利将把荷尔斯泰因作为奥地利的一部分来治理,但奥地利没有这样做。奥地利对荷尔斯泰因的管理经过刻意的设计,仿佛是奥古斯滕堡的腓特烈委托奥地利代为管理。这里不征收赋税,报界拥有完全的自由;当普鲁士人在石勒苏益格越来越不得民心时,奥地利人则以他们的宽厚赢得了荷尔斯泰因民众的喜爱。1866年1月月底,奥地利甚至允许在阿尔托纳召开群众集会,有超过四千人参加,这给威廉一世留下了极坏的印象。奥地利方面任何冒犯威廉一世的行为,对于奥托·冯·俾斯麦都是极其有利的。当时的法兰西驻普鲁士大使文森特·贝内代蒂写道:"奥托·冯·俾斯麦正尽全力利用自己的观点和想法来影响威廉一世。"到了1866年1月月底,奥托·冯·俾斯麦认为自己已经有充分的把握严正抗议奥地利在荷尔斯泰因的行为,便向奥地利当局质问道:"为什么奥地利背弃了我们为对抗革命这个共同敌人而结成的联盟?"奥地利针锋相对,蛮横地拒绝奥托·冯·俾斯麦在荷尔斯泰因的治理问题上发表意见。有人给奥托·冯·俾斯麦读了奥地利发来的公函,他听后简短地答道:"我们的关系还和丹麦战争前一样,没有更糟,也没有更好。"奥托·冯·俾斯麦没有回复奥地利的这封公函,也不再与它讨论石勒苏益格与荷尔斯泰因公国的事务。

这对于奥地利是充分的警告。奥地利也深解其意,认为这表明普鲁士有意发动战争,便从这一天起开始悄悄准备。奥地利一旦这样做,就落入了奥托·冯·俾斯麦预先设好的圈套。由于军队组织出色,普鲁士可以在两周到三

文森特·贝内代蒂

周的时间内做好开战的准备,比奥地利需要的时间短得多,因此,奥地利要确保自身的安全,就必须抢先武装起来。一旦奥地利抢先武装,普鲁士政府就完全可以无辜地提出抗议,指出普鲁士尚未动用一兵一卒,其后便可开始调兵遣将,因为这显然不是为了主动出击,而是为了实实在在地保护本国不受无缘无故的攻击。在1866年2月22日的一份会议纪要中,陆军总参谋长赫尔穆特·卡尔·贝恩哈特·冯·毛奇写道:出于政治上的原因,目前最好暂不调遣军队,这样就能使奥地利背负责任。当时奥地利在波希米亚驻扎了十万士兵，但只要兵力不足十五万或二十万，奥地利都不可能对普鲁士发起任何攻击性行动。要集结这么多兵力至少需要六周时间，而这样的准备活动是无法隐藏的。1866年2月28日，柏林召开了一次大议事会。奥托·冯·俾斯麦说道："我们与奥地利的战争迟早要发生。比起任由奥地利选择对他最有利的时机，我们在目前极其有利的条件下开战是比较明智的做法。"奥托·冯·俾斯麦解释道，双方的决裂已是既成事实，在他上一次与奥地利大使阿洛伊斯·卡罗伊伯爵的会面中便已成定局。奥托·冯·俾斯麦得到多数大臣的支持。威廉一世虽然认为理应通过战争彻底解决石勒苏益格-荷尔斯泰因问题，但仍希望维持和平状态。普鲁士开始努力推进与他国结盟。威廉一世写了一封亲笔信给拿破仑三世，称双方达成特殊协议的时候已经到来。普鲁士驻法兰西大使罗伯特·冯·德·戈尔茨伯爵与威廉一世就法兰西获得补偿一事进行了详尽的探讨。拿破仑三世没有要求普鲁士做出任何确定的承诺，但提出将部分德意志领土并入法兰西。拿破仑三世得到的回复是：普鲁士不会放弃任何德意志领土，但如果法兰西夺取比利时的部分领土，普鲁士的国境就必须扩张到马斯河，也就是比利时的东北部。

  双方还是没有达成明确的协议，但拿破仑三世的中立倾向似乎已经确定了。意大利方面困难较多，因为普鲁士需要与意大利结成有效同盟，而意大利人仍旧担心遭到欺骗。普鲁士方面决定派赫尔穆特·卡尔·贝恩哈特·冯·毛奇前往佛罗伦萨安排事务，但这并无必要，因为维克托·埃马努埃莱二世已经派将军朱塞佩·戈沃内前往，名义上是为了获得新军事装备的相关信息，但其后三周时间，朱塞佩·戈沃内和意大利大使巴雷尔一直都在讨论协议的具体条款。当然，奥地利方面对于眼下发生的一切并非一无所知。

  普鲁士与意大利的一系列谈判在普奥意三国间引发了强烈的不满。奥地利实际上并未调遣军队，只是缓慢而谨慎地展开初步的准备。奥地利向柏林发去一封公函，指控普鲁士人蓄意破坏《加施泰因条约》，又向德意志各邦国发

赫尔穆特·卡尔·贝恩哈特·冯·毛奇

朱塞佩·戈沃内

去公函，争取它们的支持。奥地利大使阿洛伊斯·卡罗伊伯爵找到奥托·冯·俾斯麦，向他保证奥地利的军事准备完全是防御性的，并直截了当地问道，普鲁士是不是打算撕毁协议。阿洛伊斯·卡罗伊得到的回答当然是一句简单的"不"，但据柏林的小道消息称，奥托·冯·俾斯麦接着说："就算我真有此打算，您也别觉得我该告诉您。"1866年3月24日，一封公函发到了德意志各邦国公使的手上，各邦国开始注意到奥地利的军事准备活动，大家都认为这样的准备毫无理由。"鉴于奥地利如此赤裸裸的侵犯，普鲁士也必须武装起来。"但这只是个托词，从赫尔穆特·卡尔·贝恩哈特·冯·毛奇于同一天写下的一份机密文件便可知晓。文件中谈道，此前奥地利的所有军事部署完全是防御性的，尚未有任何主动攻击的迹象。1866年3月26日，普鲁士议事会召开会议，发出调遣部分军队的命令，但过了一段时间后该命令才得以执行。

经过这持续数周的情绪起伏，奥托·冯·俾斯麦的健康又亮起了红灯。实际上，除了他自己，几乎没有人希望战争再次爆发了。威廉一世仍在把握一切机会维持和平状态；英国一如既往地开始提出调停建议；奥托·冯·俾斯麦埋怨道，所有普鲁士外交官都反对他的开战计划。奥托·冯·俾斯麦明确告诉意大利人，最终结果取决于意大利。如果意大利人不签订协议，便不会发生战争。制定协议条款的最大困难在于确定由哪一方作为发起方。普意双方仍旧没有打消一直以来的疑虑：他们都觉得如果由自己发起协议，便会被对方背弃。这样的疑虑并不公平，因为双方都有诚实公正的人士。1866年4月9日，普意协议最终签订，主要内容是：在此后三个月内，如果普鲁士与奥地利开战，则意大利也将立即宣战；任何一方不得单独停战；普鲁士将持续作战，直至奥地利交出威尼西亚。就在协议签订当天，奥托·冯·俾斯麦回复奥地利的一封公函坚称无意进攻奥地利。但在私人谈话中，奥托·冯·俾斯麦则坦白得多。他对法兰西大使文森特·贝内代蒂说："我终于成功地让普鲁士国王下定决心，打破与奥地利的亲密关系，与意大利订立了盟约，并同意与法兰西签订协议。我为这样的结果感到自豪。"

此时突然出现了新的阻碍。1866年4月18日，奥地利人发来信函，提议双方解除武装。普鲁士延迟多日才回复。据柏林方面称，奥托·冯·俾斯麦与威廉一世的意见相左。奥托·冯·俾斯麦向法兰西大使文森特·贝内代蒂抱怨威廉一世摇摆不定。给奥地利发去回复就意味着接受了解除武装原则，但奥托·冯·俾斯麦夸口称，自己接受这一原则是因为它几乎无法付诸实施。

威廉一世很不情愿开战，这给奥托·冯·俾斯麦带来了许多麻烦，他必须尽其所能说服威廉一世。当时他写下的这些文字，现在读来非常有趣。

> 我可以真诚地告诉您，无论您在和平与战争之间如何决定，我都不愿意影响或压制您在这一事件上的仁慈之心。对这一情况，我只信任上帝，任陛下随自己的心意向着有益于国家的方向前进。我所能做的就是祈祷，而不是建议。

随后，奥托·冯·俾斯麦再次向威廉一世提出了自己无可辩驳的主战观点。

我们不必觉得奥托·冯·俾斯麦的这封信不过是为了获得威廉一世的同意而使出的狡猾伎俩，因为这封信的字里行间都透露了他最深刻的感情、最真实的个性。奥托·冯·俾斯麦不是拿破仑三世，他确定了必须发动战争，但并未随心所欲地采取可怕的专制行为，更不会为了个人的野心而命令成千上万的将士赴死，或是让自己的国家毁于一旦。奥托·冯·俾斯麦的优点在于，他从来没有忘记，他不是在为自己，而是为了他人在工作。在深谋远虑的策划者与机敏睿智的谋略家形象背后，奥托·冯·俾斯麦仍保留着年少时最纯真的正直。奥托·冯·俾斯麦可能偶尔会抱怨威廉一世不愿听从建议，带来许多麻烦，但他自己也觉得有义务向威廉一世提出、解释、证明自己的策略，这恰恰是他力量的源泉。

然而，后来传来的消息打消了所有顾虑。各大报纸都在广泛报道意大利

朱塞佩·加里波第

开始调兵遣将,意大利名将朱塞佩·加里波第的一支军队穿越了边境线。这则消息似乎并不准确,我们无从知晓它从何而来。阿尔布雷希特·冯·罗恩得知消息后惊呼:"意大利人武装起来了,那么奥地利人就不可能解除武装了。"他说对了。奥地利政府向柏林发去消息,表示会从波希米亚撤回驻扎在北方的部分军队,但所有南方军队必须立即进入战备状态。普鲁士拒绝接受这一请求,普鲁士军队调令就此发出。

一旦奥地利开始调兵,战争便在所难免。然而,以奥地利当时的财政状况,根本无法维持军队在战争状态下运转。不过,又过了六周,战争终于正式打响了。

如前文所见，奥托·冯·俾斯麦若与奥地利开战，则由始至终、方方面面都需要顾及上述复杂因素以方便作战。奥托·冯·俾斯麦不是为了石勒苏益格与荷尔斯泰因而战，而是为了德意志邦联的变革而战。

1866年3月，奥托·冯·俾斯麦告诉意大利人，荷尔斯泰因问题不足以引发战争。普鲁士计划促成邦联的变革，而这将耗时数月。奥托·冯·俾斯麦希望在获得其他优势之余，至少还能得到巴伐利亚的支持，因为他心中设想的方案——尽管此时他似乎还没有十分明确的计划——是整个北德意志地区能够与普鲁士紧密结合，南部各国则以巴伐利亚为首，形成一个单独的联盟。奥托·冯·俾斯麦始终表示，巴伐利亚是普鲁士的天然盟友，即便身在法兰克福期间他也持同样观点。在一场大战中，巴伐利亚的大规模军队绝不会是无足轻重的。

1866年4月月初，奥托·冯·俾斯麦指示他在法兰克福议会的公使卡尔·弗里德里希·冯·萨维尼提议：考虑在德意志邦联宪法许可范围内进行改革。这一提议非常出人意料。各国君主关系的具体变化没有提及，但要通过普选和直接选举选出一个议会，协助管理德意志共同事务。人们对于这个提案的十分困惑与惊诧。这位掌权的奥托·冯·俾斯麦先生捍卫君主政府、敌视议会与民主，如今却主动接受德意志激进分子的极端要求？需要注意的是，此时的普选并不仅仅被视为纯粹的投票制度——那是某种原则，是革命的基本原则，意味着人民拥有最高权力。那是1848年法兰西共和国的基石，是1849年德意志宪法的一部分，也是当时的普鲁士国王腓特烈·威廉四世拒绝接受宪法的重要原因。改革提案广受诟病。奥托·冯·俾斯麦的本意可能是为了争取自由党人，但如果真这么想，那他恐怕要失望了。自由党人并不会因为如此突兀而惊人的变化就信任他，相反还会更加怀疑他。德意志国家党就断言："一个藐视本国法律的政府却提出邦联改革计划，这可无法获得德意志人民的信任。"海因里希·冯·济贝尔等温和自由派人士始终反对普选制，英国政治家们也被惊动了。1864年，英国的反对党领袖本杰明·迪斯雷利悄悄实现了飞跃。而今天，一位普鲁士政治家在一个尚未习惯代议机制自然运作的国家却做出了大胆得多的飞跃。奥托·冯·俾斯麦没有得到自由党人的支持，也失去了故友们的信任，只有拿破仑三世对普法两国体制趋同表示赞赏。

人们确实有充分的理由不信任奥托·冯·俾斯麦。普选制并不仅仅表示民主，它还是拿破仑三世建立法兰西帝国的基础，正是拿破仑三世表明人民的呼声可能成为专制统治的工具。人们的各种疑虑卷土重来，他们从奥托·冯·俾斯麦频频造访法兰西的行为中看出了新的内涵。无论在外交事务还是国内事务上，拿破仑三世都收获了一名高足。这一切都不过是民主制君主政体的表现，是波拿巴主义。多年前路德维希·弗雷德里克·利奥波德·冯·格拉赫曾预言的改变，如今似乎见到了成效，无怪乎与英国关系紧密的汉诺威国王格奥尔格五世也开始觉得头顶上的王冠不再稳固了。

提出改革的真相是什么？奥托·冯·俾斯麦是出于什么动机？奥托·冯·俾斯麦本人的解释也许是最真实的：他希望通过普选形成一个保守派的君主议会，争取的对象既有受过良好教育的自由派中产阶级，也有农民和工匠。我们不要忘记，奥托·冯·俾斯麦时常对普鲁士下议院说，下议院不是真正的人民代表。

> 我认为直接选举与普选要比任何人为制造的选举法更能支持保守派的行动。在一个有着君主政治传统和高度爱国精神的国家，间接选举和阶级选举等人为操纵的体制更危险。现有的普选制摆脱了资产阶级自由派的影响，促成了君主制选举的实现。

奥托·冯·俾斯麦心中一直怀揣着一个朦胧的理想，希望威廉一世——这个国家的君主得到万民的拥戴。奥托·冯·俾斯麦确实希望最贫困者都能得到幸福，他认为这样的人比中产阶级更懂得感恩、更愿意付出信任。我们都知道奥托·冯·俾斯麦错了，因为德意志的普选制意在制造社会民主主义者和

斐迪南·拉萨尔

教皇绝对权力主义者,是要把议会的权力转移到比普鲁士议会的自由党人更危险的反对者手上。也许最应对普选制负责的是全德工人联合会的伟大创始人斐迪南·拉萨尔。奥托·冯·俾斯麦饶有兴味地观察着斐迪南·拉萨尔的事业发展,十分钦佩他的组织能力,认为斐迪南·拉萨尔在国内事务与民众管理方面表现出来的才干和胆量与自己在外交事务上的表现颇有几分相似。斐迪南·拉萨尔是伟大的政治活动家,而奥托·冯·俾斯麦已经明白,一个不只要成为外交家,更要成为政治家和统治者的人,必须要会一点煽动技巧,这个从斐迪南·拉萨尔身上就能学到许多。我们发现,在1864年的信中,斐迪南·拉萨尔曾明确提及之前与奥托·冯·俾斯麦的某次谈话:"首先我要责怪自己,昨天我忘了叮嘱你,必须让所有德意志人都拥有当选的权利。这是一种重要的权

第10章 普奥战争爆发 | 283

力手段，是德意志在道德上的胜利。"很显然，双方进行了长时间的探讨。斐迪南·拉萨尔说服了首相大人采取普选制。双方的书信往来没有间断，两人讨论了选举体制及阻止投票弃权的方法。斐迪南·拉萨尔声称他的办法百试百灵。

  我们还可以这样说，后来的事件证明，采取普选制在某些方面体现了奥托·冯·俾斯麦国内政策的特点。阿尔布雷希特·冯·罗恩曾经抗议奥托·冯·俾斯麦总是心血来潮，总有难以预料的决定。在外交政策上，原本大胆果断的奥托·冯·俾斯麦却总是小心谨慎。他认为这正是自己成功的原因。奥托·冯·俾斯麦可以在时机到来时便出手，但只有对形势进行了全面的考量后才会这样做。如果没有把握获胜，奥托·冯·俾斯麦就不会发动战争，绝不把任何事交由机遇或好运来决定。但奥托·冯·俾斯麦在内政方面就没有那么谨慎了，他并未厘清自己的境况，也夸大了自己的影响力。此外，奥托·冯·俾斯麦放弃了自己年轻时遵循的相对简单的保守派策略，成了一名机会主义者，开始愿意通过提出某些重大措施的方式以赢得某个党派的支持，即便解决某种暂时的突发情况可能需要牺牲自己国家的利益。奥托·冯·俾斯麦的确把自己外交生涯中形成的习惯带到了内政中。但在外交上，所有联盟关系都是暂时的，一旦时势变化，联盟便终止，也不会留下什么永久性的影响。奥托·冯·俾斯麦尝试借助一系列政治联盟来治理德意志，但政府与党派的联盟不可能像外交联盟一样不产生任何后果，此类联盟形成的法律会持续存在。有时，奥托·冯·俾斯麦更多地考虑联盟带来的益处，却忽视了法律会造成永久性影响。

  即便奥托·冯·俾斯麦提出了普选，双方仍迟迟没有开战。召开代表会议的多次努力都遭遇失败。和1859年时一样，奥地利拒绝让步，这导致会议最终流产。拿破仑三世策划着阴谋诡计，甚至到最后一刻都在试图打破意大利与普鲁士的联盟。奥托·冯·俾斯麦要在德意志推动一场兄弟相残般的战争，这引起了德意志人的极端愤慨。他总是收到恐吓信，也的确有人企图暗杀他。奥托·冯·俾斯麦走在菩提树下大街时，有位年轻人靠近，朝他开了几枪。奥托·冯·俾斯麦抓住了暗杀者。从那晚开始，年轻人便在监狱中度过了余生。

奥托·冯·俾斯麦遭枪击

暗杀者来自德意志南部，希望把国家从内战的恐怖中拯救出来。当时一切已准备就绪，赫尔穆特·卡尔·贝恩哈特·冯·毛奇急不可耐地要发动战争。奥托·冯·俾斯麦犹豫不决、十分谨慎，不愿迈出第一步。终于，如他所愿，奥地利发出了挑衅。奥托·冯·俾斯麦已经料到，只要耐心等待，奥地利总会主动出击。奥地利方面提出召集荷尔斯泰因议会，又在法兰克福议会上提出石勒苏益格与荷尔斯泰因的问题。奥托·冯·俾斯麦宣称，这违背了《加施泰因条约》，双方协议从此失效。随后普鲁士军队接到命令，进驻荷尔斯泰因。奥地利向法兰克福议会寻求保护，提出调动邦联武装力量的动议，并以九比七的票数获得通过。接着普鲁士公使卡尔·弗里德里希·冯·萨维尼起身宣布，这违背了邦联法律，普鲁士将退出邦联，并向所有支持奥地利的邦国宣战。汉诺威和黑森始终力图维持中立，但奥托·冯·俾斯麦不容许两国中立：要么与普鲁士结盟，要么裁减军备。最终，战争爆发时，除了北方的几个小国，整个德意志都与普鲁士针锋相对。威廉一世说："除了梅克伦堡大公腓特烈·弗朗茨二世和朱塞佩·马志尼，我已经没有盟友了。"

第 11 章

征服德意志

奥托·冯·俾斯麦从不参与军队管理。军队一直由威廉一世把持，他亲自担任统帅，在所有军事问题上征求战争大臣和参谋长的意见。尽管奥托·冯·俾斯麦在普鲁士的权势已经登峰造极、影响力已经很大，不过，一旦涉及技术与军事事务，他便再无威势可言。奥托·冯·俾斯麦对于这样的限制感到气恼，甚至曾在一场战役中迫不及待地要提出建议。奥托·冯·俾斯麦骨子里是一个军人，他宁愿自己上阵杀敌。不过，他至少还能和威廉一世一同出现在战场上，目睹这场战役的一部分。

1866年6月30日，奥托·冯·俾斯麦与威廉一世一同离开柏林，加入波希米亚驻军。当时已经传来了汉诺威投降的消息。整个德意志西北部在一周之内被攻取，普鲁士的侧翼安全了。普鲁士的胜利很快见到了成效：人们对奥托·冯·俾斯麦的厌恶不复存在。捷报夜夜传来，人们聚在一起，为首相奥托·冯·俾斯麦欢呼喝彩。

1866年7月1日，威廉一世和随从们与军队会合，恰好赶上一场具有决定意义的战役。1866年7月2日午夜，奥地利人准备在克尼格雷茨附近发动战役，易北河就在后方。1866年7月3日清晨，威廉一世与首相奥托·冯·俾斯麦、战争大臣阿尔布雷希特·冯·罗恩和总参谋长赫尔穆特·卡尔·贝恩哈特·冯·毛奇骑马来到杜布山，事先找好位置，因为在那里就能尽览这场德意志历史上

威廉一世和随从们与军队会合

威廉一世来到杜布山

的重要战役。经过了一百多年,他们终于要在这里完成腓特烈大帝未竟的事业了。这场战役耗时长、变数多,威廉一世眼看着弗雷德里克·卡尔亲王的部队在进攻奥地利军队时面对对方强大的炮火竟无法前进,只能等着千里之外的太子腓特烈·威廉·尼克劳斯·卡尔率军进攻奥地利军队的右翼。数小时过去了,太子腓特烈·威廉·尼克劳斯·卡尔依然没有出现。如果继续拖延下去,这场进攻就会失败,普鲁士将输掉这场战役。不难想象奥托·冯·俾斯麦在这场危机中的所思所想:他的地位、名誉,乃至性命,全都压在这场战役上了。奥托·冯·俾斯麦为了这场凝聚在数小时里的战斗奉献了毕生大部分精

弗雷德里克·卡尔亲王

力,现在却无计可施。成功还是失败,他无法左右。对于这位政治家而言,这是最残酷的一次考验:只能看着自己的完美计划因为将领们的失误而毁于一旦。奥托·冯·俾斯麦常常焦虑地望着赫尔穆特·卡尔·贝恩哈特·冯·毛奇的脸,想从他脸上读出战斗的最终结果。威廉一世也越发紧张起来。终于,奥托·冯·俾斯麦再也坐不住了,他骑马赶到赫尔穆特·卡尔·贝恩哈特·冯·毛奇跟前,取出一盒雪茄献上。赫尔穆特·卡尔·贝恩哈特·冯·毛奇仔细端详着雪茄,挑出其中最好的一根。"于是,我知道了,情况还不算糟。"讲起这段故事,奥托·冯·俾斯麦是这样说的。1866年7月3日14时后,太子腓特烈·威廉·尼克劳斯·卡尔部队的加农炮终于投入了战斗,奥地利军队两面受敌,溃不成军。

阿尔布雷希特·冯·罗恩说:"这次是勇敢的掷弹兵拯救了我们。"的确如此,若不是阿尔布雷希特·冯·罗恩和威廉一世造就了这支强大的军队,就算赫尔穆特·卡尔·贝恩哈特·冯·毛奇和奥托·冯·俾斯麦天赋异禀,也是无济于事。奥托·冯·俾斯麦写信给妻子约翰娜·冯·普特卡默说道:

> 真该亲吻我们的将士们。他们每一个都视死如归、沉静而顺从。他们饿着肚子、衣服湿透、睡得极少,军靴的鞋底都脱落了,但对谁都亲切友好。他们没有烧杀抢掠,付得起多少钱就付多少钱,即便只能啃发霉的面包。我们的将士们心中一定怀着某种深深的虔诚,否则他们断断做不到这样。

奥托·冯·俾斯麦后来常常谈起的将士精神,在这些例证中得到了实实在在的体现,他可能为这些事例感到很骄傲。奥托·冯·俾斯麦的言论真实地展现了普鲁士人民的忠诚和德意志农民单纯的信念,他以这些例子在议会中反驳自由党人的新怀疑论。奥托·冯·俾斯麦总是尽其所能地走到伤员中去。他曾说威廉一世时常望着战场上伤员们的眼睛,这样就再也不会想要贸然发

普鲁士骑兵与奥地利骑兵交战

克尼格雷茨战场上的死难者

动非正义的或非必要的战争。在这一点上，奥托·冯·俾斯麦与威廉一世深有同感。奥托·冯·俾斯麦写信要家里让家里人寄来雪茄，好散发给伤员们。他亲身经历着作战的艰苦，条件恶劣的波希米亚农村没有多少食物，甚至没有什么遮风挡雨的地方。奥托·冯·俾斯麦竭尽所能让自己在路边的粪堆上平静入睡，直到梅克伦堡大公腓特烈·弗朗茨二世把他唤醒。梅克伦堡大公腓特烈·弗朗茨二世的营房可舒适多了。

这样的生活简直让奥托·冯·俾斯麦愉快地回想起经常运动的那些日子了，但这种生活并没有持续太久，很快就有外交事务落到了他身上。

这次伟大的战役结束不过两天，1866年7月5日，拿破仑三世发来的一封电报就放到了威廉一世手里，说奥地利请求法兰西出面斡旋，还向法兰西交出了威尼西亚。拿破仑三世希望威廉一世签订停战协议。不久后，关于威尼西亚移交给法兰西的消息就在《公报》上刊出了。

要说此事有什么意义，那就是拿破仑三世想阻止普鲁士军队继续前进，要拯救奥地利并让普奥之间缔结和平协议。毋庸置疑，拿破仑三世一定打算以武力支持自己的斡旋行动，数日后人们就可能得到法军驻扎到德法边境前线的消息。于是，该怎么做？奥托·冯·俾斯麦既未怀疑也不犹豫：不可能拒绝法兰西的斡旋。德法边境几乎没有设防，德意志南部各国也尚未攻克。无论法兰西的军事准备有多少瑕疵，都不能冒这个被两面夹击的风险。在奥托·冯·俾斯麦的建议下，威廉一世立即彬彬有礼地回复电报，接受了法兰西的提议。威廉一世本人也更倾向于这样做，因为他无须为此做出任何承诺。威廉一世接受了法兰西斡旋的基本原则，但对于法兰西可能提出的特殊条款，他完全有讨论和拒绝的自由。威廉一世说愿意接受停战协议，条件是在战争结束前必须确定初步的和平方案，但因为尚未征询意大利国王维克托·埃马努埃莱二世的意见，他也无法应允这些方案。这样的回答亲切友好，不花费任何代价，同时威廉一世的军队还在继续前进。奥地利的停战请求遭到了拒绝，维也纳成为下一个目标。如果拿破仑三世要阻止普鲁士，就必须采取进一步行动，也就是尽快说明他希望达成的和平条款，并表明他打算借助哪些措施来实施这些条款。

奥托·冯·俾斯麦十分了解拿破仑三世，便迅速行动起来，希望能够逃过近在咫尺的危险。我们将会看到，奥托·冯·俾斯麦怎样利用当前的形势，使摇摆不定的法兰西比忠于友谊的法兰西更能为普鲁士带来益处。此时的奥托·冯·俾斯麦认为自己不再受恩情约束了，无论法兰西能为普鲁士做什么，都不必指望自己会自发地予以报答。拿破仑三世欺骗了奥托·冯·俾斯麦，今后奥托·冯·俾斯麦也可以毫无顾忌地欺骗拿破仑三世。奥托·冯·俾斯麦因为信赖法兰西的友情和中立而发动了战争，但在面临第一次危机时，法兰西就让奥托·冯·俾斯麦失望了。奥托·冯·俾斯麦永远不会忘记，也永远不会原谅。多年后，拿破仑三世驾崩的消息传来时，奥托·冯·俾斯麦在两人的长期交往中首先想起的还是这件事。

奥托·冯·俾斯麦与巴黎方面的交流缓慢而不稳定，波希米亚的农民常常把电报线切断，因而总要等上一段时间才会传来回复。同时，随着普鲁士军队向奥地利首都维也纳稳步推进，奥托·冯·俾斯麦不得不开始考虑可以接受的和平条款：不仅要考虑什么是希望得到的，更要考虑什么是有可能得到的。此时的奥托·冯·俾斯麦在写给妻子约翰娜·冯·普特卡默的信中谈道：

> 一切进展顺利。只要我们不提出过于极端的要求，不妄想我们已经征服了全世界，我们就可以赢得理想的和平状态。但我们太容易灰心丧气，也太容易得意忘形了，我必须担负起一项吃力不讨好的任务：扫扫大家的兴，就像把水倒进起泡酒里一样，提醒他们欧洲可不是我们的天下，我们还有三个邻国。

在这三个邻国中，英国基本上不足为惧。帕默斯顿勋爵亨利·约翰·坦普尔去世后，英国政策进入新阶段；威廉·皮特和乔治·坎宁开创的传统被遗忘了，英国不再努力成为欧洲的仲裁者。英国两党领袖达成了一致：若非自身利益受到直接影响，英国不会干预欧洲大陆事务。德意志的内部结构似乎与英国并无关系。于是，英国率先认可了一条新原则：德意志各邦国之间的关系应当由德意志人自行解决；英国也率先把自己在西班牙和意大利奉行的不干预主义扩展到了德意志。

法兰西和俄罗斯帝国不像英国那么乐于通融。如前文所见，法兰西已经开始干预普鲁士的行动，俄罗斯帝国也可能这样做。如果两国达成某种协议，就会要求召开代表会议。事实上，数日后沙皇亚历山大二世的确建议在巴黎和伦敦召开会议，这是所有问题中最令奥托·冯·俾斯麦惧怕的一个。奥托·冯·俾斯麦不愿与法兰西开战，但即便最糟的情况不可避免，他也并不惧怕开战。不过，奥托·冯·俾斯麦并不希望自己提出的和平协定遭到欧洲各大国的批评与修改，或是遭受十二年后俄罗斯帝国的悲惨命运[①]。然而，如果代表会议得到俄罗斯帝国和法兰西的支持，奥托·冯·俾斯麦就必须接受。正是出于这一原因，奥托·冯·俾斯麦总是乐意满足法兰西的愿望。因为拿破仑三世一旦开始进行单独的非公开谈判，无论谈判结果如何，法兰西都无法与其他大国共同行动。

至于和平条款，显然石勒苏益格-荷尔斯泰因将会归普鲁士所有。必须对德意志邦联进行改革，这也是毋庸置疑的。这种改革应当在普鲁士领导之下重组邦联，同时不允许奥地利参与任何德意志事务。可以料想，这一系列巨大成功将有助于普鲁士执行1849年的称霸计划，并把整个德意志紧密团结在一起。不过，这并非奥托·冯·俾斯麦所愿，统一的德意志在他眼中并不是最重要的，他渴望的是完全控制北德意志地区。为此，奥托·冯·俾斯麦要让普鲁士政策回到他认为的正确可靠的道路上。和绝大多数普鲁士政治家一

[①] 悲惨命运指1878年第十次俄土战争结束后惨胜的俄罗斯帝国与土耳其签订的《圣斯特法诺和约》在英奥德等国干涉下被迫做出重大修订，俄罗斯帝国被迫让步，大量既得利益被夺走，并与其他列强重新签订了《柏林条约》。——译者注

样，奥托·冯·俾斯麦把美因河视为德意志的南北分割线。1866年7月9日，奥托·冯·俾斯麦致信普鲁士驻法兰西大使罗伯特·冯·德·戈尔茨，向他说明了自己希望以怎样的条款达成和平协定。

奥托·冯·俾斯麦说，"事情的关键"在于普鲁士必须以某种形式掌握北德意志地区。

> 我毫不犹豫地使用"北德意志邦联"这一名词，因为我认为，如果要坐实联邦应具有的团结状态，目前还不能把德意志南部纳入其中。当前的时机十分有利于提出我们的新观点：如此划分界限能确保建立一个稳固的联盟。

然而，问题仍然存在：联盟应当采取何种形式？奥托·冯·俾斯麦这样写道："阁下一定与我有着相同的感想，我国人民普遍要求把汉诺威、萨克森和石勒苏益格并入我国。"奥托·冯·俾斯麦还补充道，在不割让普鲁士其他领土的前提下实施这一做法，这对于此事的相关各方而言都将是最佳解决方案。尽管确立理想的改革制度可能比获取这些领土带来更多益处，他认为这不足以使他赌上整个国家的命运。兼并汉诺威、萨克森和石勒苏益格的替代方案和奥托·冯·俾斯麦在石勒苏益格-荷尔斯泰因问题上想到的如出一辙。和当时一样，奥托·冯·俾斯麦的目标一直是兼并新的领土，并且绝不轻易屈就不够理想的解决方案。在奥托·冯·俾斯麦写这封信的同时，他对福格尔·冯·法尔肯施坦将军发出命令，要他迅速占领美因河北部的所有领土。

必须注意这封信发出的日期，这表明所有提议都是奥托·冯·俾斯麦本人提出的。曾有学者试图证明兼并政策不是奥托·冯·俾斯麦的想法，而是威廉一世、军队高层乃至整个民族强加予他的，但事实并非如此。奥托·冯·俾斯麦的确迎合了民意，但若真要征询人民的意愿，人民一定不会要求废黜汉诺威与萨克森的君主，而是希望整个德意志统一。我们也知道，奥托·冯·俾斯麦永远不会仅仅因为民意需要就执行一项他认为危险的政策。而且有人声称，汉诺威国王格奥尔格五世遭到废黜，是君主本人及谋士们一意孤行的后果，是他愚蠢地前往维也纳寻求奥地利皇帝弗朗茨·约瑟夫一世帮助的后果，所以不足为奇。

然而，这并不是真相。我们看到，在威廉一世离开图林根前的几日，奥托·冯·俾斯麦就已经确定了这一政策。和以往一样，这是奥托·冯·俾斯麦深思熟虑的结果。什么最有利于普鲁士的力量增长？奥托·冯·俾斯麦必须在三种可选方案中考虑。一是要求汉诺威、萨克森和石勒苏益格君主向威廉一世交出军队指挥权，迫使三国与普鲁士合并。但奥托·冯·俾斯麦清楚，汉诺威国王格奥尔格五世不可能同意，萨克森国王约翰一世也很可能会拒绝。二是可以要求在位君主们让位给他们的儿子。三是给三国较大程度的自由，但夺取三国部分领土以削弱其权力。对于奥托·冯·俾斯麦而言，后两种方案似乎并不可取，因为这会使几个满怀敌意、嫉恨和疑虑的王室掌握巨大的统治权力。很显然，彻底扫除它们才是更好、更安全、更明智的做法。可能会有人提出反对，称这样做没有任何正义的理由。的确没有，但奥托·冯·俾斯麦也从未假装有。奥托·冯·俾斯麦让普鲁士报界的撰稿人为这项完全以政策为依据的行动辩护，借口那是敌对的王室们为自己的罪行应付出的代价。

海因里希·冯·济贝尔称，奥托·冯·俾斯麦之所以确定上述和平条款，是因为它们最易被法兰西接受。海因里希·冯·济贝尔还称，奥托·冯·俾斯麦当然更希望整个德意志立即得到统一，但依据奥托·冯·俾斯麦对法式思维与法兰西人性格的了解，他已经预见到只有另一场战争能够帮助德意志实现统一，但他目前不想冒险赌上一切。我们目前掌握的信息与海因里希·冯·济贝尔的猜测背道而驰。更确切的说法是，奥托·冯·俾斯麦借口法兰西可能出手干预，所以想劝服威廉一世采取他本不愿采取的政策。不错，拿破仑三世将会欣然接受这些条款。在法兰西人和欧洲人眼中，似乎普鲁士是在法兰西的威势之下才在美因河边停止了前进，放过了奥地利。对此奥托·冯·俾斯麦并不介意，因为只要法兰西高兴就对他有利。奥托·冯·俾斯麦还知道，拿破仑三世十分乐于接受"兼并被攻占领土"这一提议。废黜建立已久的王朝可能被视作是在巧妙应和拿破仑三世一直秉持的原则及拿破仑王朝的传统政策。不过，要找出奥托·冯·俾斯麦本人的动机，我们就应当记住，在战争爆发前，奥托·冯·俾斯麦考虑到了德意志的某种分裂状态，他知道不可能立即让整个德意志形成坚定的联盟。如果新邦联要将巴伐利亚纳入，目前已经赢得的和谐局面就将被大大削弱。奥托·冯·俾斯麦言辞激烈地说道：

> 我们不能起用教皇绝对权力主义者，我们也不能明知无法消化还拼命咽下。我们不要犯皮埃蒙特的错——自从兼并那不勒斯后，皮埃蒙特的实力是遭到了削弱而不是增强。

奥托·冯·俾斯麦当然不能公开这样表示，甚至德意志作家们也刻意掩盖这种想法，因为德意志和意大利一样，渴望统一的愿望十分强烈。如果哪位政治家不采取最直接的手段达成这一结果，便很难被谅解。好在奥托·冯·俾斯麦的内心足够坚强，所以他并没有选择统一德意志。这对于德意志是一桩幸事，因为在纳入以天主教教徒为主的、充满敌意的德意志南部之前可以先建立并稳固北德意志邦联。虽然战利品唾手可得，但奥托·冯·俾斯麦故意不捡起来。

不过，若是法兰西无论如何不愿接受奥托·冯·俾斯麦所提出的条款呢？毕竟在奥托·冯·俾斯麦经历过的那些揪心的日子里，他常常要面对这样的意外情况。直到1866年7月14日，驻法兰西大使罗伯特·冯·德·戈尔茨才终于给了奥托·冯·俾斯麦确定的消息。理由十分充分：拿破仑三世是直到那时才下定了决心。法兰西大使文森特·贝内代蒂的到来令奥托·冯·俾斯麦愈加焦虑。法兰西大使文森特·贝内代蒂得到"跟随威廉一世"的指示，便紧跟普鲁士军队匆匆行进。经过一路的颠簸，1866年7月10日，法兰西大使文森特·贝内代蒂终于到达斯维塔韦。虽然已是深夜，法兰西大使文森特·贝内代蒂仍被径直带到奥托·冯·俾斯麦的房间。法兰西大使文森特·贝内代蒂看见奥托·冯·俾斯麦正坐在一间废旧的屋子里写作，旁边是一把巨大的左轮手枪。阿尔布雷希特·冯·罗恩曾经抱怨奥托·冯·俾斯麦甚至在作战期间都不放弃自己的老习惯：整夜工作、直到中午甚至更晚时候才入睡。奥托·冯·俾斯麦用他惯有的热诚接待了法兰西大使文森特·贝内代蒂，两人的谈话一直进行到凌晨，之后几天仍然持续着。奥托·冯·俾斯麦很希望法兰西大使文森特·贝内代蒂能够全权代表法兰西展开磋商，或者至少完全清楚法兰西政府的打算，但事实并非如此。除了利用自己的影响力说服普鲁士保持克制，法兰西大使文森特·贝内代蒂并没有得到其他任何指示，拿破仑三世十分犹豫不决，无法再给他任何信息。奥托·冯·俾斯麦以一贯的直率说明了自己的愿望，尤其强调北德意志地区的合并。法兰西大使文森特·贝内代蒂没有征询拿破仑三世的意见，便委婉地驳回了奥托·冯·俾斯麦的意见，说：''现在已经不是腓特烈大帝的时代了。''奥托·冯·俾斯麦又试探了法兰西大使文森特·贝内代蒂在其他问题上的看法。和从前一样，奥托·冯·俾斯麦料想拿破仑三世的支持和善意都不是无缘无故。如果法兰西对普鲁士友好，就一定会要求回报，这是理所当然的。奥托·冯·俾斯麦早就指示驻法兰西大使罗伯特·冯·德·戈尔茨去打听，除了德意志的国土，法兰西到底还想要些什么样的回报。对奥托·冯·俾斯麦的提问，法兰西大使文森特·贝内代蒂沉默不语。这令奥托·冯·俾斯麦很不安。奥托·冯·俾斯麦担心拿破仑三世是否还有别的计划。在报告中，法兰西大使文森特·贝内代蒂这样写道：

> 我并未挑起话题，奥托·冯·俾斯麦却试图向我证明，挫败奥地利有利于法兰西和普鲁士修正各自的领土界线，并解决仍在威胁欧洲和平的大部分问题。我提醒他，我们有各种协议的约束，实施（兼并）这样的政策首先带来的结果，可能正是他努力阻止的战争。

奥托·冯·俾斯麦说我误解他了。他的想法是，法兰西和普鲁士团结起来全力整顿各自的国家，两国通过庄严的约定结合在一起，从而共同应对欧洲和平问题，无须畏惧来自英国或俄罗斯帝国的任何武装抵抗。

奥托·冯·俾斯麦提出这些建议、做出这样的解释，其动机何在？德意志作家们普遍认为，奥托·冯·俾斯麦并不是在认真提出建议，而是有意愚弄拿破仑三世，想要促使拿破仑三世签订某些让步文书，以便将来利用这些文书对付拿破仑三世。后来，奥托·冯·俾斯麦也确实这样做了。作家们对于奥托·冯·俾斯麦的"密探"角色似乎总是津津乐道，满怀钦佩，但或许我们可以从截然不同的角度来解读奥托·冯·俾斯麦的想法。我们常常可以看到，制定明确的行动路线并不是奥托·冯·俾斯麦常有的做法，他总是在每次危机发生时随机应对。眼下的当务之急是维系与法兰西的友情。奥托·冯·俾斯麦一贯信奉的是，在政治上，没有人仅仅根据原则或是基于友谊而行动。拿破仑三世控制着整个局势，而奥托·冯·俾斯麦认为，除非向拿破仑三世承诺法兰西将获得巨大的回报，否则拿破仑三世不会给予普鲁士任何支持。奥托·冯·俾斯麦素来喜欢坦诚相待，因此，他觉得应该直接询问拿破仑三世想要些什么。但得到回复后，新的问题又会出现。如果拿破仑三世提出的要求是奥托·冯·俾斯麦愿意接受的，那么双方可以直接签订正式的条约；但如果法兰西的要求超出了他愿意付出的范围，那么就有可能要与法兰西展开旷日持久的谈判，并在小问题上讨价还价，奥托·冯·俾斯麦便可迅速转而与奥地利达成某种约定。如果奥托·冯·俾斯麦最终无法与法兰西达成任何协议，普法战争势必要爆发，奥托·冯·俾斯麦也总会处于上风。他能让人们觉得战争的起因不是普鲁士不愿克制，而是法兰西提出了不合理的要求。最后奥托·冯·俾斯麦还需要考虑的是，只要法兰西仍在与他商讨条款，接受俄罗斯帝国召开代表会议的提议就不存在任何风险。也许奥托·冯·俾斯麦唯一没有想到的可能性恰恰最接近事实,那就是:拿破仑三世其实并不那么在意报偿,所以从未认真考虑过应当提出什么要求。

然而,奥托·冯·俾斯麦已经做好了法兰西不会让步的准备,并决定单独与奥地利进行谈判。奥托·冯·俾斯麦不能直接这样做,但他可以通过圣彼得堡向维也纳放出消息,表示愿意商讨和平条款。在他当时的居住地布伦,奥托·冯·俾斯麦开辟了一条新的交流渠道。一名亲普鲁士的奥地利贵族承担起一项非官方使命,向奥地利皇帝弗朗茨·约瑟夫一世宣布了普鲁士愿意讲和的条件。这些条件格外宽大:除了威尼西亚,奥地利的领土将保持完整;无须任何战争赔款;普鲁士的野心将止步于美因河;南德意志地区将维持自由状态,在其自愿的情况下,可以与奥地利形成紧密联系,唯一的条件是不得让法兰西介入或调停。奥托·冯·俾斯麦的设想是,如果与法兰西谈判成功,法兰西和普鲁士联合军队将会傲视全世界;如果谈判失败,奥托·冯·俾斯麦便希望与奥地利达成谅解,使两大国可以瓜分德意志,但在所有入侵者面前又可形成统一战线;如果与法奥两国的谈判均告失败,奥托·冯·俾斯麦就将屈就第三种方案,也是比较糟糕的选择:领导一场德意志民族运动,对抗法兰西与奥地利的联盟,再启动1849年计划,借助革命的力量在匈牙利激起叛乱,怂恿意大利人挺进奥地利王室的心脏,并在奥地利内部四分五裂之时,领导一支由其他德意志邦国组成的联军,对抗法兰西的入侵。

然而,拿破仑三世最终放弃了反对态度。当时的形势是,拿破仑三世没有足够的军事力量实施新计划;意大利不愿背弃普鲁士,甚至也不愿从法兰西那里接手威尼西亚;拿破仑亲王约瑟夫·查尔斯·保罗·波拿巴也提醒自己的表兄拿破仑三世,不要让毕生事业毁于一旦。拿破仑三世本人的健康状况极其不佳,受病痛折磨。他坦承自己1866年7月5日的调停行动是错误的,并为自己的调停公告向普鲁士驻法大使罗伯特·冯·德·戈尔茨致歉,只希望普鲁士能够合理保持克制。唯有一件事,就是要避免德意志统一,即便仅是表面上不统一也无妨。我们已经说过,这是奥托·冯·俾斯麦自己的观点。拿破仑三世接受了罗伯特·冯·德·戈尔茨提出的条款,唯一的要求是放过萨克森王国。只要做到这一点,拿破仑三世不但会采纳和平条款,还会极力支持普鲁士履行条款。双方很快达成了协议。法兰西大使文森特·贝内代蒂继续前往维也纳,他和安托万·阿尔弗雷德·阿热诺没费多少周折就说服了奥地利皇帝弗朗茨·约瑟夫一世接受和平条约。有了这份合约,一切战争损失都不会由奥地利皇帝弗朗茨·约瑟夫一世承担,甚至也不会由他积极而忠诚的唯一盟友——萨克森国王约翰一世承担,而是由拒绝加入任何一方的其他邦国承担。自此,普鲁士增加了四百万子民,获得了北德意志地区的完全统治权。这看起来,真是奥

安托万·阿尔弗雷德·阿热诺

第 11 章 征服德意志 | 303

托·冯·俾斯麦高超外交本领的巨大胜利。那不是他作为一名冷酷无情的征服者给束手无策的敌人强加的要求，而是法兰西统治者为回报他的克制极力主张的、应对所有困难的解决方案。

1866年7月23日，停战协定达成，尼科尔斯堡举行了一场议和会议，确定了和平条款的初步协定。这次没有丝毫拖延。我们都曾见识过，过去奥托·冯·俾斯麦有多么擅长年复一年地拉长谈判时间，只要对他有利，就可以一直不达成任何结果。然而，这次，奥托·冯·俾斯麦在三日内迅速完成了决定德意志和欧洲未来的谈判。在主要问题上达成一致后，细节上的困难就很容易克服了。剩下的工作就是要获得威廉一世的同意。一如往常，奥托·冯·俾斯麦在这方面遭遇了巨大的阻力。奥托·冯·俾斯麦小心谨慎地起草了一份备忘录呈给威廉一世，以十分强硬的措辞敦促威廉一世接受和平条款，但威廉一世似乎直到最后一刻都极不情愿。海因里希·冯·济贝尔指出，主要的困难来自王室中武装派的过分要求，他们赢得了这样一场巨大的胜利，并不打算让奥地利毫发无损，而是希望至少得到奥地利西里西亚的部分地区。不过，海因里希·冯·济贝尔的说法似乎容易令人误解。其实并不是威廉一世想要的比奥托·冯·俾斯麦期望的更多，而是威廉一世想要以另一种方式取得新的领土。威廉一世并不满足于废黜汉诺威国王，而是希望在汉诺威、萨克森和巴伐利亚各获取部分领土，再从达姆施塔特那里得到些好处。威廉一世简单直率地认为，那些曾与他不共戴天的仇敌竟然得到最宽厚的对待，这似乎并不公平。这是奥托·冯·俾斯麦在石勒苏益格-荷尔斯泰因问题上遇到的老问题：威廉一世高度重视其他君主的权利。出乎意料的是，这一次奥托·冯·俾斯麦得到了太子腓特烈·威廉·尼克劳斯·卡尔强有力的支持。太子腓特烈·威廉·尼克劳斯·卡尔对石勒苏益格-荷尔斯泰因问题的种种顾虑并没有在汉诺威问题上重演。太子腓特烈·威廉·尼克劳斯·卡尔求见父亲威廉一世。两人谈了两个小时，中间发生了什么，人们不得而知。太子腓特烈·威廉·尼克劳斯·卡尔经过长时间的努力争取，筋疲力尽地离开了。威廉一世最终妥协。奥托·冯·俾斯麦的方针胜利了。

尼科尔斯堡初步协议得以签署，两日后的1866年7月25日便获得批准，因为奥托·冯·俾斯麦心急火燎地推动着。

奥托·冯·俾斯麦这样做有着充分的理由。不久前有情报表明，沙皇亚历山大二世将正式提出召开代表大会的要求，法兰西方面也传来了新消息。1866年7月25日，法兰西大使文森特·贝内代蒂再次前来与奥托·冯·俾斯麦会面，就法兰西获取报酬的问题试探他的意见。1866年7月26日，奥托·冯·俾斯麦正要去参加议和会议的闭幕会，法兰西大使文森特·贝内代蒂再次造访。这一次，法兰西大使文森特·贝内代蒂交给奥托·冯·俾斯麦一封公函。法兰西外交大臣爱德华·德律安·德·吕在信中表示，他不想阻止普鲁士与奥地利的谈判，但他坚持法兰西支持普鲁士兼并领土的前提条件是普鲁士应给予法兰西公正的回报。有关这一点，拿破仑三世将在斡旋结束后与普鲁士展开协商。这是多么愚蠢的行为！一旦斡旋结束，一旦普鲁士与奥地利签订了和平协定，法兰西就丧失了能迫使普鲁士顺从的唯一手段。

此前发生的情况是这样的，在与普鲁士驻法大使罗伯特·冯·德·戈尔茨的谈话中，拿破仑三世拒绝考虑报酬问题，称这并不值得，法兰西得到几平方英里的领土毫无用处。于是，在还有可能得到这些领土时，拿破仑三世没有提出条件。然而，此时素来反对拿破仑三世总体政策的外交大臣爱德华·德律安·德·吕仍然在位。考虑到普鲁士实力的显著增强，爱德华·德律安·德·吕仍希望——理所当然地希望——充实法兰西的力量，便在1866年7月21日再次觐见拿破仑三世，并递交了一封公函，提出报酬问题。爱德华·德律安·德·吕敢于这样做，是因为法兰西驻普鲁士大使法兰西大使文森特·贝内代蒂发来的有关对话奥托·冯·俾斯麦的报告清楚地表明，奥托·冯·俾斯麦已经预料到法兰西会提出某些要求，甚至几乎是主动要求法兰西提出来。"我们不希望破坏实力均衡的状态，"普鲁士驻法大使罗伯特·冯·德·戈尔茨说，"我们会克制自己的要求，或者讨论法兰西的需求。"爱德华·德律安·德·吕认为要是不接受这样的提议，那简直太荒唐了。拿破仑三世仍显勉强,但疾病带来的疼痛总是一阵阵发作。"让我清静清静。"拿破仑三世只是这样答复爱德华·德律安·德·吕的请求,爱德华·德律安·德·吕便认为拿破仑三世同意了。

当法兰西大使文森特·贝内代蒂告诉奥托·冯·俾斯麦法兰西要提出的要求时,奥托·冯·俾斯麦立即表示十分愿意考虑这一提议。其后法兰西大使文森特·贝内代蒂暗示,这可能导致普鲁士丧失莱茵河左岸的部分领土。奥托·冯·俾斯麦便打断了他,"今天请不要对我发表那样的正式声明",便走开了。议和会议闭幕,初步协议得以签署并获得批准。法兰西行动得太迟,当它再次提出要求时,奥托·冯·俾斯麦已经有底气采取迥然不同的另一种口吻了。

我们来完整地还原这一系列著名的谈判。

尼科尔斯堡的磋商突然中断,后来又在柏林继续。其间,巴黎方面就相关事务展开进一步讨论,法兰西明确决定要求补偿。法兰西大使文森特·贝内代蒂提醒法兰西政府,奥托·冯·俾斯麦不会出让德意志的任何领土。除非法兰西使用了急切的、胁迫的措辞,否则提出这样的要求毫无益处。基于这样的考虑,法兰西政府命令大使文森特·贝内代蒂直截了当地要求普鲁士向法兰西交出普法尔茨地区和美因茨。法兰西大使文森特·贝内代蒂有些勉强地接受了这项任务。为了避免直面预料中的暴怒场面,1866年8月5日,法兰西大使文森特·贝内代蒂致信奥托·冯·俾斯麦提出了法兰西索要普法尔茨和美因茨的要求。法兰西大使文森特·贝内代蒂等待着奥托·冯·俾斯麦的回信,但两天过去了,没有丝毫动静。1866年8月7日晚,法兰西大使文森特·贝内代蒂亲自拜访奥托·冯·俾斯麦,双方展开了长时间的讨论。奥托·冯·俾斯麦的口吻充满了愤慨:"这整件事令我们对十分怀疑拿破仑三世,这极有可能破坏我们彼此的信任。"奥托·冯·俾斯麦的核心思想蕴含在最后一句话中:"您是在用战争要挟我们接受吗?""是的。"法兰西大使文森特·贝内代蒂答道。"那就开战吧。"奥托·冯·俾斯麦回复道。法兰西大使文森特·贝内代蒂又要求面见威廉一世。威廉一世接见了他,给出了同样的回答。法兰西大使文森特·贝内代蒂早料到结果会是如此,第二天晚上他便回到巴黎,与内阁共同商讨下一步行动。与此同时,奥托·冯·俾斯麦想到,应当把这些秘密谈判中的部分内容公之于众。于是,素来聪明的他在法兰西报纸《世纪报》上发布了这样的消息:法兰西要求得到莱茵地区,但遭到了拒绝。德意志报界当然不会放过此事,它们满怀爱国激情,支持威廉一世和奥托·冯·俾斯麦。拿破仑三世意识到自己面临的危险:整个德意志可能联合起来,反对法兰西夺取它的领土。拿破仑三世在外交上的失败变得人尽皆知,形成了对他极其不利的形势。拿破仑三世立即前往巴黎与法兰西大使文森特·贝内代蒂商谈。他想重拾原先的政策,表示不再考虑1866年8月5日法兰西大使文森特·贝内代蒂对普鲁士提出的领土要求,并打算撤回这一要求。

然而,法兰西会彻底放弃扩张领土的要求吗?获取德意志领土的要求遭到了拒绝,而奥托·冯·俾斯麦会不会支持法兰西至少得到比利时的部分领土也尚不明朗。1866年8月7日,奥托·冯·俾斯麦在与法兰西大使文森特·贝内代蒂谈话时提道:"或许我们可以找到其他办法来满足你们。"普鲁士驻法大使罗伯特·冯·德·戈尔茨仍十分同情法兰西,认为他们的要求原则上是合情合理的。于是,法兰西方面决定对过去一年中这些反复的暗示和提议采取行动。法兰西大使文森特·贝内代蒂得到指示,带回了一份草约,以三种形式反映了法兰西的要求。法兰西大使文森特·贝内代蒂将首先索要萨尔山谷、兰道、卢森堡和比利时;如果普鲁士不肯接受,那么只要比利时和卢森堡也可以;如果形势尚好,法兰西大使文森特·贝内代蒂还会提出让安特卫普成为自由市,这或许能够转移英国的极端敌意。1866年8月20日,法兰西大使文森特·贝内代蒂携以上要求再次拜访奥托·冯·俾斯麦。不出所料,一听见他提及萨尔布吕肯和兰道,奥托·冯·俾斯麦便站起来,挺直了身体,看起来很是气愤。奥托·冯·俾斯麦提醒法兰西大使文森特·贝内代蒂,自己曾反复声明,哪怕是德意志的一个村庄都不能放弃。于是,法兰西大使文森特·贝内代蒂遵照指示撤销了这一条款。法兰西大使文森特·贝内代蒂与奥托·冯·俾斯麦仔细讨论了条约的其他内容,逐条逐款地研读。奥托·冯·俾斯麦处理这一事务时既郑重其事,也脚踏实地。讨论结束后,法兰西大使文森特·贝内代蒂草拟了一份修订稿,奥托·冯·俾斯麦向他口授条约修改的内容。这份修订稿共包括五条:一是拿破仑三世认可普鲁士近期的领土扩张;二是威廉一世必须保证,帮助法兰西以购买或交换的形式从荷兰国王威廉三世手中取得卢森堡;三是

荷兰国王威廉三世

拿破仑三世保证不利用德意志南部各邦国及共同议会的建立来反对北德意志邦联；四是无论何时，只要拿破仑三世希望取得比利时，威廉一世都应予以支持，并提供军事援助以对抗其他国家的介入；五是普法两国形成了大致的联盟条约。

我们看到，这份条约由两部分组成。第一部分表明已经发生的情况——为了答谢法兰西皇帝拿破仑三世过去的支持，他将得到卢森堡。理所当然，这将即时生效。其后两条则指向未来。随着事件的发展，用不了多久，整个德意志将形成联邦，这将大大改变力量的平衡，削弱法兰西的实力。和1866年一样，此后的拿破仑三世仍将竭尽全力阻止德意志联邦的成立。若与奥地利结盟，拿破仑三世就很可能做到这一点。不过，如果法兰西的领土也能有相应程度的扩张，拿破仑三世就不会再反对联邦成立。毕竟，用来支持废黜汉诺威国王的那些观点，恰恰也可以用来支持法兰西获取比利时的部分领土。许多比利时人都是法兰西人，比利时与法兰西之间没有天然的分界，人们可能不会表示反对。

奥托·冯·俾斯麦必须记住，不考虑拿破仑三世，他就不能完成德意志联邦的构建。要完成这项工作只有两种途径，要么与法兰西开战，要么结盟。奥托·冯·俾斯麦至少认为第二种方式会是更安全、更廉价也更人道的，对此我们不必感到惊讶。仅仅牺牲比利时的独立而不是牺牲三十万条性命来完成这项事业，难道不是更好的选择吗？

法兰西大使文森特·贝内代蒂把修订稿发回巴黎。修订稿被呈交给拿破仑三世，大体上得到了认可，稍加修改与建议后又发给法兰西大使文森特·贝内代蒂。法兰西大使文森特·贝内代蒂把修订稿发给奥托·冯·俾斯麦，称随时准备与奥托·冯·俾斯麦会面，完成双方的谈判。法兰西大使文森特·贝内代蒂离开柏林前往卡尔斯巴德，等待奥托·冯·俾斯麦的召唤，但始终没有等到。一周又一周过去了，奥托·冯·俾斯麦回到自己位于波美拉尼亚的住所，直到1866年12月才再次回到柏林，但再也没有重启谈判。奥托·冯·俾斯麦手握法兰西大使文森特·贝内代蒂亲笔写下的修订稿。1870年,当普鲁士对法兰西宣战时,奥托·冯·俾斯麦将这份手稿公之于众,力图消灭英国对拿破仑三世的任何一点恻隐之心。

  因为找到了更好的办法,奥托·冯·俾斯麦并未继续谈判。1866年8月23日前,奥托·冯·俾斯麦与奥地利的关系仍不明朗,他总是担心法兰西与奥地利之间有某种秘密协议,担心两国已经订立了联盟,普鲁士可能突然陷入腹背受敌的境地,因此,奥托·冯·俾斯麦不想冒犯法兰西。此外,奥托·冯·俾斯麦与俄罗斯帝国的关系也不尽如人意。沙皇亚历山大二世对于北德意志邦联的兼并行为态度严厉:"我不喜欢这样,我不希望废黜任何一位君主。"普鲁士不得不派埃德温·冯·曼陀菲尔将军前往圣彼得堡执行特殊使命,沙皇亚历山大二世没有因此改变想法,但奥托·冯·俾斯麦认为这至少可以平复他的情绪。我们无从知晓中间发生的所有事情,但奥托·冯·俾斯麦似乎对俄罗斯帝国展开了威逼利诱。奥托·冯·俾斯麦暗示,如果沙皇亚历山大二世仍和过去一样企图干预德意志事务,他就不得不领导革命,宣布支持《1849年宪法》[①]。那样一来,君主政治的根基将会如何?奥托·冯·俾斯麦甚至暗示,发生在德意志的革命将会波及波兰。沙皇亚历山大二世则表示对《巴黎条约》[②]中的许多条款感到不满。双方没有达成正式契约,但彼此约定:当沙皇亚历山大二世认为是时候宣布不再遵守《巴黎条约》时,普鲁士将给予他支持。

  1866年8月月底,奥托·冯·俾斯麦扫除了眼前最大的危险——俄罗斯帝国的怒火得以平息,法兰西心满意足,奥地利也得到了安抚。其实,奥托·冯·俾斯麦做的远不止这些:拿破仑三世以为自己已经把德意志联邦扼杀在摇篮里,而奥托·冯·俾斯麦实际上已经为德意志联邦的成立奠定了基础。

[①] 《1849年宪法》又称《法兰克福宪法》或《保罗教堂宪法》。该宪法于1849年由法兰克福国民议会在保罗教堂内决议产生。宪法规定德意志应实施君主立宪制,但由于德意志各邦国的反对而未能生效。——译者注

[②] 《巴黎条约》指1856年克里米亚战争后俄罗斯帝国与奥斯曼帝国、英国、法兰西第二帝国及撒丁王国签订的条约,严重削弱了俄罗斯帝国在黑海中立领土上的势力。——译者注

《巴黎条约》签订现场

德意志南部的四个邦国①也参与了反对普鲁士的战争。在一场精彩绝伦、引人入胜的战役中，一支小型普鲁士军队战胜了四国的武装力量，占领了整个德意志南部地区。普鲁士完成了对整个德意志的征服行动。在尼科尔斯堡，这四个南部邦国提出请求，希望获准参与谈判，结果遭到拒绝。此时的奥托·冯·俾斯麦刻意用一种显而易见的残忍态度对待它们。巴伐利亚大使卡尔·路德维希·冯·德·普福尔滕男爵亲自前往尼科尔斯堡求和，得到了奥托·冯·俾斯麦这样的回应："你在这里干什么？你没有通行证，我可是完全有理由把你当作战俘来对待。"巴伐利亚大使卡尔·路德维希·冯·德·普福尔滕男爵只得打道回府，一无所获。普鲁士军队占领了法兰克福，军队指挥官奥托·特奥多尔·冯·曼陀菲尔甚至以抢劫全城相要挟，要求当地百姓支付一百万英镑的战争赔款。在这个奥托·冯·俾斯麦曾待过数年的城市，人们感受到了普鲁士人的不满带来的巨大力量。奥地利和法兰西达成一致，德意志南部各国应当加入停战协定，应当维持各自的独立性，也应当获准彼此形成各种形式的联盟。这样做的结果是，德意志南部将成为一个虚弱、涣散的邦联，可能一部分被法兰西控制，一部分被奥地利控制。这意味着法兰西对德意志南部的影响将永远无法抹去，造成极其不利于普鲁士的局势。以上条款订立时，南部邦国与普鲁士之间尚未达成和平协定。威廉一世希望这些邦国交出部分领土，但奥托·冯·俾斯麦仍贯彻自己一直以来坚持的原则，表示反对。部分邦国应当完全纳入普鲁士版图，但还有一些邦国应当得到宽大处理，防止因这一年发生的事太多，造成树敌过多的态势。奥托·冯·俾斯麦清楚，如果巴伐利亚要被迫交出拜罗伊特和安斯巴赫，巴伐利亚人自然会选择与奥地利和法兰西联合起来，对抗普鲁士。奥托·冯·俾斯麦想尽办法才说服威廉一世接受这一观点，而他的智慧很快就得到了证实。1866年8月月初，奥托·冯·俾斯麦仍摆出一副极其专横的姿态，告诉巴伐利亚，普鲁士要实施大规模的领土

---

① 四个邦国分别是巴伐利亚王国、黑森大公国、巴登大公国、符腾堡王国。——译者注

兼并。巴伐利亚公使卡尔·路德维希·冯·德·普福尔滕男爵绝望地喊道:"切莫逼人太甚,否则我们只能向法兰西求援了。"接下来就看奥托·冯·俾斯麦的了。奥托·冯·俾斯麦把拿破仑三世的提议告诉巴伐利亚公使卡尔·路德维希·冯·德·普福尔滕男爵,指出是普鲁士凭一己之力阻止了拿破仑三世兼并巴伐利亚的大部分领土,而后他又用德意志民族的爱国精神感召巴伐利亚公使卡尔·路德维希·冯·德·普福尔滕男爵:巴伐利亚就不愿与普鲁士结成联盟吗?巴伐利亚公使卡尔·路德维希·冯·德·普福尔滕男爵十分感动,与奥托·冯·俾斯麦拥抱在一起。1866年8月月底,奥托·冯·俾斯麦已经分别与全部四个南部邦国都秘密缔结了攻守同盟。四国承诺在普鲁士遭受攻击时予以支持,普鲁士则保证四国的领土完整。一旦开战,四国将让普鲁士国王领导它

卡尔·路德维希·冯·德·普福尔滕男爵

们的军队。至此奥托·冯·俾斯麦已经确定,整个德意志民族已经组成了对抗法兰西的联盟,他不再需要法兰西的协助了。时机恰当时,团结一致的德意志各邦国无须借助外力便可完成德意志的统一。现在,普鲁士当局与拿破仑三世之间的草约可以被束之高阁了。

这一系列谈判实实在在地体现了奥托·冯·俾斯麦本人态度的重大转变。在此之前,他所思所行一直以普鲁士人的身份为基础,在各种场合都刻意地拒不支持或采纳以德意志为名的任何方案。奥托·冯·俾斯麦这样做的原因是,在普鲁士的优势地位坐实以前,他不希望整个德意志强大起来。克尼格雷茨一战确立了普鲁士的支配地位,使北德意志地区归顺普鲁士。时机已经成熟,普鲁士在德意志的支配地位已是固若金汤,奥托·冯·俾斯麦可以开始用德意志人的身份思考并行动了。

这一转变并不是奥托·冯·俾斯麦在克尼格雷茨大胜之后的唯一变化。宪法方面的冲突尚待解决,议会在战争前解散了。首次告捷的消息传来后,1866年7月3日举行了议会换届选举,内阁及温和自由派获得了多数席位。然而,一个重大的问题是奥托·冯·俾斯麦将如何利用自己对议会的胜利呢?这确是某种胜利,克尼格雷茨的炮响对议会冲突起着决定性作用。议会曾拒绝拨款重组军队,但正是这支重组后的军队赢得了史无前例的巨大胜利。如今,政府方面会不会极力鼓吹军队的胜利,利用人们此刻的热情一劳永逸地扼杀宪法?这是保守党的愿望,也是战争大臣阿尔布雷希特·冯·罗恩和整支军队的愿望,却不是奥托·冯·俾斯麦的意图。奥托·冯·俾斯麦需要有爱国的自由党人支持他完成需要完成的事业,便提出内阁应当直面议会,提出赔偿要求。议会不承认有过失,没有表示悔意,倒是指出未经议会投票通过而使用这笔款项是违背了宪法。要弥补这一点,只能通过一项法案,认可已经发生的一切。奥托·冯·俾斯麦的意见最终得到了接受,但过程并不轻松。法案得以提交并通过,奥托·冯·俾斯麦立即获得了回报。此前一直反对他的自由党从此分裂成了两派。极端激进分子和进步分子仍持敌对态度,但党内的大部分人组成了一个新的组织，他们称之为"国家自由党"。他们发誓，要支持普鲁士内阁的民族政策与德意志政策，同时尽其所能地维护和增强议会的宪法权利。于是，奥托·冯·俾斯麦获得了议会多数的支持，也越来越依赖议会多数而不是那些保守党故友们。奥托·冯·俾斯麦之所以需要议会多数的支持，是因为从此以后他要面对的不是一个议会，而是两个——北德意志邦联将通过普选成立另一个议会。奥托·冯·俾斯麦预料到，他过去坚持的原则不能以同样的方式应用于整个邦联。普鲁士保守党是纯粹的普鲁士人，是特殊主义者。如果奥托·冯·俾斯麦继续依赖保守党，那么新德意志国会的所有成员——不仅是来自萨克森的，还有来自其他兼并来的邦国的成员，都会与他为敌。自由党一直以来都自视为德意志人而非普鲁士人。既然奥托·冯·俾斯麦要掌管德意志的极大一部分地区，过去他与自由党存在分歧的主因，如今就成为联结两者的最坚实纽带。单是国家自由党就有能力协助奥托·冯·俾斯麦激发人们对于新制度和新归属的热情。过去，奥托·冯·俾斯麦总是抱怨自由党人不依普鲁士人的身份思考，指责他们以普鲁士为耻，说他们并非真心忠于普鲁士。如今奥托·冯·俾斯麦却明白，正是出于这些原因，自由党人才能对北德意志邦联怀有高度的忠诚。

奥托·冯·俾斯麦在胜利时刻保持了克制，但这不能抹杀他的重大成就。

普鲁士究竟由国王还是由议会主政，这个问题已经进行过数次讨论。而这一次，国王不仅取得了实实在在的胜利，在道德上也占了上风。奥托·冯·俾斯麦一直认为，下议院不能掌管普鲁士，而且普鲁士的外交事务必须由一名对国王负责而不是对议会负责的大臣来管理。毋庸置疑，如果议会能够左右奥托·冯·俾斯麦，他就不可能获得这样显赫的成就。从那以后，德意志人民对于议会政府的信心就土崩瓦解了。此外，那也是欧洲历史上国王与议会的权力斗争中第一次以议会的彻底失败而告终。之后的三十年，这样的失败带来的后效体现在了欧洲所有国家的历史发展中。这是代议制政府原则受到最严重打击的一次。

1866年8月月底，奥托·冯·俾斯麦的大部分工作都已完成，只剩与萨克森的和平条约尚未签署。奥托·冯·俾斯麦把这项事务交给下属处理，自己则回到波美拉尼亚休养了许久。他太需要休息了。

奥托·冯·俾斯麦休假期间，议会通过了一项动议，给予得胜的将军们一笔奖金。在一位老对手的提议下，奥托·冯·俾斯麦的名字也被放在了受奖人之列，表彰他为国家做出的巨大贡献。鲁道夫·菲尔绍提出反对，理由是在位的大臣不应获得赏金，而且最不应当获得奖赏的就是奥托·冯·俾斯麦。不过，投反对票的议员不超过五十人。奥托·冯·俾斯麦用四万泰勒的奖金在波美拉尼亚购置了瓦京庄园，之后二十年他就一直居住在那里。

第 12 章

北德意志邦联的成立

到目前为止,我们已经见识过奥托·冯·俾斯麦的几种角色:政党领袖、议会辩论者、机敏而成熟的外交官。现在,他又有了一个全新的角色:富于创见的政治家。在事业的早期阶段,奥托·冯·俾斯麦驾轻就熟,如今在新角色上仍是如此。北德意志邦联宪法是奥托·冯·俾斯麦的得意之作,体现着他工作中一贯的足智多谋、创造力和务实作风。

1866年8月18日签订的一份条约规定,所有保留下来的北德意志邦国彼此之间应订立盟约,也应与普鲁士订立盟约,互相承诺维持对方的现有领土,并宣誓由普鲁士国王威廉一世指挥它们的军队,成立一个新的邦联。为此,各国将向柏林派遣公使,由各国公使共同商定宪法内容。各国也同意,通过普选制选出北德意志议会,并将各国公使商定的宪法草案提交给议会审议。这份条约实质上并未建立一个新邦联,只是将数个单独的邦国结合在一起举行会谈。同时,由于条约将于1867年8月30日失效,新宪法必须在此日期前制定完成并获得通过。时间很紧张,邦国之间的谈判、议会辩论都要挤在这段时间内完成。但过往的经验表明,可用于制定宪法的时间越短,这项工作越容易完成。奥托·冯·俾斯麦可不想白白浪费这宝贵的几个月。当时大家依旧热情高涨,新党派尚未掌控人们的思想。

在波美拉尼亚，奥托·冯·俾斯麦度过了秋天，直到1866年12月21日才回到柏林。再过不到一周，北德意志各邦国的代表就将在普鲁士首都柏林聚集。朋友们发现奥托·冯·俾斯麦竟完全没有准备草案，惊慌不已。他一回到柏林，面前就摆上了两份草案，但都被他放到一边。1866年12月22日，奥托·冯·俾斯麦口授了新宪法纲要。

这份口授的新宪法纲要并未被公之于众，却成了各国公使讨论的基础。奥托·冯·俾斯麦拒绝接受冗长的辩论。各国使节在柏林逗留了数周，期间仅仅召开了三次正式会议。公使们提出建议与批评，其中有些得到认可，但前提当然是他们必须同意奥托·冯·俾斯麦坚持的各项事务。会议最终商定了方案，提交给1867年2月24日在柏林召开的大会。

对这部宪法进行彻底分析将很有启发。可惜限于篇幅，此处无法展开。不要将这部宪法与政治理论家们精心草拟的宪法进行比较，实际上19世纪推行的许多宪法都属于后者。奥托·冯·俾斯麦的做法与罗马帝国的开国皇帝奥古斯都类似。他发现自己掌握着许多政府机构，但不同机构之间的工作并不协调。奥托·冯·俾斯麦要做的就是让不同机构之间的关系更加融洽，并在必要时予以补充。不少人可能会把现有的一切全部扫除，辟出一片空旷的土地，从头开始创建一个新的国家机器。然而，以奥托·冯·俾斯麦的智慧，他断不会这样做，因为他知道政治事业的基础是无法由一个人或在一个时代里被确立起来。奥托·冯·俾斯麦在他人已经奠定的基础上开展建设，也正因如此，他的事业很可能与奥古斯都一样长久。

在北德意志邦联这个新的"国度"，我们发现"新"与"旧"相互融合形成了一个不可分割的整体。人们毫不在意理论或均衡性，每项事务都完全参照当前的政治形势来决定。比如，在外交代表权问题上，奥托·冯·俾斯麦希望威廉一世拥有真正的权力，但同时要维护邦联各国君主在外交上应有的尊严。奥托·冯·俾斯麦的计划是，由威廉一世担任邦联主席，以邦联名义向其他国家委派公使和大使，使普鲁士在外交事务上完全成为德意志的一部分，普鲁士

1867年2月24日召开的北德意志邦联大会

外交部门将不复存在。放在过去，小型邦国也理所应当让渡自己的权利，不能再与其他国家建立直接的外交关系。但奥托·冯·俾斯麦这次没有要求它们这样做。例如，萨克森仍继续保留本国外交公使，英国和法兰西也同过去一样，仍向萨克森首府德累斯顿派遣大使。尽管奥托·冯·俾斯麦因此饱受普鲁士人诟病，但他知道唯有如此，萨克森国王约翰一世才可能甘愿接受自己的新位置，各国君主也因此正式拥有一项权利，让全世界知道北德意志邦联内的小邦国们并非普鲁士的附庸，而是拥有独立主权的盟国。这的确并非小事一桩。有人向奥托·冯·俾斯麦提出，这样的权利可能导致邦国与他国勾结密谋，但奥托·冯·俾斯麦用一贯的风格回答：如果萨克森有心勾结他国，那没有什么能阻止得了，更不必通过设立正式的使馆这一方式来达到勾结他国的目的。奥托·冯·俾斯麦如此信心满满是有根据的。数月后，拿破仑三世向萨克森国王约翰一世发去一封特别邀请函，请他出席一场欧洲代表大会。萨克森国王约翰一世立即将这封邀请函转发柏林，表明自己并不想脱离北德意志邦联单独派遣代表。奥托·冯·俾斯麦的此等宽宏大量在后来的1870年再次显现，极好地展示了他超群的智慧和对人性的精准判断。德意志的自由派报刊从未停止对德意志各邦国的谩骂，但奥托·冯·俾斯麦明白，这些邦国对德意志表现不忠并非出自本心，而是旧宪法存在缺陷导致的必然后果。让各邦国的利益与德意志的利益相一致后，这些邦国就成了最忠实的拥护者。它们一开始是拥护邦联，之后又拥护德意志帝国。奥托·冯·俾斯麦本人最早承认了邦国的功绩。在德意志帝国建立之前和之后，他在多个场合都曾表示，各邦国为德意志帝国做出了巨大的贡献。奥托·冯·俾斯麦还曾说："它们（指各邦国）才是德意志统一的真正捍卫者，而德意志帝国议会和各政党不是。"

　　北德意志邦联宪法中最重要的内容是确立普鲁士军事霸权地位的那部分，其中对每个细节都做出了安排与规定。各邦国的陆军此后融合为一支陆军，由威廉一世统一指挥，各国陆军的架构相同、军服相似。各邦国都推行普鲁士军制及普鲁士军规的各项细节。

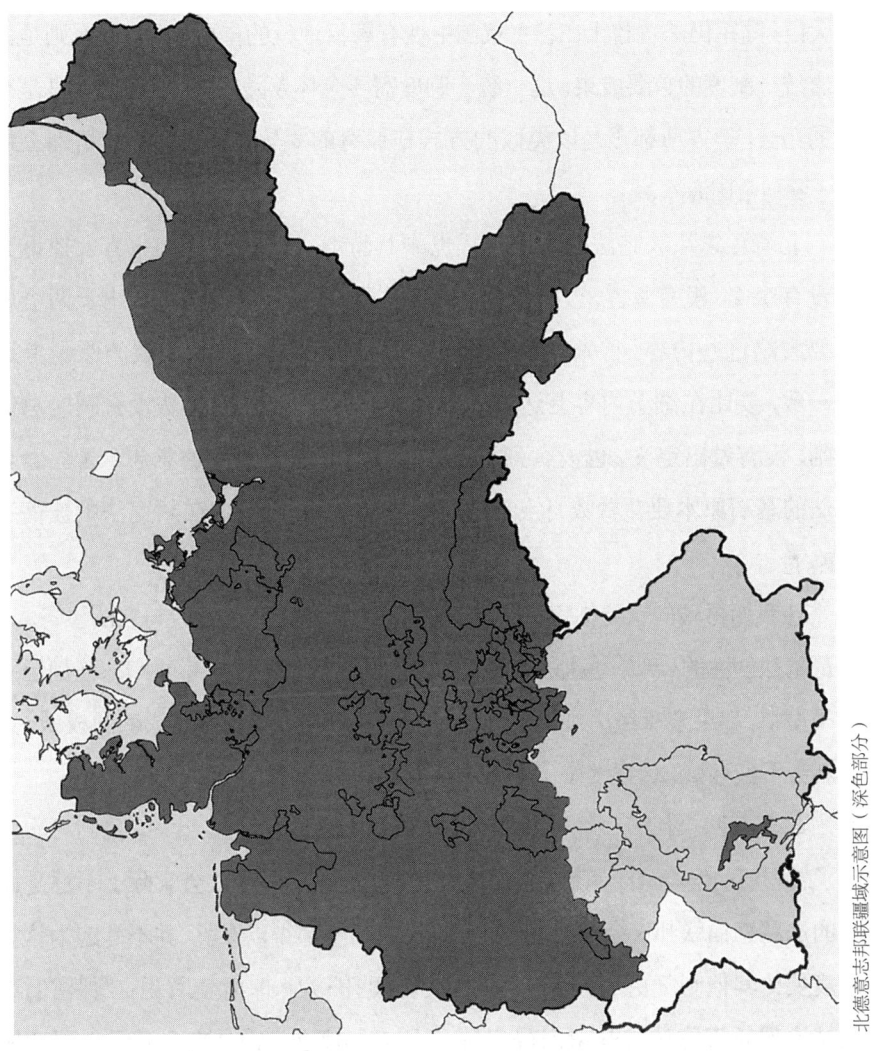

北德意志邦联疆域示意图（深色部分）

我们拿陆军与海军来做个比较：陆军代表老德意志，海军则代表新德意志；陆军是依照普鲁士、萨克森和梅克伦堡的形式规划与构建的，而海军则是德意志的，是由新联邦官员组建的。有联邦海军大臣这一职位，却没有联邦战争大臣；陆军仍是普鲁士在各主权国中拥有霸权地位的重要体现，海军则是德意志统一制度的首要成果，这一统一制度需要全体人民共同努力创建。真是有趣的巧合，奥古斯都正是以类似的方式在原有的罗马共和国军队的基础上组建了罗马帝国海军。

北德意志邦联宪法的表现形式也颇具特点。在议会辩论中，有人控诉宪法没有序文、没有引言、没有说明。奥托·冯·俾斯麦的回答是，出于两个原因要省略这些内容。首先，没有时间草拟；其次，在宪法所反映的原则上达成一致，要比在细节内容上达成一致困难得多。因此，新宪法没有制定总体原则，没有做出定义，也没有列举基本权利。在法兰西和德意志，这些确立宪法的基石原本要花费数月宝贵的时间方能厘清，但它们在新宪法中被彻底省略了。

让我们再转向重要性仅次于陆军调整的另一项事务：行政与立法事务，这是最富独创性的一项。德意志作家们常说，无法将北德意志邦联归入任何已知的类型中。如果亲身经历过这些作家如何尝试严格界定新国家依赖的权威，人们就会不禁怀疑，这样的国家是否真实存在。

政府有两个代表机构：德意志联邦议会和德意志国会。此时，我们再次发现了新与旧的融合，因为国会首次成立之时，德意志联邦议会实际上不过是原有的法兰克福联邦议会而已，连旧有的投票制度都得以保留。并不是因为这一制度要比其他制度更加优越，而是因为如奥托·冯·俾斯麦所说："保留旧事物要比就新事物达成共识来得容易。"所有制度必定都是完全基于主观意愿的，因为如果各个邦国都获得与其人口成正比的若干票数，那么将连表面上的邦联制都无法存续，而奥托·冯·俾斯麦很不希望以普鲁士之名形成绝对的统一。

有人会问：如今，奥托·冯·俾斯麦为什么对待小国如此谨慎？我们可以从他多年前写的一段话中找到答案。

> 在我们与同胞们结成更紧密、更现实的联盟关系之前，我不希望看到我们旗帜上的普鲁士被德意志取代。

如今时机已经成熟，奥托·冯·俾斯麦将成为第一个最具爱国精神的德意志人，就像往日他也是绝对的普鲁士人一样。我们不该因奥托·冯·俾斯麦乐于接受这样的变化就谴责他的早期政策，正是他对普鲁士的忠诚才使德意志的统一成为可能。毋庸置疑，如果奥托·冯·俾斯麦不首先征服德意志，那么他将永远无法让普鲁士支配德意志。普鲁士维持了实实在在、无可争议的霸权地位，如今已经足够强大，完全可以宽容大度，这很明智，因为普鲁士的事业其实只完成了一半，南部各邦国尚未纳入邦联。奥托·冯·俾斯麦希望南方诸邦国加入，但不是依靠武力强迫，而是要它们心甘情愿。如果南方诸国看到北德意志各邦国得到诚实友好的对待，一定会更愿意加入。

与联邦议会并行的是德意志国会。依据1866年春的提案，德意志国会将通过普选产生。人们发现，数月前，这个提案还只是一个政治家为获得民众支持的绝望一搏，他为此牺牲了能够保卫其政策的其他所有办法。然而，如今这个提案却因其便利性而成为可信的手段，无须讨论，也无从反对。各方的警告不可谓不多，但奥托·冯·俾斯麦坚守自己的方法，他问道"还有其他选择吗"。其他所有制度完全基于主观意愿，而任何基于主观意愿的制度都会立即在投票权问题上引发旷日持久的讨论和政治斗争。在现代欧洲国家，所有人都具备读写能力、所有人都需要服兵役，各国已经不可能用强行要求意见统一的方式限制公民权。而对于德意志，没有哪种历史实践的先例可供人们参考，或者可以自然而然地应用到新的德意志国会中。普选制至少可以提供某种清晰、易懂、确定的内容。当每一个德意志人首次获得完整的公民权利时，人们更倾向于认为这个新的国家能够长期存在。但我们必须注意，奥托·冯·俾斯麦一直打算采取公开投票的方式，而德意志国会在修订宪法时提出了无记名投票，奥托·冯·俾斯麦很不情愿地同意了。对奥托·冯·俾斯麦而言，投票似乎是一项公共义务，秘密进行投票将有损政治事业的根基，而他天生无法理解恐惧。如此一来，议会和德意志国会两者并行，下面我们看看它们各自的职责。

  几乎在每一个现代国家，真正执掌权力的都是由民众代表组成的议会，一切事务都要服从它。立法者的主要工作在于：想出某些巧妙的手段，使下议院至少在行使权力时受到某些约束与制衡。奥托·冯·俾斯麦不大可能允许由这样的民主议会来掌管德意志，他并不满足于创立一个形同虚设的上议院，那或许只能在一到两年内有效制止下议院的放肆行径；他也不满足于国王虽然拥有否决权，却只能战战兢兢地行使。通常下议院是主导方，掌管着国家；上议院只能修订、批判、斡旋。奥托·冯·俾斯麦完全逆转了这一情势：联邦议会真正掌管着政府，掌握整个国家的完整权威；德意志国会反而不得不满足于有限的批评权，满足于修订或否决法案及拒绝通过新税收的权力。在英国，政府系于下议院；而在德意志，政府由联邦议会执掌。正是因为政府由联邦议会执掌，才让联邦议会既有行政权，也有立法权。通常而言，制定宪法的是那些以削弱政府权力为目标的人们，他们相信统治者权力越小，造成的危害也越少，认为怀疑统治者是首要的政治美德，所以应当持续抨击统治者创立的制度，称其无能。但奥托·冯·俾斯麦不可能会这样。常见的做法是，把立法权与行政权分离，设立两个相互对抗、地位平等的权威机构以相互掣肘，而奥托·冯·俾斯麦抛弃了书中的所有原则，把所有政府权力归于联邦议会。所有行政职责由议会承担，所有法律由议会提出。辩论是秘密进行的，联邦议会是一个由德意志最具才干的政治家们构成的组织，它的决定便是最终决定，而后再提交给德意志国会。联邦议会是上议院的替代品，但同时是国务委员会。它集合了枢密院和上议院的职责，构成方式与美国的参议院类似。只不过在美国的参议院里，共和国总统主导一切。

奥托·冯·俾斯麦始终坚持联邦议会的重要性，他总是把议会视为部新宪法的关键。与法兰西交战后不久，自由派曾试图瓦解联邦议会的权威。但奥托·冯·俾斯麦告诫自由派不要如此，他说：

> 我相信联邦议会前途光明。即便伟大如普鲁士，也总能从小国，哪怕最小的国家那里学到许多。至于小国，从我们这里也能学到不少。就我个人经验而言，可以说，通过参与议会的会议，通过了解二十五个德意志邦国彼此间的摩擦，我在处理政治事务方面获得了巨大的进步。我请求各位，不要干涉议会的事务。我认为议会是我们美好将来的守护神，是德意志以现有形式迎接光明未来的重要保证。

联邦议会的独特性也导致了一种显而易见的疏漏。由于不存在上议院——尽管普鲁士保守党强烈要求成立上议院——联邦内阁也就不存在。在每个现代国家，至少都有一个由各行政部门负责人组成的议会，这十分普遍，因此人们认为行政部门负责人构成的议会是宪法的必要组成。而在德意志帝国，根本没有这样的议会机构。只有一位大臣负责行政事务，他是首相，是普鲁士代表，也是联邦议会主席。自由派无法接受这样奇怪的方式。在当时的压力之下，自由派党人勉强同意了，但从未停止过反对。人们一次又一次地在公开场合和私人场合听到相同的诉求：没有一个承担责任的内阁，宪法就无法发挥作用。1869年，德意志国会提出并通过了一项动议，要求成立联邦内阁。奥托·冯·俾斯麦反对这项动议，拒绝执行。

对一项看似几乎必不可少的制度，奥托·冯·俾斯麦基于以下原因予以否定。要尊重联邦各国的权利。如果存在一个向德意志国会负责的内阁，则联邦议会的行政权力就将被夺走，小国统治者实质上就必须服从新的机构。届时各部门大臣须由邦联主席任命，并寻求邦联主席威廉一世和德意志国会的支持,不久大臣们就会开始这样执行政策——不是依照在议会谈判桌上进行专门探讨而与各邦国政府订立的协议,而是依靠基于德意志国会意愿的命令与法令。这难免引发奥托·冯·俾斯麦想要避免的问题——中央与地方权威之间因此引发斗争,从而再次促使各邦国政府反对国家统一,同时会引起南方各邦国对加入联邦的担忧。

奥托·冯·俾斯麦反对引入内阁的其他理由包括:不希望赋予德意志国会更多权力。最重要的是,他厌恶合议责任制。奥托·冯·俾斯麦说:

> 你们希望通过成立一个委员会来让政府为施政负责,而我认为,一旦这样做,责任就消失了。当只有一个人能够因所有错误而受到责备时,责任才存在。我以为,一部提出联合责任制的宪法得以颁行,本身就是一大政治错误。每个国家都应当尽快从这样的宪法中解脱出来。任何曾经因身为大臣掌管某个部门而不得不对其决定自行负责的人,因为这样的宪法最后都不再恐惧承担这样的责任。但若必须说服七个人同意他想要的就是正确的,他也免不了退缩。这与执掌一个国家是极其不同的。

这些理由都具有显著的"俾斯麦特色"。随着年龄渐长,奥托·冯·俾斯麦的感受愈加真切。1875年,他说道:

> 如果我无法依从本心,服从于我的主人——普鲁士国王的意愿,那么我在任何情况下都不可能再在一个联合责任内阁中屈就于普鲁士首相这样不讨好的职位。这个职位徒劳无益、毫无权力、责任极少。人只能对基于自身意愿所做的事负责,委员会什么也负责不了。

奥托·冯·俾斯麦自己总说，他乐意担任英国首相。当然，奥托·冯·俾斯麦考虑到的是首相拥有委任和解雇自己同僚的宪法权利。只要首相足够强硬，这项权利当然能让他真正掌控各项事务。奥托·冯·俾斯麦还考虑到另一项权利：成为向君主转达大臣意见的唯一途径。在普鲁士，首相依照传统并不具备这些特权。相较于英国，普鲁士各部门大臣之间的权力均衡得多。在新联邦中，奥托·冯·俾斯麦也想要以单一意志领导整个机构。

此事颇有些意味深长，因为它反映了奥托·冯·俾斯麦性格的一面。奥托·冯·俾斯麦不是容易共事的人，他不太能容忍别人的反对意见，也厌恶向除国王以外的任何人解释和证明自己的政策。在奥托·冯·俾斯麦的公务生涯中，没有哪位同僚自始至终在他左右，连阿尔布雷希特·冯·罗恩都常常觉得难以和他继续共事下去。阿尔布雷希特·冯·罗恩曾这样埋怨"瓦京隐士"[①]："他什么都想自己做，同时严格禁止别人打扰他。"奥托·冯·俾斯麦最适合的位置是一名专制的统治者，他把自己的同事看作下属，而不是平等待之。

然而，有人会提出反对：如果只用单一意志统领一切，政府就不应交由联邦议会来管理。一个由二十个邦国代表组成的委员会无法真正实施管理，联邦议会事实上不过是个幌子，支撑它的是普鲁士国王及首相无所不在的权势。德意志的管理者同时担任北德意志邦联的首相，奥托·冯·俾斯麦独自统领、支持着这个整体。我们来细数奥托·冯·俾斯麦的职责：他是邦联主席威廉一世的首相，1870年后则是德皇威廉一世的宰相；由普鲁士国王威廉一世担任的邦联主席有权宣布停战或开战、签署条约、任命官员，但所有这些行为都要经奥托·冯·俾斯麦这个首相签字同意才能生效。因此，首相也是整个邦联的外交大臣，同时掌管所有官员的任免权。此外，奥托·冯·俾斯麦也领导着所有内政事务，虽然不时会有新的国家部门——海事、邮政、财政等创立。然而，各部门的领导人与首相并非平级，他们不是首相的同事，而是他的下属，由首相为

[①] 指奥托·冯·俾斯麦。——译者注

他们指派工作。各部门领导人不直接对德意志皇帝、联邦议会或德意志国会负责,而是对首相负责。只要首相愿意,他可以立即控制任一部门来捍卫自己的行为。在严格意义上,首相要因所有失误向联邦议会负责。当然,实际上各部门通常是单独行事的,但只要有需要,首相可以随时介入并发出命令,各部门必须执行。如果部门首脑不同意,那么只能辞职,而后首相会任命新的继任者。

如此看来,首相是政府的真正领袖。但有人会说,首相的权力会因德意志皇帝、联邦议会和德意志国会的干涉而受到制约,令首相无法自主。但事实恰恰相反,首相需要应对五方面的权威:由普鲁士国王担任的邦联主席(即德意志皇帝)、联邦议会、普鲁士国会、德意志国会、普鲁士内阁。如今奥托·冯·俾斯麦已经掌管了联邦议会,同时代表着普鲁士的意愿。这几乎是不可避免的,因为要使宪法顺利实施,普鲁士和联邦政府必须目标一致。如此一来,奥托·冯·俾斯麦基本能够随心所欲地实施自己的政策。而在普鲁士内阁中,奥托·冯·俾斯麦作为唯一的邦联大臣,这种无上的权威使他的地位远远超出其他所有阁僚。此外,奥托·冯·俾斯麦再也不会受到德意志国会的操纵,对付一个国会总要比对付两个来得容易。并且根据宪法,德意志国会并不具备反对邦联首相政策的合法地位。奥托·冯·俾斯麦拥有的双重身份足以让他不受任何控制。政策由联邦议会决定。在联邦议会投票时,奥托·冯·俾斯麦代表的是普鲁士国王,要遵从普鲁士外交事务大臣发出的指示。德意志国会与普鲁士政策也没有任何关系,无权批评普鲁士大臣的行为。奥托·冯·俾斯麦本人不仅是法兰克福的联邦议会的首相,也是普鲁士首相及外交大臣,实质上遵从的是他自己对自己发出的指示,[①]但这无关紧要,根本原则并未改变:法兰克福议会代表并不对德意志国会负责,而是对自己代表的政府负责。然而,当奥托·冯·俾斯麦现身德意志国会,解释并维护联邦议会采取的政策时,他代

[①] 奥托·冯·俾斯麦执政晚期直接掌管贸易事务期间,职务的混乱变得极其突出。奥托·冯·俾斯麦同时担任普鲁士财政大臣。我们还发现他长期与多个岗位上的自己保持通信,包括普鲁士首相、德意志联邦议会的普鲁士代表和德意志帝国首相。——原注

表的未必是自己的政策,而是某个委员会决定的政策,他的意见在这个委员会中可能遭到否决。德意志国会可以否决某个法律或税收提案,也可以批判和争论,但它绝没有理由借宪法名义要求罢免首相。

奥托·冯·俾斯麦当然没有试图逃避自己主张的政策包含的所有道德责任。但他知道,只要普鲁士国王和大多数联盟邦国还信任他,德意志国会的权力就无法伤害他。

奥托·冯·俾斯麦可能没有预见到的是,新宪法大大增强了大臣的权力,令威廉一世的权威开始衰落。但跟以前一样,依然只有一个国家部门是奥托·冯·俾斯麦无法染指的,那就是军事部门。

当北德意志邦联宪法提交给议会时,没有经过多少讨论,也没有多少反对的声音就遭到了否决。这并不难理解。有些人,包括被征服地区的代表、波兰人、汉诺威人及石勒苏益格-荷尔斯泰因的代表都想要推翻新邦联,因为它是在摧毁了他们所属邦国的基础上建立起来的。他们的敌意公开、直接,也易于应对。但还有一些人的批评比较阴险狡诈,这些人一边声称渴望实现奥托·冯·俾斯麦已经达成的目标,一边又拒绝接受宪法,因为那将迫使他们放弃自己所属党派的某些原则。

有些人觉得奥托·冯·俾斯麦给予各邦国太多自由,他们想要一个更彻底的统一体,而此时奥托·冯·俾斯麦却首次充分表现出性格中最基本的克制。奥托·冯·俾斯麦知道自由党人想忘却什么。尽管这样的克制在冲突时刻显得愚蠢,却正是胜利者的最佳伪装。当自由党人要求奥托·冯·俾斯麦撤销为小邦国保留的许多特权时,他提醒自由党人,虽然梅克伦堡和萨克森两国面对普鲁士国王的权力增长束手无策,但普鲁士仍要承诺确保两国的安全。并且即便普鲁士国王有能力打倒自己的敌人,也应当始终在精神上和实质上履行自己对朋友的义务。新联盟的基础应是盟国之间的相互信任,最开始的确是奥托·冯·俾斯麦引导盟国畏惧普鲁士,但现在是时候让它们学会信任普鲁士了。

普鲁士保守党人担心普鲁士国王的权力和普鲁士王国的独立性会受到

影响,但奥托·冯·俾斯麦在保守派当中的影响力足以使他们不敢公开表示反对。进步党则形成了较大威胁,因为他们担心新宪法会限制普鲁士议会的势力。议会在许多方面都拒绝接受政府的提议,担心失去自由。奥托·冯·俾斯麦对进步党没有丝毫感情,言语中满是轻蔑。他直截了当地问进步党人:"是不是为了遵守议会政体的原则而要牺牲他完成的一切?"比如进步党人提出,既然未经普鲁士议会同意不得修改普鲁士宪法,那么新的联邦宪法就必须提交给普鲁士议会讨论并批准。有趣的是,我们发现,把宪法提交给普鲁士议会审议这一诉求,正是奥托·冯·俾斯麦在1852年反对时任外交大臣的约瑟夫·冯·拉多维茨时所支持的,但从那以后,奥托·冯·俾斯麦成长了许多。奥托·冯·俾斯麦指出,二十二个邦国的议会可能都会提出和普鲁士议会相同的诉求。如今,反对这种新型的特殊主义、维护德意志的统一是他的职责所在。过去特殊主义得到各邦国的支持,现在则是得到议会的支持。奥托·冯·俾斯麦说道:

> 1866年,当我们孤注一掷为各君主的王位奋斗时,那场伟大的运动①引领着各民族从贝尔特海峡战斗到西西里海、从莱茵河战斗到普鲁特河和德涅斯特河。数百万德意志士兵相互厮杀,鲜血在从莱茵河到喀尔巴阡山脉的各个战场上流淌。成千上万名士兵或战死沙场,或因鼠疫丧命。正是他们用自己的生命稳定了国家社稷。可你敢相信吗,这一切都可能因议会的一项决议而被尘封遗忘?先生们,假若如此,你们看待局势确实没有高度。我倒愿意看看,当一个从克尼格雷茨战场上归来的伤残者询问他们奋勇作战带来哪些成效时,想要遗忘这一切的先生们会怎么回答。你们会告诉他:"是的,在德意志统一这方面我们什么都没有做到,但时机没准会到来的,

---

① 那场伟大的运动指"普奥战争"。——译者注

到时我们可以随时轻易地达成协议。不过，我们确实保留了下议院的预算权利，我们还留住了普鲁士议会每年质疑军队是否应当存在的权利……"那个伤残者就只好借这种说辞为身体的残缺寻求安慰，也只好如此安慰那个埋葬自己丈夫的遗孀。

将这次演说与奥托·冯·俾斯麦在《奥尔米茨条约》签订后的一次类似演说进行比较，会发现很有趣的情况：两次演说的思想和表达极其相似，而说话者的立场又极其不同。奥托·冯·俾斯麦无法理解那些怀疑和犹豫：为什么要这样相互猜疑？奥托·冯·俾斯麦主张的宪法也许不是最好的，不是完美的，但至少要让它变得完美。"先生们，"奥托·冯·俾斯麦说道，"我们要快速行动，把德意志送上马鞍，它很快就能学会策马飞奔了。"奥托·冯·俾斯麦对于自己遭遇的反对意见大为恼怒：

> 如果一个人努力奋斗了五年才得到我们眼前的一切；如果一个人花费了自己的时间和人生最美好的年华、牺牲了自己的健康才得到这一切；如果一个人能记得，与二十二个邦国政府共同决定一个小小的段落，甚至厘清标点符号的问题有多么大费周章；如果我们终于就今日眼前的一切达成了一致，那么，各位没有经历过多少奋斗、对于我们的公务流程也一无所知的先生们提出意见的那种方式，我只能将之比拟为某个先生不知我立于何处就向我的窗户丢石头。他不知道攻击我哪一点，也不知道自己反对的是怎样的事业。

克尼希格雷茨战役后，当奥托·冯·俾斯麦要应对前来索要俘虏的敌国朝臣时，当他因战斗受伤极其疲乏却仍要听取有战争残酷的冗长演讲时，他不禁感到暴躁。

辩论持续进行了两个月，人人情绪高昂，争先展示自己的才能。议会多数一再投票支持宪法修正案，而奥托·冯·俾斯麦早已对此表示反对。当议会完成宪法修订时，修正案须再次提交给各国政府。有四十条修订得到采纳；仅有两条，奥托·冯·俾斯麦告知议会不可接受。其中一条关乎军队预算事宜。就这一条可能很快会再次发生冲突。双方最终同意和解。鉴于眼前的危险——当时普鲁士与法兰西似乎即将就卢森堡问题发生战争，议会投票支持军队在今后四年内需要的拨款，还需要对1871年军队预算予以重新安排，但眼下政府可以依自己的意愿维持军队应有的战斗力。另一条待修订内容则不那么紧迫：议会多数赞同议会成员应当为自己的工作获得报酬。奥托·冯·俾斯麦对此表示强烈反对，称这事关信任，并提醒议员们，各国政府不可能采纳。议会别无他法，只得撤销此次表决。

最终得到议会一致通过的宪法作为德意志帝国宪法沿用至今。尽管当时已经埋下了隐患，但这部宪法仍卓有成效地实施了三十几年。

从建立新国家、采用新宪法那一刻开始，奥托·冯·俾斯麦的公开身份就发生了很大变化，他不再仅仅是普鲁士国王威廉一世最重要的、最有才干的大臣，也不再处于尊贵的普鲁士大臣之列。我们要清楚地认识到，奥托·冯·俾斯麦的地位要比帝王更加尊贵，因为他是真正的国父：是他用智慧构思了德意志帝国、用意志创造了德意志帝国；他照管着德意志帝国，就如父亲慈爱地看护自己的儿子一般。没有人比奥托·冯·俾斯麦更了解德意志帝国。只有他能够对宪法法规予以权威解读。批评这个国家几乎等于攻击奥托·冯·俾斯麦本人，反对他几乎无异于叛国。随着时间的流逝，人们将会看到奥托·冯·俾斯麦越来越无法忍受他的对手，因为对手们想动摇他取得的成就，或是取代他的"船长"的位置。同时，奥托·冯·俾斯麦还将十分严肃认真地忠实履行宪法的条例与精神，这些难道不都是必然发生的吗？从此，其他所有利益都被暂时搁置，奥托·冯·俾斯麦一生都专注于使德意志繁荣昌盛。

当然，德意志并未就此取得政治上的稳定，还有许多问题需要克服，但在此我们无法一一展开。最严重的问题在于如何管理被征服各个地区的事务，尤其是汉诺威王国。除了商人和城镇的中产阶级，汉诺威的所有阶级都极不赞同被普鲁士兼并一事。汉诺威驻普鲁士议会和北德意志邦联议会的代表实质上反对政府的所有措施。汉诺威国王格奥尔格五世虽然流亡海外，但仍能与他的旧部保持密切的往来。议会就汉诺威国王格奥尔格五世的私有财产事宜展开了漫长的磋商，最终一致同意付钱给他。然而，汉诺威国王格奥尔格五世用这笔钱组建了一支军队，准备用来在时机成熟时对抗普鲁士。因此，普鲁士必须停止向他支付资金，以免钱款挪作此用。这就是臭名昭著的韦尔夫基金的由来。这笔钱可以拨给情报机关使用，特别是供新闻出版使用。教皇派主办的报纸当然对政府充满敌意，而奥托•冯•俾斯麦对此类报界斗争有着丰富的经验，能够以其人之道还治其人之身。

奥托•冯•俾斯麦提醒人们注意德意志的一个弱点，借以维护他建立韦尔夫基金的提议。奥托•冯•俾斯麦问道，还有哪个国家的落败政党会寻求外国军队的帮助？他说："很不幸，德意志有许多科里奥兰①，缺的只是沃尔西人②。一旦找到沃尔西人，科里奥兰们很快就会撕下面具。"人人都知道，一旦时机成熟，来自莱茵河那头的"沃尔西人"必将迅速到来。

> 这是数百年的分裂带来的悲哀后果。我们的国家存在叛徒，他们甚至毫不躲藏，高昂着头颅，可就连议会之内都有为他们公开辩护的人。

奥托•冯•俾斯麦接着说道：

---

① 科里奥兰，传说中公元前5世纪的一个罗马将领，曾率领罗马军队包围沃尔西人的科里奥利城。遭罗马流放后，他又率领罗马的敌人沃尔西人包围了罗马。——译者注
② 沃尔西人，罗马共和国初期意大利的一个部族，与罗马敌对数百年，后被罗马共和国吞并。——译者注

每个发现腐败的地方，都有某种生命在萌发，人们再怎么谨慎也不能触碰。基于这样的事实，你们说我是在从事间谍行动。就我的本性而言，我生来不是间谍，但我相信，如果我们屈尊跟随恶毒的爬虫回到它们的洞穴中观察它们的行为，你们还是应当感谢我们。

这就是"爬虫报刊"这一说法的来源。被人们冠以这个名号的不是政府要对付的那些人，而是那些得到报酬的机构。只要消息属实，这些机构就能得到一大笔的教皇派的基金。

不过，我们接下来该谈谈是哪些事件使1866年的事业得以完满。

第 13 章

普法战争爆发①

自法兰西与德意志达成和平协定后,双方发生冲突的可能性就变得越来越大。整个法兰西民族和军队的不满与怀疑持续增长,他们确实感受到法兰西的霸权遭到了德意志这股持续增强的新势力的动摇。不仅如此,德意志人对法兰西根深蒂固的仇恨也被拿破仑三世的行为激发,同时德意志人民也认识到了自己的力量,信心倍增。如果只有这些因素,也许一年又一年过去,人们意料中的那场战争仍会一如往常地一拖再拖。我们大致可以确定,若非奥托·冯·俾斯麦认为必要和恰当,抑或战争能带来收获,他就不会发动战争。奥托·冯·俾斯麦总能证明自己既能发动战争,也有能力利用权力维护和平。然而,有一个理由令双方几乎必然走向战争。德意志的统一事业只完成了一半,南部各邦国仍以一种半独立的怪异状态存在着。这难以持久。南部各邦国的地位必须调整。一个政治共同体缺乏一部稳定、持久的宪法往往会造成政局不稳的状态,此时战争就会爆发。在德意志,人们热切期盼着南部各邦国与北部联合的那一天,统一德意志的工作一直在进行。签订攻守同盟协议后,基于奥托·冯·俾斯麦的建议,新的关税联盟也建立起来。其措施是:德意志各地

---

① 除了常规的权威信息来源,在撰写本章时,我参考了罗马尼亚国王卡罗尔一世的回忆录。奥托·冯·俾斯麦在自己的回忆录中称罗马尼亚国王卡罗尔一世得到的信息并不准确,但即便当中有些细节上的偏差,只要本文中那些引人注目的言论尚未得到充分的反驳,便应当是确实可信的。不过,我认为,至今还没有人试图提出反驳。——原注

选出议员,在柏林召集议会,商讨如何管理关税事宜。然而,奥托·冯·俾斯麦也只能止步于此了。新宪法实施顺利,人们可以尝试接纳南部各邦国加入,但前提是如不与法兰西一战,这就不可能实现。奥托·冯·俾斯麦拒绝了与法兰西结盟的提议。奥托·冯·俾斯麦明白,其他人也明白,法兰西将会用武力反对任何意图统一德意志的行为。更严重的是,除非普鲁士高度谨慎,否则法兰西将得到奥地利,甚至是巴伐利亚的反普鲁士党派的支持。有些人希望立即推进统一德意志一事,国家自由党极力催促奥托·冯·俾斯麦加快与南部各邦国的联合。1870年年初,巴登大公腓特烈一世也正式提出加入邦联的请求。巴登

巴登大公腓特烈一世

大公腓特烈一世还是威廉一世的女婿，也是普鲁士在南部扩大影响力的主要支持者。奥托·冯·俾斯麦必须拒绝这一请求，但他面对满腔热忱的朋友们又很难坚守自己的立场，只能提醒朋友们不要着急，不要让事态发展过快，否则将激起反普鲁士派的愤恨，从而令拿破仑三世和奥地利受益。然而，操之过急有危险，迁延拖沓也同样危险——那将有损普鲁士的声望。

显然，要使统一的德意志几乎不遭遇任何阻力便得以建立，只有一种办法。如果法兰西无缘无故对德意志发动一场完全没有任何原因或借口的攻击，那么由这种攻击激发的强烈的爱国激情和战争热情可能将扫除所有细微差异和党派立场。

还有一个要素不该忽略。这些年来，教皇绝对权力主义派的决心和力量一直在增长，它的势力发展到了欧洲各个国家，主要目标就是维护教皇的世俗权力，并摧毁新建立的意大利王国。教皇绝对权力主义派也反对德意志在普鲁士的领导下走向统一。在南德意志地区，教皇绝对权力主义派十分活跃，势力强大，在1869年的选举中还获得了多数票。其实教皇绝对权力主义派的真实目的必然是争取法兰西第二帝国皇帝拿破仑三世的支持，并跟拿破仑三世达成一个完整的协议，说服他放弃早期的政策、毁掉他努力创造的一切。教皇绝对权力主义派代表欧仁妮皇后的利益，因而获得了极大支持。借法兰西人虚荣心受挫之机，它迫切要求拿破仑三世开战。

1867年，卢森堡问题险些导致普法战争爆发。拿破仑三世希望法兰西的领土至少能够扩大一点点，便在普鲁士的支持下与荷兰国王威廉三世进行谈判。荷兰国王威廉三世同意向法兰西交出卢森堡大公国，但条件是拿破仑三世必须确保普鲁士赞成这一安排。就在双方即将签署条约的最后一刻，奥托·冯·俾斯麦明确表示：德意志的民族情感十分强烈，如果卢森堡果真易主，他将不得不向法兰西宣战。同时，奥托·冯·俾斯麦公开了与南部各邦国的秘密协议。这些事彻底摧毁了与拿破仑三世维持旧日情谊的最后希望。拿破仑三世说道："我遭到了欺骗。"拿破仑三世立即开始重组军队、重新武装。有几周时间,由于卢森堡驻军权的问题,战争似乎迫在眉睫。此前普鲁士一直保有这一权利,但随着之前奥地利主导的德意志邦联的瓦解,这一权利理所当然也失效了。但德意志人民族情绪高涨,丝毫不考虑各种协议的确切条款,一心只要维护驻军权利。奥托·冯·俾斯麦知道,普鲁士在卢森堡驻军权问题上的主张无法获得国际上的支持。此外,即便想与法兰西开战,普鲁士也并未做好准备,因为北德意志邦联的军队还要以普鲁士的模式重组,这也必然需要一段时间。于是,奥托·冯·俾斯麦选择维持和平局面,通过欧洲代表大会解决了普法争端。1867年夏,奥托·冯·俾斯麦与威廉一世一同造访巴黎。表面上两国恢复了友好关系,但这实质上只是武装和平。

拿破仑三世的想法难以揣度,他似乎已经认定战争是不可避免的,但没有证据表明他希望开战。拿破仑三世开始着手准备:重整军队、扩充兵力、引进新武器,同时四处寻找盟友。拿破仑三世与奥地利举行了谈判。1868年,法奥两国皇帝会面。时任奥地利首相的弗里德里希·斐迪南·冯·博伊斯特急于瓦解普鲁士在德意志的势力。1870年,法奥两国商讨建立军事联盟事宜,巴泰勒米·勒布伦将军作为法兰西特使被派往维也纳,同奥方商讨一旦发生战争两国将如何开展军事行动。双方并未签订协议,但几乎已经达成共识:两国皇帝迟早会结盟,共同对付普鲁士。

人们将会发现,1870年年初的一切事务都预示着战争即将到来。某些情况下战争是可取的,对于法兰西和普鲁士皆是如此。但仍有许多事取决于战争爆发时的实际情况。如果普鲁士采取攻势,尝试以武力夺取南部各邦国,则普鲁士将遭遇法奥两国的联合对抗,法奥两国还极有可能得到巴伐利亚的支持,北德意志那些对普鲁士心怀不满的人们也会支持这样的联盟。然而,加速冲突可能对普鲁士更加有利:威廉一世日渐衰老,奥托·冯·俾斯麦无法确定自己还能留任多久。此外,北德意志军队已经完成重组,正在准备开战,但可以预见,1871年将会再次尝试裁军,有必要避免在军事预算问题上与议会再次发生冲突。所有迹象都表明,1870年将是最有利于普鲁士开战的一年。

巴泰勒米·勒布伦将军

此时，普鲁士还没有真正可以依靠的盟友。奥托·冯·俾斯麦的确坐实了俄罗斯帝国的中立态度，他也不知道沙皇亚历山大二世会不会积极予以帮助。我们基本可以肯定，奥托·冯·俾斯麦宁可不向俄罗斯帝国求助，因为往日的经验表明，当德意志加入一场法兰西和俄罗斯帝国之间的战争时，情况总是对德意志十分不利。在这样的形势下，转机忽然出现，普鲁士能得到一个比俄罗斯帝国更加有力的盟友。19世纪西班牙曾发生过多次革命，其中一次革命就在普法纠纷那段时间爆发了。西班牙女王伊莎贝拉二世在政变中丢掉了王位。发动政变的胡安·普里姆想另寻一位新君主，结果他寻遍所有天主教王室，却发现没有人乐于接受成为新君的"荣耀"。胡安·普里姆还找过利奥波德·斯特凡·冯·霍亨索伦。他是数年前担任普鲁士首相的卡尔·安东的长子，他的

第13章 普法战争爆发

西班牙女王伊莎贝拉二世

胡安·普里姆

利奥波德·斯特凡·冯·霍亨索伦

家族是霍亨索伦-西格马林根家族。这似乎是个不错的选择：利奥波德·斯特凡·冯·霍亨索伦亲切而勇敢，是天主教教徒，还与拿破仑家族素有来往；1867年，他的弟弟卡尔·埃特尔·弗里德里希·泽菲里努斯·路德维希·冯·霍亨索伦-西格马林根在拿破仑三世的支持下成了罗马尼亚大公卡罗尔一世。

由利奥波德·斯特凡·冯·霍亨索伦继位的想法很可能完全出自善意。正常情况下，如果他乐意接受，将是十分合适的人选。但众所周知，从一开始拿破仑三世就不同意，并且鉴于欧洲内部的友好关系，胡安·普里姆也理应征询拿破仑三世对此事的意见。我们不能说拿破仑三世反对利奥波德·斯特

罗马尼亚大公卡罗尔一世

凡·冯·霍亨索伦继位是毫无道理的。的确有人说，利奥波德·斯特凡·冯·霍亨索伦不算是普鲁士王室的成员，他与拿破仑三世的关系实际上要比和威廉一世的关系更亲近。尽管如此，但强调这一点就等于忽视了霍亨索伦家族两个分支间十分显著的天然纽带。利奥波德·斯特凡·冯·霍亨索伦的父亲卡尔·安东曾做过一件空前绝后的事：本着对普鲁士的忠诚，卡尔·安东放弃了自己至高无上的统治地位，把自己的封地拱手让给了腓特烈·威廉四世，他也因此被纳入普鲁士王室，正式承认腓特烈·威廉四世为王室首领，并服从腓特烈·威廉四世的统治。此外，卡尔·安东甚至愿意屈就普鲁士首相一职。如果让一个如此热爱普鲁士的人的儿子继承西班牙王位，那西班牙未必会是个友善的邻居。拿破仑三世若是有这样的担忧，不也是合理的吗？

1869年初春，利奥波德·斯特凡·冯·霍亨索伦首次收到请他继位的提议。这方面的消息我们所知甚少，但利奥波德·斯特凡·冯·霍亨索伦似乎立即回绝了。然而，法兰西大使文森特·贝内代蒂却心生怀疑，他听说有个曾经在柏林担任大使的西班牙外交官再次造访柏林，两度与奥托·冯·俾斯麦会面。法兰西大使文森特·贝内代蒂担心这个外交官可能肩负某种与利奥波德·斯特凡·冯·霍亨索伦继位一事有关的使命。依据政府方面的指示，法兰西大使文森特·贝内代蒂首先向卡尔·赫尔曼·冯·蒂勒了解情况，并在造访巴黎后与奥托·冯·俾斯麦会面。奥托·冯·俾斯麦并未回避继位话题，而是坦率地解释了各种原因，表示如果有人建议利奥波德·斯特凡·冯·霍亨索伦继位，威廉一世毫无疑问会予以劝阻。法兰西大使文森特·贝内代蒂仍未打消疑虑，但当时两人没有进一步探讨这一话题。不过，从后来发生的事情看来，尽管我们没有证据，也完全有理由和法兰西大使文森特·贝内代蒂一样，怀疑当时的奥托·冯·俾斯麦已经在考虑继位提议，并打算表示支持了。

1869年9月，事情开始向前推进。胡安·普里姆派西班牙富绅萨拉萨尔带着一份半正式的委任状前往德意志，希望利奥波德·斯特凡·冯·霍亨索伦成为王位候选人。胡安·普里姆还给了萨拉萨尔一封写给一个德意志老朋友的信，这个老朋友将把萨拉萨尔引荐给利奥波德·斯特凡·冯·霍亨索伦。胡安·普里姆的老朋友不是别人，正是卡尔·冯·韦特先生。只要大家还记得奥托·冯·俾斯麦在外交部门秉持的十分严格的纪律，就会相信卡尔·冯·韦特也是遵照指示行事的。①卡尔·冯·韦特会把萨拉萨尔带到利奥波德·斯特凡·冯·霍亨索伦面前，并十分小心地保守秘密。萨拉萨尔并没有直接前往魏

卡尔·冯·韦特

---

① 历史学家海因里希·冯·济贝尔称事实并非如此。——原注

恩堡，而是在另一个车站下了火车，在城里一直等到天黑，借着夜幕避开了人们的视线，才出发去城堡的。萨拉萨尔先是请求卡尔·安东本人继承王位，但遭到拒绝，他又向利奥波德·斯特凡·冯·霍亨索伦提出继位一事。利奥波德·斯特凡·冯·霍亨索伦虽没有直截了当地回绝，却清楚表示他并不愿意接受这一提议，说只有在西班牙政府得到拿破仑三世和威廉一世同意的情况下他才会接受。尽管霍亨索伦家族不愿接受这份送到眼前的尊荣，卡尔·冯·韦特——我们不妨把他看作是奥托·冯·俾斯麦的代理人——仍于两周后从慕尼黑出发，想向罗马尼亚大公卡罗尔一世施压，要罗马尼亚大公卡罗尔一世利用自己的影响力迫使霍亨索伦家族不得拒绝王位。然而，这一提议似乎暂时被搁置了。数月后，第三次有人提出让利奥波德·斯特凡·冯·霍亨索伦继位一事，这一次奥托·冯·俾斯麦充分动用其影响力予以支持。1870年2月月底，萨拉萨尔因公前往柏林出差，随身带上了三封信，一封给威廉一世，一封给奥托·冯·俾斯麦，一封给利奥波德·斯特凡·冯·霍亨索伦。威廉一世不肯接见萨拉萨尔。利奥波德·斯特凡·冯·霍亨索伦坚定地表示拒绝，他的父亲卡尔·安东也支持这一决定，他们的态度是除非国家层面上有更重要的理由，否则不必认真考虑继位一事。不过，萨拉萨尔成功地说服了奥托·冯·俾斯麦。两人会面数次后萨拉萨尔便离开了柏林，以免令人生疑，也免得令法兰西政府注意到双方的磋商。奥托·冯·俾斯麦热切希望继位提议得到接受。在呈给威廉一世的一份报告中，奥托·冯·俾斯麦详细解释了利奥波德·斯特凡·冯·霍亨索伦继承西班牙王位对于德意志的莫大重要性：能够在法兰西后方拥有一块与普鲁士亲善的国土，这在政治上的价值不可估量。如果西班牙这个全面君主制的国家能够在一位有德意志血统的国王领导下进行资源开发，那将为德意志和西班牙带来极其可观的经济利益。鉴于此，柏林召开了一次会议，出席者除威廉一世、太子腓特烈·威廉·尼克劳斯·卡尔、卡尔·安东和利奥波德·斯特凡·冯·霍亨索伦外，还有首相奥托·冯·俾斯麦、战争大臣阿尔布雷希特·冯·罗恩、总参谋长赫尔穆特·卡尔·贝恩哈特·冯·毛奇、亚历山

卡尔·赫尔曼·冯·蒂勒

大·冯·施莱尼茨、卡尔·赫尔曼·冯·蒂勒和鲁道夫·冯·德尔布吕克。征询了他们的意见后,这一事务就不再是私人的家庭事务了。的确,普鲁士议会并未对利奥波德·斯特凡·冯·霍亨索伦继位一事予以正式讨论,但出席此次柏林会议的正是主导国家政策的那几位。这几位顾问一致决定:接受继位提议,因为这是在履行对普鲁士的爱国责任。太子腓特烈·威廉·尼克劳斯·卡尔知道继位会遭遇许多阻力,他提醒自己的表弟奥波德·斯特凡·冯·霍亨索伦,即便当下是普鲁士政府为了达到某种目的而推进这一计划,但如果他接受王位,今后不可指望普鲁士出手相助。威廉一世与大臣们意见相左,他严肃地提出许多反对意见,并拒绝向利奥波德·斯特凡·冯·霍亨索伦下达接受王位的明确指令。威廉一世让利奥波德·斯特凡·冯·霍亨索伦自己做最后的决定,而利奥波德·斯特凡·冯·霍亨索伦最终还是拒绝了。

然而，奥托·冯·俾斯麦是不会被打倒的，他坚称霍亨索伦家族不能就此放下此事。奥托·冯·俾斯麦无法劝服威廉一世行使权威，便直接向霍亨索伦家族施压，并成功地让卡尔·安东给小儿子弗雷德里克·冯·霍亨索伦发去电报，询问他是否愿意代替自己的兄长利奥波德·斯特凡·冯·霍亨索伦继位。此时，奥托·冯·俾斯麦公开宣称并反复强调，由这些贵族中的一位继承西班牙王位在政治上具有必要性。同时，奥托·冯·俾斯麦派遣总参谋部的一个普鲁士军官和自己的私人秘书洛塔尔·布赫尔前往西班牙打探形势。奥托·冯·俾斯麦毕竟是普鲁士官方代表，应当尽量避免直接介入此事。

弗雷德里克·冯·霍亨索伦来到柏林，表示除非由威廉一世发出命令，否则会和兄长利奥波德·斯特凡·冯·霍亨索伦一样拒绝继位。1870年4月月末，谈判似乎再次失败了。因健康状况不佳，奥托·冯·俾斯麦离开柏林前往瓦京庄园逗留了六周。

瓦京庄园

不过，鉴于奥托·冯·俾斯麦对此事给予如此强烈的关注，我们不必担心，他一定有能力办成此事。奥托·冯·俾斯麦似乎已经说服了卡尔·安东，后来他又致信胡安·普里姆，请胡安·普里姆不要丧失信心，继位一事是极好的安排，不应放弃。不过，胡安·普里姆协商的对象不该是普鲁士政府，而是利奥波德·斯特凡·冯·霍亨索伦本人。写下这些文字时，奥托·冯·俾斯麦确知自己终于成功打消了利奥波德·斯特凡·冯·霍亨索伦不情愿的态度。威廉一世仍不愿承担任何责任，但若利奥波德·斯特凡·冯·霍亨索伦自愿接受王位，威廉一世也会表示赞同的。利奥波德·斯特凡·冯·霍亨索伦本人对西班牙人很关切，也受到了奥托·冯·俾斯麦来信的影响。信中说到，利奥波德·斯特凡·冯·霍亨索伦应当放下所有顾虑，以普鲁士的利益为先，接受王位。奥托·冯·俾斯麦派往西班牙的使者们也带着好消息回来了，他们在西班牙受到了极其热情的接待。我们或许可以站在威廉一世的角度，怀疑使者们带回来的消息过于乐观。但毫无疑问，使者们知道派遣他们的奥托·冯·俾斯麦怀着怎样的愿望，而他们也正是依此行事的。1870年6月月初，事情终于有了结果。利奥波德·斯特凡·冯·霍亨索伦致信威廉一世，称愿意接受继承西班牙王位的提议，希望借此为自己的国家贡献一份巨大的力量。威廉一世立即回复赞同这一决定。

奥托·冯·俾斯麦终于成功了。数日后，萨拉萨尔先生再次前往德意志，这次带去了一份正式的提议，得到了正式认可。西班牙议会召开会议，决定让议员们留在马德里直到萨拉萨尔归来，而后便可立即完成选举。因为已经可以保证获得多数票。会谈的消息被严密封锁。尽管确有风言风语，但人们对关乎西班牙王位继承的一次次秘密会谈一无所知。人们可能会怀疑，却无法证实那是奥托·冯·俾斯麦的阴谋。一旦利奥波德·斯特凡·冯·霍亨索伦继位一事通过了选举，便是整个国家的庄严决定，拿破仑三世将不得不面临既成的事实。提出反对是极其不利的，拿破仑三世有必要采取行动。这种行动不是针对似乎置身事外的普鲁士，而是针对西班牙的。鉴于法兰西人民的感受，拿破仑三世不可能赞同此次选举。如果拿破仑三世要求西班牙必须否决那个已经获得正式认可的国王继承王位,将严重伤害西班牙的自尊。拿破仑三世若是这样做,那么战争几乎是不可避免的,而与西班牙开战将严重消耗法兰西的资源,转移法兰西对普鲁士的注意力。即便没有开战,法兰西与西班牙之间的怨恨也将越积越深,不会轻易化解。如此便不难理解奥托·冯·俾斯麦的动机了。迅速推动继位的计划在最后时刻流产了,一封发自柏林的加密电报在马德里遭到误读。于是,西班牙议会中止会议,休会期持续到1870年秋季。所有事务都取决于西班牙选举能否在秘密公开前得以进行,但拖延数周是免不了的,而萨拉萨尔的某些轻率言辞揭穿了真相。胡安·普里姆别无他法,只能正式向法兰西大使文森特·贝内代蒂发去消息,告知此事目前的进展,试图消除法兰西大使文森特·贝内代蒂的不安。

在这整件事中,奥托·冯·俾斯麦的动机何在?奥托·冯·俾斯麦不大可能想利用西班牙王位继承事件作为与法兰西开战的借口,因为他不可能预见到这之后即将发生的一系列极其重大的事件。若没有这些事件,单凭西班牙王位继承事件发动战争将是极不明智的。如果人们认为普鲁士政府破坏欧洲的和平仅仅是为了违逆法兰西的意愿,让一个普鲁士人登上西班牙的王位而已,那么德意志的民意和所有中立国的情感都将与普鲁士针锋相对。今时今日,奥托·冯·俾斯麦不能再像从前一样忽视德意志的民意了,他并不想靠武力征服南德意志地区,而是希望拉拢它们。因此,更接近事实的情况可能是:奥托·冯·俾斯麦对于将要产生的后果并没有清晰的概念,但他不想错过任何可能为德意志带来盟友并削弱法兰西的机会。假设发生战争——无论战争是否由西班牙王位继承事件引起——且能够说服西班牙共同打击法兰西,让西班牙扮演1866年意大利扮演的角色,那么西班牙王位继承事件便具有不可估量的价值。奥托·冯·俾斯麦最期盼的也许是法兰西向西班牙宣战,而后拿破仑三世就会把兵力消耗在另一个"墨西哥"①上,不再对德意志构成威胁。这样

---

① 当时法兰西正与墨西哥作战,即"法墨战争"。因此,此处用"另一个墨西哥"指代假设中的敌视法兰西的西班牙。——译者注

一来，无论德意志是否参战，都能在法兰西专注战事之时自由行事。如果这些情况都没有发生，那会有另一个好处：德意志可能在商业上获利。

总体看来，西班牙王位继承事件并未体现奥托·冯·俾斯麦身为外交官的最大优势，这一事件难以捉摸，风险太大。

消息传来，法兰西人民对普鲁士的猜忌又从沉睡中被唤醒。法兰西内阁疑虑重重、十分恼怒，而这样的感受并不是毫无根据的。法兰西人认为整件事都是奥托·冯·俾斯麦的阴谋，虽然他们并没有证据——毕竟所有谈判都进行得十分小心。法兰西内阁可能提出，未经普鲁士国王许可，一个普鲁士人不可接受他国的继位请求。而令他们不满的一个重要原因，就是拿破仑三世明明与此事密切相关，威廉一世却并未与拿破仑三世提前沟通就准许利奥波德·斯特凡·冯·霍亨索伦继位。除了这一做法本身，还有其他因素也让法兰西人担忧。整件事都保持高度隐秘，这也被法兰西人解读为某种恶意。

法兰西人理所当然要介入，阻止继位一事实现。然而，他们应该从何处着手？凭着合理的直觉，法兰西人向柏林，而不是马德里，发起了抗议。这样一来，他们就不是在干涉西班牙人的独立，而是在悄然增长的德意志势力面前进行正当防卫。

不过，法兰西方面无法联系上奥托·冯·俾斯麦。他身体不佳，已经前往瓦京休养。其他大臣也不知去向。威廉一世则身在埃姆斯。面对这个突如其来的危机，普鲁士人离开得恰逢其时。因为普鲁士政府不免要否认它是此事的同谋。奥托·冯·俾斯麦必须防止人们认为他关注此事，或是知晓此事，便一直留在波美拉尼亚避世而居。

法兰西大使文森特·贝内代蒂也避走黑森林。于是，1870年7月4日，法兰西代办苏尔先生前往普鲁士外交部，见到了卡尔·赫尔曼·冯·蒂勒。苏尔写道："卡尔·赫尔曼·冯·蒂勒显得很尴尬，告诉我普鲁士内阁大臣们对此事全然不知，他们根本不知道此事的存在。"这是普鲁士方面唯一的回答。1870年7月11日，奥托·冯·俾斯麦向普鲁士情报员发去了一封公函，重申了这一点："此事与普鲁士毫无关系。普鲁士内阁一直认为此事只与西班牙和候选继位者有关，也一直是这样处理的。"这本属事实，因为西班牙王位继承事件从未提交给普鲁士内阁讨论，内阁记录中一定不会提及此事，并且多数大臣对此全然不知。

苏尔先生当然不相信卡尔·赫尔曼·冯·蒂勒的话，法兰西政府对这样的解释也不满意。在法兰西内阁的官员们煽动下，巴黎方面的愤怒情绪日渐高涨。应议会特别要求，1870年7月6日，安托万·阿尔弗雷德·阿热诺宣布，不认可利奥波德·斯特凡·冯·霍亨索伦的继位资格。安托万·阿尔弗雷德·阿热诺表示，他相信普鲁士人民的智慧，也相信西班牙人民的友谊，并相信他们不会促成此事。但如果希望落空，法兰西人也清楚自己该如何履行责任，他们无须容忍他国把自己的某个贵族安插到查理五世的王位上。这将破坏权力平衡，威胁法兰西的利益。安托万·阿尔弗雷德·阿热诺还表示，希望普鲁士贵族继位一事不会实现，希望德意志人的智慧和西班牙人的友情能够防止此事发生。但若有必要，在整个法兰西民族和议会的强烈支持下，法兰西人知道该如何坚定有力地履行责任。

于是，法兰西内阁公开宣称普鲁士政府应对选择继位者一事负责，并坚持要求普鲁士而不是西班牙收回决定。胡安·普里姆提出，既然普鲁士外交部拒绝谈论此事，安托万·阿尔弗雷德·阿热诺应当觐见威廉一世本人。法兰西大使文森特·贝内代蒂接到指示：前往埃姆斯会见威廉一世，请求他命令或劝说利奥波德·斯特凡·冯·霍亨索伦放弃继位。起初安托万·阿尔弗雷德·阿热诺也希望法兰西大使文森特·贝内代蒂会见利奥波德·斯特凡·冯·霍亨索伦本人，但转念一想，又竭力阻止法兰西大使文森特·贝内代蒂这样做，因为正如安托万·阿尔弗雷德·阿热诺所说，由威廉一世传达信息才是第一要务。安托万·阿尔弗雷德·阿热诺已经打定主意利用这次机会羞辱德意志。

如果法兰西人就是想以此种方法坐实普鲁士的共谋行为，那么普鲁士政府的当务之急便是阻止他们这样做。普鲁士的确处于极其不利的境地：它无法接受法兰西的挑战，任由战争爆发，因为不仅英国和俄罗斯帝国等中立国对此持反对态度,德意志国内对此也会存有分歧。可以想象,巴伐利亚和符腾堡的反普鲁士派将会多么激烈地反对一场显然有利于霍亨索伦王室的战争。然而,如果利奥波德·斯特凡·冯·霍亨索伦此时收回决定,法兰西人就可昭告天下,称他是因为法兰西的公然威吓而退缩的。假设法兰西人终于有证据表明威廉一世与利奥波德·斯特凡·冯·霍亨索伦有所勾连,他们还可能声称法兰西扼制了普鲁士的野心。如此,普鲁士在国内威望将遭到重创,而其他国家则会对普鲁士的诚信产生怀疑。

因此,当法兰西大使文森特·贝内代蒂要求会见威廉一世时,威廉一世的处境很困难。走到如今的境况并非威廉一世所愿,他早前的顾虑似乎得到了充分验证。威廉一世抗议法兰西报界和内阁的激烈言辞,反复表示普鲁士内阁与任何磋商都无关,普鲁士内阁大臣们毫不知情。他一直避免参与磋商,仅在利奥波德·斯特凡·冯·霍亨索伦已经决定接受王位、请求威廉一世同意的情况下才给出意见。所以,威廉一世并不是以他作为普鲁士国王的至高无上的身份行事,而是把自己当作了一家之主。尽管威廉一世私下知会了奥托·冯·俾斯麦,但并没有召集全体内阁大臣们进行商议。威廉一世拒绝行使权威命令利奥波德·斯特凡·冯·霍亨索伦收回决定,表示将一如往常给利奥波德·斯特凡·冯·霍亨索伦充分的自由。

也许威廉一世并不知道奥托·冯·俾斯麦在多大程度上促成了利奥波德·斯特凡·冯·霍亨索伦接受王位,但威廉一世的说辞并未提升法兰西人对普鲁士的信任。很显然,利奥波德·斯特凡·冯·霍亨索伦咨询过威廉一世的意见,而威廉一世并未考虑这对法兰西有何后果便表示同意。法兰西人无法认可威廉一世作为君主的行为与他作为一家之主的行为之间的差异,因为正如法兰西大使文森特·贝内代蒂所说,恰恰因为威廉一世是君主,他才成为一家之主。

法兰西与普鲁士发生纷争的这段时间,奥托·冯·俾斯麦仍留在瓦京。在巴黎群情激愤的时候,在法兰西大臣们频繁召开会议、整个巴黎已在讨论开战的时候，普鲁士的大臣们还在招摇地继续享受假期。普鲁士大臣们完全无须担心：由于军队准备充分，完全可以静观法兰西的动作。奥托•冯•俾斯麦有着怎样的打算和希望，我们不得而知。这些日子，奥托•冯•俾斯麦一直保持沉默，法兰西人的暴躁使他更有理由拒绝进行讨论。然而，当得知法兰西大使文森特•贝内代蒂前往埃姆斯时，奥托•冯•俾斯麦开始不安了起来，他担心威廉一世会妥协，担心法兰西人最终会让普鲁士遭遇外交失败。奥托•冯•俾斯麦打算前往埃姆斯支持威廉一世。1870年7月12日，奥托•冯•俾斯麦离开了瓦京，当晚到达柏林，并在那里获得消息：卡尔•安东代表儿子利奥波德•斯特凡•冯•霍亨索伦宣布收回继位决定。

这可能是利奥波德•斯特凡•冯•霍亨索伦和父亲卡尔•安东的自发行为，其中的决定性因素是：他们担心拿破仑三世的仇恨可能危及罗马尼亚大公卡罗尔一世的地位。继位决定收回之后，人人都兴高采烈，战争的阴云被驱散了，只有两位先生并不高兴——奥托•冯•俾斯麦和安托万•阿尔弗雷德•阿热诺。这是奥托•冯•俾斯麦主管外交以来遭遇的最严重挫折，是他出面说服利奥波德•斯特凡•冯•霍亨索伦勉强接受，也是他亲自说服威廉一世勉强同意向拿破仑三世隐瞒磋商一事。无论其他人如何掩盖真相，奥托•冯•俾斯麦都清楚普鲁士不得不放弃不堪一击的立场，以防止法兰西报界铺天盖地的侮辱之声和法兰西政府的公开威胁。在此次危机中，由于威廉一世和利奥波德•斯特凡•冯•霍亨索伦都未能如他所愿行事，奥托•冯•俾斯麦更感到怒不可遏。

至于奥托•冯•俾斯麦自己原有的打算，我们没有找到权威的论述。据奥托•冯•俾斯麦本人所言，他极力劝阻威廉一世接见法兰西大使文森特•贝内代蒂。奥托•冯•俾斯麦可能希望利奥波德•斯特凡•冯•霍亨索伦自己站出来宣称，王位是西班牙人献给他的，他已经接受了，所以除非西班牙人提出要求，否则他不能收回决定。这样一来，安托万•阿尔弗雷德•阿热诺给普鲁士安插罪名的企图就失去了合理的借口，他将不得不转而向西班牙人施压。我们有理由猜测奥托•冯•俾斯麦曾经提出让西班牙承担压力的计划，但他的建议最终遭到了否决。无论事实如何，奥托·冯·俾斯麦的感受与其他人截然相反。奥托·冯·俾斯麦觉得，除非受到来自法兰西的侮辱与威胁后能在其他方面得到某种补偿，否则无法再继续担任首相了。此事将何去何从？现在去埃姆斯已经没有用了。奥托·冯·俾斯麦打算于1870年7月13日就返回瓦京，希望悄悄地来，也悄悄地离开。

后来，法兰西人的愚蠢让奥托·冯·俾斯麦得救了。自负、马虎、判断失误的安托万·阿尔弗雷德·阿热诺被自己对普鲁士的仇恨冲昏了头脑，他急躁冒进，甚至没有发现自己得了多大的好处。在听说利奥波德·斯特凡·冯·霍亨索伦收回决定一事时，已垂垂老矣、避世而居的弗朗索瓦·基佐惊呼道："这些人真有天大的好运啊！这是我毕生见过的赢得最漂亮的一次外交胜利。"的确如此，此时只需昭告天下"法兰西提出了要求，并得到了应允"就可以了，这是多么易如反掌啊！法兰西政府不必多言，所有法兰西人便会津津乐道：奥托·冯·俾斯麦如何企图让霍亨索伦家族成员登上西班牙王位，又是如何被拿破仑三世的意见阻挠，最终遭到解职。安托万·阿尔弗雷德·阿热诺还打算再彻彻底底羞辱普鲁士一番，但为达目的，他失去了所有，并且失去的比他所赢得的还要多。

安托万·阿尔弗雷德·阿热诺先是宣布利奥波德·斯特凡·冯·霍亨索伦收回决定的消息是由普鲁士官方传达给他的，所以毫无意义。安托万·阿尔弗雷德·阿热诺提出了更进一步的要求，他向普鲁士驻巴黎大使提出，威廉一世应当给拿破仑三世写一封信，表达自己对发生的一切感到抱歉，并保证绝无伤害法兰西之意。安托万·阿尔弗雷德·阿热诺又给法兰西大使文森特·贝内代蒂发去电报，命令他必须要求威廉一世对将来之事做出保证，并承诺不会再让利奥波德·斯特凡·冯·霍亨索伦成为王位候选人。这样的做法使安托万·阿尔弗雷德·阿热诺陷入了难以化解的仇恨之中。奥托·冯·俾斯麦一从时任北德意志邦联驻巴黎大使的卡尔·冯·韦特那里得知安托万·阿尔弗雷德·阿热诺的第一条要求，当即便发去一封电报，对此予以严厉谴责，因为这样的要求将极大地损害奥托·冯·俾斯麦的君主威廉一世的名誉。奥托·冯·俾斯麦还命令卡尔·冯·韦特以身体不佳为由离开巴黎，离开那个看起来并不适合他的岗位。

1870年7月13日早晨，奥托·冯·俾斯麦遇见了英国大使奥古斯塔斯·洛夫特斯勋爵，告诉他普鲁士跟法兰西的外交事件尚未落幕。奥托·冯·俾斯麦称，德意志人并不希望开战，也不惧怕开战。德意志人无须忍受法兰西的羞辱。等这件事过后，德意志人必须为将来获取一些保障。安托万·阿尔弗雷德·阿热诺必须收回或重新解释自己的言辞，法兰西已经开始备战，这是不可容忍的。英国大使奥古斯塔斯·洛夫特斯勋爵后来这样写道：

> 很显然，奥托·冯·俾斯麦伯爵和普鲁士内阁都对威廉一世面对法兰西大使文森特·贝内代蒂伯爵的态度感到懊悔。虑及民意，他们认为必须维护国家的尊严。

对于来到柏林的太子腓特烈·威廉·尼克劳斯·卡尔，奥托·冯·俾斯麦则坦率得多，声称必须开战。

就在1870年7月13日这一天，埃姆斯发生了一系列事件，给奥托·冯·俾斯麦制造了梦寐以求的机会。向威廉一世提出新要求的任务落在法兰西大使文森特·贝内代蒂身上，这是近年来他接到的众多棘手任务中最不讨好的一个。法兰西大使文森特·贝内代蒂当天清晨出门，希望碰巧遇见王宫里的什么人，结果他遇见了威廉一世本人正在做温泉疗养。威廉一世立即招手示意，两人交谈了起来。威廉一世取出一份《科隆报》给法兰西大使文森特·贝内代蒂看，上面有利奥波德·斯特凡·冯·霍亨索伦的收回声明。法兰西大使文森特·贝内代蒂因职责所在，请求威廉一世允许他告知法兰西政府：威廉一世保证无论何时都不会恢复利奥波德·斯特凡·冯·霍亨索伦的继位资格。威廉一世当然表示拒绝，并在法兰西大使文森特·贝内代蒂步步紧逼之时，以略微强硬的口吻再次表示拒绝。随后威廉一世向几步之外的随从示意，中断了谈话。数小时后，威廉一世接到利奥波德·斯特凡·冯·霍亨索伦的来信，证实了利奥波德·斯特凡·冯·霍亨索伦公开声明撤销继位决定。威廉一世便让侍卫长拉齐维尔伯爵给法兰西大使文森特·贝内代蒂送去消息，并补充道，此事已经结束，无须多言。法兰西大使文森特·贝内代蒂两度要求与威廉一世再次会面，但遭到拒绝。

法兰西大使文森特·贝内代蒂已经完成了自己的使命：他提出了要求，也如预想的一样徒劳无功，但在言语和行为上，他和威廉一世都遵循了应有的礼节——这是这样两位有修养的绅士应当表现出来的礼貌。事实上，这一系列举动都很不寻常，因为威廉一世和拿破仑三世一样，在没有大臣建议的情况下并不经常接见外国公使，而威廉一世与法兰西大使文森特·贝内代蒂的最后一次对话发生在温泉疗养胜地的公共区域。人们对于威廉一世的此次破例予以这样的解释：威廉一世把此事当作家事而非国事去关心。双方都希望阻止开战，威廉一世自始至终都极其亲切地对待法兰西大使文森特·贝内代蒂。在埃姆斯时，威廉一世曾邀请他参加王室宴会；甚至在两人对话过后，1870年7月14日，威廉一世离开埃姆斯前还在车站接见了法兰西大使文森特·贝内代蒂，与他告别。尽管如此，威廉一世对于法兰西方面的新要求还是十分气恼，法兰西人的持续挑衅令他惊诧且痛苦。威廉一世不得不担心，对方有意要给他安插罪名。于是，威廉一世决定回到柏林。他命令陪同的外交部驻宫廷代表海因里希·阿贝肯给奥托·冯·俾斯麦发去电报讲述此事，并提出要把事实公之于众。

奥托·冯·俾斯麦收到电报时正和阿尔布雷希特·冯·罗恩及赫尔穆特·卡尔·贝恩哈特·冯·毛奇一起吃饭。三人的情绪阴沉低落，觉得自己的国家受到了羞辱，却看不到复仇的希望。当奥托·冯·俾斯麦向两位同僚大声读出埃姆斯电报的内容时，受辱的感觉越发强烈。如此反反复复、迫不及待地要求，如此侵犯国王的隐私，如此心胸狭窄地利用国王宽厚善良的品性，激起了三人最深的愤慨。他们认为，法兰西大使文森特·贝内代蒂根本不配得到体

19 世纪 70 年代的奥托·冯·俾斯麦

谅，理当用更明确的愤怒姿态赶走那个带着无理要求前来的人。不过，公布事实这一提议让奥托·冯·俾斯麦看到了他期望的机会。他到餐厅隔壁的房间草拟了一份声明，沿用了电报原文的措辞，但省略了许多内容。经奥托·冯·俾斯麦组织语言后，这份声明给读者留下的印象不再是事实发生的那样，而是奥托·冯·俾斯麦希望发生的那样。奥托·冯·俾斯麦拿着这封信回到餐厅，读给另外两人听。两人听着听着，开始面露喜色。他们终于知道如何应对法兰西人的无礼了。赫尔穆特·卡尔·贝恩哈特·冯·毛奇说道："电报的原文听起来像是退缩，但现在是炫耀。""这好多了。"阿尔布雷希特·冯·罗恩说。奥托·冯·俾斯麦接着问了几个与军队有关的问题，阿尔布雷希特·冯·罗恩向他保证一切已准备就绪。赫尔穆特·卡尔·贝恩哈特·冯·毛奇则说，没有人能够明确预测这场大战的结果，但他仍然满怀信心。三人都知道，一旦这份声明公布，便再无维持和平的希望了。《北德意志报》当晚的特别版发表了这份声明，同时另有一份从外交部发往德意志所有大使馆和公使馆。

说这份声明篡改了电报内容也并不准确，虽然这样的说法过去也常有。在任何情况下，奥托·冯·俾斯麦都不能将威廉一世发给他的这份机密消息原原本本地公开，他要做的只是向各家报纸传递别人告知他的事实，或是他认为公众应当知晓的那部分事实。当然，奥托·冯·俾斯麦选取事实的原则在于：能够影响民意走向，以利于他执行自己计划的政策。能在某种程度上坐实"篡改"罪名的事实在于，修改后的版本仍是以"埃姆斯"为信头发布的。除了官方声明，《北德意志报》还用巨大的字体发布了一条公告，称法兰西大使文森特·贝内代蒂全然不顾外交礼仪，竟敢在威廉一世休假期间打扰他、在走道上拦住他，甚至企图强行让威廉一世接受要求。这不是事实，但奥托·冯·俾斯麦收到的那封电报本身就没有正确陈述此事。除此之外，奥托·冯·俾斯麦一定还会要求向新闻界的撰稿人们发出正确的指示。

但这的确不太有必要，这份声明本身就是武装号召。这些天来，德意志人民几乎没有得到政府的任何消息引导。听说法兰西人的怒火突然爆发，德意志人民十分惊讶，他们得知，也并不怀疑，在那个被归咎于普鲁士的险恶计划中，普鲁士政府是无辜的，政府的沉着态度已经表明了这一点。德意志人民一直保持冷静，却仍然不安，不知道该做何打算。但现在，所有的疑虑都消除了。事实是，法兰西人急不可耐地要把一场外国纷争归咎于普鲁士，没有任何借口或理由，只是一次又一次地羞辱与挑衅普鲁士。如今，法兰西人竟然派了法兰西大使文森特·贝内代蒂这位外国人前来，闯入年迈的威廉一世的度假区，公然在威廉一世的国土上侮辱他，这种无礼行径简直令人无法容忍。之后埃姆斯又传来失实报道，有人说威廉一世在走道上没有理睬法兰西大使文森特·贝内代蒂，法兰西大使文森特·贝内代蒂就尾随威廉一世到他的住所，最后还吃了闭门羹。但即便如此他仍不忌惮,竟然到车站去打扰威廉一世。①这在整个德意志掀起了一场愤怒的风暴,人们已经受够了法兰西人的挑衅。如果法兰西人想要开战,那就给他们战争,现在不会再有人说普鲁士有野心了。南北方的分歧都一扫而光。在所有说着德语的地方,人们都觉得自己对威廉一世受到的侮辱感同身受,必须维护威廉一世的尊严。从那一天起,威廉一世虽未加冕,却已经成为德意志人民心目中的德意志皇帝。

这封电报在法兰西同样取得了显著的成效。人们对于是和是战问题仍然争论不休。大多数人支持和平,事实上,的确再找不出一个能让任何法兰西人满意的战争借口了。但此后发生了一连串的事件:普鲁士大使被召回,拒绝继续履职;人们听说了奥托·冯·俾斯麦对英国大使奥古斯塔斯·洛夫特斯勋爵的激烈言辞;其他国家也发来公函,表示柏林已经向各国发去官方信息,详细记录了法兰西大使文森特·贝内代蒂对威廉一世的无礼行径。除此之外,德意志报界的口气也发生了变化,满腔义愤地要迎接法兰西的挑战。法兰西人心知肚明,法兰西政府的行为有些过分了,已经不再是原告,而成了被告。法兰西当局害怕眼前的巴黎民众,所以即便想退缩也不敢退缩,便决定开战。1870年7月15日,法兰西议会发表宣战声明,获得批准。

同样是在1870年7月15日,威廉一世从埃姆斯前往柏林。离开埃姆斯时,他仍不相信战争已迫在眉睫。但一路向北,看到每个车站蜂拥前来迎接的喧哗人群,威廉一世基本否定了自己的想法。到达勃兰登堡时,威廉一世惊讶地发现奥托·冯·俾斯麦和太子腓特烈·威廉·尼克劳斯·卡尔都在等他。两人前来迎接威廉一世的消息传开,人们认为这无异于宣战。回程途中,奥托·冯·俾斯麦试图说服威廉一世下令调兵,但没有成功。到达柏林时,他们发现车站又围满了情绪激动的人,外交部的一位秘书挤上前来,称法兰西已经下令调兵。至此,威廉一世终于彻底放下了不情愿的态度,终于发出了命令。站在他身旁的

---

① 当时还有些更加夸张的说法,据说遭到了拉齐维尔伯爵的反驳,但在那人人激动的时刻,没有人理会他。——原注

太子腓特烈·威廉·尼克劳斯·卡尔用最大音量向人们宣布了这一消息。北德意志议会已经召集，奥托·冯·俾斯麦在过了五天后终于能对议会宣布，他已经得知法兰西宣战的消息。奥托·冯·俾斯麦随后补充道，这是整场事件中他首次从法兰西政府得到正式消息，这在历史上真是前所未有。

  这两个国家形成了多么鲜明的对比啊！普鲁士这一边，威廉一世和奥托·冯·俾斯麦精诚合作了七年，学会了信任与依赖彼此。两人共同直面危险，即便在他们最不得民心之时也从未退缩。正因如此，如今的两人也可以信赖绝对忠诚的普鲁士人民。而另一边，拿破仑三世健康状况不佳，漫长的病痛摧毁了他的意志。拿破仑三世试图建立自由主义体制，以摆脱政府的负担与职责的重压，尽管那都是他主动扛在肩上的。在普鲁士，奥托·冯·俾斯麦十分冷酷且热衷权势，早年的政策分歧与不确定状态已不复存在，只剩一种思想与意志引领着这个国家，他再不允许人们随意干涉或批评大臣施政。而在法兰西，奥托·冯·俾斯麦让普鲁士成功避免的所有恶行都在这里越来越猖獗。法兰西没有单一意志，内阁四分五裂，没有什么权威能够驾驭内阁大臣们。没有人能够预知拿破仑三世的决策最终由谁来决定。经过漫长、艰难的磋商而得到的深思熟虑的结果，或者因欧仁妮皇后的介入，或者因拿破仑亲王约瑟夫·查尔斯·保罗·波拿巴的意见，在很短的时间内就会被否定。因此，拿破仑三世推行的政策大部分是前后矛盾的。这一切都建立在一个要命的事实之上：拿破仑三世害怕失去民心。拿破仑三世知道自己被迫选择的这条道路有多么愚蠢，但他不敢面对巴黎民众，也不敢公然违抗下议院的意志。拿破仑三世的皇位拜普选所赐，他很清楚，让他登基的人民也能迅速推翻他。担忧失去民心的人是无法统治国家的。奥托·冯·俾斯麦不担忧，但拿破仑三世担忧。

  普法战争开始前发生的两件事值得被记录下来。第一件事是《泰晤士报》公开了普法两国有关比利时的条约内容。这些内容前文已详尽阐述，无须再说。此时公开这些内容，对英国民意产生了重大影响。另一件事是流亡的汉诺威国王格奥尔格五世坚持与普鲁士保持敌对状态而导致的。他利用自己的很

北德意志邦联收到法兰西帝国宣战的消息

大一部分资金维持着一支汉诺威军队,把过往汉诺威军队的军官和士兵征召入伍。汉诺威国王格奥尔格五世曾希望战争会在埃姆斯事件——法兰西大使文森特·贝内代蒂"侮辱"威廉一世的事件之前爆发,借机让汉诺威重新崛起。但如今他的计划宣告失败了。那些不幸的士兵们都留在了巴黎,几乎没有任何生活来源。士兵们面临艰难的选择:不能回到德意志,但不想加入法兰西一方参战,他们唯一的希望是移民到美国。奥托·冯·俾斯麦听说了士兵们的处境,主动提出赦免他们所有人,并从普鲁士资金中拨出经费,支付他们全额退休金。只要继续留在汉诺威军队服役,士兵们就能得到这笔钱。如此适时的慷慨举动消除了德意志残存的最后敌对因素,使整个国家能够在一场应对外国的战争中团结一致。

第 14 章

普法战争与德意志帝国的建立

　　1870年7月31日，奥托·冯·俾斯麦与威廉一世离开柏林，前往战场。和1866年一样，奥托·冯·俾斯麦要去前线陪伴作战的军队，之后的几个月，治理德意志的工作实际上都是在法兰西的领土上完成的。奥托·冯·俾斯麦必须时常陪伴威廉一世左右。奥托·冯·俾斯麦从未忘记自己是一名军人，比起文职头衔，更令他自豪的是那一身将军制服。尽管不能亲自上阵杀敌，但仅仅同军队共担战争的困苦与危险也足以令他感到骄傲和快慰。事实上，在这次战争期间，奥托·冯·俾斯麦觉得身体前所未有地舒服。奥托·冯·俾斯麦每天都早早起床，有意控制食量，长时间骑在马上就相当于户外活动了。这些都令他那被办公琐事、熬更守夜、久坐工作损坏的身心得到修复。外交部的部分职员陪着奥托·冯·俾斯麦，跟随军队前来的许多尊贵的外国人也常常成为他的座上宾。顾念旧情的奥托·冯·俾斯麦对美国朋友尤其友好。作为军事观察员专程来到欧洲的美国四星上将菲利普·亨利·谢里登和他的许多同胞都得到了热情接待。

　　1870年8月17日，普鲁士的重要指挥人员终于与前线军队会合。1870年8月18日，在格拉沃洛特的那场决定性战役中，奥托·冯·俾斯麦在威廉一世身边目睹了整场战斗；和在克尼格雷茨一样，普军一次又一次地遭到攻击。奥托·冯·俾斯麦一度陷入极其危险的境地，险些被俘。他的两个儿子都在军中

格拉沃洛特战役中阵亡的法兰西士兵

格拉沃洛特战役中受伤的普鲁士士兵

服役，是护卫队的胸甲骑兵，两人所在军队的制服与奥托·冯·俾斯麦的一样。两个儿子都参与了马斯拉图尔那次骇人的骑兵冲锋，所在的军队伤亡惨重。大儿子尼古劳斯·海因里希·斐迪南·赫伯特·冯·俾斯麦负伤，不得不退役回家。因为两个儿子都在军中，奥托·冯·俾斯麦完全有理由自豪地说：普鲁士政府内不存在裙带关系。在战争开始数周参与了多次交战后，奥托·冯·俾斯麦的两个儿子才接到正式任命。这在其他任何国家或军队都不可能发生。这是真正的平等，与法兰西那种言过其实的民主极其不同。这不是特权的平等，而是责任的平等。每一个把自己的儿子送到法兰西战死沙场的波美拉尼亚农民都知道，这个国家乃至整个欧洲最有权势的那位先生，他的两个儿子也在和农民的儿子并肩作战，并且他们不是军官，只是普通士兵。奥托·冯·俾斯麦比朋友们要幸运，两个儿子，包括其他近亲，都没有战死。阿尔布雷希特·冯·罗恩的次子殒命色当；马斯拉图尔和格拉沃洛特的血战则令普鲁士几乎每个贵族家庭都在服丧。

在马斯拉图尔，普鲁士骑兵发起冲锋

奥托·冯·俾斯麦跟随着军队从格拉沃洛特一直到色当,在最重要的那一天陪在威廉一世身旁。1870年9月1日,色当城楼悬起白旗,法兰西将军走出城外,传来消息,说拿破仑三世在军中自尽未果,愿将佩剑交到普鲁士国王手中。

法兰西在色当投降是一个军事事件,应由普军总参谋长赫尔穆特·卡尔·贝恩哈特·冯·毛奇与接替帕特里斯·麦克马洪元帅担任法军总司令的埃马纽埃尔·德·温普芬共同商定协议。以防出现政治问题,奥托·冯·俾斯麦也出席了这场在他营房中召开的会议。奥托·冯·俾斯麦与赫尔穆特·卡尔·贝恩哈特·冯·毛奇在一同骑马前往东舍里的途中商定了谈判条件:整支法兰西军队必须无条件投降,只允许军官们保留佩剑,否则不可达成协议。埃马纽埃尔·德·温普芬和同僚们为此斗争了许久,但徒劳无功。赫尔穆特·卡尔·贝恩哈特·冯·毛奇冷冷地指出,法军无路可逃,再次挑起战斗更是愚蠢的行为。目前法军已经被包围,如果1870年9月2日4时前不彻底投降,普鲁士便会开始炮击色当。埃马纽埃尔·德·温普芬提出,德意志人表现大度一些会是更明智的选择,这样能赢得法兰西民族的感激之情,从而开启双方的长久和平。否则,除了连绵不断的战争,未来还有什么可以期待的呢?这正是奥托·冯·俾斯麦应当介入的时候。他表示,国家的感激之情靠不住。人们有时确实会期待君主及王室怀有感恩之心,"但我再说一次,不要寄希望于国家的感激之情,法兰西尤其如此。那里政府权力弱小,各种变化发展迅速又难以预料,根本没有什么是可以信赖的"。除此之外,奥托·冯·俾斯麦认为,法兰西会谅解普鲁士的胜利是一种很可笑的想法。"你们法兰西民族生性敏感、猜忌心强,极其容易嫉妒他人。萨多瓦一役你们并未原谅我们,色当一战你们就会原谅我们?不,绝对不会。"

因此,德意志不能为了赢得法兰西的感激和友谊就修改协议条款。假若和平有可能立即到来,德意志倒还可能这样做。法兰西将军亨利-皮埃尔·卡斯泰尔诺宣称,他收到了拿破仑三世发来的一条特别的信息。拿破仑三世已将

色当战役

安德烈·查尔斯·维克多·里德向威廉一世递交拿破仑三世的投降书

自己的佩剑送交威廉一世表示投降，希望威廉一世念在他的退让，让他投降得更体面些。"拿破仑三世交出的是谁的佩剑？"奥托·冯·俾斯麦问道，"是代表整个法兰西，还是只代表他自己？如果是整个法兰西，那么协议条款可以宽松很多，您送来的信息将发挥重大作用。"奥托·冯·俾斯麦认为，也希望拿破仑三世真心求和，但事实并非如此。"那只代表皇帝陛下自己，"亨利-皮埃尔·卡斯泰尔诺答道。"那么一切照旧。"赫尔穆特·卡尔·贝恩哈特·冯·毛奇坚持自己的要求。埃马纽埃尔·德·温普芬提出，至少给他时间回到色当，与同僚们商议。他不过两天前才从阿尔及利亚赶来，不能让自己的总司令职务以签署这样一份骇人的投降书开始，但赫尔穆特·卡尔·贝恩哈特·冯·毛奇连这都拒绝了。于是，埃马纽埃尔·德·温普芬宣布会议结束。与其如此，他们宁愿继续战斗。埃马纽埃尔·德·温普芬要求把他的马送过来。整个房间陷入死寂，和奥托·冯·俾斯麦站在一起的赫尔穆特·卡尔·贝恩哈特·冯·毛奇面向

拿破仑三世交出佩剑

法兰西谈判代表对强加的苛刻条件无法接受，愤然离席

三位法兰西军官，冷峻而威严地站着。三位军官的脸庞被桌上的两根蜡烛照亮了，他们身后是几位身形健硕的德意志军官，挂在墙上的拿破仑一世的相片正望着他们。此时奥托·冯·俾斯麦再次介入，请求埃马纽埃尔·德·温普芬不要为一时之气而采取可能造成严重后果的行为。奥托·冯·俾斯麦又对赫尔穆特·卡尔·贝恩哈特·冯·毛奇耳语了几句，求得了让步：1870年9月2日9时前，双方将维持停战状态，以便埃马纽埃尔·德·温普芬回到色当，向拿破仑三世和同僚们通报情况。

会议解散时已过午夜。破晓之前，一名信使把奥托·冯·俾斯麦唤醒，宣称拿破仑三世已经离开色当，想与他会面。奥托·冯·俾斯麦匆忙起身，和往常一样，没有洗漱也没吃早餐，穿着军便装，戴着旧帽子，套着长筒靴——这些都是他长期行军的标记。奥托·冯·俾斯麦骑到马背上，径直来到大路附近拿破仑三世的马车所在的地方。有三名军官陪同拿破仑三世，另有三名军官骑

奥托·冯·俾斯麦与拿破仑三世交谈

在马上等待。奥托·冯·俾斯麦骑马快速奔向拿破仑三世。下马后,他一边向拿破仑三世走去,一边脱帽行礼。这于礼不合,但此时奥托·冯·俾斯麦也无意表现出一丝一毫的无礼。拿破仑三世前来为部队求情,想面见威廉一世,因为在私人会面中,威廉一世也许会同意对法兰西更有利的条款。恰恰出于这个原因,奥托·冯·俾斯麦决意不让两位君主在正式签署投降书之前会面,他答道:不可能会面,威廉一世远在十英里以外。之后奥托·冯·俾斯麦陪同拿破仑三世前往附近的一个农舍,在一个十英尺见方、有张木制桌子和两张简陋椅子的小房间里,两人坐下来谈了一会儿。后来两人走出来,坐在农舍前抽烟。奥托·冯·俾斯麦在写给妻子约翰娜·冯·普特卡默的信中谈道:

这与我俩上一次在杜伊勒里宫的会面形成了有趣的反差。我们的谈话进行得很艰难。我要避开一些话题，以免伤害这位已经被上帝的万能之手击垮的男子。他（指拿破仑三世）先是哀叹这场不如意的战争，说自己并不想开战，完全是迫于民意的压力。我答道，在我们这一方也没有哪个人想要开战，威廉一世尤其如此。我们认为西班牙王位继承事件是西班牙人的，而不是德意志人的。

拿破仑三世希望投降条款对他再有利一些，但奥托·冯·俾斯麦拒绝讨论此事，说这应是由赫尔穆特·卡尔·贝恩哈特·冯·毛奇和埃马纽埃尔·德·温普芬两人解决的军事问题。但当奥托·冯·俾斯麦询问拿破仑三世是否愿意进行和平谈判时，拿破仑三世回答，他是战俘，不能讨论此事，也无法参与磋商，要奥托·冯·俾斯麦与巴黎政府商议。

于是，这次会面没有对当时的形势产生任何影响。奥托·冯·俾斯麦提出，拿破仑三世应该到附近的贝尔维尤城堡去，那里没有遍地的伤员，拿破仑三世可以好好休息。此时已穿上了整套军礼服（此前他匆匆赶回营地换装）的奥托·冯·俾斯麦陪同拿破仑三世前往，在贝尔维尤城堡继续进行1870年9月1日晚未完成的磋商。奥托·冯·俾斯麦不想参与会谈，因为如他所言，他不在场的话普鲁士军官们将会采取更强硬的态度。于是，奥托·冯·俾斯麦下令让人几分钟后进会议室通传，就说威廉一世召见。投降书签署后，奥托·冯·俾斯麦和赫尔穆特·卡尔·贝恩哈特·冯·毛奇一同骑马走上高地，将投降书呈给威廉一世。威廉一世在他目睹了整场战役的那片高地上接过了投降书。司令部的参谋和参与这场战役的德意志各国统治者们簇拥着他。接着，壮观的骑兵队跟随威廉一世骑马下坡，前去会见那位被俘虏的皇帝——拿破仑三世。

此时此刻，想必奥托·冯·俾斯麦愿意讲和，却没有开启会谈的好时机，并且他的力量是否足以对抗军队挺进巴黎的热望，这也很难说。1870年9月4日，十日前中断的行军又开始了。

随后传来的消息断绝了迅速恢复和平的所有希望。奥托·冯·俾斯麦关于

奥托·冯·俾斯麦护送拿破仑三世

威廉一世与拿破仑三世在贝尔维尔城堡会面

法兰西政府并不稳固的预言居然这么快就成真了！巴黎爆发革命，共和派宣布推翻拿破仑三世的统治，成立临时政府。该政府立即宣布临时政府为国防政府，称临时政府会坚持到把侵略者赶出这片土地为止。临时政府唤醒了人们对1792年法兰西大革命的那段记忆。临时政府确实愿意讲和，因为他们认为这场战争针对的不是法兰西，而是拿破仑三世。如今皇帝已被推翻，自由的法兰西已经确立。临时政府愿意讲和，但不愿意让出一寸国土甚至一块石头。临时政府精神高昂地守卫巴黎，组建军队。阿道夫·梯也尔得到临时政府的指示，要他造访各中立国，寻求整个欧洲的支持。

阿道夫·梯也尔

在这样的形势面前，奥托·冯·俾斯麦有责任表明德意志的想法，他也的确在1870年9月13日、9月16日的两封通知照会中进行了说明。奥托·冯·俾斯麦先阐述了已向埃马纽埃尔·德·温普芬申明的几个观点，奥托·冯·俾斯麦的秘书们也已将这些观点通传给德意志报界。德意志的每份报纸几乎都刊载过了。这场战争的起因不是拿破仑三世，而是整个法兰西。战争之所以发生，是由于法兰西人性格偏狭，将其他国家的强盛视为对他们的冒犯。而德意志只能认为，法兰西人的这种态度还将持续下去。

> 法兰西人的态度保证不了我们的未来。我们不能欺骗自己，他们很快又会发起进攻。我们无法指望长久的和平，无论我们对法兰西提出何种条件，都是一样，因为法兰西民族无法原谅自己的失败。如果我们没有增加一分领土、没有获取任何利益、没有得到军队荣耀之外的其他好处便撤出法兰西，法兰西人还是会憎恨我们，并怀着复仇之心，因为他们的虚荣心和权力欲都受到了损害。

面对如此境况，德意志必须要求确保自己的安全，这样的要求不是面向哪个政府，而是面向整个法兰西民族。必须加强对南德意志的保护，以免它遭受法兰西的攻击，并且只要斯特拉斯堡和梅斯还在法兰西人手上，德意志就没有安全可言。斯特拉斯堡是德意志的大门，只要德意志收回斯特拉斯堡和梅斯，两城就能重新发挥防御作用。法兰西历史上对德意志发动过二十次战争，但人们丝毫不必担忧德意志会扰乱欧洲的和平。

于是，奥托·冯·俾斯麦首次发表正式声明，称德意志必须得到法兰西的部分领土才可能进行和谈，这是战争爆发时人人都已心知肚明的要求。格拉沃洛特战役后的一场作战会议决定要夺取阿尔萨斯。色当战役后，自然又有人提起夺取法兰西领土这一条件，要求至少获取部分领土。有人建议，基于对法兰西民族和平、友好品性的信任，德意志应当放弃空前胜利带来的各种益处，但这种建议根本不值得考虑。如果是法兰西人胜利了,他们会夺走整个莱茵河左岸地区,这其实已经体现在巴泰勒米·勒布伦将军曾经呈给奥地利皇帝弗朗茨·约瑟夫一世的草约中。法兰西对自己曾经战胜的所有对手都不曾有过恻隐之心,又凭什么要求得到仁慈的对待呢?奥托·冯·俾斯麦只能得出这样的想法:法兰西是一块享有特权的土地,有征服、掠夺、分割邻国领土的自由。但若是有人提出要从法兰西那里取回被夺走的物产,那就是泯灭人性的罪行。

既然临时政府的态度是不接受以出让部分领土为议和条件,谈判就不会起什么作用。德意志军队必须继续挺进,巴黎城下的战况更加激烈了。与此同时,奥托·冯·俾斯麦对临时政府采取了极其保守的态度。奥托·冯·俾斯麦反复指出,该政府不具有合法地位,拿破仑三世仍是法兰西唯一合法的权威,他十分愿意与拿破仑三世展开磋商。临时政府通过英国大使提出请求:普法双方应开始就停战协定展开谈判,并商讨和平条款。奥托·冯·俾斯麦对此的回答是:临时政府凭什么保证法兰西人民,或是梅斯和斯特拉斯堡的军队愿意承认目前的巴黎政府或任何继任政府签订的协议?这个问题相当合理,因为之后发生的事件表明,梅斯军队的司令拒绝承认和平协定,企图扶持拿破仑三世重登皇位。临时政府方面表示,如果临时政府在拒绝割让领土一事上有所动摇,临时政府的权力便会立即遭到剥夺。巴黎民众——令临时政府得以存在的那股权威力量——会把临时政府赶下台去。由始至终,巴黎民众最应当对这场战争负责。既然谈判双方没有任何一致之处,谈判能有什么意义?尽管如此,奥托·冯·俾斯麦仍然同意接见负责外交事务的朱尔·法夫尔。朱尔·法夫尔听取了理查德·里昂勋爵的建议,冒着遭到断然回绝的风险,从巴黎远道而来,希望这次私人会面或许能够打动德意志首相奥托·冯·俾斯麦。"至少我能知道他是个什么样的人",奥托·冯·俾斯麦是这样解释此次会面的。但由于会面并不十分正式,奥托·冯·俾斯麦并不认为同意与朱尔·法夫尔会面便是承认对方的权力地位是合法的。

1870年9月18日,朱尔·法夫尔会见奥托·冯·俾斯麦。当晚双方进行了一

理查德·里昂勋爵

朱尔·法夫尔

次长时间谈话。1870年9月19日,在费里耶尔城堡——詹姆斯·德·罗斯柴尔德男爵的家中,朱尔·法夫尔和奥托·冯·俾斯麦继续进行了谈话。当时威廉一世住在费里耶尔城堡。法兰西公使朱尔·法夫尔没有给大家留下任何好印象。他本职是律师,没有任何外交谈判经验,且骄傲自满、长篇大论、花言巧语、感情用事。从朱尔·法夫尔提交给巴黎同僚的会晤报告足以看出,他没有能力完成交托给他的任务。"他对我说话的样子就好像是在召开公众集会似的",奥托·冯·俾斯麦后来这样说道,用了一个在他口中显得极度轻蔑的表达,因为他骨子里厌恶冗长的发言。不过,我们再听听朱尔·法夫尔自己的说法。

詹姆斯·德·罗斯柴尔德男爵

奥托·冯·俾斯麦伯爵年逾五十八,但看起来还是精力充沛。他身材高大、头脑机敏、与众不同、充满威仪。但同时,他的率真天性造就的良善又使他性情温和。他彬彬有礼、严肃认真,但并不僵硬造作,谈话一开始便表现得十分健谈而友好,直至谈话结束。我当然不是个能与他匹敌的谈判者,但他仍然礼貌地不显露这一点,反而表现得像是被我的真诚打动了。他的观点之清晰、判断之敏锐、思想之新颖都令我印象深刻,那毫不做作的态度同样令人激赏。

还有一位法兰西人①描绘了朱尔·法夫尔与奥托·冯·俾斯麦之后的一次会面,与上面这一段形成了有趣的对照。

谈判在庄严肃穆的气氛中开始了。奥托·冯·俾斯麦简洁而认真地提出他的想法,他直率得令人惊讶,逻辑又十分严密。奥托·冯·俾斯麦总是直指重点,处处让朱尔·法夫尔窘迫无措。朱尔·法夫尔习惯了法务诡辩,见惯了外交渎职,因而丝毫不能理解这个对手的绝对忠诚和处理问题的卓越方法。这与他之前常见的方式大相径庭。奥托·冯·俾斯麦用法语表达了自己的想法,那样的真诚我只在俄罗斯人身上见过。奥托·冯·俾斯麦使用的表达既简练又有力,总能毫不费力也毫不犹豫地找到适当的词语,描述自己的思想或说明某种情况。

从一开始,两位谈判者的显著差异就给我留下了深刻印象。奥托·冯·俾斯麦身着白色胸甲骑兵制服,穿白色束腰外衣,戴白色帽子,佩黄色绶带,看起来就像个巨人。肩宽胸阔的他穿上紧身制服,浑身迸发着健康与力量,完全胜过了那位曲着身子、高高瘦瘦、样子

---

① 此人是埃里松伯爵莫里斯·伊里松。后面的引文出自《副官日记》。——原注

可怜兮兮的律师。律师身着一件满是皱褶的长礼服，白发垂到了衣领上。唉，只要看他们一眼就足以断定孰胜孰负，孰强孰弱。

不过，这次会面距离上一次已有四个月之久。毫无疑问，这时朱尔·法夫尔已经被压垮了——既可能是因为他的职位让他十分焦虑，也可能是因为食物供应不足。并且埃里松伯爵莫里斯·伊里松可不是位公平的证人，因为他虽是位爱国的法兰西人，却和朱尔·法夫尔是宿敌。

奥托·冯·俾斯麦同意与朱尔·法夫尔会面，却早已声明不会讨论停战协定，只会商谈和平条款。出于前文所述的原因，朱尔·法夫尔甚至拒绝倾听奥托·冯·俾斯麦获准提出的唯一条款。奥托·冯·俾斯麦向对方解释了那些我们已经耳熟能详的观点："斯特拉斯堡是开启德意志大门的钥匙，我们必须握在手里。"朱尔·法夫尔表示抗议，称不能讨论如此令法兰西蒙羞的条件。在这一点上，我们只需引用奥托·冯·俾斯麦的看法。

> 法兰西曾要求意大利履行这样的条件，也曾在双方并未交战时要求德意志履行这样的条件；如果此次是德意志战败，法兰西毫无疑问还会向我们提出此等条件。古往今来几乎每场战争都如此告终，甚至近期也是。对于一个经过奋勇抵抗但仍遭遇失败的国家，这样的条件本身并不可耻，法兰西的荣耀与其他国家相比也并无不同。不过，我的这些话没能说服朱尔·法夫尔。

拒绝商讨停战协定是不可能的。和1866年一样，普鲁士军方高层反对任何形式的休战。因为从军事角度看，任何一种停火行为都将对法兰西有利，让它得以继续备战、重整军队，而德意志则要付出在异国他乡维持五十万兵力的巨大代价。奥托·冯·俾斯麦站在政治角度考虑，也知道在巨大胜利的道德影响尚未消散之时，迅速结束战争将大有益处。然而，法兰西失去了政府，未经选

奥托·冯·俾斯麦与朱尔·法夫尔会面

举是不能建立合法政府的，朱尔·法夫尔又拒绝在战争状态下考虑开展选举。经过长时间的讨论，在其他建议都遭到否决的情况下，奥托·冯·俾斯麦提议休战，条件是在梅斯和巴黎继续作战，但法方应交出图勒和斯特拉斯堡，且斯特拉斯堡卫戍部队必须成为战俘。奥托·冯·俾斯麦说："这两个城市迟早会落到我们手中，不过是策略问题。"朱尔·法夫尔后来说道："当时听见这些话，我气恼地跳起身来嚷道'您别忘了您是在和一个法兰西人对话。牺牲这样一支值得法兰西人乃至全世界崇敬的英雄部队，那是怯懦。您居然提出了这样的条件？我可不想说这事'。"奥托·冯·俾斯麦说他无意冒犯，如果威廉一世许可，也可以修改这一条款。奥托·冯·俾斯麦离开了会议室，过了一刻钟又回来，称威廉一世不接受任何更改。朱尔·法夫尔后来这样写道："我全身的力气都耗尽了，一度担心自己会倒下来。我转过身去，强忍住眼泪，一边为自己不自觉的软弱找借口，一边草草告辞。"朱尔·法夫尔要求奥托·冯·俾斯麦不要泄露自己软弱的模样。奥托·冯·俾斯麦似乎真的被朱尔·法夫尔的真情流露打动，试图劝慰他。但数日之后，奥托·冯·俾斯麦就发现朱尔·法夫尔请求他闭口不谈的那些眼泪，已经为巴黎人民口口相传。这些眼泪成了朱尔·法夫尔爱国之心的证明。于是，奥托·冯·俾斯麦的同情成了笑话。"他也许是认真的，"奥托·冯·俾斯麦说，"但人们不该在政治问题上感情用事。"

事实上，奥托·冯·俾斯麦提出的条件丝毫不苛刻。一周后，斯特拉斯堡卫戍部队果真沦为战俘。如果1871年1月法兰西人接受停战协定并开启和平谈判，即便斯特拉斯堡和阿尔萨斯无法挽回，德意志应允的条件恐怕仍要比1871年5月法兰西人不得不接受的条件要好得多。

奥托·冯·俾斯麦拒绝承认临时政府，这令法兰西人时时记得，拿破仑三世才是法兰西的唯一合法政府的首脑。奥托·冯·俾斯麦公开宣称愿与拿破仑三世展开谈判，并常常谈起不再将拿破仑三世软禁在德意志，谈起要与法兰西元帅弗朗索瓦·阿希尔·巴赞达成协议、谈起要允许拿破仑三世领导梅斯军队，重拾其在法兰西的权威。我们无从知晓奥托·冯·俾斯麦的这番话有多少是认真的,因为他常常只是出言威胁,并不真的打算实施。但我们至少可以认为,奥托·冯·俾斯麦只是以这样的语言为手段,迫使法兰西临时政府尽快妥协,以结束战争。然而,毫无疑问,奥托·冯·俾斯麦与法兰西欧仁妮皇后及法兰西元帅弗朗索瓦·阿希尔·巴赞的谈判都在继续。然而,谈判无果,因为欧仁妮皇后坚决拒绝以割让法兰西领土为条件展开磋商。在这一点上,欧仁妮皇后沿用巴黎临时政府的说法,这也得到了拿破仑三世的支持。

弗朗索瓦·阿希尔·巴赞

德意志与法兰西临时政府的谈判一再重启。在巴黎的政府任职仪式开始后不久,作为非官方信使,安布罗斯·埃弗里特·伯恩赛德将军与另一个美国人在法兰西和德意志政府间传递消息。1870年11月月初,阿道夫·梯也尔作为图尔政府的正式代表前去谈判。然而,这些谈判总是无果而终。单就威廉一世和普鲁士军方授权奥托·冯·俾斯麦提出的条件,法兰西人不愿接受停战协定。从那时到1870年年底,德意志与法兰西当局几乎没有直接交流。但奥托·冯·俾斯麦也并非无所事事。在奥托·冯·俾斯麦位于凡尔赛的住处,外交部的许多职员都和他在一起。他不仅要开展重大外交谈判,也要管理整个国家。与报界保持联系。向各大报纸传达事件与相关评论。在这场停战危机中,

安布罗斯·埃弗里特·伯恩赛德将军

奥托·冯·俾斯麦必须合理引导舆论，他必须反击法兰西的虚假陈述。一直以来，整个欧洲很重视法兰西人的想法。于是，法兰西人一再向中立国诉苦，并且总能从中立国的新闻报道中发现它热情的支持者。奥托·冯·俾斯麦必须扼制中立国介入交战双方的意图，让德意志民众了解他们对法兰西提出的要求，了解国家统一的有关建议，并证明政府政策的合理性。这一切并不仅仅依靠官方说明来完成，还要依靠在奥托·冯·俾斯麦的口授或指导下写就的文章及由奥托·冯·俾斯麦的秘书们向报纸传递的消息或建议。过去的普鲁士政府一直不善表达，无力对抗外国批评者的攻击。失实报道让普鲁士吃了不少亏——在国内失去民心，在国际声望受损。在德意志和法兰西过往的斗争中，人们几乎听不到德意志发声。整个欧洲已经习惯关注巴黎的一举一动，同时无视德意志人的想法与不满。但奥托·冯·俾斯麦改变了这一切，使德意志可以自己解读与捍卫德意志政府的政策。奥托·冯·俾斯麦虽然蔑视以民意为准则指导政府的做法，但从不忽视民意，从不忽视任何能够增强政府力量的方式。开始在凡尔赛发声的奥托·冯·俾斯麦完全可以肯定，欧洲将会倾听德意志的声音。奥托·冯·俾斯麦的性格与能力决定了他说出的每一句话都不会遭到忽视。他这样一位代言人对于国家将大有裨益。

中立国其实并未让奥托·冯·俾斯麦担忧。英国、俄罗斯帝国和奥地利都没有支持法兰西的意图。不过，奥托·冯·俾斯麦仍十分积极地应对法兰西报界针对德意志随意提出的指控，声称德意志在战争中表现残忍。这种指控并不属实，随军的国外观察家一致证实，德意志军人之克制，与他们获得的胜利一样值得称道。奥托·冯·俾斯麦并不满足于反击不公正的指控，而是把战斗打到了敌人的军营里。对法兰西滥用非正规军的行为，奥托·冯·俾斯麦极其愤慨，总说德意志军人永远不该俘虏义勇兵，应该将他们就地处决。奥托·冯·俾斯麦担心，如果鼓励平民参与战争，那么战争就免不了变得十分残忍。奥托·冯·俾斯麦在莫城曾偶遇许多被俘虏的义勇兵，他对他们说："先生们，你们都是刺客，都要被绞死。"的确，这些士兵从树篱后面、在森林之中偷偷向德意志军队开火，也不穿统一制服，实在没有理由要求得到战俘的待遇。炮轰巴黎的行动开始时，奥托·冯·俾斯麦还极力维护这场被他国抨击的行动。奥托·冯·俾斯麦动用了所有势力，要求立即开始炮轰，也常常十分气恼地谈起普鲁士军方不愿开展行动。奥托·冯·俾斯麦宁愿不择手段地尽快结束这场战争。炮轰巴黎行动的长期拖延似乎令奥托·冯·俾斯麦精神受损，他长时间感到焦虑，也很难耐心地等待他人的执行结果。普鲁士军方对奥托·冯·俾斯麦一如既往地猜忌，因为他总试图介入军队事务，对普鲁士军方的决定又不总是满意。和所有德意志人一样，奥托·冯·俾斯麦对于巴黎人出乎意料的抵抗，以及莱昂·甘贝塔成功鼓动了整个法兰西民族感到既惊讶又愤怒，尤其令

莱昂·甘贝塔

他不忿的是意大利的朱塞佩·加里波第竟向法兰西伸出援手,他说:"这就是意大利人的感恩之心。"奥托·冯·俾斯麦宣称,要俘虏朱塞佩·加里波第,并把他拉到柏林大街上示众。

在凡尔赛的那漫长的几周,奥托·冯·俾斯麦一直忙于德意志的事务。色当战役的胜利为德意志的统一奠定了基础。奥托·冯·俾斯麦的忍耐与克制终于得到了回报。奥托·冯·俾斯麦一直拒绝强迫南部各邦国加入德意志邦联,如今南部各邦国开始主动提出加入。1870年年初,巴登就曾请求邦联接纳,如今再次提出请求。但对于符腾堡,尤其是巴伐利亚,问题就不那么简单了。应巴伐利亚政府要求,鲁道夫·冯·德尔布吕克被派往慕尼黑交换意见、在慕尼黑开启的磋商随后转移到凡尔赛和柏林继续进行。需要克服的困难有许多:巴伐利亚人唯恐失去独立地位,不想陷入萨克森那般境况。但在普鲁士这一方,问题同样艰巨:自由党希望修订宪法,变更它一直厌恶的那几点内容,要让联邦政府实现更直接的管辖,要建立联邦内阁和联邦上议院,从而把邦联转变为一个结构简单的国家,使邦联各国都不再具有独立性。毫无疑问,巴伐利亚不会接受这一做法,并且自由党的过分要求很可能导致南德意志的反对。德意志的统一在任何情况下都可能实现,但这需要奥托·冯·俾斯麦运用全部智慧,阻止常见的党派斗争爆发。太子腓特烈·威廉·尼克劳斯·卡尔的想法最极端,他要求立即选出君主,并赋予君主至高无上的权力统治整个德意志。太子腓特烈·威廉·尼克劳斯·卡尔甚至提出,如果巴伐利亚人不愿接受,就要强迫他们接受。太子腓特烈·威廉·尼克劳斯·卡尔曾多次与奥托·冯·俾斯麦就南德意志问题交谈,两人至少有一次因此事不欢而散。太子腓特烈·威廉·尼克劳斯·卡尔想威胁南德意志,他说:"不会有危险的,我们要摆出坚定而威慑的态度。我认为您对自己权力的认识太不足了,到时候您就知道我是对的。"太子腓特烈·威廉·尼克劳斯·卡尔能说出这样的话简直不可思议,但有确凿的证据表明他确实说过。当时太子腓特烈·威廉·尼克劳斯·卡尔正领导巴伐利亚军队与法兰西人作战。整场战争中,巴伐利亚都高度忠诚地支持普鲁士,发挥

巴伐利亚国王路德维希二世

了极其重要的作用。而现在太子腓特烈·威廉·尼克劳斯·卡尔却提出,作为对巴伐利亚深情厚谊的回报,要强迫巴伐利亚接受那些会危害其君主独立与国家存在的条件。在离开慕尼黑前去指挥巴伐利亚军队时,巴伐利亚国王路德维希二世向太子腓特烈·威廉·尼克劳斯·卡尔提出了最后一个要求:绝对不要干涉巴伐利亚的独立。奥托·冯·俾斯麦当然拒绝听从太子腓特烈·威廉·尼克劳斯·卡尔的建议。如果听从了,可能导致的结果就是巴伐利亚军队撤离法兰西,所有胜利果实都将毁于一旦。

奥托·冯·俾斯麦采取的行动仍符合他的一贯做法：对现有体制仅做必要的改动。因此奥托·冯·俾斯麦并未对邦联宪法进行任何改革，只是提出与南部各邦国分别订立协议，将各邦国纳入现有的联盟。奥托·冯·俾斯麦还认可了一些特殊条款：巴伐利亚国王在和平时期仍拥有军队指挥权；巴伐利亚在管理外交事务方面拥有话语权；巴伐利亚可保留自己的邮政与电报服务；在财政方面还可享受某些特权，以应对啤酒课税制度。此外，巴伐利亚无须遵守普鲁士军方准则，在婚姻与公民权方面可保留自己的特有法律。这些无疑都是巨大的让步，但奥托·冯·俾斯麦还是准许了。奥托·冯·俾斯麦对巴伐利亚公使说："我们不想让巴伐利亚心怀不满，我们想要你们自愿加入。"德意志的自由派新闻人士素来偏狭，他们抱怨道：本希望简化宪法强化中央管辖，结果政府却更加联邦化了。自由派新闻人士并没有看到，这样的联邦政治恰恰反映着无法忽视的现有事实。自由派新闻人士鼓吹各种各样尚未解决的困难，但他们忘记了，在一个自愿形成的联盟中，比起被视为非合理责任的极其严苛的协议条款，协同行动才是更加坚强的联盟纽带。奥托·冯·俾斯麦在与巴伐利亚签订协议当晚说的话准确地描述了这一情况。

> 这些报界人士不会满意的，历史学家很可能声讨我们的协定，他们会说，"这个蠢货，他本来轻而易举就能提出更多要求、得到更多，对方无法不给他，因为他的势力就是他的权力。"而我更希望的是，对方能够真正心满意足地离开。人们被迫签订的协议能有什么用呢？现在我知道巴伐利亚人是真的心满意足了，我才不愿强迫他们或是利用局势。协议确有不足之处，但正是这些不足令协议更加有力。

如今的奥托·冯·俾斯麦之所以可以宽宏大量，是因为1866年他曾那样严酷。当时的奥托·冯·俾斯麦曾拒绝接纳巴伐利亚进入北德意志邦联，因为那会削弱北德意志邦联的力量；而如今由普鲁士担当的邦联核心已经形成，奥托·冯·俾斯麦便可赋予以天主教为主的南德意志更多自由。事实证明，奥托·冯·俾斯麦做对了，对巴伐利亚的让步后来没有给德意志帝国造成任何危害。

  与巴伐利亚签署协定后，奥托·冯·俾斯麦望向秘书们所在的房间说道："我们的工作完成了，德意志统一大局已定，帝国即将建立，皇帝即将登基。"在此之前，奥托·冯·俾斯麦从没为宣告德意志帝国的成立采取过任何公开行动，但几乎整个国家都一致期盼德意志帝国的建立，尤其是南德意志人民。就在此时，奥托·冯·俾斯麦选择退居幕后，不愿让人们觉得他造就了皇帝或创造了帝国，只是让人民的自发愿望自然而然地水到渠成。普鲁士王室的确不大愿意领受新的头衔，威廉一世本人并不急于获得某种新的尊贵地位，因为那会掩盖他和先人们为之深感荣耀的普鲁士国王头衔。许多贵族和军官都有类似的想法，其中尤以阿尔布雷希特·冯·罗恩最明显。在这件事情上，他表现出了普鲁士旧贵族的真情实感。普鲁士旧贵族憎恶改变，因为那必然意味着他们如此忠心热爱的普鲁士将成为大德意志的一部分。他们还担心，顶着新头衔的普鲁士王室会丢掉老传统——勤俭节约到了近乎吝啬的老传统。普鲁士王室也许会改弦更张，开始效仿那些不够谨慎、奢靡铺张的君主们。奥托·冯·俾斯麦本人对此可能也心有戚戚焉。

  当然，只有在其他君主提议由威廉一世称帝时，威廉一世才会这样做，但其中也存在风险：为批准协议而被召集的德意志国会可能会在其他君主提议之前请求威廉一世称帝。如果国会果真如此，威廉一世可能会拒绝称帝。太子腓特烈·威廉·尼克劳斯·卡尔十分渴望新的头衔，他与巴登大公腓特烈一世极力怂恿其他君主。促请威廉一世称帝的倡议必须由巴伐利亚国王路德维希二世率先提出，但该以何种形式提出令巴伐利亚国王路德维希二世非常犯难。在整个磋商过程中，奥托·冯·俾斯麦都居于幕后，帮助扫清障碍。奥托·冯·俾斯麦迅速草拟了一封信，通过特别信使送交给路巴伐利亚国王路德

德意志统一三大功臣,从左到右分别为:奥托·冯·俾斯麦、阿尔布雷希特·冯·罗恩和赫尔穆特·卡尔·贝恩哈特·冯·毛奇

维希二世。巴伐利亚国王路德维希二世立即予以采纳,誊写后签字,并同时给其他君主写了另一封信,要求君主们共同向威廉一世提出请求:威廉一世应就任德意志帝国的皇帝,此事已耽搁了六十余年。所以此事的实情是:那封请求威廉一世称帝的信正出自威廉一世的首相奥托·冯·俾斯麦之手。这表明,奥托·冯·俾斯麦在与巴伐利亚磋商期间的种种行为赢得了巴伐利亚国王路德维希二世的信任,这份信任在此时得到了恰到好处的运用。

1871年1月18日，在法兰西凡尔赛宫，威廉一世称帝；数日后，奥托·冯·俾斯麦获封侯爵。

　　又过了数日，巴黎沦陷。旷日持久的围城行动结束了，抵抗力量也被消灭了。和三个月前一样，朱尔·法夫尔再次要求会见奥托·冯·俾斯麦，这次是为了商讨巴黎投降一事。我们无须细说投降条款，只需要看看朱尔·法夫尔如何描述奥托·冯·俾斯麦的态度。

　　　　在这一次次令人扼腕的磋商中，我始终觉得奥托·冯·俾斯麦急于在形式上弱化他提要求的残酷性；如果我不承认这一点，那就是我不够实事求是。他极尽所能地淡化总参谋部在军事活动上的冷酷无情，并在许多问题上同意支持我们的要求。

　　之后的数周时间进行了选举，波尔多也召开了一次会议。阿道夫·梯也尔再次现身，商谈和平条款。阿道夫·梯也尔知道德意志会提出大量要求，会要法兰西交出阿尔萨斯，包括贝尔福在内；另外至少还有洛林区的摩泽尔省，包括梅斯；他还预计德意志会要求一大笔战争赔款——五十亿法郎。奥托·冯·俾斯麦准备提出的条件与这些内容几乎完全一致，但有一条，赔款金额应为六十亿法郎。阿道夫·梯也尔左右为难。他知道，如果德意志坚持所有这些要求，那也必须接受。阿道夫·梯也尔是一个经验丰富的政客，朱尔·法夫尔疲于应付的那些假象并不会误导他。和其他所有法兰西人一样，在过去三个月中，阿道夫·梯也尔已经得到了惨痛的教训，他说："如果我们在梅斯沦陷之前求和，也许至少能保住洛林区。"但他仍抱有一线希望。阿道夫·梯也尔充分发挥了自己的聪明才智与雄辩口才，尽力化解奥托·冯·俾斯麦的反对态度。保住梅斯的要求遭到拒绝后，阿道夫·梯也尔又要求留住贝尔福。我们来听听同样参与了这次决定性会面的朱尔·法夫尔的讲述。他的说法可能更令我们坚信他是位沉默而被动的旁听者。

威廉一世登基成为德意志帝国皇帝

一定要亲眼见证这悲伤的一幕，你才知道这位杰出的政治家（指阿道夫·梯也尔）表现出了何等超人的能力。我至今还能记得，他脸色苍白，焦躁不安，时而坐下，时而霍然站起。我听见他的声音因悲伤而沙哑，话说着说着突然停下。他的语气时而恳求，时而骄傲。我不知道还有什么比这颗高贵心灵迸发的激情更加崇高。这份激情随着各种恳求、威吓、祈祷而爆发，它时而亲切，时而冷酷；它在残酷的回绝面前变得越来越愤怒，做好了决一死战的准备，再不接纳理性的声音。左右着阿道夫·梯也尔的那些情感是无比激烈而神圣的。

奥托·冯·俾斯麦仍固执己见，梅斯和贝尔福一个也不放。阿道夫·梯也尔便大声喊道：

好吧，就如您所愿吧！所有商谈都是装模作样。看起来我们是经过了深思熟虑，实际上不过是唯您马首是瞻。我们乞求保住一个完全属于法兰西的城市，但您不肯答应，这无异于公开承认您已经打定主意要对我们赶尽杀绝。请吧！夺走我们的土地，烧毁我们的房屋，割断无辜国民们的喉咙。总之，完成您的事业吧！我们会战斗到生命的最后一刻。我们最终会失去抵抗能力，但我们绝不受辱。

阿道夫·梯也尔知道自己的威胁于事无补，这令他的愤怒爆发更加值得钦佩。不过，这番爆发也并非全无效。奥托·冯·俾斯麦有些不安，他说他理解法兰西人的苦衷，也愿意做出让步。"不过，"他补充道，"我什么也无法保证。是国王命令我坚守这些条件，只有他有权修改，我会执行他的命令。我得先与赫尔穆特·卡尔·贝恩哈特·冯·毛奇商议。"奥托·冯·俾斯麦离开会议室，将近一小时后才找到赫尔穆特·卡尔·贝恩哈特·冯·毛奇。之后奥托·冯·俾斯麦回来，给了法兰西人这样的答复："先前是贵方拒绝让我们进入巴黎。如果贵方同意德意志军队占领巴黎，那么贵方可以收回贝尔福。"法兰西人毫无疑问地答应了。数小时后，威廉一世也表示，同意对条款进行上述修改。在此之前，赔款金额已经下调至五十亿法郎，无论法兰西人如何努力都不能再减少一分了。谈判过程中还出现了其他许多令人激动的场景。比如阿道夫·梯也尔曾威胁奥托·冯·俾斯麦，要让中立国介入。"您要和我提欧洲，我就得提拿破仑三世。"奥托·冯·俾斯麦这样回答，并扬言要与拿破仑三世展开谈判，让拿破仑三世回到法兰西元帅弗朗索瓦·阿希尔·巴赞领导的军队。在商讨财务问题时还发生了一件事，朱尔·法夫尔是这样描述的。

> 随着谈判的进行，奥托·冯·俾斯麦越来越活跃，每句话都要打断阿道夫·梯也尔，指责他想破坏一切。奥托·冯·俾斯麦说自己病了，已是强弩之末。既然我们极力要挫败此事，他也无力再推进了。后来，奥托·冯·俾斯麦的情绪终于爆发了。他在我们谈判的那个小房间里大步大步地来回走动，大声嚷道："我努力应对你们强加给我的这些问题，已是仁至义尽。我们提出的条件就是最后通牒，你们要么接受，要么拒绝，我不再参与谈判了。明天请一位翻译来，从此我不会再说一句法语。"

奥托·冯·俾斯麦立即开始用极快的语速说起德语。当然，在场的法兰西人没有一个听得懂。

奥托·冯·俾斯麦本人对这个场面的描述与朱尔·法夫尔的说法形成了有趣的反差。

> 当我向阿道夫·梯也尔提出某个明确的要求时，平常基本能够自控的他却一跃而起，大喊大叫："可是这太无耻了。"我不予理

会,开始说德语。他听了一会儿,但很显然不知道我说了什么,便用哀怨的声音说道:"可是伯爵先生,您知道我不懂德语。"这时我便用法语回答:"刚才您提到无耻这个词的时候,我才发现我并不那么懂法语,还是说德语更好,至少我能明白自己说了什么、听见什么。"他理解我的意思,立即接受了他刚刚因为所谓"无耻"而拒绝的要求。

在这些谈判中,奥托·冯·俾斯麦扮演的角色并不轻松,因为他很可能在一定程度上暗暗认同法兰西人的理由与反对意见。奥托·冯·俾斯麦十分忠于自己的君主与国家,不可能不维护与采用已经得到认可的政策。但我们也有充分的理由相信,如果奥托·冯·俾斯麦能够完全做主,德意志也不会坚持夺取梅斯,而是会撤销这一诉求。吞并阿尔萨斯的论据的确是无可辩驳的,奥托·冯·俾斯麦曾反复说明,只要法兰西把持着斯特拉斯堡,德意志便无安全可言。有孚日山脉作为坚强后盾,法军可利用斯特拉斯堡作为突破口,打开德意志的大门并长驱直入。只要你曾经站在黑森林的山坡上,眺望那个两侧小山高耸、莱茵河从中流过的壮丽山谷,你就会以为这里都属于同一片国土。你也一定会认为,这个国家的边境线不该是仅作为主要交通渠道而非隔阻手段的莱茵河,而应当是更远那一端的山顶地带。不过,用来支持德意志获取斯特拉斯堡诉求的观点,也同样能用来支持法兰西留住梅斯的诉求。如果法兰西人手中的斯特拉斯堡是德意志的门户,那么德意志手中的梅斯也是,且一直会是法兰西国土上的一个军事要塞。只要看过奥托·冯·俾斯麦在这一问题上的观点,谁都能看出来他的论据用在斯特拉斯堡是确凿可信的,只不过奥托·冯·俾斯麦几乎从不愿意表明,这些论据对于梅斯也是适用的。甚至在德意志国会召开前的那次演说中,奥托·冯·俾斯麦在解释说明和平条款时反复谈到斯特拉斯堡,却对梅斯只字不提。奥托·冯·俾斯麦谈起1856年,在克里米亚半岛纷争中,符腾堡的国王威廉一世曾告诉奥托·冯·俾斯麦,普鲁士方

符腾堡国王威廉一世

面应当相信自己代表符腾堡在德意志国会上表达的对抗西欧各国的想法。但一旦战争爆发,情况将会不同。符腾堡国王威廉一世说道:

> 战争爆发后又是另一番景象了。我和其他所有人一样,决心坚守我签订的协议。但请别对我做任何不公正的评价:如果我们拥有斯特拉斯堡,我们就能应对各种不测。但只要斯特拉斯堡还是一个能为武装强国利用的突破口,我就不得不担心,我的盟友未及前来相助,我的国家就已经遭到外国军队的践踏。

符腾堡国王威廉一世说得没错，只要斯特拉斯堡属于法兰西，德意志就永无安全可言。不过，如果梅斯属于德意志，法兰西还会安全吗？

德意志要求获取梅斯完全是出于军事考虑。我们已经知道，有一个事实理论上是成立的：德意志在对法兰西的战争中永远不能采取攻势，而夺取梅斯则让法兰西无法进攻德意志。事实也的确如此。不过，让政治考量服从军事考量，并不是奥托·冯·俾斯麦的习惯做法。也许可以说，法兰西永远不会同意放弃梅斯或斯特拉斯堡。不过，我们可以想象新一代法兰西人会渐渐把孚日山脉的分水岭视为德法两国的永恒边界，却难以相信会有哪个法兰西人心甘情愿地接受德意志人出现在摩泽尔河上游地区。

虽然初步的和平条款已经确定，新的问题却出现了。巴黎公社运动的爆发使法兰西人无法履行所有条款。奥托·冯·俾斯麦不信任法兰西人，对待他们极其严酷，不止一次地扬言要开战。最终，朱尔·法夫尔请求再次会面。两位政治家在法兰克福相见，签署了最终的和平协定。

第 15 章

德意志帝国内政、外交问题

《法兰克福合约》一经签署,奥托·冯·俾斯麦的工作便已完成了。奥托·冯·俾斯麦担任外交大臣不过九年时间,却在这短短九年中完成了之前许多政治家多番努力未能完成的事业。1862年,奥托·冯·俾斯麦眼见威廉一世已经做好退位的准备,到了1871年,他已经让威廉一世成为欧洲最强大的统治

签订《法兰克福合约》

者。虽然当时的普鲁士内部仍存在分歧，威廉一世也无法左右欧洲各国议会，却是整个德意志无可争议的领袖。

命运一直很善待奥托·冯·俾斯麦，并没有像对待意大利首相加富尔伯爵卡米洛·奔索那样，在大获全胜之时夺走他的生命。奥托·冯·俾斯麦在之后的二十年里继续治理着他创立的德意志，引领着他建造的这艘船的航向。换了任何一个不够坚强勇敢的人，都可能迅速脱离公职，因为他可能已经想到，再也做不了什么能提升自己名誉的事情，反而总要冒着牺牲已有声望的风险。但奥托·冯·俾斯麦并不为这样的念头所动。对他而言，行使权力已经成为一种乐趣，他也已经打定主意，如果威廉一世要他一直执政到生命的最后一天，他也绝不害怕赌上自己的名誉和声望，只要这能够令国家更加强盛。

我们无法详尽描述奥托·冯·俾斯麦的后半生，单是篇幅就不允许，因为那等于是在书写德意志帝国史。尽管这段时间发生的事件不再那么扣人心弦，数量上却并不比他人生早期的事件来得少。此外，我们也缺乏足够资料来撰写一部完整的传记。尽管确实存在大量的公开记录，我们对于从根本上决定政府政策的不公开的国家层面原因仍知之甚少。确实，不时会有人非法披露消息、公开某些机密文件、出人意料地泄露某些鲜为人知的情况，但这样的消息会极大地危害相应责任人与信息披露国的名誉，应当对其持比较保留的态度。无论是企图挟私报复还是人们的共同追求，此类消息透露的仅是部分事实，而知道事实的一部分往往要比完全不知道更易导致误解。

此后，在外交政策方面，奥托·冯·俾斯麦成了绝无仅有、毫无争议的大师。无论在议会还是报界，几乎听不到质疑他卓越外交才干的声音。同盟君主都完全信任他，整个德意志民族都热情拥护他。奥托·冯·俾斯麦对此很是受用。就连常常批评和反对他的国内政策的政党，在外交事务上也始终支持他。反对奥托·冯·俾斯麦的只有对德意志帝国本身抱有敌意的那些人，因为这个伟大的君主制军事强国损害了他们的利益。这些人包括波兰人、教皇绝对权力主义者、教皇派及社会民主党人。由于反对奥托·冯·俾斯麦，他们似乎成了叛国者，而奥托·冯·俾斯麦及其追随者也迅速反应，将国民分成了两派：忠诚派与敌对派。

奥托·冯·俾斯麦配得上人们的信任。奥托·冯·俾斯麦成功让新成立的德意志帝国保住了之前获得的所有声誉，也很好地减轻了中立国的猜忌，这一切都是凭借和平政策做到的。1870年，奥托·冯·俾斯麦以巨大的决心促成了战争的爆发，如今他也以同样巨大的决心求和。然而，奥托·冯·俾斯麦的根本动机一直未变：当时开战是为了德意志的利益，如今求和也是一样。奥托·冯·俾斯麦从不热衷于战争本身，像他那样优秀的外交官绝不会向往战争，战争是在否定外交，而诉诸战争的政治家一定是在某个时刻交出了对时局的控制权。战争往往是种笨拙的方法。比起训练有素的大臣们，自己同时担任将军的专制君主们更常表现出对战争本身的热衷。战争通常是一名懦弱外交官的最后一招，用以掩盖他的失误，挽回失去的一切。

这个新成立的德意志帝国将何去何从，欧洲人对此很是忧虑。德意志帝国会不会利用自己所向披靡的力量挑起新的冲突？冲突的理由也许很容易就能找到。奥托·冯·俾斯麦也许可以大张旗鼓地宣传"所有德意志人团结在一个国家"，可以唤醒沉睡了五十年的爱国热情，可以提醒人们在荷兰、瑞士、奥地利和俄罗斯帝国还有许多远离国家、在异国统治下挣扎的德意志人。如果奥托·冯·俾斯麦是理想主义者，他也许会这样做，并和意大利民族统一主义者一样在德意志大声疾呼。或者，他可能为自己的国家争取应有的边界。在把莱茵河上游地区从他国统治中解放出来后，他也许会声称这条大河应当流向大海——德意志的大海。这正是法兰西人在类似情况下的行为。但奥托·冯·俾斯麦并不会重蹈路易十四和拿破仑三世的覆辙。

奥托·冯·俾斯麦知道德意志渴望和平。新一代人应当在新秩序下成长；旧伤口需要时间来抚平，原先的分歧应当被遗忘；多年同心协力的努力必将巩固奥托·冯·俾斯麦建立的联盟，直到战败国的猜忌得以平复、新帝国与欧洲其他国家一样坚定稳固为止。

法兰西是个主要危险因素。这个心怀不满的国家天天叫嚣着报复，似乎也只有这才能让人联想起法兰西人彻底粉碎的自尊。人们不能忘记失败与耻辱，收回丢失的国土是整个国家的热切期望，也是所有党派的打算。我们已经知道，德意志政治家们已预见到这样的危险，并有意挑战。德意志政治家们并不在意法兰西的敌意，因为他们已经不需要畏惧法兰西的力量。"只要能让他们害怕，就让他们去恨吧！"对法兰西人归还国土的要求，德意志斩钉截铁地予以回绝。不留一丝希望、不存谈判空间、不让其他国家介入，这是更加仁慈而正当的做法。为征服阿尔萨斯-洛林而战死的数十万德意志军人使德意志有充分的理由成为这一地区的主人。只要表现出一丝退让，就会催生一个个永远无法实现的希望，导致一场场永远没有结果的商谈。对于法兰西人的各种提议，最好的应对办法就是提升德意志的国力。可行的外交手段只有一种：只要德意志的军队足够强大，就不会再有哪个法兰西政治家——就算巴黎民众也不会妄想独自开展复仇之战。

但这还不够，除此之外，还应当孤立法兰西。德意志帝国的建立是以法兰西、奥地利、丹麦和波兰等军队的战败为基础的，欧洲有许多人希望把这些军队集结起来，组成新的联盟。并且不难想到，曾经对德意志多有助力的俄罗斯帝国将不再为其"门徒"的成功而洋洋得意，毕竟沙皇亚历山大二世在欧洲之所以具有影响力，既是因为法兰西的分裂，也是因为德意志的分裂。不知何时俄罗斯人才能像法兰西人一样认清事实：正是沙皇亚历山大二世的怜悯之心扼制了俄罗斯帝国的雄心与外交事业。天主教集团尤其希望结成某种同盟，天主教集团的主要目标是瓦解意大利。天主教集团眼中的世界中心似乎仍是罗马。但天主教集团在结盟事务上无法得到德意志的支持，因此，天主教集团便视这个新教帝国为敌人。天主教集团希望借助君主制的反对力量控制法兰西，依靠卡洛斯运动①的胜利控制西班牙，并在奥地利的辅助下推翻欧洲的

---

① 卡洛斯运动，西班牙正统主义政治运动，主张拥戴波旁王朝卡洛斯王子支系为西班牙波旁王朝的正统世系。——译者注

哈里·冯·阿尼姆伯爵

新秩序。奥托·冯·俾斯麦的主要精力都用来应对天主教集团的阴谋，人们将会看到他在国内如何对抗教皇绝对权力主义者。对于法兰西，奥托·冯·俾斯麦倾向于支持共和政体。某些德意志政治家，尤其是驻巴黎大使哈里·冯·阿尼姆伯爵，试图赢得德意志人对法兰西维护君主派的同情与支持，却在奥托·冯·俾斯麦那里碰了壁。在西班牙方面，奥托·冯·俾斯麦对西班牙政府表示支持与同情。在与卡洛斯运动的支持者的对抗中，西班牙政府艰难地维系着。意大利国王维克托·埃马努埃莱二世造访柏林，坐实了德意志与意大利的友好关系，但朱塞佩·加里波第1870年的行为又令两国关系被阴霾笼罩。不过，奥托·冯·俾斯麦政策的最重大胜利还要数让德意志与奥地利重归于好。

有人问与奥托·冯·俾斯麦关系最密切的一位顾问,最钦佩奥托·冯·俾斯麦的哪一次行动,这位顾问便详细阐述了德奥和解事件。这完全是奥托·冯·俾斯麦本人的作为,他长期为双方重修旧好而努力。即便在1866年战争进行期间,奥托·冯·俾斯麦也已经预见到,总有一天互存隔阂的德意志和奥地利能成为彼此忠诚的盟友,这是双方在刻意结盟的情况下不可能达成的。这样忠实的同盟很大程度上是基于奥地利皇帝弗朗茨·约瑟夫一世对德意志首相奥托·冯·俾斯麦的高度尊重与信赖,自弗里德里希·斐迪南·冯·博伊斯特卸任奥地利首相后,德奥两国便开始亲近起来。一直以来,弗里德里希·斐迪南·冯·博伊斯特在与奥托·冯·俾斯麦的斗争中都极具智谋,尽管无法与奥托·冯·俾斯麦抗衡,但如今两人私下里也成了朋友。1872年12月,沙皇亚历山大二世与奥地利皇帝弗朗茨·约瑟夫一世受威廉一世之邀前往柏林。没有签订条约,也没有书面结盟,但在上一代令整个欧洲承受重压的东欧君主国联盟又恢复了。欧洲大陆上再没有法兰西能够寻求帮助或支持的对象了。

其后数年是奥托·冯·俾斯麦为外交事务操心最少的时候,他甚至开始埋怨自己无事可做。经历了多年的矛盾纷争、尔虞我诈,他又觉得如今的安稳太无趣了。战争的阴影不时掠过欧洲,但很快又烟消云散。其中最严重的一次危机发生在1875年。

法兰西的军队改革和法兰西部队的某些运动似乎引发了柏林方面的恐慌。虽然我说的是"恐慌",但很难相信德意志真的会有什么重大的担忧。不过,有那么一群人认为战争迟早会到来,他们觉得最好不要等到法兰西再次强盛起来、重新聚集盟友,最明智的做法当然是趁法兰西还弱不禁风、无依无靠时,找些借口——太容易找到了——发起进攻,将这个国家摧毁。并且要彻底摧毁,用它往日对付德意志的方式对付它,让它永远无法再抬起头来。我们无从知晓这种计划是否得到采纳,但1875年春出现了令人担忧的迹象。俄罗斯帝国和英国政府都在极度不安下介入了,就连德比伯爵爱德华·亨利·斯坦利如此冷静的政治家都认为确实存在危险。1875年4月月初,沙皇亚历山大二

德比伯爵爱德华·亨利·斯坦利

世前往柏林，以私人身份干预德意志意图打击法兰西一事。维多利亚女王给威廉一世去信，称就她所知的消息看来，毫无疑问，有人在酝酿对法兰西实施侵略战争。维多利亚女王对威廉一世施压，力图阻止战争爆发。威廉一世本人并不支持开战的想法，据说他甚至对危险的临近一无所知。其他君主根本无须费心劝说威廉一世否决一场荒唐的战争，但来自各国的劝告还是引起了奥托·冯·俾斯麦的强烈愤慨。这正是最容易激怒他的行为。奥托·冯·俾斯麦坚称自己并无开战意图，传言不是真的。奥托·冯·俾斯麦说这一切谎话都是教皇绝对权力主义者的阴谋，是俄罗斯帝国首相兼外交大臣亚历山大·米哈伊洛维奇·戈尔恰科夫的虚荣心在作祟，其目的是让人以为法兰西的安全与存续都归功于俄罗斯帝国的友好介入，从而为俄法两国结盟扫清障碍。说奥

第 15 章 德意志帝国内政、外交问题 | 407

托·冯·俾斯麦认真考虑过开战，这基本是不足为信的，他必然知道其他欧洲国家不会容许有人再次对法兰西无端发起进攻，也不大可能赌上自己的所有成就与欧洲联盟为敌。然而，奥托·冯·俾斯麦的说法可能并非完全属实。就连德意志作家们都承认人们在酝酿打击法兰西的计划，而这项计划天生带有迎合普鲁士军事派的属性。

不过，这可能只是德意志与俄罗斯帝国分歧的开始。比起人民的愿望和切身利益，沙皇亚历山大二世的个人情感才是德俄两国联盟关系的主要基础。新兴的泛斯拉夫派反对德意志。泛斯拉夫派的领袖是尼古拉·帕夫洛维奇·伊格纳季耶夫将军，但亚历山大·米哈伊洛维奇·戈尔恰科夫也支持泛斯拉夫派

尼古拉·帕夫洛维奇·伊格纳季耶夫将军

亚历山大·米哈伊洛维奇·戈尔恰科夫

的反日耳曼政策,其中部分原因可能是他个人对奥托·冯·俾斯麦怀有敌意,同时因为要合理考虑俄罗斯帝国的利益。东欧地区爆发动乱,唤醒了人们沉睡二十年的民族情感。事实上,现代德意志的强烈爱国精神已经让几个邻国自然而然地形成了类似的情感。德意志人因摆脱了法兰西主流文化而得意扬扬。与此相似,俄罗斯人开始嫉恨日耳曼民族的势力。那是一股从彼得大帝在位时起在俄罗斯帝国就十分强盛的势力。

不过,在内政方面,情况则极其不同。奥托·冯·俾斯麦对内政的管理不是毫无争议的,他要应付对手、批评家和同僚。普鲁士议会和德意志国会的权力确实有限,但未经两者同意便不能通过任何新法,并且每年的预算都需要两者批准。尽管普鲁士议会和德意志国会放弃了对外交政策的操控,各党派却仍会批评,并常常否决政府提出的法案。在普鲁士事务方面,没有同僚的善意,奥托·冯·俾斯麦便无法采取行动;在财政、法律改革及教堂和学校的管理方面,相关部门的大臣掌握着主动权。如果奥托·冯·俾斯麦加入某个党派、组建政党管理部门并实施政党规划,则政府的某些问题都可迎刃而解,但他一直不肯这样做。他不希望到了晚年还要担任议会代表。如果依靠某个政党的支持,一旦奥托·冯·俾斯麦失去政党的信任,或是政党对国家丧失了信心,他就只能离职,早年的所有努力都将功亏一篑。奥托·冯·俾斯麦期望建立的是政府党,或者坦白说,就是俾斯麦党,这个党派会始终支持他在国内与国际政策上的各种措施。但奥托·冯·俾斯麦没有做到,便退而寻求其他途径。为使政府措施获得通过,奥托·冯·俾斯麦建立了一系列同盟:有时和这个政党,有时和那个政党。但在这些同盟关系上,他既要收获,也须付出。令人费解的是,奥托·冯·俾斯麦的自尊总是很容易受伤。一旦当时与他结盟的党派企图操控和改变他的政策,他便会发怒,所以这样的同盟关系都不长久。一旦时机成熟,奥托·冯·俾斯麦便会一个接一个地脱离此类关系,他似乎以此为乐。

奥托·冯·俾斯麦与保守党的同盟源自旧日情谊,但在1866年后便开始破裂。从1866年起,许多保守党人都对奥托·冯·俾斯麦的政策感到失望。开展普选令保守党感到不安,他们本希望奥托·冯·俾斯麦会利用自己的权势对议会的反对态度予以扼制和惩罚。然而,他并没有这样做,而是免除了议会的责任。保守党认为自己在与奥托·冯·俾斯麦并肩作战,维护普鲁士君主政治的完整。但刚刚赢得胜利,奥托·冯·俾斯麦就向自由党人示好,奖赏也都归自由党人。保守党因此受到了伤害,很是失望。奥托·冯·俾斯麦又不加斟酌、态度粗暴、拒绝考虑保守党的抱怨和抗议,这更加剧了保守党人的负面情绪,就连1870年取得的成就也并未使双方完全和解。这些普鲁士贵族——奥托·冯·俾斯麦本人早年曾是他们中的一员——为普鲁士国王的声名被湮没在德意志皇帝的光环之下而扼腕。有趣的是，阿尔布雷希特·冯·罗恩甚至略带鄙夷和嫌恶地谈起威廉一世的新头衔。他写道："既然'皇帝'头衔已经安全孵化并'出壳'了，希望奥托·冯·俾斯麦的脾气能变得好一点。"不过，真正令奥托·冯·俾斯麦与保守党决裂的还要数与天主教会的斗争。让教会完全服从国家、推行新的学校监督法案、强制实施公证结婚制度，这些都与普鲁士保守党人最坚定而明智的看法相悖。这些事务似乎并不关乎德意志帝国的生死存亡，因此，奥托·冯·俾斯麦并不在意，直接采用了自由党的方案。奥托·冯·俾斯麦早年曾猛烈抨击普鲁士官僚主义无处不在的强权，如今却成了强权的拥护者。其后，有人提议对地方政府展开一项变革，但这会削弱地主们的势力。保守党人拒绝支持这些措施，上议院的保守党多数对此予以否决。奥托·冯·俾斯麦的兄长伯恩哈德和所有的老朋友、老战友都站在同一阵线反对他，但奥托·冯·俾斯麦不接受任何人的反对意见。威廉一世同意册封新贵族，从而违背上议院的意愿强行通过了这些"可恶"的措施。奥托·冯·俾斯麦的数次演说加剧了他与保守党之间的怨恨，他甚至亲自发声抨击保守党人。奥托·冯·俾斯麦说："政府很失望，我们期望保守党的信任，但信任是一株脆弱的植物，一旦损毁就不再生长，我们只能从别处寻求帮助。"

1872年年末，奥托·冯·俾斯麦与保守党的关系发生了一次危机。此前阿尔布雷希特·冯·罗恩仍在政府内任职，因对册封新贵族的方式不满，便请求威廉一世准许他辞职。威廉一世舍不得他离职，并且威廉一世在许多国内事务上都更支持他而不是奥托·冯·俾斯麦，因此，威廉一世拒绝接受辞呈。这次危机的结局很出人意料：奥托·冯·俾斯麦主动辞去了普鲁士首相的职位，由阿尔布雷希特·冯·罗恩接任；奥托·冯·俾斯麦仅保留了德意志帝国外交大臣和首相的位置。

奥托·冯·俾斯麦写给阿尔布雷希特·冯·罗恩的一封信表明，那段时间他一直在十分低落的情绪中苦苦挣扎，主要原因是身体欠佳。奥托·冯·俾斯麦称："一个伟大帝国的外交大臣同时还要负责内政，这真是闻所未闻的奇怪现象。"但正是奥托·冯·俾斯麦自己安排了这一切。奥托·冯·俾斯麦称保守党的背弃令他失去了根基。失去了老朋友、妻子约翰娜·冯·普特卡默抱恙,这些都令他十分沮丧。他谈起自己年岁渐长,说深信自己活不了多长时间了,"国王陛下可不知道他是怎么把一匹好马骑得奄奄一息的"。在外交事务方面,奥托·冯·俾斯麦会继续尽其所能,但不会再管那些对他再无感情的同僚,也不再理会威廉一世那些他并不认同的愿望。这次的职位变更过了一年时间后,阿尔布雷希特·冯·罗恩再次请求威廉一世准许他告老还乡。这次威廉一世同意了,因为阿尔布雷希特·冯·罗恩的健康状况已经不允许他继续承受任职期间持续不断的焦虑。阿尔布雷希特·冯·罗恩的离职让威廉一世非常伤心。而对于奥托·冯·俾斯麦而言,这可能是他必须经历的所有离别中最触动他的一次。他对其他任何一位同僚的感情都不可能和对阿尔布雷希特·冯·罗恩的感情相提并论,是阿尔布雷希特·冯·罗恩带他进入内阁,并和他共同度过那些纷乱动荡的岁月。奥托·冯·俾斯麦写道:"对我而言,我在工作上会变得势单力孤。更糟的是,老朋友都成了敌人,新朋友又交不到。也许是上帝的旨意吧!"1873年,奥托·冯·俾斯麦再次当选首相。阿尔布雷希特·冯·罗恩辞职后,奥托·冯·俾斯麦与《十字架报》一派彻底决裂。比较温和的保守党人脱离了《十字架报》一派,支持政府。其他保守党人则掀起了一场派系敌对运动。

  这场争斗在所难免。撇开宗教问题不谈,要遵照保守党人的信念管理德意志也是不可能的。可能令我们感到惋惜的是,这次争执进行得不够体面。这些普鲁士贵族与奥托·冯·俾斯麦本属同类,也许在能力上无法与之媲美,但他们的性格很相似。贵族们认为自己遭到了背叛,并且不会轻易宽恕。他们肆无忌惮地采用各种斗争手段:利用报刊匿名攻击奥托·冯·俾斯麦的相貌和人格,指责他利用自己的公职投机挣钱,甚至因此牺牲了德意志与俄罗斯帝国的同盟关系。奥托·冯·俾斯麦不止一次地借助反诽谤法反击这些不实的指控,并在德意志国会上公开抗议《十字架报》的措辞,抗议他们散播到海外的那些卑鄙的抨击与无耻的谎言。普鲁士贵族的许多主要成员则正式签署了一份声

阿道夫·冯·塔登

明，维护《十字架报》的管理层，称他们是"君主政治和保守党原则的忠实追随者"。这些所谓的"声明人"从此成了奥托·冯·俾斯麦无法饶恕的敌人。在这份声明的末尾可以看到一些伤感的字眼："深感遗憾的阿道夫·冯·塔登签名。"两位基督教君主制的守卫者如今分道扬镳，这实际上象征着老保守党的终结。老保守党已经完成了自己的使命，奥托·冯·俾斯麦也开始转而支持国家自由党。

自1866年起，国家自由党人的数量逐渐增长，重要性也逐渐提升。他们代表着普遍意义上的德意志人民。正是在国家自由党人的帮助下，1866年至1878年，德意志帝国确立了新的制度。1871年的选举中，国家自由党共占一百二十席；到了1874年，数量增长到了一百五十二席。国家自由党人不是绝对多数，但在德意志帝国国防、外交政策和军队的所有相关问题上都得到了温和保守党人的支持。而国家自由党人在与天主教教徒的争端及国内事务方面，基本可以仰赖进步党人的支持。因此，无论在普鲁士议会还是德意志国会上，国家自由党只要保有权力，都能维持政府管理必需的多数席位。国家自由党内部存在分歧，尽管这后来导致了政党的分裂，但在当时——国家自由党人眼中的德意志帝国黄金岁月，党内确实实现了团结。国家自由党网罗了许多极具才干的领导人，还有曾在纷争年代反对奥托·冯·俾斯麦的律师与学者。国家自由党的领袖是鲁道夫·冯·本尼希森。他虽是汉诺威人，却并未因往日的争端而怀抱敌意。鲁道夫·冯·本尼希森温和而圆滑、克制又爱国，是唯一一个在出现问题时总能找到奥托·冯·俾斯麦，并有把握达成合理妥协的人。鲁道夫·冯·本尼希森与最有才干的议会演说家爱德华·拉斯克很不相同。爱德华·拉斯克对国家

鲁道夫·冯·本尼希森

爱德华·拉斯克

自由党各项决定的服从似乎并非发自内心,他提出的批评看似友好,却总会激怒奥托·冯·俾斯麦。

然而,奥托·冯·俾斯麦与国家自由党的同盟并不稳固,人们常常觉得随时可能出现某些问题,导致同盟破裂。早在1871年,奥托·冯·俾斯麦的言语中就透露了同盟破裂的可能。在一场有关军队的辩论中,奥托·冯·俾斯麦表示自己需要的是全力支持,称当选的议员显然是用来支持他的,议员无权谈条件或是不予支持,否则他便要辞职。国家自由党人对奥托·冯·俾斯麦素来十分忠诚,当奥托·冯·俾斯麦把问题上升到信任层面时,国家自由党人就常常放下自己的看法,但双方的紧张状态一直存在,人们一直感受得到。和过去一样,当前的重大问题仍是军队的组织问题。人们不会忘记,北德意志邦联曾提出一项临时措施,规定和平时期的士兵人数应为总人口的百分之一。这一安排于1871年年底终止，但政府认为变更这项措施或许会造成危险。德意志国会在疑虑之中通过了这样一项提案：该制度应推广到整个德意志帝国实施，为期三年。然而，如果军人数量完全照此方式确定，德意志帝国会将无法再控制开支，其他所有重大税收与支出都由各邦国决定。1874年，政府不得不提出自己的提案为将来打算，那就是：此前尚属临时措施的士兵人数规定将长久沿用，今后军队在和平时期也将一直维持恒定的军人数量。接受这项提案等于永久放弃了所有掌控财政的可能。只要国家自由党人尚存一丝发展宪政的希望，他们就不可能接受这项提案。当时，奥托·冯·俾斯麦抱恙在身，无法挺身捍卫法律的效力。国家自由党投票表示反对，提案遭到否决。一场新的冲突似乎不可避免。

1874年4月，由于是复活节假期，德意志国会休会。此时整个国家都骚动不安，但人们决定不再就预算问题发生冲突。"人们普遍执着于无条件接受法律，就连左派都拒绝倾听任何宪政方面的考虑"，一个国家自由党人在会见选民后这样写道。如果德意志国会坚持否决提案而导致议会解散，毫无疑问会有绝大多数人支持内阁。这是1870年以来首次提到宪法特权的问题。此时人们发现——此后也一直如此——对德意志人民而言，无论他们选出的代表意见如何，奥托·冯·俾斯麦一人的名字便足以盖过其他所有人。鲁道夫·冯·本尼希森提出了一项折中方案：同意有关军人数量的规定，但不是长久沿用，而是只沿用七年，这让奥托·冯·俾斯麦与国家自由党的同盟又维持了四年。

这段时间，奥托·冯·俾斯麦与罗马天主教教会的冲突在所有问题中最突出，内阁也开始着手干预。回顾那段往事，我们很难判断甚至理解冲突的起因，双方都声称自己是出于自卫。奥托·冯·俾斯麦经常解释自己的动机，但我们无法肯定，他所说的就是促使他行动的全部理由。不过，奥托·冯·俾斯麦坚称与罗马天主教教会的斗争无关宗教，只关乎政治，他的动机并不来自新教教徒对天主教教会的憎恶，而是因为担心在罗马等级制度结构下，德意志帝国可能产生某个敌视整个国家的权力集团。然而，即使奥托·冯·俾斯麦本人起初并未怀着新教教徒对天主教的敌意——其实这一点并不明确，他还是被迫与一个大党派结成了同盟。该党派唤醒了人们对宗教改革的记忆,激发起人们对罗马的潜在敌意。就和它在英国一样,这股敌意在北德意志有着巨大的力量。与奥托·冯·俾斯麦结盟的还有这样一些人,他们在这次冲突中发现良机,力图更彻底地让所有人,无论新教教徒还是天主教教徒,都臣服于国家,并进一步促使国家机关脱离宗教团体。

这场斗争的直接原因是"教皇无误论"。可能有人认为,罗马教会章程的这一变化或发展主要与罗马天主教教徒有关。在梵蒂冈会议期间,奥托·冯·俾斯麦似乎也持这一观点。德意志主教对"教皇无误论"的反对尤为激烈;巴伐利亚首席大臣霍恩洛厄-希灵斯菲斯特亲王得到弟弟古斯塔夫·阿道夫·冯·霍恩洛厄-希灵斯菲斯特枢机主教的支持,力图说服欧洲各

古斯塔夫·阿道夫·冯·霍恩洛厄-希灵斯菲斯特

国政府干预此事，并阻止梵蒂冈会议达成任何结果。本来这是可以做到的。奥托·冯·俾斯麦代表普鲁士政府拒绝在这方面采取任何措施。后来梵蒂冈会议落幕并宣布新教义之时，恰逢普法战争爆发，奥托·冯·俾斯麦在数月里都忙于其他事务，无法仔细考虑新教义可能带来什么变化。此外，与巴伐利亚的谈判持续了一整个秋天，此时不做出任何令教皇绝对权力主义者感到不安并导致他们更加抗拒加入德意志帝国的行为，对于奥托·冯·俾斯麦而言至关重要。

1870年冬天出现了第一个危险信号：意大利人攻占了罗马。这一事件的必然结果是欧洲所有国家的罗马天主教教徒立即投入一项共同的政治事业。他们每个人都必定会在自己的国家尽其所能，借助外交手段或武力实施干预，全力解救罗马教廷的俘虏。德意志天主教教徒对此感同身受。德意志天主教会的一位枢机主教仍在凡尔赛时便给威廉一世发去一封简报谈论此事。天主教教徒们企图干预德意志帝国的外交政策，使其服务于和德意志直接利益相悖的目的，这令奥托·冯·俾斯麦很厌恶，也足以激起他对罗马天主教教徒的敌意。得知罗马天主教领袖联合起来组成了一个新的政党时，奥托·冯·俾斯麦的敌意进一步加深了。在首次德意志国会的选举中，新政党运动获得了巨大的成功，有五十名议员恢复了身份，而宗教正是他们之间唯一的纽带。奥托·冯·俾斯麦认为这是"动员教会力量反对国家政权"，称一个单纯依靠信仰一致建立起来的政党是政治生活中闻所未闻的创新。天主教新政党的领袖是汉诺威国王格奥尔格五世当年的大臣路德维希·温特霍斯特。路德维希·温特霍斯特是一个富有爱国精神的汉诺威人，是强势集权政府的主要反对者之一。得知此事，奥托·冯·俾斯麦的疑虑又加深了。天主教会在波兰各省的势力发展进一步加深了敌意，似乎也让奥托·冯·俾斯麦有理由谴责新政党为反德意志分子。在议会的首次会议上，新政党有两次突出的表现。就向威廉一世发表的演说展开辩论时，新政党要求德意志以教皇的名义介入，但在这一点上它势单力孤——由于某种分歧，无人支持它。而后新政党又要求将普鲁士宪法的某些条

路德维希·温特霍斯特

款引入德意志帝国宪法,以使所有宗教派别获得自由。在这方面,新政党得到了其他党派的巨大支持。

一名公正的观察家会发现,单凭这些行为很难坐实天主教教徒对德意志帝国不忠的指控,但这仍激起了报界的极大愤慨,尤其是在国家自由党机关内部。这样的愤怒情绪也得到了政府机关的响应。

人们对斗争的渴望被唤醒了。1871年秋召开了几场会议，大家开始捍卫似乎从未遭受过抨击的新教信仰。不久，一个更突出的因素引发了争端。教会权力机构要求所有主教和神父宣称他们赞同罗马教廷的新教义。多数人照做了，但有一部分人拒绝了。拒绝的人理所当然会被逐出教会。于是，开始有人脱离罗马天主教教会，形成新的宗教团体，取名为旧天主教教会。主教们下令，所有拒绝服从教皇命令的神父及院校里的宗教教师都不得再担任现职，但普鲁士政府拒绝予以批准。其中涉及的法律问题很棘手。内阁方面认为罗马天主教教会已经改变了教义，而坚守原有教义的那些人应当获得支持，继续担任他们被授予的职位；教会权力机构则否认教义发生了实质性变化。总的说来，教会权力机构倒也没错。天主教会的神父之所以能够担任神父一职，不仅是因为接受他学习的实际教义，还因为宣誓服从，所以神父有义务接受所有新的教义。而依据教会章程，将来总会有指定的政府机构宣布这些新教义符合信仰。每个人都有遵守法律的义务，这不仅是指当前存在的法律，还指将来某个适当的立法机构可能通过的法律。"教皇无误论"虽然是一条颇令人生疑的新教义，但已经得到理事会的通过。然而，理事会的议程即便在某些细节上并不合规，倒也并不比过去其他任何理事会的议程更不合规。

不过，内阁对旧天主教教会的支持可能出于另外一种动机。天主教教会认为奥托·冯·俾斯麦想要借此机会建立全国性的德意志教会，并重新团结新教教徒和天主教教徒。如果此事成真，那么的确会给德意志带来无上的福祉。我们不必怀疑奥托·冯·俾斯麦经常会有这样的念头，因为建立统一教会将给建立新国家的事业画上完满的句号。可惜，统一教会不可能建立，无论如何也不可能由一名信仰新教的政治家来完成这项任务。巴伐利亚必然是此事的主要推动者，但巴伐利亚的主教们对罗马教廷教义的反对态度被轻易地抹杀了。建立全国性德意志教会的机会曾出现过两次：一次是在宗教改革期间，另一次是在大革命之后。但这两次机会都丧失了，并且不会再出现。

强制推行"教皇无误论"的结果是教会和国家机关之间产生了激烈的敌

对情绪。内阁让脱离教会的神父们保留原职，但主教把神父们逐出教会，并禁止学生到这些神父的课堂上课，也禁止人们到这些神父任职的教堂去做礼拜。这种情绪甚至蔓延到了军队。战争大臣阿尔布雷希特·冯·罗恩要求科隆的军队神父在一个同时为旧天主教教会使用的教堂里主持弥撒，神父的主教禁止神父这样做，结果主教被剥夺了薪资，还有人扬言要逮捕他。

冲突一旦开始就会迅速蔓延。政府任命了新的文化大臣。德意志国会提出一项法律，要求将耶稣会士逐出德意志。普鲁士议会推行了一系列重大法律，即所谓的《五月法律》。《五月法律》在神父的教育与任命方面赋予国家机关极大的权力。比如有这样一条规定：对于任何并未在普鲁士院校接受教育的非德意志人，不得指派任何人对其进行灵魂治疗。其后还推行了其他法律，比如前文谈到的强制实施公证结婚，意图削弱罗马天主教神父的巨大权力。此前罗马天主教神父不仅可以拒绝承认异教通婚，也可以拒绝为旧天主教教徒主持婚礼。还有一项法律剥夺了神职人员监察小学的权力。最终普鲁士宪法中有关各教派自行管理本派事务的条款也有所改变。奥托·冯·俾斯麦可能并不负责起草这些法律，只是偶尔参与讨论，并且他常常不在柏林。

这些提案与奥托·冯·俾斯麦早年坚持的原则形成了显著的反差。老朋友汉斯·冯·克莱斯特记起奥托·冯·俾斯麦早些年曾发表的一次反对公证结婚的演说。有人指责奥托·冯·俾斯麦前后不一。他并未试图自辩，甚至没有公开承认改变了个人观点。不过，奥托·冯·俾斯麦称已经学会了让个人信念服从国家需要，这是经过了激烈的思想斗争、在极不情愿的情况下才做到的。这个基督教国家的新教义就此终结。奥托·冯·俾斯麦和海因里希·格奈斯特、爱德华·拉斯克、鲁道夫·菲尔绍一道，让天主教教会服从这个国家的新偶像。奥托·冯·俾斯麦当下做的，正是他过去以最坚定的决心和最雄辩的口才极力反对的。不过，几年之后，奥托·冯·俾斯麦就开始后悔自己的所作所为，因为在发现社会民主主义导致的新威胁时，和许多德意志人一样，他认为强化宗教信念是打击威胁的最合理手段，但彼时已经太迟了。

无论如何，奥托·冯·俾斯麦动用了全部势力参与这场冲突，尤其是在普鲁士上议院。奥托·冯·俾斯麦称这不是宗教冲突，而是政治冲突。他和追随者们不是因憎恨天主教而行动，而是在保护国家的权益。奥托·冯·俾斯麦说：

> 目前有待解决的问题并不是新教国家与天主教教会之间的斗争，而是国王与神父之间由来已久的斗争。那是围绕权力的斗争，自人类诞生起便已存在。这场斗争的开始比救世主在世间的显现要早得多，它笼罩了整个中世纪的德意志历史，直到神圣罗马帝国被推翻。当荣耀的施瓦本王朝——霍亨斯陶芬王朝的最后一位皇帝在断头台上死于一位与教皇结盟的法兰西胜利者刀下时，这场权力斗争才告终结。①我们很快也会以类似的方法应对当前的形势，这会成为当今时代的惯常做法。

奥托·冯·俾斯麦一如既往地向议会保证，会保卫德意志帝国免受内外敌人的攻击，他这样说道："请放心，我们决不会去卡诺萨请求教皇的宽恕。"

在这场对抗教会的斗争中，奥托·冯·俾斯麦有两种敌人要对付：一种是教皇和教会管理机构，一种是德意志的天主教教徒。奥托·冯·俾斯麦试图与教皇达成协定，以分隔这两派敌人。事实上，奥托·冯·俾斯麦要对付的敌人似乎并非他国神职人员，而是德意志本国的天主教民主主义。奥托·冯·俾斯麦力图将两种敌人区分开来。他请求教皇协助对付天主教中央党，但这注定徒劳无功。德意志政府与罗马天主教廷之间的官方往来中断了数年，直至教皇庇护九世去世，更具自由主义思想的利奥十三世继任教皇，双方的交流才重新开启。此后我们惊讶地看到，奥托·冯·俾斯麦恳求利奥十三世向天主教

---

① 1267年，吉伯林派被逐出意大利。当时神圣罗马帝国霍亨斯陶芬王朝的康拉丁被查理·安茹斩首。——原注

中央党施压，说服天主教中央党投票支持增加德意志军人数量的提案。这真是绝妙的讽刺，因为奥托·冯·俾斯麦曾经夸口"我们决不去卡诺萨请求教皇宽恕"。

事实上，奥托·冯·俾斯麦积极开展斗争、与反教权派联合。这给他招来了一个无法战胜的敌人。奥托·冯·俾斯麦很快发现，神父与天主教教徒具备的能力与自由党人不同。进步人士不敢尝试的，他们都敢做。天主教教徒无视法律，与他们的斗争很可能并不仅仅体现在议会辩论上。内阁试图应对天主教教徒的反抗，但徒劳无功。于是，神父们被剥夺了宗教职责，主教们被送进监狱。普鲁士约有一半的天主教教区失去了精神向导，教堂关闭了，没有人主持洗礼或婚礼。面对这些天主教教徒的反抗，内阁能怎么做？人们支持天主教中央党的领袖，约有一百名中央党人在最具才干的议会领袖路德维希·温德霍斯特领导下成立了统一机构，并决定：只要冲突仍在持续，就坚决反对政府的各项措施。随着时间的流逝，奥托·冯·俾斯麦对于自己引发的这场斗争的结果不无担心，我们对此也无须感到讶异。

奥托·冯·俾斯麦试图掩盖失败："斗争的结果会是这样，我们将拥有两个伟大的政党。一个支持与维系国家政权，另一个则抨击国家政权。前者将占绝大多数，并将在冲突的历练下形成。"这些话使奥托·冯·俾斯麦的政策遭到了最强烈的谴责。对于所有政治家而言，声称党派纷争事关对国家的忠诚或背叛是不明智的。

几乎可以肯定，奥托·冯·俾斯麦的失败感导致他对国家自由党产生了敌意。1877年春，奥托·冯·俾斯麦突然提出辞职。当然，他这样做还有其他原因。奥托·冯·俾斯麦逐渐认识到德意志帝国的财政政策并不成功，似乎在各个方面都需要注入新鲜血液、采取新的办法。他在财政事务方面没有多少经验或权威，既要依靠自己的同僚，又抱怨同僚们毫无成果。认识到这些事实的奥托·冯·俾斯麦可能有所触动，便以健康不佳为由——这也确属事实——请求威廉一世解除他的职务。威廉一世拒绝了。"决不"，威廉一世在备忘录页边写

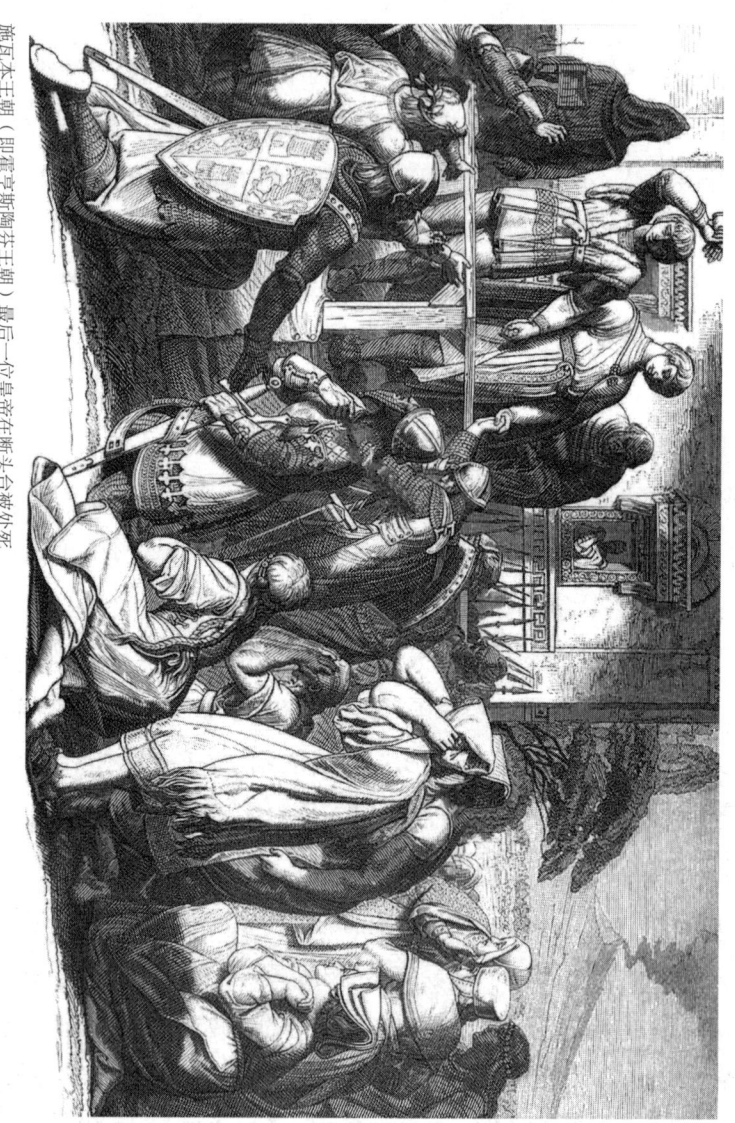

施瓦本王朝（即霍亨斯陶芬王朝）最后一位皇帝在断头台被处死

漫画：在柏林和罗马之间，奥托·冯·俾斯麦（左）面对教皇庇护九世（右）

道，但还是批准了奥托·冯·俾斯麦无限期休假。1877年4月，奥托·冯·俾斯麦回到瓦京休养，足有十个月时间不在柏林。到了1878年2月，他终于精力充沛地回归了。很快人们便发现，奥托·冯·俾斯麦事业的新阶段，也是德意志帝国历史的新阶段，即将开启。

第 16 章

三国同盟与经济改革

对德意志的外交和内政而言，1878年是一个转折点。此前，外交上，普鲁士一直与东欧两大君主国结盟；内政上，国家自由党协助治理德意志帝国，国家的主要敌人是神职人员。普法战争之前的传统仍得以保留。但1878年后，德意志与俄罗斯帝国的协议破裂，取代德俄两国联盟维持欧洲和平的是德意志与奥匈帝国及意大利组成的三国同盟。国内事务方面的变化则更加显著，力量日渐增长的社会民主党人成为必须打击的敌人。为应对这一斗争，必须与天主教教徒讲和。于是，《五月法律》被修订或部分废止。内阁与自由主义者的联盟瓦解，转而致力于建立影响深远的金融改革与社会立法体系。

1877年4月，威廉一世曾拒绝接受奥托·冯·俾斯麦的辞呈，举国上下都为这个决定欢呼雀跃。在德意志国会中，人们对奥托·冯·俾斯麦表现出高度的信赖。人人都认为，在东欧地区的复杂形势给欧洲造成新威胁的时刻，奥托·冯·俾斯麦不能缺位。即便身在瓦京休养，奥托·冯·俾斯麦仍在之后的数月里继续指导着德意志的外交政策。奥托·冯·俾斯麦与欧洲其他国家政府一道，成功地阻止了战火从土耳其蔓延到整个欧洲。1878年，英国政府拒绝批准俄土双方签署的《圣斯特法诺条约》，其他所有国家也一致希望将土耳其事件的解决方案提交给在柏林举行的由奥托·冯·俾斯麦主持的代表大会审议。

签署《圣斯特法诺条约》

这是奥托·冯·俾斯麦公职生涯的顶点。整个欧洲以最引人瞩目的方式承认了他在所有在世政治家中的首要地位。奥托·冯·俾斯麦妥善安排了此次代表大会，没有辜负人们的期望。奥托·冯·俾斯麦曾说："我们不想走拿破仑三世的老路，不想成为欧洲的独裁者或是教导者，也不希望借助我们军队的力量，把自己的政策强加到他国头上。我认为我们的工作虽略显卑微，却更有意义。能够成为一名调解人，这已经足够了。"奥托·冯·俾斯麦顺利地完成了给自己定下的工作，也调和了英国与俄罗斯帝国看似南辕北辙的要求。大会一次又一次处于无果而终的边缘时，奥托·冯·俾斯麦主动代表俄罗斯帝国表达俄方的愿望，并转达给英国代表本杰明·迪斯雷利。

然而，此前俄罗斯帝国对德意志摇摆不定的友情，如今彻底崩塌了。俄罗斯帝国报界开始猛烈抨击德意志和奥托·冯·俾斯麦。德意志的新财政政策导致了德俄双方的误解，在一封写给威廉一世的私人书信中，沙皇亚历山大二世提出：德意志要挽回俄罗斯帝国的友谊，就应当在目前进行的谈判中无条件地绝对支持俄罗斯帝国的要求。1879年秋，战争似乎一触即发。正是在这样的环境下，奥托·冯·俾斯麦促成了此后统领欧洲政治活动的同盟。奥托·冯·俾斯麦匆匆与奥匈帝国大使久洛·安德拉希伯爵会面。数日后两位政治家商定：德奥两国建立防御同盟。1886年，双方的结盟方式才被公之于众。双方约定，如果任何一方遭到俄罗斯帝国进攻，另一方就将助其抵抗；如果任何一方遭到法兰西进攻，另一方则应保持中立；但如果法兰西得到俄罗斯帝国支持，则适用第一条。奥匈帝国皇帝弗朗茨·约瑟夫一世欣然同意，而奥托·冯·俾斯麦则经过了长久的努力才争取到威廉一世点头。1882年，意大利加入双方的同盟，再次肯定了德意志在欧洲的统治地位。

在应对此次外交事务危机的同时，奥托·冯·俾斯麦还忙于国内政治中另一桩同样危急的事件。1878年春，有人企图刺杀威廉一世。那是一个叫马克斯·赫贝尔的年轻人，是个鞋匠学徒。马克斯·赫贝尔在柏林街头向威廉一世开枪，没有击中。这次刺杀行动自然引起了整个国家的极度愤慨，当人们得知马克斯·赫贝尔与社会民主党还有某种关联时，愤怒的情绪更加高涨。人们觉得此人之所以犯案，似乎是因为受了社会民主党集会上某些激烈言辞的刺激。奥托·冯·俾斯麦对于社会主义运动的发展一直很担忧，便决心利用此次机会将社会民主党一举剿灭。奥托·冯·俾斯麦立即在德联邦议会提出一项十分严酷的法律，禁止所有社会民主党人实施煽动和宣传。奥托·冯·俾斯麦成功地让议会通过了这项法律，但德意志国会以绝大多数票予以否决。除了保守党人，没有人表示支持。确实，从这项法律的条款看来，没有人会觉得它能得到投票支持。第一条是这样的："联邦议会可以禁止所有服务于社会民主主义目标的著作印刷及协会组建。"然而，有人指出，即便其他党派可能认为部分目标会造成不利影响，但社会民主主义的目标中有许多本身是善意的，还有许多则至少是合法的。随后，德意志国会宣布休会。十日后，再次

马克斯·赫贝尔向威廉一世开枪

向威廉一世开枪后,马克斯·赫贝尔被捕

有人企图刺杀威廉一世，这次是个受过大学教育的叫卡尔·诺布林的人。当威廉一世乘坐的马车驶入菩提树下大街，卡尔·诺布林向威廉一世开了许多枪。威廉一世的头部和胳膊受了伤，被送回皇宫时几乎失去知觉，有段时间甚至奄奄一息。在如此之短的时间内，第二次有人企图夺走一位耄耋老人的性命，还是这样一位广受人们尊敬与爱戴、为国家谋得巨大福祉的人，这自然又激起了人们的强烈愤慨。得知威廉一世遇刺的消息，奥托·冯·俾斯麦的第一

卡尔·诺布林刺杀威廉一世

句话是:"帝国议会必须解散了。"奥托·冯·俾斯麦的确这样做了。趁着群情激愤尚未消退,换届选举得以举行。毋庸置疑,投票反对《社会党人法》的党派遭受了巨大损失,国家自由党尤甚,只有天主教中央党得以保全席位。一项措辞更加巧妙的新法被提交给了新一届议会:严禁任何言论或著作支持颠覆社会秩序的企图,或反对婚姻与产权。依据这项法律,政府在各大城镇宣布实施戒严,仅以警方命令便驱逐了所有疑为"社会民主党煽动分子"的人们。这项轻易通过的法律得到了极其严格的实施,柏林和其他许多地方都宣布戒严。社会民主党人的报纸乃至书籍,如斐迪南·拉萨尔的著作都遭到禁止,甚至在公共图书馆也无法读到。之后的十二年里,社会民主党不得不以秘密手段开展宣传活动。

这部《社会党人法》令人非常失望。我们看到,五十年前,克莱门斯·文策尔·冯·梅特涅用来镇压与支配舆论的那些方法,又被如今的德意志政府重新启用。的确,社会民主党人本身没有抱怨的理由,他们公开承认自己的最终目标是推翻政府和社会,并表示与所有现存制度为敌。如果说他们的行动仍局限于法律手段,并未使用武力,那也只是因为时机尚未成熟。这些公开对巴黎公社表示钦羡的人们,公然筹划着一场欧洲至今为止最彻底的革命。因此,就算德意志政府在时间允许的情况下不择手段地对社会民主党人施行打压,社会民主党人也无从抱怨。但政府的错误在于:认为这样的手段会是奏效的。不错,倘若奥托·冯·俾斯麦有能力,他定会推行更严苛的法律。奥托·冯·俾斯麦本人的想法是:任何在法律上被认定为持有社会主义观点的人都应当丧失选举权,并被排除在议会之外。这清晰地表明奥托·冯·俾斯麦对代议制机构的目标和性质存在极大误解。既然认为德意志不该由议会治理,那么议会除展示人民的意见之外,还有什么用处呢?如果——事实也的确如此——德意志民族有如此大的一部分人属于一个心怀不满的政党,那么首先应当做到让他们的愿望和渴求得到公开的表达,予以讨论后再决定是否摒弃。政府有数不清的手段左右舆论。过去,文人通常是站在政府对立面的。然而,如今德意志充斥着各种报纸、书籍和手册,都在极力吹捧新制度。人们为了立法通过《社会党人法》等法律而制造的理由并不充分,用镇压手段应对政治暗杀也基本没有必要,因为镇压手段往往会招致其力图避免的危险。认为赫贝尔或诺布林还有同谋,这没有丝毫依据。或许他们的谋杀行为甚至不是什么阴谋,只是某个人疯狂而邪恶的举动。出于这样的原因就把一个大党置于警方管制之下是很荒唐的,就和1819年因卡尔·桑德暗杀俄罗斯帝国公使而惩办自由党人一样荒唐。此后几年的事件也表明,这种管制并不奏效,因为《社会党人法》并未让德意志避开那些年蔓延整个欧洲的愤怒情绪。

《社会党人法》颁布后,很快有人提出了其他更有价值的提案,这开启了奥托·冯·俾斯麦职业生涯中最辉煌的一段。此时奥托·冯·俾斯麦已年

卡尔·桑德暗杀俄国公使

逾花甲，健康状况并不稳定，还一直抱怨公务职责令他极其辛劳、时时烦恼。奥托·冯·俾斯麦似乎已经功德圆满，就算不能完全退休，也会让其他人接手管理国内事务。没有人预料到，此时的奥托·冯·俾斯麦竟然又进入一个全新的部门担任公职。长时间离开柏林的他再次在议会冲突中成为领袖、改革创新。

到1876年为止，奥托·冯·俾斯麦对财政事务鲜有参与，而是把全部精力投入到外交事务中。他愿意采纳并支持专业顾问们推荐的措施，只有当同僚的策略在贸易协定事务上妨碍实现自己的政治目标时，奥托·冯·俾斯麦才会有所介入。比如1864年，贸易事务上的分歧妨害了普鲁士与奥地利的相互谅解。由于普奥关系是奥托·冯·俾斯麦当时尽力维系的，所以他非常气恼。自德意志帝国建立以来，鲁道夫·冯·德尔布吕克几乎完全掌控了国家的贸易政策，并把持着德意志首相办公厅主任这一十分重要的职位。奥托·冯·俾斯麦对鲁道夫·冯·德尔布吕克恭敬而体谅，这是除赫尔穆特·卡尔·贝恩哈特·冯·毛奇和阿尔布雷希特·冯·罗恩之外的其他同僚得不到的优待。鲁道夫·冯·德尔布吕克是坚定的自由贸易主义者，这造成了关税的下跌与关税项目的减少——既因为签订了贸易协定，也因为取消了海关费用。然而，普法战争过后的那些年，经济并不繁荣。1873年，投机买卖的大规模爆发导致了一场严重的商业危机。从那以后，德意志帝国的收入持续减少。从政治角度看，这是一次不小的麻烦。依据1866年的协定，海关收入及间接征税收入（小部分例外）应汇入北德意志邦联国库，而后进入德意志帝国国库。如果这些收入无法满足德意志帝国的需求，则不足部分应由各邦国按其人口所占比例出资弥补。其后几年，各邦国的出资逐年增加。毋庸置疑，这足以让各邦国政府与中央政府产生龃龉，导致各邦国对新宪法不满。同时，各邦国的出资增加还意味着直接征税金额必须增加。奥托·冯·俾斯麦一直对直接税十分反感，反复强调人们极不情愿支付直接税。对于那个凭借长期辛苦的劳作也只能勉强维持生计的庞大的工人阶级，直接税往往会造成格外沉重的负担。最糟糕的是，工人阶级有时连必需的几先令①都付不起，只得忍受财产遭到扣押的困境与耻辱，眼睁睁看着自己的家当被税收员查封、拍卖。因此，奥托·冯·俾斯麦一直希望增加来自海关和间接征税的收入，从而逐渐取消直接税。如果这一点能够做到，那么各邦国就无须年年为帝国出资，反倒能够从中央政府那里获取资金支持。

厌弃直接征税是"俾斯麦改革"的一大重点。奥托·冯·俾斯麦特别反对普鲁士税收制度，称之为"野蛮的制度"。在这一制度下，人人都要付一点直接税，哪怕只是几格罗申②。奥托·冯·俾斯麦说：

> 我认为许多人之所以移居他国，是因为他们希望摆脱赋税和强制执行的直接压力，到一片没有等级税存在的土地上去。在那里他们会欣慰地知道，自己的劳动成果能得到保护，还能免受国外势力干涉。

若果真如奥托·冯·俾斯麦所说，每年都有超过一百万件因拖欠税款而没收、拍卖家庭用品的强制执行案，他的观点就算不上言过其实。奥托·冯·俾斯麦不仅反对国家层面的税收，由于地方市政开支，尤其是教育开支也对柏林这样的大城市居民造成了沉重的负担，奥托·冯·俾斯麦还打算把征得的部分间接税用于减少这部分开支。

奥托·冯·俾斯麦最初的资金筹集方案涵盖范围十分广泛。他准备在烟草、白兰地和啤酒的销售方面推行国家垄断政策。奥托·冯·俾斯麦仔细地算了一笔账，从而证明：如果他的政策得以采纳，各种直接征税都可能取消，还能有一大部分结余用来实现他十分期盼的目标——提供养老金。奥托·冯·俾斯麦的政策借鉴自法兰西和意大利普遍使用的法律手段。他合情合理地指

---

① 先令，奥地利、英国、澳大利亚、新西兰、美国及其他英联邦国家曾经使用的货币单位。——译者注
② 格罗申，神圣罗马帝国的数个邦国曾经使用的银币。——译者注

出，德意志在烟草消费方面的税收大大低于实际所需，德意志的烟草税收总金额不到英国烟草税收的十分之一，但谁也不能说英国的吸烟者比德意志的多。现实的情况是，德意志对烟草所征税费低于其他所有欧洲国家。

奥托·冯·俾斯麦之所以推行垄断，不仅是想要缓解直接税造成的压力，虽然这一改变对多数人而言已经足够重大了，更打算利用政府将可自由支配的大笔资金用于扶助工人阶级。《社会党人法》不能单枪匹马发挥作用，奥托·冯·俾斯麦想彻底消灭社会主义这一恼人的动荡因素，但这不能建立在对工人阶级的情况漠不关心的基础上。奥托·冯·俾斯麦早就对自由党信奉的自由放任主义表示反对，人们不会忘记他有多么厌恶法兰西资产阶级在七月王朝中的支配地位，年轻时他还曾竭力阻止取消同业公会。奥托·冯·俾斯麦认为许多苦恼和不满都是源于资本的势力不受束缚，而他借用国家的力量保护贫苦人民，只是在遵循普鲁士王国最古老、最优良的传统。奥托·冯·俾斯麦有个十分大胆的计划：要创立一个基金，让每一位因疾病、事故或年老而丧失劳动能力的工人都能得到国家发放的一笔养老金。为了不让工人们觉得这是国家强加的又一负担，奥托·冯·俾斯麦最初的想法是工人们无须为这一基金出资。奥托·冯·俾斯麦说，他视烟草垄断为"被剥夺祖产之人留下的遗产"。

奥托·冯·俾斯麦并不畏惧有人给他安插社会主义者的罪名，他用普鲁士的法律规定为自己辩解。《腓特烈大帝法典》中有这样几句话：

> 对于国民中无法依靠自己维持生计的那部分人，国家有义务维持他们的生活。应当为那些没有途径和机会自谋生路的人们及依靠他们维生的家人提供适应他们能力的工作。

1881年11月17日，皇命下达，公开推行了奥托·冯·俾斯麦的新政策。威廉一世在皇命中表示，他坚信单凭压制有关社会民主主义的夸大宣传无法解决社会问题，还须同时提升工人们的福利。奥托·冯·俾斯麦新政得到了威廉一世和太子腓特烈·威廉·尼克劳斯·卡尔的热情赞许,也没有人比天主教中央党领袖路德维希·温特霍斯特更由衷地欢迎这次改变。路德维希·温特霍斯特曾对奥托·冯·俾斯麦说:

> 请允许我坦率地说,在我这一生中,您对我做过不少坏事。但作为一名德意志爱国者,我必须承认我对您很感激,因为在皇帝陛下取得如此丰厚的政治功绩后,您依然说服他转向了这条社会改革的道路。

路德维希·温特霍斯特说,还有许多困难需要克服。他赞赏目前的结果,但并非所有细节他都认可。路德维希·温特霍斯特接着说道:

> 依我看,有些困难正是您自己造成的。我们常常觉得您过于横冲直撞了。您总是能想到新点子,而我们无法一直跟随您的步伐,但您千万不要因此而见怪。你我都老了,皇帝陛下比我们还要老得多,但我们都希望这一生能亲眼看到有些改革成真。我为我们所有人、为我们的德意志而期盼着。我们也会尽我们所能助一臂之力。

要说奥托·冯·俾斯麦的社会政策和财政政策有多么高明,人们对此也许看法不一,但没有人能否认自己钦佩奥托·冯·俾斯麦展现的充沛精力与爱国情怀。到了这个年纪,奥托·冯·俾斯麦还能放弃半退休的状态,提出几项与他并肩作战的同僚们一定会激烈反对的方案,并再次卷入议会斗争中,并且这场斗争和早年那些让他劳心伤神的斗争一样的激烈。对他而言,这都绝非小事。奥托·冯·俾斯麦并不满足于提出这些计划,他还要亲自推动这些计划立即得到执行。除了其他几个职位,1880年奥托·冯·俾斯麦又出任普鲁士贸易大臣,因为他觉得找不到完全信任的人来执行自己的方案。其后数年,奥托·冯·俾斯麦在议会辩论中又发挥了杰出的作用。奥托·冯·俾斯麦日复一日地积极处理反对意见，并在几次充分展现他好口才的长篇演说中为自己的措施辩护。他提出对玉米征税的方案，重获保守党大多数的支持。但在1884年成立的德意志国会上，天主教中央党、社会民主党和进步党组成了反对奥托·冯·俾斯麦的议会多数，导致许多法律遭到了修订或否决。直到1890年，整个社会法规体系才以折中方式得以确立。

至于垄断经营，奥托·冯·俾斯麦没有获得支持，几乎没有人表示赞同，对此我们也无须感到惊讶。推行国家垄断的提案很好地体现了奥托·冯·俾斯麦在国内政策上的一贯做法：一旦设定了一个确切的目标，他就立即采取最便捷、最大胆、最直接的路径去达成，把所有可能产生的后果抛诸脑后。但在国家垄断的提案上，其他人无法听从他的意见。原因如下：第一，实施起来有困难；第二，国家垄断对所有依靠种植、制作和销售烟草维生的人们产生的影响尚不清楚。除了这两点，人们还有一种深深的忧虑：赋予政府如此巨大的权力是有风险的。人民不希望看到又有几千人走进公务员队伍，那已经是个十分庞大的群体了；人民也不希望自己在生活和职业上的自由权利再次遭到约束，并且政府也不应当不受控制地使用一笔如此巨大的资金。再来看奥托·冯·俾斯麦提出的收入使用方式：就当他的计算是正确的，就当结果正如他预期的，就当垄断经营不仅能支付政府的主要开支，也能让每个德意志工人在年满七十岁时获得一笔养老金，可除了让大多数国民成为国家未来的养老金领取者，还能带来什么结果呢？规定学生要在国立学校学习；进入国立大学成为获得公职的唯一途径；人人都必须服三年兵役；一大部分德意志人在铁路、邮局、海关和行政机构等部门谋生——国家所拥有的这种种巨大权势，已经让包括自由党人在内的许多人感到惊恐。如果每个工人都翘首期盼自己在停止工作后能够从政府得到一份馈赠，情况会是怎么样的？再者，国家的巨大权势不也能用来执行政治措施吗？这样的权势不会成为扼制言论自由乃至干预投票自由的手段吗？

奥托·冯·俾斯麦只得换种方法筹集所需资金。1879年，奥托·冯·俾斯麦启动了筹划三年的财政变革，把全部精力都放在颠覆自由贸易、普遍推行保护制度上。

自由贸易的成效不如人意。奥托·冯·俾斯麦做的不过是许许多多同胞期望的。1876年，钢铁行业遭遇重大危机，生产过剩使英国钢价严重下跌，德意志涌入大量低于成本价销售的英国产品。许多工厂只能关门结业，工厂主倾家荡产，工人纷纷失业。恰在此时，依据1873年通过的一项法律，进口钢铁关税将于1876年12月31日停止征收。许多厂家及德意志国会中的许多议员都提出请求：无论如何都应暂缓执行该法。不过，自由贸易主义者仍占多数，因为大部分国家自由党人都属于这一派。于是，该法最终实施了。然而，受到威胁的显然不仅是钢铁工业。俄罗斯帝国的铁路建设将导致德意志对俄粮食进口量增加，从而既威胁大企业主的生意，也不利于农民的生计。普鲁士政府一直坚持一项明智的策略：以立法方式维持农民生计、保护农民，因为普鲁士视农民为这个国家最重要的阶级。另外，瑞典的木材贸易很可能影响德意志的森林经济收益，而这一行业对于国民的健康和政府的兴旺都大有帮助。然而，自由贸易在损害农产品交易的同时，也未能助推工业发展从而抵消这样的损害。大量英国产品涌入德意志，导致德意志国内市场岌岌可危，国外市场也在逐渐关闭，这一趋势还在逐年增强。自由贸易主义者的乐观愿望并未实现，美国、法兰西、俄罗斯帝国关税很高，德意志产品无法进入这些国家。除了严重受损的农民阶级和遭遇重创的钢铁工业及织造业，德意志的将来还有什么可期盼的呢？奥托·冯·俾斯麦说道："我的感想是，处于自由贸易下的我们正血流不止、行将消亡。"

奥托·冯·俾斯麦制定新政很大程度上是受了洛塔尔·布赫尔的影响。作为奥托·冯·俾斯麦的私人秘书，洛塔尔·布赫尔在瓦京期间一直陪伴他左右。洛塔尔·布赫尔曾是一名极端激进分子，1849年被迫离开国家，旅居英国多年；

理查德·科布登

1865年开始为奥托·冯·俾斯麦效力。洛塔尔·布赫尔对科布登俱乐部^①深恶痛绝，认为该组织的作用是不动声色地助推一场精心策划的阴谋，以劝服其他国家采取只对英国有利的政策。洛塔尔·布赫尔提醒人们注意理查德·科布登所说的话："我们向往的只是英国的繁荣昌盛。"事实上，我们可以从两个角度看待科布登俱乐部及其主张的原则。无论这些原则是如洛塔尔·布赫尔所

---

① 科布登俱乐部是信奉自由贸易的人们于1866年创立的协会及出版机构，总部在伦敦。其名称是为了纪念1865年逝世的英国自由贸易政策的主要推动者理查德·科布登。——译者注

言,只是站在英国的立场、只以英国的繁荣为目的,还是仅仅表达了人们称之为"自由主义"的总体思维形式,都是在试图建立世界性的经济体系,诱导德意志政客们借用英国的经济学说,就像几年前借用英国的政治理论一样。无论是哪一种情况,奥托·冯·俾斯麦都觉得这些学说令人生厌,他憎恨宪法或社会主义宣传中的国际主义思想,也同样憎恨金融国际主义。

奥托·冯·俾斯麦采取保护主义并不是受经济理论的影响,而是从观察现实中得出的结果。奥托·冯·俾斯麦说道:"所有实施保护性关税的国家都相对繁荣。美国扬言要降低关税,降为我国关税的二分之一、五分之一乃至十分之一,从那以后他们得到了多大的好处!"只有英国固守自由贸易,为什么?因为英国已经在旧有的保护主义制度下发展得足够强大,如今就能以大力神的姿态走到竞技场上,挑战每一个对手。在贸易的竞技场上,英国实力最强。正因如此英国才会主张自由贸易,因为自由贸易实质上是最强者的权利。英国假托"自由"之名增进自身利益,而德意志狂热的自由追随者们在"自由"这条咒语的蛊惑下损毁、剥削着自己的国家。

如果我们仅从经济视角来看待这一事件,的确很难看出德意志能够从自由贸易政策中获得哪些益处。德意志是个穷困的国家,但要想在现代国家竞争中站稳脚跟,就必须富裕起来。只有制造业能够让德意志富裕起来。但在国际竞争之下,德意志制造业如果没有得到适当的保护,就没有发展壮大的机会。

奥托·冯·俾斯麦对财政事务的关注带来的并不仅仅是各种伟大的改革,他还投入了政府的全部力量,支持各种形式的工商业发展,并扫除了不利于国家繁荣的所有障碍。凭借在外交事业上展现的勇气和决心,奥托·冯·俾斯麦全身心地投入到财政工作中。

奥托·冯·俾斯麦商业改革的一大要素是改善铁路行业。奥托·冯·俾斯麦长期关注一些私营企业的问题,这些企业的责任在于考虑股东的红利而不是公众的利益。在他看来,这种私有企业垄断经营是不能被接受的。奥托·冯·俾斯麦还特别关注货品运输过程中征收差别运价对贸易造成的伤害。

许多铁路线路上都有这样的惯例：对进口产品收取的运价比对出口产品收取的低，这自然对德意志制造业造成了极其不利的影响。奥托·冯·俾斯麦想把所有铁路收归国有，以纠正上述问题。这再次体现了他专断的思想——厌恶所有折中方案。但其他邦国对此表示反对，都不愿交出对邦国铁路的控制权，从而阻止了奥托·冯·俾斯麦的行动。在普鲁士国内，奥托·冯·俾斯麦顺利实施了自己的政策，由国家收购所有私有铁路企业。到奥托·冯·俾斯麦从贸易部卸任之时，普鲁士几乎再无任何私营铁路企业存在了。收购所有铁路企业后，政府得以改善了交通、降低了票价并推行直达交通系统。这一切当然极大地促进了贸易行业的发展，为德意志创造了更多财富。

有些身在他国的德意志人，多年来一直试图为德意志商业奠定基础，甚至为德意志获取殖民地。如今奥托·冯·俾斯麦可以对这部分德意志人稍加鼓励和支持了。奥托·冯·俾斯麦对获取海外殖民地一事的态度值得我们仔细探究。早在1874年就有旅居他国的德意志人联系奥托·冯·俾斯麦，希望政府支持他们的计划，为德意志在南非收购殖民地。这些德侨指出，南非的气候适合欧洲人。南非现有居民多为布尔人，他们急于摆脱英国的控制获得独立，因而必然希望得到德意志的支持。收购者唯一需要做的就是收购一个港口，在圣卢西亚或德拉瓜湾皆可。另外，收购者还想从政府获得一小笔资助，这样一来，私营企业便可让德意志人的移民方向从北美转向南非。奥托·冯·俾斯麦礼貌地倾听了这一提议，但无法承诺给予支持，因为如他所言，当时的政治形势很不利。奥托·冯·俾斯麦一定预见到了，实施这一计划或其他类似计划必将导致德意志与英国的严重摩擦，而奥托·冯·俾斯麦一向高度重视与英国政府保持良好的关系。但几年后，形势发生了重大变化。首先，德意志商人和探险家在世界各地都表现出了极强的进取心，尤其是在非洲和太平洋地区。当他们身陷白人商人在半开化地区常常遭遇的困难时，便会向德意志政府求助。奥托·冯·俾斯麦本人曾说，他不敢不提供帮助。

我不太愿意应对此事。我对这些雄心勃勃的人们具有的胆量、热情和活力感到由衷地欣慰。我问自己,如果我告诉他们"这真是太好了,但德意志帝国还不够强大,这会招来其他国家的敌意",那我该如何自圆其说?作为首相,我没有胆量向他们公开宣告德意志民族的海外事业破产了。

然而,无论这些德意志侨民去往哪里,他们必然都会身处某个英属殖民地附近。无论德意志与英国的政府关系多么融洽,两国在世界各地必然会发生纷争。在德意志帝国建立的最初几年,奥托·冯·俾斯麦一直希望德意志商人能够得到英国当局的充分保护,也希望这些商人能够充分利用英属殖民地所享有的完全贸易自由,这样德意志商人就能得到德意志拥有自己的殖民地时所能给予的各种好处,又无须德意志政府承担任何附加责任。但奥托·冯·俾斯麦承认,英国吞并斐济岛后发生的问题让他意识到,自己的愿望可能会落空。奥托·冯·俾斯麦承认英国外交部表现出极大的善意,但抱怨殖民部只考虑英国的利益。这句抱怨从奥托·冯·俾斯麦嘴里说出来,倒颇让人觉得有趣。英国殖民部表示,有这样一位权威人士夸赞殖民部的工作效率,他们感到欣慰,连英国人自己都极少这样夸赞殖民部。

不过,德意志政策的实质性转变并非由于假想中的英国当局的种种弊端,而是德意志抛弃自由贸易政策的必然结果,也是政府积极支持各种商业企业的必然结果。这种支持的首要表现是向邮船提供资助,从此将由德意志的船运送德意志货物、搭载德意志旅居者,而在此之前德意志完全依靠英国和法兰西的航运公司。直到1884年,政治形势的剧变让德意志政府终于有能力保护德意志殖民者了。此前的德意志既无力帮助,也无力伤害英国,海外殖民仍需要英国的支持。但英国占领埃及改变了一切。英国需要欧洲大陆某种力量的帮助来应对法兰西的愤慨和俄罗斯帝国的猜忌,而这股力量只能来自德意志。于是,英德两国自然形成了亲密的关系。奥托·冯·俾斯麦公开表示:如果英国企图阻止德意志的殖民事业,虽然这对英国而言本是轻而易举,那么英国将得不到支持,只会遭到反对。

在殖民政策上,奥托·冯·俾斯麦拒绝采取主动,也不愿让德意志政府对新获取的殖民地负直接责任,而是效仿英国的旧式方案,把新殖民地交由私人企业管理。这些私人企业都获得了公司特许状。奥托·冯·俾斯麦公开表示自己是在效仿东印度公司和哈得孙海湾公司。德意志政府的责任仅限于保护那些管理新属地的私人企业不受其他任何大国的攻击或干涉,以及在整体上管束这些企业的行为。这样一来,就可以避免企业向德意志国会索要大量资金,德意志也避免承担起广泛建立殖民地的责任。当时德意志在这方面既缺乏人力,也缺乏经验。之所以不直接兼并其他国家,也是因为德意志帝国宪法的相关规定。直接由普鲁士兼并新领地会更容易,只需动用普鲁士国王的权力就可以完成。然而,没有任何一条规定表明德意志国会可以承担批

东印度公司

准兼并新领地的责任,甚至即便得到德意志国会的同意也可能无法实现,除非对宪法做出修订。不过,新领地应当属于德意志而不是普鲁士,这一点是至关重要的。

  这些改革的实施遭到了各党派强烈的反对,尤其是进步党。进步党人甚至始终不同意向德意志航运公司提供资助。1884年的议会上,进步党人一再否决政府的提案。也就在此时,奥托·冯·俾斯麦与进步党领导人欧根·里希特之间的冲突达到了顶点。奥托·冯·俾斯麦恰如其分地控诉进步党当时的政策一如既往的消极。类似的情况几年前在英国曾出现过,当时险些让英国丢失了殖民地,甚至差点摧毁英国。如今它又不可思议地在德意志重演了。

欧根·里希特

即便到现在,要充分衡量奥托·冯·俾斯麦新政的结果仍为时尚早。依照表面情况判断,推行保护主义的确能够极大促进国家的经济繁荣,而养老金方案能否平息工人阶级的不满似乎很不明朗。但我们应该看到,新政的影响远比现行法律带来的直接后果深远得多。新政使德意志人明白,不仅要把政府看作保护他们免受他国攻击的手段,也要相信政府能够体贴周到地——我想我们可以给予这样善意的评价——维护他们的利益。德意志人明白,每个人为国家争取财富或力量的每一次努力,都会得到政府的支持与保护;德意志人还明白,有人会始终警惕着现代文明环境带来的生命与健康威胁。事实上,通过这一系列新法规,奥托·冯·俾斯麦虽严重冒犯了同辈人并导致彼此关系再难修复,却为自己和政府赢得了下一代人的绝对忠诚。也许有人认为,国家强有力的新政行动可能有损私人企业的利益,但事实表明并非如此。一个审慎警觉、深谋远虑的政府确实能够激励每一个国民。我们还应该看到,奥托·冯·俾斯麦所为正是过去每一届英国政府的做法,即:外交政策受英国的贸易利益支配;国内政策的目标在于维系、保护与帮助社会的各个阶级。

奥托·冯·俾斯麦总被称为反动派,但我们发现,他是第一个依靠社会立法、用心致力于解决社会结构的改变带来的问题的政治家。即便奥托·冯·俾斯麦提出的解决方案并非在所有情况下都是最佳的,但他毫无疑问预见到了未来政治家们的主要工作。不过,奥托·冯·俾斯麦在上述改革中几乎没有得到德意志国会的支持。自由党人表示强烈反对;社会民主党人则深表怀疑;天主教教徒虽为盟友,却冷漠而摇摆。这些年里,奥托·冯·俾斯麦自己长期与议会争斗,气势不减当年。奥托·冯·俾斯麦尖刻地批评党派风气,说党派风气是德意志社会的祸根,但好像每年都有所增强!奥托·冯·俾斯麦说道:

> 党派风气已经转移到现代公共生活和各国议会中。的确,各国政府是同心协力的,但在德意志国会内部,我没有发现我期盼的自由守护者,党派风气已经泛滥成灾。如果我们的人民在1866年到

1870年取得的伟大成就被毁于一旦，如果在这届议会中我们用笔毁灭我们用剑创造的一切，那么我将在上帝面前，以历史之名控诉党派风气。

在未来的岁月里，人们可能会把"拒绝成为政党领袖"视为奥托·冯·俾斯麦的一个核心主张。奥托·冯·俾斯麦让德意志免于遭受严重的风险，而这样的风险是欧洲其他所有尝试采用英国体制的国家几乎都曾遭受过的，即：牺牲国民福利以成全某个议会派系的完整与权势。奥托·冯·俾斯麦向往的是一个坚强有力、毫不动摇的政府，能够为了所有阶级的利益而积极奋斗，能够迅速发现眼前的祸事，预见将来的危险。奥托·冯·俾斯麦关注的不是个人的愿望，而是要确保在每一桩事务中都能为整个民族的利益服务。奥托·冯·俾斯麦说："只要有人伸出援手，我都接受帮助。我不在意谁是哪个党派的，我无意遵从任何一种党派政策。我年轻时曾是某个党派的狂热分子，那时我遵从过党派政策，但成为普鲁士首相或德意志首相后这就不可取了。"尽管宪法已经确立，奥托·冯·俾斯麦仍不希望丢弃普鲁士君主政治中最古老、最优良的一些传统。即便普鲁士国王和德意志皇帝的权力受到两边议会的限制与约束，奥托·冯·俾斯麦仍然有责任放下所有党派利益来看顾这个国家，就如一个世纪前他的祖先们做的那样。

不过，奥托·冯·俾斯麦的权势也受到两边议会的约束，而他总是渴望自由行事，希望能完完全全如自己脑中构思的那样彻底地实施改革，因而他时常因为各种拖延、妥协和屈服而抱怨，但不得不接受。尽管奥托·冯·俾斯麦知道自己只是在为国家的福祉而奋斗，但必须争取的不仅是威廉一世，不仅是有很大权力能约束与妨碍他行动的普鲁士内阁的同僚和下属，更重要的还是议会。奥托·冯·俾斯麦与议会的关系往往是冲突式的，这在所难免。议会的职责是对内阁的提案进行认真仔细的考证，继而予以修订或否决。应该承认，有议会在的情况更好。议会对奥托·冯·俾斯麦的提案进行的修正往往有一定的改善作用，而他那些遭到议会否决的提案也的确有不妥之处。内阁提案的初稿常常做得不好。《社会党人法》的首次提案及奥托·冯·俾斯麦经济改革的多数草案一开始都遭到议会否决，而经修改后再次提交时，大多比原始版本好得多。此外还应当承认：依奥托·冯·俾斯麦的性格看来，在国内事务上赋予他完全专断的权力并不明智。奥托·冯·俾斯麦试图把外交事务中学到的那一套用到立法事务上。有趣的是，他在外交领域是公认的专家，却极其谨慎；他对立法这一领域并不熟悉，却往往比较轻率。在外交事务上，错误的行动可以轻易撤销，同盟的关系可以迅速发生变化，速度往往比才智更重要。而国内事务则不同，延期实质上是很有益处的。此外，立法不当必然会造成某些不良后果，且不可能在法律推行之后又予以废止。

奥托·冯·俾斯麦经常抱怨德意志国会的做法。国会两大党——社会民主党和天主教中央党，均组织严密、纪律严明，并高度服从各自的领袖。双方本质上是相互对立的。两党都视国会活动为权力斗争，且两党对这场斗争的坚守和获得的成就，是其他任何国家的国会反对党无法超越的。除这两党以外的所有政党通常都对政府提案事务采取温和批评的态度。当然，议会也常常会出现怒气冲冲的场面。奥托·冯·俾斯麦并没有放过自己的敌人们，有些情况或许略显激烈，却并不过火。或许他的行为在议会会议中并不恰当，但他不得不这样做。内阁的主要目标总能达成，军队预算总能通过——尽管曾有一次是在议会解散后才通过的。在与天主教集团和社会民主党人的斗争中，政府总能得到绝大多数议员的全力支持。即便是在1884年，社会民主党、天主教集团和进步党共同掌控了议会的多数席位，形成了满怀敌意的德意志国会，也仍有一系列重大法律得以通过。确实，反对党组成的议会多数也曾一度超出了理性和道义的界限。例如议会曾投票拒绝外交部额外支付一千英镑的薪酬来增设一个理事。这种投票决策其实是嫉妒的表现，事实上，投反对票的理由完全站不住脚。当时德意志外交部是整个欧洲管理得最好的部门，但外交部的秘书们承担了过多的工作。国民们不禁要把此次投票与不久前的另一次相互对比，那一次有许多议员投票支持自己获得薪酬。国民们不禁要问，比起每年付给议员们五万英镑薪酬，每年为外交部多付出一千英镑会不会更有益处？不过，即便是这次令人遗憾的行为也在数月后得到了纠正，同一届议会以二十票的多数票通过了提案。

德意志国会内部充满了分歧，极端党派风气常常肆虐，议员们仍然表现出维护自身特权的坚定决心。奥托·冯·俾斯麦不止一次地抨击议会最敏感的痛点，其中有一次是有关议员的特权及他们免遭逮捕的权利。在与天主教集团和社会民主党的斗争中，都有人要求在政治发言会期内逮捕议员。柏林进入戒严状态时，警察局长宣称自己有权把可恶的社会民主党议员逐出首都柏林。在这些情况下，所有议员意见一致地对政府表示反对。1884年，奥托·冯·俾斯麦提出德意志国会的会议应当两年举行一次，投票通过的预算应持续两年有效。这项提案得到支持的理由很恰当：每年冬天，普鲁士和德意志议会举行会议必然会造成工作上的不便与压力，而两年一次会议的提案可以防止这一问题出现。然而，对于这项看似取消了议会最重要特权的建议，没有多少议员表示支持。

奥托·冯·俾斯麦与议会发生冲突的另一个重大原因是辩论自由的问题。奥托·冯·俾斯麦在1866年前后几次试图推行这样一条规章：对于自己以议员身份在议会上做的发言，议员应当承担一定的责任，甚至在某些情况下接受法庭审判。这被解读为侵犯言论自由，并引发了极大的怨恨。但奥托·冯·俾斯麦始终坦言自己无意管束议员对政府的反对态度，只想制约议员个人对某些人的攻击。1883年，奥托·冯·俾斯麦给一位同僚写过一封意味深长的信，他说：

> 我一直知道，教养良好的人们需要克服多大的困难，才能对议会"拳击手"们的粗鄙表现出必要的冷漠，才能有意识地不对他们表现出基于道德平等的尊重——他们配不上的尊重。当你不得不一次

次独自进行艰苦的斗争时,对于那些品德不够高尚也不值得你充分尊重、因而无法伤你分毫的对手,你必然会越来越轻视。

一个本就不伟大也不体面的议会缺失了责任感,的确会带来极大的不幸。为应对这一问题,奥托·冯·俾斯麦试图增强议会对议员们的控制。德意志国会主席无权因议员违背行为准则而施加惩罚,奥托·冯·俾斯麦常常把这一点与英国议会对议员有着极高的权威影响力来相互对照,并提醒人们注意某些规程。比如,英国议员塞缪尔·普利姆索尔先生若冲动之下在议会说出鲁莽之

塞缪尔·普利姆索尔

第 16 章 三国同盟与经济改革 | 451

言,就不得不道歉。奇怪的是,普鲁士议会和德意志国会都不同意采取此类规章对议会特权形成必要的补充和约束。

德意志人民对于公职领域频发的吵闹纷争感到非常失望。人民一直希望德意志的统一将会开启一个新的时期,结果却发现公共事务的管理仍然被持续不断的私仇与党争破坏,一如从前。但人们不该认为这是不好的迹象,更应当看到新的体制并未因受到此类冲突的影响而削弱。新成立的德意志帝国实现了稳固的团结,就如同所有历史悠久的君主国一样,并且最重大的政策问题都能通过商讨来决定,并不会造成任何可能危及德意志帝国持久存续的问题。这些都是前景向好的迹象。

为了使自己与议会的关系向好发展,奥托·冯·俾斯麦做了许多努力。依据自己一贯的原则,奥托·冯·俾斯麦认为首先要做的是依靠自由的个人交往建立相互信任。奥托·冯·俾斯麦本身不是议会成员,便丧失了英国首相享有的各种机会。于是,在1868年,奥托·冯·俾斯麦设立了议会接待会。奥托·冯·俾斯麦通常是每周抽出一天,敞开自家大门欢迎所有议员。奥托·冯·俾斯麦发出的邀请大都得到应允,尤其是国家自由党人和保守党人。本质上反对他的中央党、进步党和社会民主党成员则大多没有前往。奥托·冯·俾斯麦的接待会成了柏林政治生活最鲜明的特色,许多议员都为奥托·冯·俾斯麦的个人魅力折服。设想一下,一个来自某无名地方小镇的寂寂无闻的年轻议员,可能和首相坐在一张桌子旁共饮啤酒,倾听主人丝毫不带任何傲慢或自大地侃侃而谈,想必这在这个议员的人生中也算得上一桩大事了!这还引发了一件有趣的事,奥托·冯·俾斯麦还让这种啤酒在柏林广受欢迎,他家也因这种啤酒而名噪一时。

奥托·冯·俾斯麦这种管理方式的最薄弱之处在于:总是随时准备利用刑法对付政敌,维护自己。奥托·冯·俾斯麦确实经常受到报界不公正的甚至过度的抨击,但没有哪个参与公职的人能够免遭中伤。然而,他总是迅速攻击敌人。这种攻击除了议会中面对面的攻击,更多的还是通过雇佣报界的撰稿人予以回击。然而，奥托·冯·俾斯麦为了反抗攻击，过于频繁地把对手送上治安法庭，"侮辱俾斯麦罪"甚至成了一条常见的罪名，就连《喧声》杂志编辑也曾遭到囚禁。奥托·冯·俾斯麦本人必定要对此负责，因为没有他签字认可指控，便无法提起诉讼。奥托·冯·俾斯麦缺乏胸襟也体现在对暗杀企图，或是"所谓"暗杀企图的利用上。1875年，奥托·冯·俾斯麦还在基辛根期间，一个叫爱德华·库尔曼的年轻人朝他开枪。暗杀者称自己之所以这样做，是因为听到了天主教中央党对他的一系列抨击。然而，没有人试图证明这个年轻人是否有共犯，甚至也没有人指出这个年轻人是在执行天主教中央党的意愿。这次暗杀只是政治斗争中总会发生的案例之一，一个涉世未深的年轻人固然可能受政治演说的怂恿而采取某些极端的行动，但这样的行动并不一定是这种演说导致的必然结果。然而，在德意志国会上，奥托·冯·俾斯麦仍毫无愧色地借此事公开奚落自己的对手，宣称无论对手们是否认可，他们都属于刺杀自己的爱德华·库尔曼一派。"爱德华·库尔曼还扯着你们的衣角呢！"奥托·冯·俾斯麦说。类似的暗杀行动几年前也发生过，当时有一个年轻人遭到逮捕，罪名是意图暗杀首相。之后再无证据支持这一指控，但警方以此为借口，搜查与被捕者共居一室的某位天主教中央党领袖的屋子。警方没有找到任何实质的罪证，但搜查到的私人文书中包括天主教中央党领袖彼此间的书信往来，商谈党内组织与政治策略等问题。出于政治目的，德意志政府利用了这些私人文书，公布了其中一份。当然，在政治斗争中持续利用警方的力量，这是奥托·冯·俾斯麦承袭的制度的一部分，但人们仍希望他足够强大，能够弃用这种手段。如今的政府已经足够稳固，完全可以宽宏大量。如果奥托·冯·俾斯麦能够与动用警力进行政治斗争的不良传统断绝关系，他的国家得到的福祉必不逊于其他国家。

  德意志国会的各党派对奥托·冯·俾斯麦的政策和他本人的反对态度并不代表国民的想法。时间一年年过去，新的一辈已经成长，人们对奥托·冯·俾斯麦的过往功绩和性格品质的崇敬有增无减。1885年，奥托·冯·俾斯麦庆祝

基辛根

爱德华·库尔曼刺杀俾斯麦

七十寿辰，全国人民都参与了这场向他表达敬意的盛事中。人们开始了一场全国性的捐款活动，给奥托·冯·俾斯麦送上了一份礼物：二百万马克①。这笔钱有超过一半都用来购回奥托·冯·俾斯麦年幼时被出售的那部分申豪森房产，剩下的钱则用来建立了一个旨在帮助高中教师的机构。几年前，威廉一世把萨克森森林赠予奥托·冯·俾斯麦，那是劳恩堡公国王室产业的一大部分。得到寿礼后，奥托·冯·俾斯麦又买下了萨克森森林附近的腓特烈斯鲁厄，这样他退休后又多了一个居所。这处住所有两大优势：很靠近奥托·冯·俾斯麦喜欢漫步其中的那个大森林，也靠近铁路线，距离柏林仅约一个小时车程。这样一来，奥托·冯·俾斯麦即便身在腓特烈斯鲁厄也能继续管理各项事务，比住在瓦京便利多了。

---

① 此处是指1873年到1914年德意志帝国通用的金马克，用于取代德意志帝国统一前各邦国自行发行的货币。——译者注

第 17 章

卸任与辞世

奥托·冯·俾斯麦没有让德意志受制于虚弱无力、摇摆不定的议会政府，这何其幸运！要知道和平与战争一样存在风险，各国之间的对抗令所有国家都承受着巨大的压力，唯有最强大的国家可以幸免。未来一片黯淡，东欧和西欧都笼罩着危险的战争阴云：俄罗斯帝国的敌对态度持续激化；法兰西的共和政体摇摇欲坠，此时还出现了一个军事投机分子[①]，扬言要让报复的欲望成为个人发展的手段。德意志不能继续无视法兰西的威胁，法兰西军队的势力仍在逐年增强。1886年，乔治·布朗热还推行了一项新法，规定和平时期应维持五十万以上的武装兵力。俄罗斯帝国的平时编制为近五十五万，而德意志仅有四十三万。国家已经不再安全，德意志政府的职责已经很明确了。因此，1886年12月，德意志提出了一项法律，军人数量将增加到四十七万，并维持七年。奥托·冯·俾斯麦为这项提案辩解道："我们并不希望开战。借用克莱门斯·文策尔·冯·梅特涅的话来说，我们属于'已经满足了胃口的国家'，在任何情况下都不会进攻法兰西。我们越是强大，战争就越不可能发生。而法兰西只要有一点点理由认为它比我们更强大，战争就必然发生。"奥托·冯·俾斯麦还称，无论议员们向政府保证他们有多么爱国、多么愿意在危险时刻为国牺牲，那都毫

---

① 指下文出现的乔治·布朗热。——译者注

无用处。为了应对法兰西，必须提前做好准备。"言辞不能变成士兵，话语也不能组成部队。"

由天主教教徒、社会民主党人和进步党人组成大多数的议会否决了增加军人数量法案，政府也被迫解散。然而，国民对奥托·冯·俾斯麦和赫尔穆特·卡尔·贝恩哈特·冯·毛奇仍表示信任。随后保守党和国家自由党人组成了联盟。一项取缔普鲁士宗教团体的法律被部分废止，换来了教皇的支持。教皇利奥十三世亲自命令德意志的天主教教徒不得反抗政府。1887年3月，威廉一

教皇利奥十三世

晚年的威廉一世与奥托·冯·俾斯麦

世将庆祝自己九十岁寿辰,他一心希望和平改革会继续下去。奥托·冯·俾斯麦侍奉威廉一世的最后一年,正是威廉一世最需要他出力的一年。

一开始,有一个法兰西间谍在德意志境内遭到逮捕,法方要求德方予以释放,并坚称是德意志军官侵犯了边境。除非德法双方有一方让步,否则战争在所难免。法兰西政府实际上并不稳定,不敢贸然开战;奥托·冯·俾斯麦则足够强大,可以表现得仁慈些。最终间谍获释,两国的和平得以维持。然而,俄罗斯人高涨的怨恨终于爆发,引发了异乎寻常的激烈言辞:俄罗斯帝国国家媒

沙皇亚历山大三世

体要求奥托·冯·俾斯麦辞职,否则便发动战争。沙皇亚历山大三世前往哥本哈根途中经过德意志,却故作姿态不与威廉一世会面。如此公开的怠慢足以令人做好最坏的打算。1887年11月,沙皇亚历山大三世回程途中在柏林逗留了数小时。奥托·冯·俾斯麦请求拜会沙皇亚历山大三世,之后便发觉沙皇亚历山大三世收到了几封密函,似乎是在揭发奥托·冯·俾斯麦表面上在保加利亚事件上支持俄罗斯帝国,实质上却力图暗中削弱俄罗斯帝国的势力。这些密函是伪造的，我们也无从知晓是谁想在两大国间挑起战争，从中渔利。不过，我们完全可以相信，奥托·冯·俾斯麦在这惊心动魄的时刻格外坦诚，直抒胸臆，完全出乎沙皇亚历山大三世的预料。最终德俄双方达成了适度的谅解。沙皇亚历山大三世向奥托·冯·俾斯麦保证，他无意开战，一心向往和平。奥托·冯·俾斯麦也穷尽自己的聪明才智来维持和平。建立三国同盟后，奥托·冯·俾斯麦已经让德意志免遭俄罗斯帝国的攻击，如今他又和俄罗斯帝国达成一项秘密协议①：德意志同意保护俄罗斯帝国免受奥地利进攻。奥托·冯·俾斯麦希望此举能够防止沙皇亚历山大三世向法兰西寻求支持而合作对抗三国同盟。与俄罗斯帝国组成针对奥地利的防守同盟，同时与奥地利组成针对俄罗斯帝国的另一防守同盟，这一政策需要非凡的勇气。为表示自己无意抛弃旧盟友，奥托·冯·俾斯麦命人公布了德意志与奥地利的协议条文，人们再没有理由把这解读为是对俄罗斯帝国的威胁。此外，增加军人数量的提案被再次提出，以使德意志在其他所有力量都无法依靠的情况下，仍能依靠自己的力量。通过重组预备役部队，将有五十万军人可以在战争时期参与作战。该提案提交给了德意志国会，同时提交的另一个提案请求政府批准两千八百万马克的贷款，用于购置必要的军火。为维护此次军队拨款提案，奥托·冯·俾斯麦做了他职业生涯中最后一次伟大的演说。

奥托·冯·俾斯麦本无须为提案辩护，他相信议员们怀有爱国之心，他的责任是遏制因近期的事件而造成的紧张情绪。军队拨款提案的目的不是战争，而是和平，但德意志仍须为战争做好准备，毕竟战争是一种永远不会消失的威胁。回顾过去四十年的历史，奥托·冯·俾斯麦指出，几乎没有哪一年不伴随着欧洲发生重大冲突、联盟之间发生战争的可能，那将使欧洲各大国归入不同的阵营。战争危险仍然存在，且永远不会消失。今天的德意志和过去一

---

① 对于这一协议，我们所知十分有限，就连日期都不确定，但似乎最有可能是在1887年奥托·冯·俾斯麦与沙皇亚历山大三世直接对话期间生效的。奥托·冯·俾斯麦本人的回忆录和尤利乌斯·赫尔曼·莫里茨·布施的著作都丝毫没有提到这一点。——原注

样,必须时刻做好准备,因为德意志的力量是欧洲安全的保障。奥托·冯·俾斯麦说道:

> 基于我们的地理位置,我们必须比其他国家做出更多努力。我们地处欧洲中部,在各个方向上都可能受到攻击。上帝让我们面临这样一种处境:我们邻国的情况决定了我们不能怠惰无为,不能漠然处之。欧洲鱼池里有梭子鱼,我们不能成为任其捕食的鲤鱼。

即便德意志与俄罗斯帝国现有的联盟关系破裂,那也不是德意志的过错,毕竟德意志与奥地利的联盟关系仍然维持着。不过,德意志首先必须依靠自己的军队,然后才能大胆地展望未来。"只要我们的国民相信,在德意志两面受敌时,我们的前线将有一百万精兵,数周后还将再有一百万援军,他们便会镇定下来。"但不能让国民们认为这可怕的战争工具会威胁欧洲的和平。奥托·冯·俾斯麦的一段话反映了一个深刻的事实。

> 我们致力于获取的力量正成为我们维持和平的保证。这听起来自相矛盾,但确实如此。我们正致力于让德意志军队成为一股强大的力量。有了这样的力量,哪个国家都不会对我们发动侵略战争的。

事实上,当军队代表国家时,什么样的政治家才会在未遭袭击的时候主动冒险开战呢?"如果我这样告诉你们'我们受到法兰西和俄罗斯帝国的威胁,最好马上开战。侵略战争对我们而言更加有利',同时我还要求一亿马克的贷款,我不知道你们会不会同意,但我希望不会。"奥托·冯·俾斯麦最后总结道:

> 我们之所以爱好和平,不是因为恐惧,而是因为知道自己有多强

腓特烈三世驾崩

腓特烈三世身患重病，因此有必要避免冲突发生。腓特烈三世和奥托·冯·俾斯麦都心知肚明，在腓特烈三世仅剩的几周时间里，不可能出现首相辞职这样的重大改变。双方在许多方面都存在意见分歧，但奥托·冯·俾斯麦并未不恰当地表达自己的观点，也并未在自己的建议未能得到采纳时扬言要辞职。比如，在腓特烈三世犹豫着是否要批准一项延长议会周期的法律时，奥托·冯·俾斯麦并未试图左右他的决定。在内政大臣罗伯特·维克托·冯·普特卡默遭到解职时，奥托·冯·俾斯麦并未抗议，尽管这几乎可以看作是对他本人的谴责。不过，涉及德意志帝国的外交政策时，情况就不同了，因为奥

重病期间的腓特烈三世

罗伯特·维克托·冯·普特卡默

托·冯·俾斯麦仍一如既往地认为,在这一领域里,自己足以成为德意志安全的委托人与保证人。当时有人重提一项旧计划:让普鲁士的维多利亚公主与巴滕贝格亲王亚历山大成婚。这在几年前就有人提起,当时巴滕贝格亲王亚历山大还是保加利亚的君主。威廉一世听从了奥托·冯·俾斯麦的建议,拒绝同意这桩婚事,其中一部分原因在于:依据霍亨索伦家族的家规,与巴滕贝格家族的联姻并不门当户对。不过,威廉一世更多还是考虑到此事对欧洲政治局势可能造成的影响。

奥托·冯·俾斯麦的政策以维持与俄罗斯帝国的友谊为基础,但这一历史悠久的联盟关系依靠的是沙皇亚历山大三世本人的善意,而不是俄罗斯人民的愿望或是德意志与俄罗斯帝国利益的一致性。普鲁士的维多利亚公主

巴滕贝格亲王亚历山大

若与沙皇亚历山大三世十分憎恶的巴滕贝格亲王亚历山大成婚，必然会严重损害霍亨索伦家族与沙皇的罗曼诺夫家族自1814年起建立的友好关系。奥托·冯·俾斯麦认为，必须为了德意志的利益牺牲普鲁士的维多利亚公主的幸福。威廉一世本人年轻时也曾因类似的理由被父亲腓特烈·威廉三世要求放弃他深爱的那位女士，因而他赞同奥托·冯·俾斯麦的看法。如今威廉一世驾崩，联姻计划便被再次提起。在自己作为父亲所怀有的感情和作为国王所承担的责任之间，腓特烈三世难以抉择。奥托·冯·俾斯麦怀疑，皇后维多利亚长公主之所以对这项计划表现出浓厚的兴趣，并不仅仅是出于母爱，更是因为她想在东欧问题上争取德意志帝国对英国的支持，这样英国就可能在与俄罗斯帝国的多年纷争中获得更有力的帮助。出身英国王室的皇后维多利亚长公主有这

皇后维多利亚长公主

种打算是理所当然的。因此，奥托·冯·俾斯麦认为联姻事件似乎是德意志的实际利益与他一直抵抗的旧王室势力之间的冲突，正是旧王室势力让现任君主被家庭关系分散了注意力，不再将自己国家的利益视为唯一。奥托·冯·俾斯麦声称此事关乎信任，并扬言要辞职。奥托·冯·俾斯麦通过报界让人们知道影响此次王室冲突的起因，以及他所认为的冲突的真正含义。为支持自己的观点，奥托·冯·俾斯麦向腓特烈三世的妹夫巴登大公腓特烈一世寻求帮助。巴登大公腓特烈一世是最富经验的在位君主之一，在这桩关乎君主私人与公共生活的事件中，他是介入的适当人选。这场斗争本有激化的倾向，却因维多

第 17 章 卸任与辞世

利亚女王造访德意志而缓和。维多利亚女王在德意志事务上严格遵循了宪法原则，也厌恶在英国大臣身上早已司空见惯的王室阴谋，因而对奥托·冯·俾斯麦表示支持。最终，这次联姻没有实现。

腓特烈三世的统治只持续了九十九天，之后便由他的儿子威廉二世继位。新皇帝威廉二世是普法战争后成长起来的一代，他不记得往日的冲突。和同辈人一样，威廉二世从年幼时就习惯以感恩、崇敬之心看待奥托·冯·俾斯麦。除了怀有公众普遍的尊敬之情，威廉二世与奥托·冯·俾斯麦还有着温暖的

威廉二世

私人友谊。奥托·冯·俾斯麦曾亲自为威廉二世讲授政策原则与历史知识。威廉二世似乎会继续倚重这位老臣的帮助,他自己就是这样认为的。然而,有些细心的观察家看到了威廉二世的意志力与活跃性,预言威廉二世不会让奥托·冯·俾斯麦有充分的行动自由,或是像威廉一世在位的最后几年那样,让奥托·冯·俾斯麦掌握近乎绝对的权力。观察家们还预言,如果现职位的权势遭到削弱,奥托·冯·俾斯麦必定感到不满。许多人都在密切关注两人之间必将发生的分歧,并伺机激化矛盾。

威廉二世继位的最初几个月,几位宿敌四处散布奥托·冯·俾斯麦与腓特烈三世的分歧,企图削弱奥托·冯·俾斯麦的势力。海因里希·格夫肯甚至从腓特烈三世的日记手稿中选取了最机密的一部分内容公之于众,力图表明若非腓特烈三世,奥托·冯·俾斯麦就不可能创造新的帝国。最终海因里希·格夫肯失

海因里希·格夫肯

败了。这些意图贬损奥托·冯·俾斯麦声誉的段落经过合理的解读，恰恰表明他发挥了难以想象的伟大智慧、克服了难以想象的巨大困难。

意见分歧从一开始就存在，新旧两派的想法与感受很不一样。奥托·冯·俾斯麦不赞同威廉二世经常出行，担心这有损皇帝的威严。赫尔穆特·卡尔·贝恩哈特·冯·毛奇和老一辈的其他官员都已退居二线，而奥托·冯·俾斯麦越来越觉担忧，便选择了留下。对先皇的承诺、对权力的热衷，以及对他人能力的不信任，都令奥托·冯·俾斯麦不愿在自己仍能体面行事时选择退出。毋庸置疑，奥托·冯·俾斯麦的存在令威廉二世感到厌恶，这位老臣的权势过盛，连皇帝陛下的威严在这样的权势面前都黯然失色。奥托·冯·俾斯麦甚至成了比君主更伟大的人。

要理解目前发生的一切，我们应当牢记奥托·冯·俾斯麦如今拥有何等特殊的地位。奥托·冯·俾斯麦多次违抗议会的权威，表现出凌驾于德意志国会之上的姿态；同时没有哪位同僚在年龄或资历上能与他匹敌；并且普鲁士大臣和德意志帝国的官员一样，大多是他指定的人选。奥托·冯·俾斯麦本人担任首相、外交大臣和贸易大臣；其子尼古劳斯·海因里希·斐迪南·赫伯特·冯·俾斯麦领导外交部，执行相对重要的外交任务；奥托·冯·俾斯麦的表弟表弟卡尔·海因里希·冯·伯蒂歇尔则担任内政部部长。在最关键事务的管理上，奥托·冯·俾斯麦仰赖的是自己的家人与秘书的支持；他也曾两次反对同僚们的意愿，逆转了国家的整体政策。政府完全由奥托·冯·俾斯麦掌控，人们学会了寄希望于他而不是皇帝。可是，一位壮志满怀、精力充沛、自信满满的年轻人，已经从奥托·冯·俾斯麦那里了解到自己拥有的崇高的君主职责，还会接受奥托·冯·俾斯麦确立的制度吗？不，再也不会了，难道他就应该服从吗？

奥托·冯·俾斯麦这位复兴了普鲁士君主特质的人，自己也应当和其他所有国民一样，在君主面前俯首帖耳。这是奥托·冯·俾斯麦职业生涯的绝佳收尾。

卡尔·海因里希·冯·伯蒂歇尔

在腓特烈斯鲁厄度过了1889年的冬天，1890年1月月底回到柏林，奥托·冯·俾斯麦发现自己的威势已大不如前。不仅威廉二世受了其他参谋的影响，就连内阁也表现得独立自主。这令奥托·冯·俾斯麦十分不适应。发生分歧的主要原因是《社会党人法》的延期问题。该法律于1890年失效，有人提议通过一项法案，使其永久有效。奥托·冯·俾斯麦希望的还不止如此，他想让《社会党人法》的规定更加严格。显然，威廉二世并不认为有此必要，而是希望采取补救措施，消除工人阶级的不满。为商讨此事，威廉二世召集了欧洲代表大会，计划在柏林举行。

这样一来，威廉二世和奥托·冯·俾斯麦之间便产生了根本性的意见分歧，其结果是：奥托·冯·俾斯麦不认为自己能够在德意志国会上成功维护《社

威廉二世与奥托·冯·俾斯麦

会党人法》,因为他再也不能充分表达自己的观点了。议会失去了政府的导向,极端保守党人、激进派和社会民主党人最终结为同盟,共同反对法案通过。之后的换届选举竞争异常激烈,人们处处借威廉二世之名,行威廉二世新政。于是,一贯支持奥托·冯·俾斯麦的各党派遭到了议会多数的反对。这些事件清楚地表明,在国内政策问题上,威廉二世与奥托·冯·俾斯麦已不可能达成长久的一致。似乎正因如此,奥托·冯·俾斯麦提出辞去普鲁士首相的职位,仅保留对外交事务的总体控制权。但这一要求没有得到威廉二世的批准。事实上,双方在其他方面也存在分歧,甚至在外事领域也是如此。威廉二世与英国越来越亲近,与俄罗斯帝国越来越疏离。

1890年3月中旬,危机终于爆发。双方发生决定性分歧的真正起因是一桩事关宪法原则的重大事务。奥托·冯·俾斯麦发现威廉二世数次与几位同僚商谈行政管理问题，但并未知会他。此外，奥托·冯·俾斯麦对几项重大法律项目的设计也全不知情。于是，奥托·冯·俾斯麦提请威廉二世注意德意志宪法与普鲁士宪法的原则。我们都知道，依据德意志宪法，首相应对国务大臣的所有行为负责，国务大臣是作为首相的副手和下属而行使职责的。奥托·冯·俾斯麦宣称，他有权要求人们在关涉各个部门的所有重大事务上征询他的意见。而在普鲁士事务方面，1852年的内阁法令也清楚表明，首相拥有同样的权利。这样的内阁法令之所以通过，是为了在首相必须对政府整体政策负责的同时保证首相拥有必要的全面控制权。威廉二世对奥托·冯·俾斯麦的回应是：要求奥托·冯·俾斯麦另外起草一项内阁法令，彻底改变现有的这一项。奥托·冯·俾斯麦拒绝，威廉二世则再次发出命令。

在这一根本问题上，双方不可能达成妥协。威廉二世提议：取消首相长期以来享有的超然地位，重新从首相手里收回普鲁士历代国王曾经拥有的对各部门直接控制权，以及如奥托·冯·俾斯麦所说，"国王自己当自己的首相"。奥托·冯·俾斯麦无法接受自己的地位沦落至此，他别无选择，只能请辞。

这两人都如此倔强、如此相信自己的力量，两人的关系没有在关于宪法形式的正式讨论中走向决裂。两人在宫中曾有一次会面，威廉二世说明自己的观点，奥托·冯·俾斯麦则解释自己反对的理由。威廉二世坚持要求自己的意愿得到实现，如果奥托·冯·俾斯麦不能做到，那么就由其他人来做到。奥托·冯·俾斯麦用英语说道："那么陛下，我是不是应该这样理解，我妨碍您了？""是的。"威廉二世答道。奥托·冯·俾斯麦忍无可忍了，他辞别威廉二世，回到家中，准备起草一份正式的辞职文书。这封辞职文书将结束奥托·冯·俾斯麦的公职生涯，必须写得十分谨慎。奥托·冯·俾斯麦不想草率，但威廉二世没有耐心。当听说天主教中央党领袖路德维希·温特霍斯特前往奥托·冯·俾斯麦家中拜访，威廉二世更加焦躁了，担心当中有什么阴谋，也担心奥托·冯·俾斯麦打算与议会反对党结盟以保住自己的位置。威廉二世紧急发送了一条口信，要求奥托·冯·俾斯麦立即辞职，但奥托·冯·俾斯麦不大可能遵从这一命令。次日清晨，威廉二世亲自驾马车前往奥托·冯·俾斯麦家中。奥托·冯·俾斯麦从床上被唤起，前去觐见怒气冲冲的皇帝陛下。威廉二世询问奥托·冯·俾斯麦与路德维希·温特霍斯特会面的经过，并申明没有自己的许可，大臣不得与议会领袖进行政治商谈。奥托·冯·俾斯麦否认与路德维希·温特霍斯特进行过政治商谈，并回答不允许任何人监视他在私人住宅中接待的客人。

"就算是我，你的君主，命令人监视也不可以？"威廉二世问道。

"不可以，陛下的命令到我夫人的客厅里便不再奏效。"奥托·冯·俾斯麦答道。威廉二世忘了，奥托·冯·俾斯麦首先是个绅士，然后才是大臣；威廉二世还忘了，对待普鲁士贵族，不能像对待俄罗斯帝国波维尔[①]那样。[②]

如今双方再不可能达成和解或妥协。威廉二世尽其所能让奥托·冯·俾斯麦的辞职表现得自愿而融洽，并给予这位退休的首相各种最高荣誉：擢升他为陆军元帅，册封他为劳恩堡公爵，并公开表示计划赠予他一张自己的肖像。作为一名军人，奥托·冯·俾斯麦顺从地接受了军事荣誉，但请求允许自己不使用新头衔。从来也没有人问过这是不是他本人的意愿。

任何表面的荣耀都无法补偿奥托·冯·俾斯麦遭受的羞辱。德意志的王公与臣民都表达了对奥托·冯·俾斯麦的尊敬与爱戴。面对热情欢呼、跟随他穿过柏林街头的人群，奥托·冯·俾斯麦简直无法踏出家门，但这些于他又有何益呢？二十四年来，奥托·冯·俾斯麦一直担任普鲁士首相，如今却得知自己成了阻碍；继任者已经上任，而自己却被匆匆忙忙地从居住了许久的房子里赶了出去。奥托·冯·俾斯麦与皇室的王公贵胄们作别，最后一次觐见了威廉二世。匆匆辞别了各位朋友和同僚后，再向先皇威廉一世辞行。那天清晨，奥托·冯·俾斯麦前往夏洛滕堡，独自走向威廉一世的陵寝，献上了一朵玫瑰。

[①] 波维尔，10世纪到17世纪，封建制的保加利亚、俄罗斯帝国、塞尔维亚、瓦拉几亚、摩尔达维亚及后来的罗马尼亚和利沃尼亚等国地位最高的贵族阶层，仅次于王公。——译者注

[②] 必须记住，我们对这些事件的了解是不完整的，甚至是不准确的，也可能是片面的。这些信息完全基于直接或间接从奥托·冯·俾斯麦那里得到消息的人们公开发表的言论。——原注

漫画：卸任首相。威廉二世看着奥托·冯·俾斯麦走下德意志帝国这艘船

奥托·冯·俾斯麦期盼已久的休息时光终于到来,但已经太迟了。他有四十年时间都在公职生活中度过,如今再也无法重拾年轻时的兴趣爱好了。奥托·冯·俾斯麦对农事不再感兴趣,身体也变得太虚弱,不适合运动了。他无法像自己的父亲那样,忙忙碌碌却闲适懒散地过着乡绅的日子;也无法像某些政治家一样安然愉悦地修习文学,平静地度过垂暮之年。奥托·冯·俾斯麦的宗教信仰无法带来冥想达到的境界,也无法在他为新生活做准备时,对他先前生活中遭受的苦难予以慰藉。奥托·冯·俾斯麦虽已七十五岁,但仍然机敏、精力丰沛,一如二十年前。因为有了恩斯特·施韦宁格医生的照料,他的身体状况也大为好转。恩斯特·施韦宁格不仅能够医治疾病,也有能力要求这位病人服从命令。奥托·冯·俾斯麦仍然觉得自己有无穷的力量继续开展公务,但他已经被褫夺了尊贵的身份,再也无能为力了。无论身在瓦京庄园还是腓特烈斯

恩斯特·施韦宁格

鲁厄,奥托·冯·俾斯麦的眼睛总是注视着柏林。奥托·冯·俾斯麦眼看着自己创立的这个国家,像父亲爱着孩子一样深爱着的国家,在一双年幼无知的手中经受考验。在奥托·冯·俾斯麦精心设计的体制下,德意志的繁荣曾维持着欧洲的和平,而如今他眼看着这一体制遭到摧毁。宪法的实施也发生了改变,但曾几何时,除奥托·冯·俾斯麦本人以外的任何人碰触宪法似乎都是放肆。奥托·冯·俾斯麦的政策遭到摒弃,宿敌们则获得重用。奥托·冯·俾斯麦无法抑制自己的焦躁不安,对此还需要感到惊讶吗?奥托·冯·俾斯麦就像一个仍然在世的人眼看着后代在自己的房子里作威作福,砍掉他的树林,遣散他的老仆人;那感觉也像是眼看着一个笨拙、马虎的骑士骑上了他最心爱的马一样。

德意志各地的城镇代表和报社记者纷纷前来拜访。奥托·冯·俾斯麦用一贯的礼貌态度接待了他们,与他们交谈也依然直言不讳。奥托·冯·俾斯麦没有掩饰自己的失望,称自己没有得到应有的体贴关照。奥托·冯·俾斯麦从不习惯于掩饰自己的感情、隐瞒自己的看法,在他看来,继任者所做的一切似乎都不恰当。为解决非洲发生的冲突,德意志与英国签订了协议。人们征询奥托·冯·俾斯麦对此事的看法,想先听听他怎么说,再形成自己的意见。"我绝不会签这份协议,"奥托·冯·俾斯麦宣称。奥托·冯·俾斯麦很快开始正式向政府表示反对,甚至与汉堡的一家报社达成协议,由后者发表他的见解。奥托·冯·俾斯麦似乎忘记了自己的原则,那就是:至少在外交事务上,不应容许对政府的政策持反对态度。奥托·冯·俾斯麦如今主张的是一项他担任首相期间绝不会容许的特权,他公然挑衅政府:"他们不能阻止我发表意见。"奥托·冯·俾斯麦似乎打定主意要毁掉自己的毕生事业。奥托·冯·俾斯麦借口自己是在抨击内阁的政策,但事实上是在动摇人民的忠心。因为几乎所有人都认为,他的批评都是针对威廉二世的。

奥托·冯·俾斯麦的先辈们那股不服输的精神在隐退的奥托·冯·俾斯麦身上苏醒了。奥托·冯·俾斯麦一直忠于君主。谁还能比他更忠心呢?但忠心是有限度的。奥托·冯·俾斯麦长期为国家效力,是出于感情的自发行为。

奥托·冯·俾斯麦不是贴身男仆，他的贡献不会作为皇室珍宝代代相传。奥托·冯·俾斯麦问道："说到底，霍亨索伦家族是何许人也？我的家族与他们一样优越，我们来到这片土地的时间要比他们更早。"奥托·冯·俾斯麦的先辈们曾坚决抵制大选侯的统治。和先辈们一样，奥托·冯·俾斯麦是把个人情感凌驾于公共责任之上的。即便新政府的行为并不总是高明，奥托·冯·俾斯麦也已经让德意志发展得足够强大，足够一个弱小的内阁支撑上几年。

此外，奥托·冯·俾斯麦也力图促使人们不再相信他建立德意志帝国采取的一系列行动在道德上是正义的、有必要的。一直以来德意志国民都认为，他们的国家在1870年成了一场无端的阴险攻击的目标。奥托·冯·俾斯麦总是一次又一次地重温他主导的那些重大事件，并夸口称，若非有他，根本不会发生普法战争。奥托·冯·俾斯麦还提及本书前文谈到的埃姆斯电报篡改事件，导致政府被迫公开了电报原件。从奥托·冯·俾斯麦披露的这些信息及之后透露的其他内容中，人们得出的结论略显夸张，但国民单纯质朴的信念遭到了不可挽回的破坏。曾经有人教导国民们要遵从上帝的意愿，最终国民们发现那不过是首相的阴谋诡计。在一个爱国精神已经取代了宗教信仰的国家，人们最后的幻想烟消云散。曾经横亘在国民与道德怀疑论之间的最后一道屏障也几乎坍塌了。

奥托·冯·俾斯麦的批评令政府十分难堪。奥托·冯·俾斯麦破坏内阁的声誉，损害了整个国家的威势，内阁很难无视他的抨击并保持沉默。但内阁自卫的方式显得笨拙而愚蠢。为了替德意志与英国的协议辩护，当时的德意志帝国首相列奥·冯·卡普里维宣读了奥托·冯·俾斯麦写给外交大臣秘书的密件。其中，奥托·冯·俾斯麦谈道：英国的友情和索尔兹伯里侯爵罗伯特·阿瑟·塔尔博特·加斯科因-塞西尔的帮助要比桑给巴尔[①]甚至整个非洲都来得重要。列奥·冯·卡普里维还给普鲁士公使们发去一封通知密函，称奥托·冯·俾斯

---

① 桑给巴尔是东非岛屿，也是重要港口，位于坦桑尼亚，当时是英国的殖民地。——译者注

列奥·冯·卡普里维

索尔兹伯里侯爵罗伯特·阿瑟·塔尔博特·加斯科因－塞西尔

麦的话实际上没有什么效用，因为他已经失去公职了。这一做法令事态进一步恶化，因为通知密函的内容很快又被公之于众。这再一次体现了德意志常见的国家重要文件管理松懈的问题。这加深了奥托·冯·俾斯麦的恨意，他的朋友和拥护者们也都怀着这样的恨意。

双方的激烈争斗持续了两年，奥托·冯·俾斯麦公开与王室和内阁为敌。赫尔穆特·卡尔·贝恩哈特·冯·毛奇逝世时，奥托·冯·俾斯麦是唯一没有出席葬礼的德意志伟人。但奥托·冯·俾斯麦的缺席掩盖了所有出席者的光芒，他的声望有增无减。1892年，奥托·冯·俾斯麦穿越德意志，前往维也纳参加尼古劳斯·海因里希·斐迪南·赫伯特·冯·俾斯麦的婚礼。奥托·冯·俾斯麦一路上春风得意，得到了南部各邦国，尤其是萨克森和巴伐利亚最热烈的欢迎。但德意志政府认为必须禁止德意志驻维也纳大使出席婚礼，也不必理睬奥托·冯·俾斯麦，甚至奥地利皇帝弗朗茨·约瑟夫一世都没有与奥托·冯·俾斯麦会面。德意志方面还认为，有必要公布前文提及的通知密函，进而正式明确政府与奥托·冯·俾斯麦的敌对状态。

这场争斗丑闻给德意志政府造成了严重伤害。奥托·冯·俾斯麦身患重病，人们担心他可能活不到和解的那一天了。威廉二世把握这一时机，发去了一条亲切友善的消息，似乎打开了和解之门。之后，内阁发生了变动：列奥·冯·卡普里维成了新政府执政失败的替罪羊，正式引退。列奥·冯·卡普里维忠心耿耿，甚至没有试图为他被迫担责的那些行为做任何辩解。新首相霍恩洛厄-希灵斯菲斯特亲王是奥托·冯·俾斯麦的朋友和旧同僚，早年曾是巴伐利亚国家党的领袖。奥托·冯·俾斯麦庆祝八十寿辰时，威廉二世出席庆典。奥托·冯·俾斯麦也再次前往柏林觐见威廉二世。我们或许可以认为，这样的和解流于表面。大家都明白，奥托·冯·俾斯麦一直在把新皇示好的方式与先皇的亲善有礼相比较。威廉一世可是深深了解如何以朋友的身份为先，让人忘记他国王的身份。

随着岁月的流逝，奥托·冯·俾斯麦越发孤单，妻子约翰娜·冯·普

1894年的奥托·冯·俾斯麦

特卡默和兄长伯恩哈德都先后过世。孤独是伟人的诅咒，如今也降临到奥托·冯·俾斯麦头上。奥托·冯·俾斯麦没有朋友，因为我们无法这样称呼那些环绕在他周围但远逊于他的人们，这些人毫无顾忌地辜负了他的信任，并利用他的弱点为自己牟利。奥托·冯·俾斯麦曾打算留下回忆录，但他甚至难以投入到这件按部就班的工作中。年龄在奥托·冯·俾斯麦身上留下了印记：胡子白了，也再不能和往日一样在家附近的树林里骑马、散步。但他对公共事务的关注从未减退，时刻警觉地观察着外交领域的一举一动。即便突然旧病复发、一病不起,他的思想与精神仍坚不可摧。最终,1898年7月的最后一天,奥托·冯·俾斯麦在腓特烈斯鲁厄与世长辞。

奥托·冯·俾斯麦没有和先辈与亲属们一起葬在申豪森的老屋附近,也没有葬在他毕生效力的柏林。在一场匆促而简陋的葬礼中,奥托·冯·俾斯麦的遗体被葬入腓特烈斯鲁厄一处孤孤单单的坟墓里。

译名对照表

Julius Hermann Moritz Busch	尤利乌斯·赫尔曼·莫里茨·布施
Horst Kohl	霍斯特·科尔
Otto Eduard Leopold von Bismarck	奥托·冯·俾斯麦
Mark of Brandenburg	勃兰登堡边境地区
Schoenhausen	申豪森
Napoleon I	拿破仑一世
King of Prussia	普鲁士国王
Friedrich Wilhelm III	腓特烈·威廉三世
Grossbehren	格罗斯贝伦
Leipzig	莱比锡
Herzogtum Nassau	拿骚公国
Karl August Fürst von Hardenberg	卡尔·奥古斯特·冯·哈登贝格
Elector of Hanover	汉诺威选帝侯
Gebhard Leberecht von Blücher	格布哈德·列博莱希特·冯·布吕歇尔
Mecklenburgers	梅克伦堡人
Holstein	荷尔斯泰因
Brandenburgers	勃兰登堡人
Herbort von Bismarck	赫伯特·冯·俾斯麦
Stendal	施滕达尔
Albrecht I	阿尔布雷希特一世
Biese	比泽
Prenzlau	普伦茨劳
Wends	文德人

Oder	奥得河
Pomerania	波美拉尼亚
Herzogtum Braunschweig	布伦瑞克公国
Burgstall	伯格施道
Magdeburg	马格德堡
Schlossgesessenen	施洛斯戈瑟森南
Hofmeister	宫廷总管
Havelburg	哈弗尔贝格
Magdeburg	马格德堡
Conrad	康拉德
Hans George	汉斯·格奥尔格
Alvenslebens	阿尔文斯莱本家族
Letzlingen	莱茨林根
Crevisse	克列维斯
Havel	哈弗尔河
Elbe	易北河
Huguenots	胡格诺派
Leopold I	利奥波德一世
Turks	土耳其人
August	奥古斯特
Bernhard of Saxe-Weimar	萨克森-魏玛公爵伯恩哈德
Frederick William	腓特烈·威廉
East Prussia	东普鲁士
Friedrich I	腓特烈一世
Friedrich Wilhelm I	腓特烈·威廉一世
Frederick the Great	腓特烈大帝
Mecklenburg	梅克伦堡
Kleists	克莱斯特
Seven Years' War	七年战争
Königsberg	柯尼斯堡
Particularists	特殊主义者
Landrath	兰德雷斯

von Katte	冯·卡特
Wust	伍斯特
August Friedrich von Bismarck	奥古斯特·弗雷德里克·冯·俾斯麦
von Diebwitz	冯·迪波维兹
Chotusitz	查图西茨
Carl Alexander von Bismarck	卡尔·亚历山大·冯·俾斯麦
Möckern	默克尔恩
Count Theodor of Bismarck-Bohlen	俾斯麦－波伦伯爵特奥多尔
Grossbehren	格罗斯贝伦
Wurtemberg	符腾堡公国
Karl Wilhelm Friedrich von Bismarck	卡尔·威廉·弗雷德里克·冯·俾斯麦
Bredow	布雷多
Arnim	阿尼姆
Friedrich Wilhelm II	腓特烈·威廉二世
Bernhard	伯恩哈德
Malvina	玛尔维娜
Kniephof	奈弗夫
Kulz	屈尔茨
Naugard	诺沃加德
German Protestantism	德意志新教
Teutonism	条顿主义
Gymnasium	文理中学
John Lothrop Motley	约翰·洛斯罗普·莫特利
Benedict de Spinoza	本尼迪克特·德·斯宾诺莎
Immanuel Kant	伊曼努尔·康德
Johann Gottlieb Fichte	约翰·戈特利布·菲希特
Georg Wilhelm Friedrich Hegel	格奥尔格·威廉·弗里德里希·黑格尔
Burschenschaft	大学生联谊会
Ardennes	阿登高地
Berne	伯尔尼
Potsdam	波茨坦
Garde Corps	嘉德团

Stettin	斯德丁
Camillo Benso	卡米洛·奔索
Greifswald	格赖夫斯瓦尔德
Hull	赫尔
Scarborough	斯卡伯勒
York	约克
Oscar von Arnim	奥斯卡·冯·阿尼姆
Ihle	伊勒
Ellin	埃琳
Karl	卡尔
Fingal	芬格尔
Nordeney	诺德奈
Saxon	萨克森
Adolf von Thadden	阿道夫·冯·塔登
Triglaff	特里格拉夫
von Semft	冯·森慕福特
Below	贝洛
Lutheran	路德教
Friedrich Wilhelm IV	腓特烈·威廉四世
von Gerlach	冯·格拉赫
Karl Friedrich Otto von Gerlach	卡尔·弗雷德里克·奥托·冯·格拉赫
Ernst Ludwig von Gerlach	恩斯特·路德维希·冯·格拉赫
Josias von Bunsen	约西亚斯·冯·本生
Friedrich Julius Stahl	弗里德里希·尤利乌斯·施塔尔
Moritz v. Blankenburg	莫里茨·冯·布兰肯堡
Hans von Kleist	汉斯·冯·克莱斯特
Johanna von Puttkammer	约翰娜·冯·普特卡默
Francis I	弗朗茨一世
Francis II	弗朗茨二世
Bavaria	巴伐利亚
Maximilian I	马克西米利安一世
Friedrich I	腓特烈一世

Reuss	罗伊斯
Weimar	魏玛
Klemens Wenzel von Metternich	克莱门斯·文策尔·冯·梅特涅
Jean-Jacques Rousseau	让-雅克·卢梭
Louis Blanc	路易·勃朗克
David Friedrich Strauss	大卫·弗雷德里克·施特劳斯
Georg von Vincke	格奥尔格·冯·芬克
Westphalian	威斯特伐利亚
Henry Hallam	亨利·哈勒姆
François Guizot	弗朗索瓦·基佐
Friedrich Christoph Dahlmann	弗里德里希·克里斯托弗·达尔曼
John Pym	约翰·皮姆
John Hampden	约翰·汉普登
William of Orange	奥兰治亲王威廉
Hans von Kleist	汉斯·冯·克莱斯特
Dresden	德累斯顿
Wilhelm Friedrich Ludwig	威廉·腓特烈·路德维希
Jena	耶拿
Nicholas I	尼古拉一世
Schleswig-Holstein	石勒苏益格-荷尔斯泰因
National Assembly	国民议会
Rheinfeld	莱茵菲尔德
Alexander Ewald von Below	亚历山大·埃瓦尔德·冯·贝洛
Joseph Jellachich	约瑟夫·耶拉契希
Count Brandenburg	勃兰登堡伯爵
Otto Theodor von Manteuffel	奥托·特奥多尔·冯·曼陀菲尔
Friedrich Ferdinand von Beust	弗里德里希·斐迪南·冯·博伊斯特
Robert Blum	罗伯特·布鲁姆
Friedrich Graf von Wrangel	弗里德里希·格拉夫·冯·弗兰格尔
West Havel	西哈弗尔地区
Novara	诺瓦拉
Lombardy	伦巴第

Venetia	威尼西亚
Franz Josef I	弗朗茨·约瑟夫一世
Baden	巴登
Louis Philippe I	路易·菲利普一世
Felix Schwarzenberg	费利克斯·施瓦岑贝格
Napoléon III	拿破仑三世
Anhalt Dessau	安哈尔特－德绍
Mecklenburg	梅克伦堡
Lothar Bucher	洛塔尔·布赫尔
Benjamin Disraeli	本杰明·迪斯雷利
Thomas Carlyle	托马斯·卡莱尔
John Ruskin	约翰·罗斯金
Prince Charles Frederick	查理·腓特烈亲王
Fronde	投石党
Karl Ludwig Johann d'Ester	卡尔·路德维希·约翰·德斯特
Joseph von Radowitz	约瑟夫·冯·拉多维茨
Heinrich von Gagern	海因里希·冯·加格恩
Cologne	科隆
Aachen	亚琛
Ernst Moritz Arndt	恩斯特·莫里茨·阿恩特
Memel	梅梅尔
Donnersberg	当纳斯山
Regensburg	雷根斯堡
Erfurt	埃尔福特
Simpson	辛普森
Piedmont	皮埃蒙特
Sardinia	撒丁王国
Hesse	黑森
Olmütz	奥尔米茨
Ludwig Hassenpflug	路德维希·哈森弗鲁格
Bayernhofer	拜恩霍夫
Gotha party	哥达党

Homburg	洪堡
Wiesbaden	威斯巴登
Soden	索登
Baden-Baden	巴登－巴登
Theodor Heinrich von Rochow	特奥多尔·冯·罗乔
Rüdesheim	吕德斯海姆
Bingen	宾根
Rat Tower	鼠塔
Lynar	利纳尔
Anton von Prokesch-Osten	安东·冯·普罗克施－奥斯滕
Schrenk	施伦克
Nostitz	诺斯蒂茨
Bothmer	博特默
Palatinate	普法尔茨
St. Stephen's	圣斯德望
Moldavia	摩尔达维亚
Wallachia	瓦拉几亚
Adolf von Bonin	阿道夫·冯·博宁
Wilhelm I	威廉一世
St. Petersburg	圣彼得堡
Waterloo	滑铁卢
Valmy	瓦尔米
Neuchâtel	纳沙泰尔
Oliver Cromwell	奥利弗·克伦威尔
Earl of Clarendon	克拉伦登伯爵
George Villiers	乔治·维利尔斯
Regent	摄政王
Karl Anton	卡尔·安东
Plombières	普隆比埃
Alexander von Schleinitz	亚历山大·冯·施莱尼茨
Villafranca	维拉弗兰卡
Nauheim	瑙海姆

Hohendorf	霍恩多夫
Maximilian von Montgelas	马克西米利安·冯·蒙特哲拉
Rheinbund	莱茵邦联
Bamberger	班贝格
Reinfeld	赖恩费尔德
Warsaw	华沙
Sadower Heath	萨多尔荒原
Lord August Loftus	奥古斯特·洛夫特斯勋爵
Henry John Temple	亨利·约翰·坦普尔
Lord Palmerston	帕默斯顿勋爵
John Russell	约翰·罗素
Babelsburg	巴伯尔斯贝格
Bordeaux	波尔多
Bayonne	巴约讷
Pyrenees	比利牛斯山脉
San Sebastian	圣塞瓦斯蒂安
Toulouse	图卢兹
Stettin	斯德丁
Louis XVI	路易十六
Charles I	查理一世
Lucius Sergius Catilina	卢修斯·塞尔吉乌斯·喀提林
Avignon	阿维尼翁
Sir Andrew Buchanan	安德鲁·布坎南爵士
Posen	波兹南
Gustav von Alvensleben	古斯塔夫·冯·阿尔文斯莱本
Heinrich von Sybel	海因里希·冯·济贝尔
Ludwik Mieroslawski	路德维克·梅罗斯瓦夫斯基
George Gordon Byron	乔治·戈登·拜伦
August von Platen	奥古斯特·冯·普拉滕
Ludwig Uhland	路德维希·乌兰德
Christian Johann Heinrich Heine	克里斯蒂安·约翰·海因里希·海涅
Whigs	辉格党

Aloys Karolyi	阿洛伊斯·卡罗伊
Talleyrand	塔列朗
Carlsbad Decrees	《卡尔斯巴德法令》
Danzig	但泽
Court of Coburg	科堡王室
Ferdinand Lassalle	斐迪南·拉萨尔
Gastein	加施泰因
Karlsbad	卡尔斯巴德
Duchy of Holstein	荷尔斯泰因公国
Duchy of Schleswig	石勒苏益格公国
Eider Danes	丹麦艾德
Eider	艾德河
Frederick VII	腓特烈七世
Christian of Glucksburg	格吕克斯堡的克里斯蒂安
Treaty of London	《伦敦条约》
Duke of Oldenburg	奥尔登堡大公
Duke of Augustenburg	奥古斯滕堡公爵
Christian August	克里斯蒂安·奥古斯特
Frederick	腓特烈
John Wodehouse	约翰·沃德豪斯
Jutland	日德兰
Venetia	威尼西亚
Kiel	基尔
Gotha	哥达
Sound	松德海峡
North Sea	北海
Alsen	阿尔森岛
Lauenburg	劳恩堡
Biarritz	比亚里茨
Wilhelmstrasse	威廉大街
Robert von der Goltz	罗伯特·冯·德·戈尔茨
Johann I	约翰一世

Königstein	柯尼希施泰因
Johann Bernhard von Rechberg	约翰·伯恩哈德·冯·雷希贝格
Alexander von Mensdorff-Pouilly	亚历山大·冯·蒙斯多夫-普伊
Rendsburg	伦茨堡
Count Guido Usedom	吉多·乌泽多姆伯爵
Richard von Metternich	理查德·冯·梅特涅
Gustav Blome	古斯塔夫·布洛姆
Halbuber	哈伯贝尔
Duchy of Lauenburg	劳恩堡公国
Édouard Drouyn de Lhuys	爱德华·德律安·德·吕
Prosper Mérimée	普罗斯佩·梅里美
Plombières	普隆比埃
Victor Emmanuel II	维克托·埃马努埃莱二世
Costantino Nigra	科斯坦蒂诺·尼格拉
Empress Eugenie	欧仁妮皇后
Anton von Gablenz	安东·冯·加布伦茨
Altona	阿尔托纳
Vincent Benedetti	文森特·贝内代蒂
Maas	马斯河
Giuseppe Govone	朱塞佩·戈沃内
Giuseppe Garibaldi	朱塞佩·加里波第
Savigny	萨维尼
Unter den Linden	菩提树下大街
Friedrich Franz II	腓特烈·弗朗茨二世
Giuseppe Mazzini	朱塞佩·马志尼
Königgrätz	克尼格雷茨
William Pitt	威廉·皮特
George Canning	乔治·坎宁
Vogel von Falkenstein	福格尔·冯·法尔肯施坦
Thuringia	图林根
Zwittau	斯维塔韦
Brunn	布伦

Nikolsburg	尼科尔斯堡
Mayence	美因茨
Saar Valley	萨尔山谷
Landau	兰道
Luxemburg	卢森堡
Belgium	比利时
Antwerp	安特卫普
Saarbrück	萨尔布吕肯
William III	威廉三世
Karl Ludwig von der Pfordten	卡尔·路德维希·冯·德·普福尔滕
Bayreuth	拜罗伊特
Ansbach	安斯巴赫
Varzin	瓦京
Belt	贝尔特海峡
Sicilian Sea	西西里海
Pruth	普鲁特河
Dniester	德涅斯特河
Carpathians	喀尔巴阡山脉
Welfenfond	韦尔夫基金
Guelphs	教皇派
Coriolani	科里奥兰
Volsci	沃尔西人
Grand Duke of Baden	巴登大公
Barthélémy Lebrun	巴泰勒米·勒布伦
Isabella II	伊莎贝拉二世
Juan Prim	胡安·普里姆
Leopold Stephan von Hohenzollern	利奥波德·斯特凡·冯·霍亨索伦
Karl Hermann von Thile	卡尔·赫尔曼·冯·蒂勒
Salazar	萨拉萨尔
Karl von Werther	卡尔·冯·韦特
Weinburg	魏恩堡
Carol I	卡罗尔一世

Madrid	马德里
Ems	埃姆斯
Black Forest	黑森林
Count Radziwill	拉齐维尔伯爵
Heinrich Abeken	海因里希·阿贝肯
Philip Henry Sheridan	菲利普·亨利·谢里登
Gravelotte	格拉沃洛特
Mars-la-Tour	马斯拉图尔
Sedan	色当
Emmanuel de Wimpffen	埃马纽埃尔·德·温普芬
Doncheroy	东舍里
Tuileries	杜伊勒里宫
Château of Belle Vue	贝尔维尤城堡
Strasburg	斯特拉斯堡
Metz	梅斯
Alsace	阿尔萨斯
Jules Favre	朱尔·法夫尔
Richard Lyons	理查德·里昂
Ferrières	费里耶尔
James de Rothschild	詹姆斯·德·罗斯柴尔德
Comte d'Hérisson	埃里松伯爵
Maurice d'Irisson	莫里斯·伊里松